四川省犯罪防控研究中心论坛

毒品违法犯罪防治研究

D upin
Weifa Fanzui Fangzhi Yanjiu

廖 斌○主 编

中国政法大学出版社

2016·北京

图书在版编目（ＣＩＰ）数据

毒品违法犯罪防治研究/廖斌主编. —北京:中国政法大学出版社, 2016. 10
ISBN 978-7-5620-7041-2

Ⅰ. ①毒… Ⅱ. ①廖… Ⅲ. ①毒品－刑事犯罪－预防犯罪－研究－中国
Ⅳ. ①D924. 364

中国版本图书馆CIP数据核字(2016)第230107号

出 版 者　中国政法大学出版社

地　　址　北京市海淀区西土城路 25 号

邮寄地址　北京 100088 信箱 8034 分箱　邮编 100088

网　　址　http://www.cuplpress.com（网络实名：中国政法大学出版社)

电　　话　010-58908586(编辑部)　58908334(邮购部)

编辑邮箱　zhengfadch@126.com

承　　印　固安华明印业有限公司

开　　本　880mm × 1230mm　1/32

印　　张　12. 5

字　　数　300 千字

版　　次　2016 年 10 月第 1 版

印　　次　2016 年 10 月第 1 次印刷

定　　价　46. 00 元

总　序
PREFACE

　　四川省哲学社会科学重点研究基地——四川省犯罪防控研究中心坐落于大禹之乡、李白故里、两院院士云集的中国科技城——四川省绵阳市西南科技大学。本中心是经四川省教育厅和四川省社科联共同批准的四川省省级哲学社会科学重点研究基地。研究中心成立于 2004 年，它是依靠西南科技大学校人文社会科学基础和法学院坚实宽广的法学学科实力，以四川省政法委、四川省高级人民法院、四川省人民检察院、四川省司法厅等机关作为支持和共建单位，为全省高等院校教师、司法实务部门开展犯罪学与刑事法学等领域的课题研究搭建的一个重要学术研究平台。中心秉承"立足刑事法学兼顾相关学科，理论与实务相结合，教学与科研相互促进"的宗旨，吸纳刑事实体与刑事程序、犯罪学、刑事法律史、国际刑法、犯罪心理学等相关学科研究而形成的统合学科群的科研机构。本中心的任务是：①通过发布和承担省内外各级科研课题，使中心成为四川省的犯罪学与刑事法学领域的主要科研基地；②通过承揽实务部门委托的研究课题、与实务部门进行课题合作研究、派遣专兼职研究人员担任实务部门的顾问等措施，使中心成为四川省犯罪学与刑事法学领域的思想库和重要社会咨询服务基地；③通过支持省内高校刑事法学科专业建设、学术研究和学术活动，培养刑事法学领域的学术带头人、中青年学术骨干和杰出的研究生，使本中心成为四川省犯罪学与刑事法学领域的高层次人才库和人才培养培训基地；④通过主办国际和全国性学术会议、接受国内外访问学者、建立图书资料和信息网络，使本中心成为四川省犯罪学和刑事法学领域的学术交流和资料信息基地。

研究中心自成立以来聘请了来自北京、上海、重庆、四川等地的专、兼职研究员四十余人。诸如中心顾问：原最高人民法院副院长刘家琛、苏泽林，中国政法大学何秉松教授，中国犯罪学研究会会长王牧教授等。这些专家为中心的建设与发展作出了突出的贡献。中心有多位成员在全国各专业学会中担任副会长、常务理事等职务。中心研究人员近些年在《法学研究》《政法论坛》《中外法学》《现代法学》《法学评论》《法制与社会发展》《中国刑事法杂志》等重要专业期刊上发表论文近百篇；并有《社区建设与犯罪防控》《社区刑罚研究》《假释制度研究》《遏制犯罪——当代美国的犯罪问题与犯罪学研究》《预防和查办职务犯罪》《犯罪构成基本理论研究》《知识产权与犯罪》《死刑适用及其价值取向研究》《食品安全法律制度研究》《清代四川地方刑事司法制度研究》等数十本相关著作出版。中心承办了中国犯罪学会主办的"中国犯罪学研究会2006年年会暨中日犯罪防治与和谐社会构建"，与北京市法学会联合举办了"宽严相济的刑事政策与和谐社会构建"等具有很大影响的全国性学术会议；中心还主办了全国性的"廉政与反腐败机制建设理论研讨会""海峡两岸刑事司法比较研讨会""中法刑事政策与犯罪预防理论比较研讨会"等十余场专题学术研讨会。中心积极参与国际学术交流，先后与加拿大劳伦丁大学、日本早稻田大学、日本中央大学、俄罗斯莫斯科大学、俄罗斯圣彼得堡大学、美国罗特格斯大学、美国加州大学欧文分校、美国太平洋大学的法学院或刑事法学学者建立了学术交流关系。中心力图通过各界的支持和自身的努力，实现在犯罪学、刑法学、刑事执行法学等研究领域在省内保持具有号召性的地位。今后中心的管理者将继续以四川省司法实践和国家法治建设亟须的研究课题为纽带，通过组织和协调省内外有关大学及其他科研机构的专家学者以及司法实务工作者积极加盟研究，在犯罪学、刑法学、刑事执行法学方向培养出一支省内优秀的研究队伍，为地方刑事法制建设与和谐社会的构建提供理论支撑，努力建设成为省内具有重要影响力的学术研究中心。

　　本研究中心为了促进四川省乃至全国犯罪学与刑事法学研究的繁荣、展示中心各阶段的研究成果，特将中心举办的各类学术会议中各位专家提交的部分论文或中心的专兼职研究人员对当前的热点问题研究形成的有价值的研究成果汇集成册，形成"四川省犯罪防控研究中心论坛"系列并公开出版。"论坛"将坚持"务实求真、关注热点、推动创新"的标准，坚持宁缺毋滥的原则每年不定期立项出版，以发挥中心在我国法治建设中所起的应有作用。

　　大厦之成，非一木之材也。四川省犯罪防控研究中心为大家所能提供的这份力量虽然很微薄，但是我们尽心尽力地把这一份微薄的力量贡献出来，这也是我们的使命所在。我们真诚期望理论与实务界人士能够对"四川省犯罪防控研究中心论坛"给予智慧上的奉献和赐稿，也真诚期望得到海内外专家学者对"论坛"的批评指正。

四川省犯罪防控研究中心主任　廖　斌
谨识于 2013 年初夏

序 言
FOREWORD

毒品犯罪已成为世界范围内的一大社会公害，无论是发达国家还是发展中国家，在全球化的市场经济环境下，它就像瘟疫一样逐渐蔓延到世界的每一个角落。因人对毒品在生理和心理上有强烈的药物依赖性，人一旦吸食上毒品就难以自拔，吸毒者最终会走向自我生命的毁灭。毒品的危害性不仅仅是如此，毒品的泛滥会严重损害社会风气，若不以强力手段加以制止，毒品吸食者群体便会像滚雪球一样覆盖全社会各年龄段的公民，最终将会影响一个国家的政治和社会稳定，威胁到全体国人的身心健康，鸦片战争给中国人民所带来的历史教训是深刻的。随着我国全面深化改革和对外开放步伐的加快，国际经济一体化进程的深入，人员的对外交往越来越多，毒品犯罪也呈现出了国际化现象并日趋频繁。作为一个人口最多、经济总量占世界第二的国家，在这个问题上如果处理得不好，会直接影响中国发展的后劲，也会影响中国的国际形象。有鉴于此，中国共产党领导全国人民在实现"两个一百年"的奋斗目标过程中，始终没有放松毒品犯罪的预防、惩罚和教育矫治工作。全国的禁毒部门也在贯彻落实党的十八届四中全会精神中，秉持全面依法治国的理念，紧紧围绕平安中国建设、法治建设和社会管理创新的总要求，在坚持遏制毒品吸食供应链不放松，打击整治与预防挽救并重，全面加强禁毒宣传教育，全面加强缉毒执法力度和工作水平等方面做出了卓有成效的工作。正是司法机关与各相关政府部门的辛勤努力，推动了我国的禁毒人民战争向纵深发展。

在看到我国禁毒工作成绩的同时，我们也应清醒地认识到我国禁毒工作的严峻性。根据《2015 中国禁毒报告》中的毒情形势描述："当前国际毒潮持续泛滥扩散，国内毒品问题正处于快速发展期，国际国内毒情相互交织、相互影响，我国毒品形势十分严峻复杂"，"目前，我国毒品消费市场上的晶体病毒和氯胺酮几乎都是国内生产，广东部分地区已经成为国内非法制造冰毒、氯胺酮等合成毒品最为严重的地区，2013 年，各地缴获的晶体冰毒的 84.6% 来源于以陆丰为中心的汕尾、揭阳地区，危害涉及全国所有省份。四川成都及其周边地市制造冰毒等合成毒品较为突出，影响波及多个省份"。[1]"截至 2014 年底，全国累计登记吸毒人员 295.5 万名。吸毒引发的治安和刑事案件随之大量增多，一些毒品问题严重地区超过 70% 的侵财类案件是吸毒人员作案，因吸食合成毒品引发自伤自残、暴力杀人、劫持人质、交通肇事等案件不断增多，严重危害社会治安和公共安全。"[2]看到这些让人惊心动魄的毒品违法犯罪的情势，作为理论研究工作者，我们有必要投入更多的精力去研究和总结公安、司法机关预防和惩罚毒品违法犯罪工作中的经验和存在的不足。实践表明，惩罚毒品违法犯罪行为和教育矫正、治疗毒品违法犯罪者是一项复杂的综合性系统工程，它需要从立

---

[1]　中国国家禁毒委员会："2015 中国禁毒报告"，载 http://www.nncc626.com/2014-09/12/c_126979288.htm，访问时间：2016 年 6 月 30 日。
[2]　中国国家禁毒委员会："2015 中国禁毒报告"，载 http://www.nncc626.com/2014-09/12/c_126979288.htm，访问时间：2016 年 6 月 30 日。

法完善、科学的侦查取证、正确的司法定性和量刑适用、有效的戒毒治疗、针对性的法治与医学教育等环节全方位推进，只有形成这样一个多元化联动机制，我们的禁毒工作才能深入持久和具有更大成效。打击毒品违法犯罪是一项复杂的系统工程，除了需要政府强力部门严厉打击以外，还需要广大理论工作者的积极关注和参与，对相关法律法规和行政执法、刑事司法以及禁毒戒毒工作进行深入理论总结和研究，在全社会形成浓厚的防毒、禁毒、惩戒毒品违法犯罪的氛围，使我们的禁毒斗争具有可持续性。四川省犯罪防控研究中心，根据四川省禁毒工作的需要，在四川省禁毒工作委员会领导的指导下，通过举办"毒品犯罪的预防和惩治理论研讨会"、发布毒品违法犯罪研究课题等多种形式，对四川省乃至全国的毒品违法犯罪问题进行专题研究，获得了省内外高校和实务界的专家、实务工作者、研究生的积极响应，中心的举措对四川省的毒品犯罪研究也起了推动作用。由于广大同仁的积极参与，本中心的科研课题研究和研讨活动形成了一批有价值的研究成果，会议研讨成果以《成果要报》的形式上报了四川省禁毒工作委员会。在此，我们从中整理出一部分论文，按照不同的主题尽可能成系统地分成四章进行编排整理出版，供理论与实务界人士分享，以期推动更多的专家参与对违法犯罪领域的研究，也期望本书能对司法实务界起到参考作用。

四川省犯罪防控研究中心主任　廖　斌

2016 年 8 月 16 日

目　录
CONTENTS

第一章
毒品犯罪刑事政策与相关刑法制度

第一节　毒品定义探究*

　　毒品犯罪[1]是国内外普遍严加防治的犯罪。理论界和实务界都相当重视对其进行研究，并取得了非常丰硕的成果。有关研究和成果对于防治毒品犯罪虽然具有重大价值，但是也存在许多问题，特别是在基础理论方面。其中，至关重要的就是对于毒品的定义还有很大分歧，甚至重大误解。鉴于其是所有毒品犯罪问题的一个极为重要的立足点，关乎毒品犯罪理论与实务的全局，本书试对之加以探索性研究，以期抛砖引玉，推动

---

　　* 作者简介：杨凯（1963 年~），男，河南确山人，中国计量学院法学院教授，法学博士，哲学博士后。本节为浙江省高校人文社科重点研究基地——标准化与知识产权管理基金资助项目《技术法规基本理论问题研究》（SIPM1303）与浙江省哲学社会科学规划课题《刑事违法性研究——以宪法为核心的规范理性思量》（08CGFX009YBX）的系列成果之一。

　　[1]　有学者认为，毒品犯罪不是刑法学上的概念，而是犯罪学上的概念。（参见曾彦："运输毒品罪研究"，武汉大学 2010 年博士学位论文，第 2 页。）但是，本节认为，毒品犯罪，作为一个语词，可以作多种理解，表达诸多不同学科的毒品犯罪概念。

防治毒品犯罪的理论研究和实务运作的发展。

一、中外毒品定义述要

纵观中外有关文献，概括而言，关于毒品的定义主要有法定型与非法定型两种类型。

法定型毒品定义是由法律规定的毒品定义，其又可分为以下两种：一种是国际法规定的毒品定义，另一种是国内法规定的毒品定义。对于前者，如1961年联合国大会通过的《麻醉品单一公约》、1971年的《精神药物公约》与1988年的《禁止非法贩运麻醉品和精神药物公约》等国际公约规定，所谓"毒品"是指国际公约规定的受控制的麻醉品和精神药品；其中"麻醉品"是指附于《麻醉品单一公约》后的麻醉品表或制剂表中所列的任何物质，不论其为天然产品或合成品。其中"精神药品"是指附于《精神药物公约》后的精神药物表中所列的任何天然或合成物质或材料。[1]对于后者，如我国1979年《刑法》第171条将"毒品"界定为海洛因、鸦片、吗啡或其他毒品，1987年《麻醉药品管理办法》和1988年《精神药品管理办法》将"毒品"界定为能使人形成瘾癖并为国家依法管制的麻醉药品和精神药品，1990年全国人大常委会《关于禁毒的决定》将"毒品"界定为鸦片、海洛因、吗啡、大麻、可卡因以及国家规定管制的其他能够使人形成癖瘾的麻醉药品和精神药品，1997年修订的《刑法》在《关于禁毒的决定》的基础上，又以列举的方式将甲基苯丙胺补充纳入了"毒品"概念的范畴。[2]该法

---

〔1〕 李世清："毒品犯罪的刑罚问题研究"，吉林大学2007年博士学位论文，第29~30页。

〔2〕 郝冬婕："毒品犯罪的现代发展与防控对策研究"，大连海事大学2012年博士学位论文，第7页。

规定："本法所称的毒品，是指鸦片、海洛因、甲基苯丙胺（冰毒）、吗啡、大麻、可卡因以及国家规定管制的其他能够使人形成瘾癖的麻醉药品和精神药品。"又如，美国的模范刑法典规定"公共酩酊、乱用药物罪"，其行为对象是酒精、受控制的麻醉药和其他药品，《哈里森麻醉品法》《全面预防和控制滥用毒品法》等单行法规则采取列举方式确定毒品；《苏联刑法典》规定，毒品主要指麻醉品；俄罗斯1996年通过的现行《刑法》中将精神药品包括在内。日本现行《刑法》自1908年颁布以来，就一直将毒品定义为"鸦片"，同时又以单行法规扩大其范围，如《大麻控制法》《兴奋剂控制法》等，仅从法规的名称就能知道毒品的范围。[1]《加拿大刑法》规定，"非法药品"指受控制的药品或者药品前体，其进口、出口、生产、出售或者持有是受到《管制毒品与麻醉药品法》的禁止或限制的，《管制毒品与麻醉药品法》对这些物品又以列举的方式作出了规定，以为司法实践提供一定的便利。《芬兰刑法典》规定，毒品物质是《毒品物质法案》（［1993］1289号）中涉及的毒品物质，"非常危险的毒品物质"是其过量使用可能导致死亡，或者即使在短期服药或在完全停药的症状下也会造成对健康的严重危害的毒品物质。[2]

　　非法定型毒品定义不是由法律规定的毒品定义，其又可分为非学术型毒品定义与学术型毒品定义。前者也可被称为非专业型毒品定义、常识型毒品定义或大众型毒品定义，如《现代汉语大辞典》将"毒品"解释为，作为嗜好品的鸦片、吗啡、

---

〔1〕 李世清："毒品犯罪的刑罚问题研究"，吉林大学2007年博士学位论文，第29页。

〔2〕 张洪成："毒品犯罪争议问题研究"，武汉大学2010年博士学位论文，第7页。

海洛因等。[1]又如,《大英汉辞典》和《现代汉英词典》都将"毒品"解释为麻醉剂或非法麻醉品;《朗文当代英语辞典》认为毒品是一种经吸食或注射进入人体后能产生快感或兴奋的违禁物质;《朗文英汉双解活用辞典》将"drug"定义为一种对人体有兴奋作用容易成瘾的物质,将"narcotic"定义为少量服用具有催眠和镇静作用,大量服用却有害并形成瘾癖的药物。[2]后者也可被称为专业型毒品定义,如在法学界,有的认为"毒品"是"鸦片、海洛因、吗啡、高根、金丹等长期吸食、注射后能使人逐渐成瘾的制品"。[3]有的认为"毒品"是为吸毒者所非法使用的麻醉药品和精神药品。[4]有的认为"毒品"是指吸食能使人成瘾并有害其身体的麻醉物品,或者认为"根据国际公约的约定,毒品即受控制的物品,是指麻醉品或其他所有受可适用的国际公约控制、管理的物品及其原料"。[5]有的认为"毒品"是"以各种方式吸收进入人体并最终给人带来危害的各种非食物的自然物品或化学合成物品"。[6]有的认为,"毒品"是为国家依法管制的能够使人形成瘾癖的麻醉药品和精神药品。[7]有的认为所谓"毒品"是指国际公约和我国法律规定的,应该依法受到管理、控制和禁止滥用的,能够使人形成瘾

[1] 郝冬婕:"毒品犯罪的现代发展与防控对策研究",大连海事大学 2012 年博士学位论文,第 7 页。

[2] 李世清:"毒品犯罪的刑罚问题研究",吉林大学 2007 年博士学位论文,第 29 页。

[3] 杨春洗等:《刑事法学大辞书》,南京大学出版社 1990 年版,第 664 页。

[4] 杨焕宁等:《禁毒知识手册》,中国人民公安大学出版社 1991 年版,第 1 页。

[5] 马克昌等:《刑法学全书》,上海科学技术文献出版社 1993 年版,第 383、785 页。

[6] 喻晓东、李云东:《大禁毒》,团结出版社 1993 年版,第 1 页。

[7] 蔺剑:《毒品犯罪的定罪与量刑》,人民法院出版社 2000 年版,第 3 页。

癖的麻醉药品和精神药品。[1]有的认为："毒品是指受国际和国内禁毒立法管制的，被非法生产、加工、贩运和滥用的，连续使用后易产生依赖性并可造成人体机能损害的天然或合成物质。"[2]有的认为，所谓毒品是指脱离合理使用监管范围，易被人滥用的具有药用性和成瘾性的精神物质和麻醉物质，而且对于该物质的滥用通常会引发后续一系列严重的社会侵害问题。[3]有的认为，如果要为"毒品"下一个文字简练、内容确定、含意明确、特征突出的定义的话，那就必须以法律上和国际公约中的毒品定义为基础，最好分为广、狭二义。广义的"毒品"，是指非法使用的对人体和社会有害的成瘾性药物，狭义的"毒品"，是指法律禁止滥用的麻醉药品和精神药品。[4]有的认为，毒品的概念包括事实概念与法律概念。其中毒品的事实概念应当是指出于非医疗和科学用途而反复使用，并能使人产生瘾癖，且不易戒断，对公民个人、国家、社会具有严重危害的药品。它具有重要意义，法律上的毒品概念也必须以其为基础来进行构建，但于司法实践而言，毒品的事实概念中的毒品属性等则属无意义、无法被具体操作的概念。因此从整体上说，毒品的概念应当是：所谓毒品，是指国家管制的麻醉药品与精神药品。[5]当然除此之外，还有其他一些观点。如有的

〔1〕 郝冬婕："毒品犯罪的现代发展与防控对策研究"，大连海事大学2012年博士学位论文，第8页。

〔2〕 李世清："毒品犯罪的刑罚问题研究"，吉林大学2007年博士学位论文，第30页。

〔3〕 李世清："毒品犯罪的刑罚问题研究"，吉林大学2007年博士学位论文，第31页。

〔4〕 参见李世清："毒品犯罪的刑罚问题研究"，吉林大学2007年博士学位论文，第30页。

〔5〕 参见张洪成："毒品犯罪争议问题研究"，武汉大学2007年博士学位论文，第5~11页。

认为"毒品"是"可以导致依赖性（成瘾）的药物",[1]或者认为毒品就是出于"非医疗目的"涉及的"具有依赖性特性或依赖性潜力的药物"。[2]有的认为"毒品就是指能使人形成依赖性的一种药物,主要包括鸦片、冰毒、吗啡和海洛因等。……一般而言,毒品是由低原子序数 Z 的碳、氧、氧和氮原子组成的有机化合物","毒品中碳含量明显高于普通有机物品,均大于50%"。[3]有的认为:"通常意义上的毒品,指的是在非医疗的康乐性目的下,连续使用并可致人产生依赖感的药品。"[4]或者认为:"毒品一般是指可使人成瘾的药物。"[5]有的认为:"毒品是指《国际禁毒公约》规定的受管制的麻醉药品和精神药品,是出于非医疗目的而反复连续使用能够产生依赖性的药品。"[6]有的认为:"毒品是由其化学特性改变现存生物体的结构或功能的任何物质。"[7]有的认为:"毒品是以各种方式吸进人体的,并且最终能给人带来危害的,各种非食物的自然物品或化学合成物品。"[8]有的认为,毒品是"一种对心理或精神

---

〔1〕 参见李世清:"毒品犯罪的刑罚问题研究",吉林大学2007年博士学位论文,第28页。

〔2〕 参见梁曼:"乙醇与苯丙胺类毒品多药滥用对大鼠体内毒物分布影响的实验研究",华中科技大学2007年博士学位论文,第11页。

〔3〕 参见张芳:"基于EDXRS方法检测毒品和水中重金属离子的实验研究",中国科学技术大学2007年博士学位论文,第2页。

〔4〕 参见林晓萍:"美国毒品控制模式研究",福建师范大学2007年博士学位论文,第1页。

〔5〕 参见陈新锦:"早期美国毒品控制模式研究",福建师范大学2007年博士学位论文,第1页。

〔6〕 参见梁若冰:"毒品文化批判",黑龙江大学2007年博士学位论文,第9页。

〔7〕 参见亢泽春等:"山东某高校学生毒品知识调查分析",载《河北医药》2008年第9期。

〔8〕 参见张文峰:《当代世界毒品大战》,当代世界出版社1995年版,第1页。

有着显著影响的，并能够被用作娱乐目的之药物"。[1]

二、中外毒品定义评析

由上述列举可以看出，中外关于毒品的定义认识不一、多种多样、互有异同、兼具优劣、涉及诸多问题。

首先，它们互有异同。其中，其相互之异主要是：第一，它们在是否法定方面表现不同。有的是法定定义，如前述的国际法定义与国内法定义；有的是非法定定义，如前述的非学术型毒品定义与学术型毒品定义。第二，它们在专业性方面存在差异。有的专业性不强，如前述的非学术型毒品定义；有的专业性强，如前述的学术型毒品定义。第三，它们立足的学科领域或者看问题的角度不一样。有的是立足于刑法学学科，如前述有人认为，所谓"毒品"是指为国际公约和我国法律规定的应该依法受到管理、控制和禁止滥用的能够使人形成瘾癖的麻醉药品和精神药品；有的是立足于犯罪学学科，如前述有人认为所谓"毒品"是指为国际公约和我国法律规定的应该依法受到管理、控制和禁止滥用的能够使人形成瘾癖的麻醉药品和精神药品；有的是立足于文化学学科，如前述有人认为"毒品是指《国际禁毒公约》规定的受管制的麻醉药品和精神药品，是出于非医疗目的而反复连续使用能够产生依赖性的药品"；有的是立足于历史学学科，如前述有人认为，"通常意义上的毒品，指的是在非医疗的康乐性目的下，连续使用并可致人产生依赖感的药品"；有的是立足于医学学科，如前述有人认为"毒品"是"可以导致依赖性（成瘾）的药物"，或者认为毒品就是出于"非医疗目的"涉及的"具有依赖性特性或依赖性潜力的药

---

[1] See F. Zimring and G. Hawksns, *The Search for Rational Drug Control*, Cambridge: Cambridge University Press, 1992, pp. 31~32.

物"；有的是立足于化学学科，如前述有人认为"毒品就是指能使人形成依赖性的一种药物，主要包括鸦片、冰毒、吗啡和海洛因等……一般而言，毒品是由低原子序数 Z 的碳、氧、氧和氮原子组成的有机化合物"，"毒品中碳含量明显高于普通有机物品，均大于 50％"；等等。第四，它们定义毒品的方法有别。有的是采用列举法，如前述有人认为"毒品"是作为嗜好品的鸦片、吗啡、海洛因等；有的是采用概括法，如前述有人认为"毒品"是"可以导致依赖性（成瘾）的药物"；有的是兼顾列举与概括两种情况，如前述有人认为"毒品"是"鸦片、海洛因、吗啡、高根、金丹等长期吸食、注射后能使人逐渐成瘾的制品"。第五，它们定义的毒品范围宽窄不一。有的宽，如前述有人认为"毒品是由其化学特性改变现存生物体的结构或功能的任何物质"；有的窄，如前述有人认为"毒品"是为吸毒者所非法使用的麻醉药品和精神药品。第六，它们的表述详略有别。有的详细，如前述有人认为"毒品是指受国际和国内禁毒立法管制的，被非法生产、加工、贩运和滥用的，连续使用后易产生依赖性并可造成人体机能损害的天然或合成物质"；有的简略，如前述有人认为"毒品一般是指可使人成瘾的药物"。第七，它们与法律联系的紧密程度存在分野。有的紧密，如前述有人认为"毒品"是为国家依法管制的能够使人形成瘾癖的麻醉药品和精神药品；有的松散，如前述有人认为"毒品是由其化学特性改变现存生物体的结构或功能的任何物质"。第八，它们的定义个数不同。大多是一个，如前述有人认为"毒品"是为吸毒者所非法使用的麻醉药品和精神药品；少数是两个，如前述有人认为毒品的定义最好分为广、狭二义，或者认为毒品的概念包括事实概念与法律概念。其相互之同主要是：第一，它们都出于美好的愿望、善良的动机，倾注了相当多的心血，是辛勤劳作的结果。第二，它们都与毒品有关，都是对毒品的界定。第三，它们都提示了要认识、把握毒品的复杂性，或多或少地揭示了毒品的本质，界定了毒品概念的内涵与外延，有助于深化对毒品的研究和认识。

其次，它们兼具优劣。其中，其优点集中体现在上述的其相互之同。其不足主要表现在于：第一，它们彼此相差甚远，使得人们无所适从，不利于司法实践中防治毒品犯罪；第二，它们不太符合逻辑，不够严谨、精准，主要表现在它们混淆了毒品的定义与概念，如有人认为毒品的概念包括事实概念与法律概念，或者未能全面、科学地把握毒品的本质，即毒品概念的内涵，或者其所定义的毒品范围过宽或过窄，或者未能科学地把握毒品与麻醉药品、精神药品的关系。

再次，它们涉及了诸多问题。归纳起来，其涉及的问题主要有以下四个方面：其一，究竟应当如何看待毒品的归属，即在定义毒品时究竟应当选择什么概念作为属概念，以及究竟应当如何理解毒品与麻醉药品或者精神药品的关系，即毒品与麻醉药品或者精神药品的关系究竟应当是等同关系、交叉关系，还是真包含于关系，即种属关系？其二，究竟应当如何处理毒品定义中的种差，即在定义毒品时究竟应当揭示哪些毒品的特殊性或者个性作为种差？其三，究竟应当如何理解毒品定义的数量，即毒品定义的数量究竟应当是只限于一个，还是不限于一个？如果可以不限于一个，那么毒品的定义可否有狭义与广义之分？

那么，究竟应当如何看待上述问题呢？在笔者看来，一般而言，概念是反映事物本质或者事物本质属性的逻辑形式，包括内涵和外延两个方面。其中前者是通过定义来揭示，后者是通过划分，特别是分类来把握。[1]无论是概念、定义还是外延都既是一个逻辑范畴，也是一种认识事物的方法。虽然也许有人认为，仅就定义而言，其并不限于揭示用以反映事物之概念的内涵，而是除此之外，还揭示反映事物之概念的外延以及作为概念表述形式之语词的意义等，换言之，定义不仅有内涵定义，而且有外延定义和语词定义。但是无论如何都应当承认，用以揭示反映事物之概念的内涵定义是主要的定义形式。而且，通常所说的定义指的就是内涵定义。由于内涵是概念所反映的事物的本质，因此，内涵定义，也就是通常所说的定义，即狭义的定义，是揭示事物本质的定义。一般而言，除哲学范畴和单独概念的定义之外，定义的结构包括被定义概念、联结项和由种差加属概念构成的定义概念三个部分。其中，由种差加属概念构成的定义概念所反映的是一组能够区别于其他事物的事物性质，即构成性质组。[2]种差反映的是事物的特殊性，即个性。属概念反映的是同类事物的普遍性，即事物与同类其他事物的共性。被定义概念与定义概念之间的关系是等同关系，被定义概念与定义概念中属概念之间的关系是真包含于关系，即种属关系。通常，一方面，由于世界上之联系具有复杂性和多样性，而且事物可以被归入不同的类，因此，事物所归之类的普遍性，即事物与同类其他事物的共性是复杂多样的，相应地，反映事物所归之类的属概念也是复杂多样的。另一方面，相对于同类其他事物而言，由于事物的特殊性即个性是多方面的，因此，揭示事物个性的种差可以不同。这样，不同的种差与不

---

[1] 吴家国等：《普通逻辑》（增订本），上海人民出版社1993年版，第105～131页。

[2] ［波兰］齐姆宾斯基：《法律应用逻辑》，刘圣恩等译，群众出版社1988年版，第30页。

同的属概念分别相互组合就可以反映不同的事物构成性质组。相应地，借助于不同的事物构成性质组就可以为反映事物之概念下不同的定义。

据此，对于上述第一个问题，笔者认为，在为毒品下定义[1]时，就究竟应当如何看待毒品的归属问题，即在定义毒品时究竟应当选择什么概念作为属概念问题而言，完全可以根据实际需要，适当选择不同的概念作为其属概念。尽管如此，在笔者看来，就对毒品的定义而言，在上述各种中外关于毒品的定义中，那些将毒品归属于麻醉剂或非法麻醉品的，或者归属于麻醉物品的均不足取。除此之外的定义，无论是将毒品归属于违禁物质、物质、制品、物品及其原料、自然物品或化学合成物品、天然或合成物质、自然物品或化学合成物品，还是将毒品归属于药物、药品、成瘾性药物、精神物质和麻醉物质、麻醉药物与精神药物、麻醉药品与精神药品，都是可以的。因为：一方面，无论是将毒品归属于麻醉剂或非法麻醉品，还是将之归属于麻醉物品，都未把有关的精神药品包括进来，不能全面、科学地揭示毒品的内涵与外延，因此不能也不应当把它们作为或者单独作为毒品的属概念。另一方面，无论是将毒品归属于违禁物质、物质、制品、物品及其原料、自然物品或化学合成物品、天然或合成物质、自然物品或化学合成物品，还是将毒品归属于药物、药品、成瘾性药物、精神物质和麻醉物质、麻醉药物与精神药物、麻醉药品与精神药品，都既包括了麻醉药品又包括了精神药品，可以有助于全面、科学地揭示毒品的相关内涵与外延，因此把它们作为毒品的属概念都是可取

---

[1] 此系指内涵定义。在上述各种中外关于毒品的定义中，采用列举法界定的毒品定义属于外延定义，不属于本节所说的内涵定义，在此不作更多的探讨。除此之外，其他有关毒品的定义都属于内涵定义。

的。当然，由于麻醉药品或者精神药品和毒品更为接近，不仅更为严谨、科学、规范，而且有法律规定，因此相对而言，在法治时代定义毒品时，把毒品归属于麻醉药品或者精神药品更为可取。另外，因为在我国，无论是根据我国《麻醉药品和精神药品管理条例》，还是根据我国经修订的《刑法》，毒品都不限于有关麻醉药品或者精神药品，除此之外还包括麻醉药品药用原植物，而上述有关定义并没有把之纳入其中，因此我认为依法不仅应当把有关毒品分别归属于麻醉药品或者精神药品之中，而且也应当把有关毒品归属于麻醉药品药用原植物之中。至于究竟应当如何理解毒品与麻醉药品或者精神药品的关系问题，即毒品与麻醉药品或者精神药品的关系究竟应当是等同关系、交叉关系，还是真包含于关系即种属关系问题，笔者认为不应当把毒品与麻醉药品、精神药品的关系理解为等同关系、交叉关系，而应当理解为真包含于关系，即种属关系。因为众所周知而且毫无疑问的是，所有的毒品都是麻醉药品或者精神药品，但是并非所有的麻醉药品或者精神药品都是毒品。也就是说，只要是毒品就是麻醉药品或者精神药品，但是并非只要是麻醉药品或者精神药品就是毒品。换言之，麻醉药品或者精神药品未必是毒品。

对于上述第二个问题，笔者认为，既然毒品具有许多不同于其他麻醉药品或者精神药品的特殊性，即个性，那么只要其足以将毒品与其他麻醉药品或者精神药品区别开，就可以在定义毒品时将之作为种差。但是，总的来看，上述各种观点或见解在定义毒品时所选择的种差，即毒品的特殊性，因过于宽泛，难以将毒品与其他麻醉药品或者精神药品加以区别，而均不足为取。例如，就我国 1997 年修订的《刑法》在《关于禁毒的决定》的基础上规定的毒品定义而言，就是如此。因为它认为

"本法所称的毒品，是指鸦片、海洛因、甲基苯丙胺（冰毒）、吗啡、大麻、可卡因以及国家规定管制的其他能够使人形成瘾癖的麻醉药品和精神药品"，这就意味着，根据逻辑学原理，如果依据该定义，就势必推出如下结论，即：只要是《刑法》所称的毒品，就是鸦片、海洛因、甲基苯丙胺（冰毒）、吗啡、大麻、可卡因以及国家规定管制的其他能够使人形成瘾癖的麻醉药品和精神药品；只要是鸦片、海洛因、甲基苯丙胺（冰毒）、吗啡、大麻、可卡因以及国家规定管制的其他能够使人形成瘾癖的麻醉药品和精神药品，就是《刑法》所称的毒品。然而，在事实上，虽然只要是《刑法》所称的毒品，就必然是鸦片、海洛因、甲基苯丙胺（冰毒）、吗啡、大麻、可卡因以及国家规定管制的其他能够使人形成瘾癖的麻醉药品和精神药品等，但是却并非只要是鸦片、海洛因、甲基苯丙胺（冰毒）、吗啡、大麻、可卡因以及国家规定管制的其他能够使人形成瘾癖的麻醉药品和精神药品等，就必然是《刑法》所称的毒品。主要理由就是根据我国有关法律规定，即使是鸦片、海洛因、甲基苯丙胺（冰毒）、吗啡、大麻、可卡因以及国家规定管制的其他能够使人形成瘾癖的麻醉药品和精神药品等，如果不涉及非法实验研究、生产、经营、使用、储存、运输等活动，便不是《刑法》所称的毒品。至于其他各种定义，也都基本如此，兹不赘述。

对于上述第三个问题，笔者认为，既然毒品可以归属于不同的类，具有许多能够区别于其他麻醉药品、麻醉药品药用原植物或者精神药品的特殊性，那么由种差加属概念构成的能够反映作为事物的毒品之构成性质组的定义的数量就可以有很多，不只限于一个。也就是说，人们完全可以立足于毒品所归属的不同的类以及其区别于其他麻醉药品、麻醉药品药用原植物或者精神药品的特殊性，为之下不同的定义。然而，值得注意的是，毒品的定义虽然可以不限于一个，但是却不应有狭义与广义之分。因为：一方面，毒品的诸多定义无论如何不同，都应当是同一毒品概念的定义，只不过它们是分别立足于不同的反映作为同一事物的毒品的构成性质组，从不同方面揭示了同一毒品概念的不同方面的内涵。另一方面，如果把毒品的定义区分为狭义定义与广义定义，毒品的狭义定义与广义定义则不仅是不同的定义，而且是不同毒品概念的定义，原因就在于它们是分别立足于反映作为不同事物的毒品的构成性质组，揭示不同毒品概念的内涵的。其中，所谓不同毒品概念，是指狭义的毒品概念与广义的毒品概念，即小毒品概念与大毒品概念。

三、毒品定义的新观念

那么，究竟应当如何来理解、把握毒品的定义呢？在笔者看来，由于如前所述，通常所说的定义指的是内涵定义，即揭示事物本质的定义。除哲学范畴和单独概念的定义之外，一般其结构包括被定义概念、联结项和由种差加属概念构成的能够区别于其他事物的事物之构成性质组的定义概念三个部分。其中种差反映的是事物的特殊性，即个性，属概念反映的是同类事物的普遍性，即事物与同类其他事物的共性，因此要科学地对毒品进行定义，就必须先科学地分析作为事物之毒品与同类其他麻醉药品、麻醉药品药用原植物或者精神药品的共性以及个性。就毒品与同类其他麻醉药品、麻醉药品药用原植物或者精神药品的共性而言，众所周知，毒品与同类其他麻醉药品、麻醉药品药用原植物或者精神药品都具有麻醉药品、麻醉药品药用原植物或者精神药品性质，包括物品性、药用性、麻醉性或者精神疾病防治性等，或者说，它们都属于麻醉药品、麻醉药品药用原植物或者精神药品。因此，完全可以以"麻醉药品、麻醉药品药用原植物或者精神药品"作为毒品之定义概念中的属概念。就毒品的个性而言，毒品不仅有很多可以与同类其他麻醉药品、麻醉药品药用原植物或者精神药品相区别的个性，如能够使人形成瘾癖性、管制性、法定性、特别性等，而且从根本上来看，通常主要还是从相关行为方面概括为行为相关性，特别是从违反法律规定的义务方面概括为义务违反性即非法性，更能彰显毒品区别于同类其他麻醉药品、麻醉药品药用原植物或者精神药品的个性。因此，最好以"与有关非法行为相关"或者"涉及有关非法行为"作为毒品之定义概念中的种差。由上所述，结合相关法律规定，可以将毒品定义为：涉及非法种植、实验研究、生产、经营、使用、储存、运输等行为的鸦片、海洛因、甲基苯丙胺（冰毒）、吗啡、大麻、可卡因以及国家规定特别管制的其他能够使人形成瘾癖的麻醉药品、麻醉药品药用原植物或者精神药品，或者涉及非法种植、实验研究、生产、经营、使用、储存、运输等行为的国家规定特别管制的能够使人形成瘾癖的麻醉药品、麻醉药品药用原植物或者精神药品。

第二节　贩卖毒品罪主要争议问题述评*

　　毒品犯罪形势严峻，导致理论和实践都将毒品犯罪作为我国最严重的罪名来看待，不仅司法实践中的"推定"大行其道、特情引诱层出不穷，理论界对贩卖毒品罪构成要件的解读往往也以"从严惩处"的思维来进行。本节拟就贩卖毒品罪主要争议问题进行梳理，并作简要分析与评价。

---

　　* 作者简介：何显兵（1978 年～），四川三台人，西南科技大学法学院教授，法学博士，硕士研究生导师，院长助理。主要研究方向：刑事法学。

一、毒品的内涵与外延

毒品的内涵与外延，似乎是一个不言自明的问题。我国《刑法》第357条明确规定："本法所称毒品，是指鸦片、海洛因、甲基苯丙胺（冰毒）、吗啡、大麻、可卡因以及国家规定管制的其他能够使人形成瘾癖的麻醉药品和精神药品。"

（一）毒品是记述的构成要件要素还是规范的构成要件要素

甚少有学者对我国法律规定的毒品目录进行探讨，但这实际上并不是一个不言自明的问题。从构成要件要素分类的角度来看，毒品似乎是一个记述构成要件要素；但实际上，在制定毒品目录的同时，明显存在规范评价的问题。例如酒精依赖、烟草依赖，既可能产生生理依赖，也可能产生心理依赖，为何没有被规定为毒品？毒品并不是一个不言自明的物品，有其自身规范评价的过程。美国目前已经普遍将大麻合法化，墨西哥最高法院目前作出判决，也倾向于将大麻合法化。大麻是否是毒品，肯定不仅仅取决于其对公众健康的社会危害性，还取决于一国的文化、国情、公共政策。美国历史上也曾经长期禁酒，当时对酒精的使用显然与毒品使用并无二致。

同时，存在的问题还包括：吗啡、鸦片、大麻等不仅可以用于吸食取乐，还可以作为药物予以使用。也就是说，《刑法》第357条直接将吗啡、鸦片等作为毒品并不妥当。难道说，当吗啡被作为麻醉剂使用时，也是在让病人吸毒吗？这直接引发的问题就在于：如果出售者将吗啡作为麻醉剂出售、购买者也将吗啡作为麻醉剂购买，能否直接将出售者认定为犯贩卖毒品罪而将购买者认定为犯非法持有毒品罪？笔者认为，毒品不应当仅仅按照其名称来认定，还应当结合其用途来认定。如果出售者将吗啡、鸦片等作为药物出售，不宜被认定为贩卖毒品罪，而宜按照《武汉会议纪要》被认定为非法经营罪；购买者如果将吗啡、鸦片作为药物予以购买，其目的是减缓病人痛苦，也不宜被认定为非法持有毒品罪。可能有人会认为这将导致毒贩据此逃避打击，但笔者坚持认为，刑法应当符合社会公众的一般观念。如果将为亲人减缓痛苦购买吗啡、鸦片认定为非法持有毒品罪，不仅不能有效树立法律权威，而且也难以令被告人信服。同时，将吗啡、鸦片作为药物予以销售、购买，显然需要证据支撑，同时也有规范构成要件要素的认识标准予以参照。

（二）毒品的纯度

现行刑法规定，毒品不以纯度折算，但这并不是天然正当的结论。1979 年《刑法》第 171 条规定的制造、贩卖、运输毒品罪并无现行《刑法》"毒品不以纯度折算"的规定，1990 年全国人大《关于禁毒的决定》也无类似规定。但也许正是由于没有关于纯度折算的明确规定，刑法理论界一般都认为该决定中关于毒品数量的规定需要定性与定量分析。[1]最高人民法院1994 年作出司法解释，对毒品的纯度作了规定："对毒品犯罪案件中查获的毒品，应当鉴定，并做出鉴定结论。海洛因的含量在25% 以上的，可视为与标准的海洛因含量相同；含量不够 25%的，应当折合成含量为 25% 的海洛因计算。对毒品的鉴定结论有异议的，应当补充鉴定或重新鉴定。"但 1997 年《刑法》不知为何增加了"毒品不以纯度折算"的规定。结果导致长期以来，司法机关完全不做毒品纯度的鉴定。而后的《大连会议纪要》强调对毒品死刑案件应当做纯度鉴定。

笔者认为，"毒品不以纯度折算"的规定属于恶法，应予删除，应当改之以"毒品完全以纯度折算"的规定。理由在于：

---

[1]　参见赵秉志、吴振兴主编：《刑法学通论》，高等教育出版社 1993 年版，第 737 页。

①毒品以纯度折算，符合罪刑相当原则。毒品的纯度关系到其对于公众健康的威胁程度，如果确实含量太低，没有应有的毒品效用，还能叫作毒品吗？例如用 1 公斤淀粉加入 10 克海洛因，然后分成 1 克每包出售，还能否被认定为是贩卖毒品？不同纯度的毒品的社会危害性完全不同，无视纯度而对毒品进行"一刀切"式的认定，显然违反法益保护原则。②毒品以纯度折算，符合法律面前人人平等原则。毒品不以纯度折算的结果，就是智慧的犯罪人只出售高纯度毒品，而初出茅庐的犯罪人却不计较纯度，导致销售高纯度毒品 1000 克也可能不被判处死刑，而销售低纯度毒品 2000 克也可能被判处死刑。毒品完全以纯度折算，不仅体现公平原则，也体现法律面前人人平等原则，犯罪人也不至于因纯度问题而感到自己是刑法的受害者。③毒品以纯度折算在技术上完全可行，并不存在任何障碍。不能因为严打毒品犯罪而一味采取简单粗暴的办法，既要打击犯罪，又要保障人权，是现代刑法的应有之意。

二、贩卖的内涵与外延

"贩卖"在贩卖毒品罪中，目前基本上已经穷尽了其所有的边缘含义。刑法就类似"贩卖"的词汇，分别使用了"销售""出售""买卖""贩卖""倒卖"等词语。不同的词语以及不同的刑法条文在解释时都存在细微差异：生产、销售伪劣产品罪中的"销售"，即仅指现实的销售行为而不包括生产行为，因此司法解释认定，生产伪劣产品但尚未销售的，生产金额达到 15 万元的，认定为生产、销售伪劣产品罪的未遂；对于非法出售珍贵、濒危野生动物制品罪中的"出售"，司法解释则解释为包括"出卖和以营利为目的的加工利用行为"，即此处的出售包含生产行为；对于非法买卖制毒物品罪中的"买卖"，司法解释则作了限制性解释，"为了制造毒品或者走私、非法买卖制毒物品犯罪而采用生产、加工、提炼等方法非法制造制毒物品的，按照其制造易制毒化学品的不同目的，分别以制造毒品、走私制毒物品、非法买卖制毒物品的预备行为论处"，即此处的"买卖"不包含生产行为。贩卖的内涵与外延，有如下问题值得进一步研究：

（一）以出卖为目的的毒品收购行为，是否属于贩卖？

对于司法实践将以出卖为目的的毒品收购行为认定为贩卖，并将收购的毒品也作为贩卖的数量，学术界的主流观点也予以支持。

刑法中与贩卖相类似的概念是"出售"。刑法条文使用"出售"词汇的，一般都同时规定"收购"。例如非法收购、运输、出售珍贵、濒危野生动物制品罪，此处为选择性罪名，收购显然不能被纳入出售的内涵。那么，贩卖毒品罪中的贩卖，就既包括收购也包括出售吗？尽管学术界对此几乎不持异议，但仍然值得思考：当毒品尚未流入到消费市场，其社会危害性显然远远低于流入到消费市场，一律将收购行为认定为贩卖行为，是否符合常识？是否符合贩卖的通常含义？是否违反罪刑相适应原则？

探讨这个问题的前提，是探讨贩卖毒品罪的法益。通说认为，毒品犯罪的法益是国家对毒品的管理制度。[1]张明楷教授对此进行了批判，认为毒品犯罪是以公众的健康作为保护法益的抽象危险犯，而不是含糊的毒品管理制度。[2]笔者赞同张明

---

〔1〕　参见高铭暄、马克昌主编：《刑法学》，北京大学出版社、高等教育出版社2010年版，第664页。

〔2〕　参见张明楷：《刑法学》（第4版），法律出版社2011年版，第1004~1005页。

楷教授的观点，司法实践之所以一味强调对毒品犯罪进行严打，其实质并非是因为对毒品管理制度的侵犯，而是毒品对公众健康的威胁。如果说吗啡、鸦片等毒品尚可以用于治疗的话，那么诸如冰毒等新型毒品则完全没有治疗目的。毒品管理制度这个词语，其本身蕴含的意思就是毒品可以在取得特定许可的情况下进行合法的生产、销售，例如以治疗为目的的吗啡、鸦片。但并非所有的毒品都允许进行生产、销售，因此笼统的讨论所谓毒品管理制度并不妥当。

笔者认为，如果将贩卖毒品罪的法益界定为公众健康，则贩卖毒品罪中的"贩卖"，不宜包括"以出卖为目的的收购"。理由在于：收购毒品与使用毒品之间的距离较远，对公众健康法益的侵犯距离也较远，尚未对公众健康造成直接、现实的威胁。因此，"以出卖为目的的毒品收购行为"宜被认定为是贩卖毒品罪的未遂行为。这种认识有如下好处：①符合公众对"贩卖"的一般理解，符合国民预测可能性；②符合罪刑相适应原则，因为毒品收购行为对公众健康造成的法益威胁远低于毒品出售行为对公众健康造成的威胁。③有利于严格贯彻宽严相济的刑事政策以及限制死刑的原则。

（二）贩卖行为是否需要以牟利为目的？

这里有肯定说与否定说之争，否定说是通说。肯定说主张，"贩卖毒品罪"行为人主观上除了需具有对构成要件事实的认识以外，还必须具有牟利目的。即贩毒者希望通过非法买卖毒品以获取暴利。如果不具有营利目的，则不能构成贩卖毒品罪。[1]否定说则认为："刑法没有要求本罪以营利为目的，故不以营利为目的实施本罪行为的，也构成本罪。例如，为了赠与而制造

---

〔1〕 参见于志刚：《毒品犯罪及相关犯罪认定与处理》，中国方正出版社1999年版，第1071页。

毒品，为了自己吸食而走私毒品，单纯受贩卖者委托运输毒品等，都构成犯罪。再如，甲为了自己吸食而大量买进毒品，后由于种种原因而戒毒，戒毒后低价将剩余毒品出卖的，仍然构成贩卖毒品罪。"[1]还有否定说主张者认为，"以牟利为目的"并不是"贩卖毒品罪"的主观要件，要从刑法设立毒品犯罪所保护的法益即"严禁毒品扩散"的角度界定"贩卖"一词的含义。[2]

笔者认为，贩卖毒品罪应当以牟利为目的，无牟利目的而出售毒品不宜被认定为贩卖毒品罪。理由在于：①从传统词源学的角度来说，贩卖本身就要求牟利目的。如果刑法解释要改变传统词源学的含义，必须给出充足的理由，否则违反国民预测可能性原则。贩卖毒品罪的法益是公众健康，立法打击贩毒也的确主要是为了"严禁毒品扩散"。但这并不能得出贩卖毒品罪就不需要以牟利为目的。毒品扩散的根源就在于毒品的暴利。"无利不起早"是句俗话，但这却很形象地说明了毒品扩散的根源。毒品犯罪包含十个罪名，其目的都是为了防止毒品扩散进而造成对公众健康的威胁。要求贩卖毒品罪以牟利为目的，并不会导致毒品扩散，因为有其他的罪名予以规制。②不以牟利为目的提供毒品的现象，主要表现为引诱、教唆、欺骗、容留吸毒罪。如果要求贩卖毒品罪不以牟利为目的，将导致扩大刑法的打击面，令其他毒品罪名虚化。目前，司法实践的一个趋势是尽可能将毒品犯罪行为纳入到制造、贩卖、运输毒品罪中，以提高刑罚的打击力度，这新一轮的严打现象有何弊端，不必笔者赘述，学术界都明白。③否定说为了证明自己观点的合理

---

[1]　参见张明楷：《刑法学》（第4版），法律出版社2011年版，第1009页。

[2]　参见杨高峰："贩卖毒品罪之主观目的的探讨"，载《河南社会科学》2009年第4期。

性，所举出的案例并不恰当。例如，"甲为了自己吸食而大量买进毒品，后由于种种原因而戒毒，戒毒后低价将剩余毒品出卖的，仍然构成贩卖毒品罪"。在该案例中，甲的确构成贩卖毒品罪，但这并不是因为甲没有牟利，恰恰相反，甲事实上牟利了。"牟利"并不是指行为人在现实中一定赚取了利润，而是指对毒品的交付收取了对价。在商品交易过程中，所谓"亏本出售"的现象十分普遍，但难道说"亏本出售"就不是商品交易么？④肯定说主要针对的是毒品赠予行为而非毒品低价销售行为，毒品交付只要收取了对价，即为牟利目的。将毒品赠予行为认定为贩卖毒品罪，不仅不符合公众的一般观念，而且会导致这种本可以由其他罪名规制的行为被人为地加大了打击力度。毒品的无偿赠予行为，完全可以被认定为教唆、引诱吸毒罪或者非法持有毒品罪，没有必要担心肯定说会导致毒品扩散。

三、贩卖毒品罪的未完成形态

对于贩卖毒品罪的未完成形态，实务界有模糊既遂、未遂标准的趋势，这应当引起学术界的高度警惕，不能为了打击犯罪而放弃刑法的基本原则。

（一）贩卖毒品罪既遂的一般标准

1. 主要观点介绍

（1）"收购""出卖"任一行为完成说。该观点认为，贩卖毒品通常包括两个阶段：第一阶段为贩卖毒品者先低价买入毒品，第二阶段是将买入的毒品高价出售。无论是买入还是卖出，只要买或卖的行为实施完毕，两者只居其一，就构成罪既遂。[1]

---

〔1〕 参见陈兴良：《罪名指南》，中国政法大学出版社2000年版，第1278页。

（2）毒品交付说。该观点认为，贩卖毒品既遂的标准是毒品交付，仅仅达成买卖协议，尚不能认定为交付。[1]

（3）买卖协议达成说。该观点认为，贩卖毒品罪既遂标准是卖出，而卖出的标准是达成买卖协议，至于毒品是否交付在所不问。[2]

（4）开始出卖毒品说。该观点认为，贩卖毒品罪既遂标准是开始实施毒品出卖行为。[3]

（5）极端既遂标准说。最高人民法院前副院长张军在全国部分法院审理毒品犯罪案件工作座谈会上的讲话中指出，对于实践中出现的极为典型的未遂案件，应按照犯罪未遂处理。例如毒品若是祖传下来的，尚未出手即被查获，可认定为犯罪未遂。而对于毒品交易双方已经明确约定了交易地点，即使尚未见面，在路途中被抓获的，对卖方也应认定为犯罪既遂，因为其是为贩卖而购买或走私、制造的毒品。[4]这一观点比较含糊，但对既遂标准规定得过于极端，故名之为极端既遂标准说。

2. 述评

合理确定贩卖毒品罪的既遂标准，前提是界定贩卖毒品罪的法益。如前文所述，笔者认为贩卖毒品罪侵犯的法益是公众健康，因此贩卖毒品仅指出售毒品。出售毒品行为的完成则为贩卖毒品罪的既遂标准，而出售毒品行为的完成具体来说又是指毒品的实际交付，那种为严打毒品犯罪而不顾刑法规定的观

---

〔1〕　参见张明楷：《刑法学》（第4版），法律出版社2011年版，第1011页。

〔2〕　参见赵秉志：《疑难刑事问题司法对策》（二），吉林人民出版社1999年版，第298页。

〔3〕　参见张穹：《刑法各罪司法精要》，中国检察出版社2002年版，第751页。

〔4〕　参见张军："在全国部分法院审理毒品犯罪案件工作座谈会上的讲话"，载最高人民法院刑事审判一至五庭编：《刑事审判参考》（总第67辑），法律出版社2009年版，第212页。

点严重违反了刑法的基本原则。台湾学者林山田写道："贩卖系指有偿的让与，包括出售与以物易物的交换，行为人只要将其烟毒出售予他人，即构成本罪的既遂，倘若行为人从他人购入烟毒，而尚未出售予他人，即被查获者，则属意图贩卖而持有，尚非属于本罪未遂。可是在严刑峻法时代的判例却认为贩卖不以先买后卖为必要，只要以营利为目的，而将烟毒购入，或将烟毒卖出，即可成罪，行为人只要有其中一个行为即可。其犯罪一经完成，均不得视为未遂。如此的见解，将使尚未构成本罪的行为透过解释认定成立本罪的既遂，而使本罪不当地扩张适用，故属违背罪刑法定原则的用法，亟待修正。"[1]至于前副院长张军所谓"约定交易地点，即使尚未见面，在途中被抓获"也认定为既遂的标准，实在是难以用刑法理论予以解读。

（二）贩卖毒品罪的控制下交付

控制下交付，通常是指在主管机关知情并由其监控的情况下，允许非法或可疑货物运出、通过或者运入一国或多国领域的做法。其目的在于侦查某项犯罪并查明参与该项犯罪的人员。通俗地说，毒品犯罪中的控制下交付是指毒品交易在侦查人员的监测、控制下完成。学术界一般对控制下交付采取未遂说："布控状态下犯罪构成既遂还是未遂，关键在于看犯罪嫌疑人是否有可能真正完成其欲实施的犯罪。由于犯罪在警方的控制之下，随时可以终止，是根本没有可能真正完成犯罪行为，故只能认定其构成犯罪的未遂形态。"[2]也有学者认为，应当区分

〔1〕 参见林山田：《刑法各罪论》（下册），台大法学院图书部 2006 年版，第 553 页。
〔2〕 参见黄维智："控制下交付法律问题研究"，载《社会科学研究》2007 年第 2 期。

控制下交付的具体情形，控制下交付并不能完全消除侵犯法益的抽象危险，原则上应当成立既遂。[1]司法实践则几乎完全不考虑控制下交付，一律将其认定为未遂。

笔者认为，控制下交付是否应被认定为贩卖毒品罪的未遂，应当考虑毒品交付行为是否真正完成。由于在警方的控制状态下，毒品几乎不可能真正流向社会，因此其对法益不会造成现实的威胁。但由于贩卖毒品罪既遂的标准是毒品交付行为，因此，控制下交付的贩卖毒品罪是否既遂，应当以毒品交付行为是否完成为标准。也即，如果是无害控制下交付，即交付的并非是毒品，则应认定为贩卖毒品罪的未遂，因为这并不是真实的毒品交付；如果交付的是真实的毒品，则应认定为贩卖毒品罪的既遂。

（三）贩卖毒品罪中的诱惑侦查

控制下交付与诱惑侦查不同。在控制下交付的情况下，侦查机关为了不干扰违禁品沿着既定路线继续流转，侦查人员不直接介入违禁品流转过程，而是暗中观察，发现既定的收货人以及送货人，乃至整个犯罪组织。而在诱惑侦查时，则是通过线人或者侦查人员的引诱行为才能确定毒品交易相对方，侦查人员必然要通过某种引诱行为介入到毒品犯罪交易当中，这种介入对犯罪行为的实施会产生或多或少的影响。[2]

学术界一般将诱惑侦查分为犯意引诱与数量引诱。犯意引诱是指行为人本没有实施犯罪的主观意图，而是在侦查机关的特情的促成下形成了犯意，进而开始着手实施犯罪行为或完成

---

[1] 参见陈惊春："控制下交付案件中犯罪既遂与未遂的认定——以贩卖毒品罪为研究对象"，载《法学论坛》2012年第3期。

[2] 参见陈惊春："控制下交付案件中犯罪既遂与未遂的认定——以贩卖毒品罪为研究对象"，载《法学论坛》2012年第3期。

犯罪行为。欧美法治国家对犯意引诱一般持否定态度，通常认为犯意引诱可以作为犯罪的辩解，进而不应将行为人评价为有罪。数量引诱则是指行为人原本有实施犯罪的意图，但在侦查机关特情人员的引诱下，实施了超过其预定交易计划的犯罪数量。数量引诱在学术界存在争议，但笔者认为：数量引诱不影响犯罪既遂的认定，但其贩卖毒品的数量不应将引诱的数量计算在内，而只应考虑其原本计划交易的数量。一些零星小毒贩，在特情人员的引诱下，如同滚雪球般将贩毒数量滚至死刑标准，既不利于人权保障，也违反侦查机关的法定职责。

四、贩卖毒品罪的死刑适用

贩卖毒品罪的量刑最具争议的是其死刑立法设置与死刑适用标准问题。最高人民法院公开宣称"充分发挥死刑对于预防和惩治毒品犯罪的重要作用"，这充分展现了最高法院的量刑态度。少数学者认为，贩卖毒品罪不应当被作为最严重的犯罪并设置死刑。[1]这种观点虽然仅仅是个别学者的声音，但其具有相当的反省价值。

长期以来，贩卖毒品罪的死刑适用标准基本上是唯数量论。某些省市掌握的死刑适用标准是 1 公斤，某些省市掌握的死刑适用标准是 2 公斤。如果解读《武汉会议纪要》便可以看出，最高人民法院已经认识到毒品犯罪的死刑适用存在的重大弊端：一方面，指出继续"该判处重刑和死刑的坚决依法判处"；但另一方面，也指出严厉打击的对象是"毒枭、职业毒犯、累犯、毒品再犯等主观恶性深、人身危险性大的毒品犯罪分子"，量刑时应综合考虑"毒品数量、犯罪性质、情节、危害后果、被告

---

[1] 参见何荣功："'毒品犯罪'不应属于刑法中最严重的罪行"，载《辽宁大学学报（哲学社会科学版）》2014 年第 1 期。

人的主观恶性、人身危险性及当地的禁毒形势等因素"。

　　笔者认为，贩卖毒品罪的死刑标准可以考虑做如下设计：①以适用死缓为原则，以适用死刑立即执行为例外；②设定无期徒刑的毒品数量标准，达到该标准后如果有职业毒犯、累犯、毒品再犯情节或者超过该标准数量 3 倍以上的，适用死缓；③符合死缓标准后，如果有直接或者间接证据证明造成吸毒者或其他人死亡情节的，适用死刑立即执行。

第三节　毒品犯罪死刑适用的滥觞及合理限制的思考*

一、毒品犯罪死刑制度的发展

　　我国 1979 年《刑法》第 171 条规定的制造、贩卖、运输毒品罪所设定的最高法定刑是 15 年有期徒刑，可见 1979 年《刑法》并没有对毒品犯罪规定死刑。但是在改革开放的大历史背景下，毒品犯罪也随着经济的快速复苏逐渐严重，内部因素和外部因素的结合，加上"无毒国"的历史带来的制度上的疏忽导致毒品犯罪急剧上升。为了打击日益严重的毒品犯罪，1982 年 8 月 3 日，第五届全国人民代表大会常务委员会通过了《关于严惩严重破坏经济的罪犯的决定》（已废止）将"79 刑法"针对毒品犯罪（制造、运输、贩卖毒品）的最高法定刑提升为死刑。1988 年 1 月 21 日，第六届全国人民代表大会《关于惩治走私罪的补充规定》对走私毒品罪设置了死刑。1990 年 12 月 28 日，第七届全国人民代表大会常务委员会《关于禁毒的决

---

　　* 作者简介：张亚军，河北经贸大学副教授，硕士研究生导师；张娜，河北经贸大学刑法 2014 级研究生。

定》统一对走私、贩卖、运输、制造毒品设置了死刑，并要求严惩毒品犯罪。这一立法文件成了"79刑法"有关毒品犯罪规定的原型。在程序性制度方面，为打击日益猖獗的毒品犯罪，最高人民法院在1991年至1997年间先后授权云南、广东等五省、自治区高级人民法院对部分毒品死刑案件行使核准权。

同时，相关司法规范性文件进行了细化。例如2000年《最高人民法院关于全国法院审理毒品犯罪案件工作座谈会纪要》（2013年4月7日失效），2007年《最高人民法院、最高人民检察院、公安部办理毒品犯罪案件适用法律若干问题的意见》，2008年《全国部分法院审理毒品犯罪案件工作座谈会纪要》（简称"大连会议纪要"）。这些规范性文件都试图通过调整毒品犯罪的证据标准、限制死刑适用的对象（区分主犯与从犯、对特定的群体从宽处理）、区别对待所涉毒品的种类（新型毒品犯罪的死刑适用受到严格的限制）等措施控制死刑适用的范围。不少地方司法机关也结合本地的毒品犯罪形势制定了适用于本地的毒品犯罪死刑制度，例如广东省《关于审理新型毒品犯罪案件定罪量刑问题的指导意见》、上海市《上海法院量刑指南——毒品犯罪之一》、云南省《关于毒品案件财产刑适用问题的意见（试行）》等。通过这些地方性规范性文件，毒品制度的地区性差异逐渐得以呈现。为了提高惩罚的效果，特情等措施被引入侦查环节，自首、立功等制度的功能也得到了充分开发。在这一阶段，制度的执行力也得到了明显提升。

1997年《刑法》之后的刑事立法保持了死刑规定和对毒品犯罪的高压态势。从狭义的毒品死刑制度来看，这一阶段只是先前制度的延续。不过，死刑问题的宏观走向在很大程度上影响了毒品犯罪死刑制度，这也应当作为毒品犯罪死刑制度的重要组成部分进行分析。死刑制度宏观走向的基本内容是限制死刑的适用，其形式包括刑事政策的宏观引导，包括实体法上的规定（例如已满 75 周岁的老人实施毒品犯罪不再适用死刑），也包括死刑案件审理的程序上的制约，如 2007 年 10 月最高人民法院收回死刑复核权以及 2010 年 6 月"两院三部"联合发布的《关于办理死刑案件审查判断证据若干问题的规定》和《关于办理刑事案件排除非法证据若干问题的规定》等。

在 2015 年 8 月 29 日第十二届全国人民代表大会常务委员会第十六次会议通过的《刑法修正案（九）》中，走私、制造、贩卖、运输毒品罪的最高刑仍然是死刑。需要注意的一个问题是，《刑法修正案（九）》取消了走私罪、集资诈骗罪等九个罪名的死刑，这就表明立法者的一个价值取向是：我国贪利型犯罪的死刑适用率逐渐降低。同样是贪利型犯罪，之所以对毒品犯罪这种贪利型犯罪没有废除死刑，是因为不管是基于我国现实的毒品犯罪的现状还是理论上的研究，死刑都有其存在的必要性。

自 1997 年我国规定了走私、贩卖、运输、制造毒品罪的死刑以来，司法实践中在毒品犯罪方面适用死刑的概率便得到了大幅度提升。其原因同我国的历史与现行刑事政策密不可分，同我国在打击毒品犯罪时的急功近利的心态息息相关。

（1）从我国的刑事政策的角度分析，从 20 世纪 80 年代初开始的"严打"的刑事政策，对死刑的适用更有推波助澜的作用。"从重从快"的方针在历次《刑法》修改中的体现是对犯罪分子量刑不断加重，发展到后来适用死刑的增多也就顺其自然了。可以说，重刑主义思想从来就是我国刑法学界的主流思想，是社会本位思想在刑法文化中的反映。

（2）功利价值理论和死刑的利益驱动，推动了我国死刑的扩大化。死刑的严厉性和对犯罪分子的威慑作用是其他刑罚不可比拟的，以剥夺生命的死刑作为手段去阻止毒品犯罪，不仅能在很大程度上威慑犯罪分子，更可以节约对犯罪分子进行惩罚的成本。

（3）从毒品犯罪的现实情况以及毒品犯罪分子的人身危险性方面考虑，在打击毒品犯罪的高压态势下，贩毒分子铤而走险，继续实施毒品犯罪活动，是有其主客观原因的。从客观方面讲，随着我国改革开放程度的不断提高，国际经济交流日益频繁，境外毒品犯罪向国内渗透加剧，一些国际贩毒集团和贩毒分子看到了中国市场的空间，竭力开辟"中国通道"，越来越多地将大量毒品从我边境相毗邻的毒品产地"金三角"假道云南、广西等地，将我国作为毒品的过境国和倾销地，大肆进行毒品犯罪活动，导致我国毒品犯罪问题愈加严峻。就主观方面而言，毒品的高额利润刺激了贩毒分子的追求巨额利润的欲望，使其在这种毫无止境的贪欲支配下铤而走险，从而导致毒品犯罪活动愈演愈烈。

二、毒品犯罪死刑限制适用的理论探讨

（一）毒品犯罪限制适用死刑的原因

随着人类社会文明程度的提高，死刑适用越来越受到国际社会的反对。国际文件也明确要求各国严格控制死刑的适用并鼓励废除死刑。我国已经签署《公民权利和政治权利国际公约》。该公约鼓励缔约国废除死刑并要求严格限制死刑。《公民权利和政治权利国际公约》第6条第2款规定："在未废除死刑的国家，判处死刑只能是作为对最严重的罪行的惩罚。"联合国经济与社会理事会关于《保护面对死刑的人的权利的保障措施》第1条重申，"在没有废除死刑的国家，只有最严重的罪行可判

处死刑"，并进一步规定，"这就理解为最严重的罪行之范围不应超出具有致命的或者其他极其严重之结果的故意犯罪"。[1] 这实际上确立了适用死刑的一条大致标准，亦即界定了死刑的适用范围。据此只有对最严重的犯罪施加的刑才有可能是正当的死刑，而对任何非最严重的犯罪施加的死刑则构成不正当的死刑，亦即构成对人的生命的任意剥夺。

尽管毒品犯罪是一种公认的国际犯罪，而且 1988 年《联合国禁止非法贩运麻醉药品和精神药物公约》（以下简称《公约》）要求，各缔约国应采取必要措施使这类犯罪受到充分顾及其严重性质的制裁，努力确保对这些犯罪的执法措施取得最大成效，并适当考虑到需要对此类犯罪起到威慑作用。但是该公约并不主张对严重的毒品犯罪适用死刑。《公约》第 3 条规定："各缔约国应使按本条第 1 款确定的犯罪受到充分顾及这些罪行的严重性质的制裁，诸如监禁或以其他形式剥夺自由、罚款和没收。"事实上，世界上绝大多数国家在运用刑罚打击毒品犯罪时都没有动用死刑。即使在毒品最大的消费国美国，对毒品犯罪最严厉的刑罚也仅仅是 30 年监禁；在毒品犯罪非常严重的德国，对毒品犯罪最重的处罚也只是 15 年自由刑；在日本，毒品犯罪中处罚最重的是 10 年惩役。对毒品犯罪规定死刑的国家在世界上占极少数，多为亚洲的一些发展中国家，如越南、老挝、泰国、中国等。

从上述的死刑对毒品犯罪的威慑力分析也可以看出，死刑的威慑力对毒品犯罪分子而言是有限的，滥用死刑反而会刺激毒品犯罪分子造成更严重的社会危害。因此对毒品犯罪限制适用死刑是有必要的。

---

[1]　陈泽宪："论严格限制死刑适用"，载《法学》2003 年第 4 期。

（二）毒品犯罪死刑限制适用的理论依据

我国《刑法》规定："对于走私、贩卖、运输、制造毒品，有下列情形之一的，处15年有期徒刑、无期徒刑或死刑，并处没收财产：①走私、贩卖、运输、制造鸦片1000克以上、海洛因或者甲基苯丙胺50克以上或者其他毒品数量大的；②走私、贩卖、运输、制造毒品集团的首要分子；③武装掩护走私、贩卖、运输、制造毒品的；④以暴力抗拒检查、拘留、逮捕，情节严重的；⑤参与有组织的国际贩毒活动的。"这是我国毒品犯罪适用死刑的法律依据。但是仅仅有法律上的依据是远远不够的，很多从事实上废除死刑的国家虽然在法律上仍规定有死刑，但实际上死刑的适用率特别低。而且如果仔细研究《刑法》第347条的规定，毒品犯罪的死刑适用并不是绝对确定刑，所以这给我们研究毒品犯罪的死刑适用留下了很大的空间。

毒品犯罪死刑限制适用的理论基础就是犯罪预防论。预防论以预防犯罪的目的作为刑罚正当化的根据，这也是刑罚的法定与裁量都必须考虑的重要方面。《德国刑法典》第46条明文规定量刑"应考虑刑罚对犯罪人将来社会生活产生的影响"。[1]《日本刑法典》第48条规定："刑罚应当以有利于遏制犯罪和促进犯罪人的改造更生为目的。死刑的适用应当特别谨慎。"[2]可见德日两国的刑罚都明确把犯罪预防作为刑罚裁量基准。我国《刑法》第61条规定："对于犯罪分子决定刑罚的时候，应当根据犯罪的事实、犯罪的性质、情节和对于社会的危害程度，依照本法的有关规定判处。"这是我国《刑法》唯一明文规定量刑基准的法条。解读这一法条对量刑的界定可以看出，《刑法》

---

〔1〕 参见《德国刑法典》，徐久生、庄敬华译，中国法制出版社2000年版，第56~57页。

〔2〕 参见《日本刑法典》，张明楷译，法律出版社1998年版，第109~110页。

中量刑的基准仅仅是责任，但从大量的司法实践中可以看出，犯罪预防（尤其是作为威慑的消极一般预防）对于死刑的裁量具有重大影响。刑罚裁量对犯罪态势的考虑、刑罚裁量对累犯的担忧，都体现出了犯罪预防的目的论思想。

刑罚的预防作用可分为一般预防和特殊预防。一般预防是指刑罚预防犯罪人之外的其他人犯罪的功能。特殊预防则是指刑罚抑制犯罪人再次犯罪的功能。这两方面的功能，都能为刑罚的正当化提供支持。但根据责任主义的原理："法官当在责任范围内通过考虑一般预防与特别预防来确定刑种与刑量。"[1]考虑犯罪预防对死刑的依赖，所判处的刑罚也不得超出前述责任的范围。对于责任严重程度未达死刑适用标准的，不得因为预防犯罪的必要性适用死刑。

一般预防，尤其是消极的一般预防是当前毒品犯罪适用死刑的主要依据。死刑的威慑力是当前司法实践适用死刑最主要的理由之一。尤其是在毒品犯罪形势严峻的社会背景下，通过适用死刑威慑具有犯罪倾向的人，成了司法机关常用的司法策略。但是，一般预防的效果不能单从刑罚严厉性的角度入手，还必须考虑其他因素。

因为一般预防的效果大体上可以表示为："一般预防的效果等于刑罚的必然性乘以刑罚的严厉程度乘以刑罚的可感知程度。"[2]也就是说只通过强化其他几个因素的作用，威慑的一般预防对于死刑的依赖程度就会降低很多，死刑的适用自然而然会随之下降，这就能为死刑的适用提供理论根据。因此，从

---

〔1〕　[韩] 金日秀、徐辅鹤：《韩国刑法总论》，郑军男译，武汉大学出版社2008年版，第724页。

〔2〕　莫洪宪、陈金林："论毒品犯罪死刑限制适用"，载《法学杂志》2010年第1期。

一般预防的角度分析，要限制适用死刑就应当采取措施保证刑罚的必然性，通过一定的途径提高刑罚的可感知程度。

从特殊预防论的角度分析，对于累犯的担忧可能会增加司法机关对于死刑的依赖，因为如果没有更妥当的措施避免犯罪人再次犯罪，最有效的方法就是剥夺犯罪人的生命。但对这种观念的过度崇拜，导致的一个必然的结果就是对人权的肆意践踏。因此对于毒品犯罪的死刑适用而言，必须从以下几方面限制这种观点：第一，对于特殊预防的考虑不得超出责任主义所对应的刑罚上限；第二已经穷尽了当前刑罚体系内的其他一切方法，仍难达到特殊预防的目的。司法实践中常常忽略第二方面。纵观我国刑罚体系的执行效果，普遍存在着"死刑过重，生刑过轻"的弊病，"从实际情况考察，在我国司法实践中被判处死缓的一般服刑 18 年左右可以重获自由；被判处无期徒刑的一般服刑 15 年左右可以重获自由"。[1]"生刑过轻"导致了对死刑的依赖。但其实根本问题不是立法中的刑罚体系，而是在司法实践中对刑罚的执行欠缺实体和程序上的限制，严格限制死缓、无期徒刑的减刑与假释条件，在一定程度上可以校正当前刑罚结构的偏差，减轻特殊预防对于死刑的依赖程度，为死刑的限制适用提供理论前提。

三、毒品犯罪死刑限制适用的司法实践

（一）毒品犯罪限制死刑适用的衡平

1. 毒品犯罪死刑适用中罪刑法定与罪刑相适应原则的统一

罪刑相适应是"97 刑法"确立的原则，该原则的含义是刑罚与犯罪行为的客观危害性和行为人主观的责任性均衡。当前

---

〔1〕 陈兴良主编：《宽严相济刑事政策研究》，中国人民大学出版社 2007 年版，第 16、20 页。

实践中严重影响到罪刑相适应原则的问题是毒品数量标准的差异过大："如对于贩卖、走私、运输和制造毒品海洛因的，同种罪名的犯罪，在湖北省数量只要达到200克就有可能判处死刑，而上海市对于数量不满400克的不判处死刑，广西、贵州则以300克为死刑裁量标准，云南省为500克，而在甘肃省，只要满100克就有可能判处死刑等。"〔1〕司法层面上罪刑相适应原则执行最好的结果是自由裁量权的理想发挥，是司法的艺术展现，是多种效果的完美结合。所以要恪守罪刑法定这一原则的要求，实现毒品犯罪死刑的合理适用。

2. 毒品犯罪死刑适用中严打与宽严相济刑事政策的兼顾

毒品犯罪危害吸毒人员的身心健康和家庭幸福，给国家和人民造成巨大经济损失，毒品的蔓延危及国家长治久安和社会稳定，怎么评价其危害性都不过分。我国处在毒品犯罪的高发时期，禁毒形势严峻，严厉打击毒品犯罪的方针决不能动摇。宽严相济刑事政策是我国在构建和谐社会大背景之下，反思过去严打政策的效果，清醒判断当前所处的社会发展阶段、经济社会基本面、社会治安总体形势，应因时代发展而提出的刑事政策。"在社会主义市场经济条件下，法的现代意义的实质合理性是与自由、权利等价值要素内在地联系在一起的，因此在现代法制视野中，刑法精神的确立也应当顺应时代潮流的发展，在其价值构造中充分肯定人的自由和权利，兼顾人权保障和社会保护双重机能，并适当向人权保障机能倾斜，加重刑法的人权蕴涵。"〔2〕在毒品犯罪死刑适用中我们要努力做到兼顾严打

〔1〕 吴寿泽："毒品犯罪死刑若干问题研究"，载《广西政法管理干部学院学报》2007年第6期。

〔2〕 黄小英："论法治视野中犯罪研究的方法论立场"，载《河海大学学报（哲学社会科学版）》2008年第4期。

与宽严相济的刑事政策。

3. 毒品犯罪死刑适用中法律效果和社会效果的协调

禁毒是一个长期的任务，刑事处罚只是禁毒斗争的重要环节之一。谋求刑罚措施可以获得最广大群众的拥护和支持，减少适用刑罚可能产生的对立面和对立情绪，争取获得公众包括受刑人及其亲友的理解。死刑是最严厉的刑罚，一旦适用产生偏差，造成的错误将是无法更正的，负面影响难以估量。司法机关既要做到判决符合法律的规定，又要从全局的高度出发实现最佳的社会效果，摒弃单纯依据法条量刑、单纯偏重数量量刑、单纯偏重法定情节量刑的思维习惯。毒品犯罪适用死刑实现社会效果应该注意：①对困难群体的同情，特别是对于因为生活困难偶尔参与毒品犯罪的不宜判处死刑。②维护传统的人伦观念，如家庭成员共同参与犯罪的，就不宜同时判处父子、母子、兄弟、夫妻死刑，不得连带。③吸毒者是毒品犯罪的直接受害者，他们的身心或多或少地处于一定的亚健康状态，处罚时应当适度宽大。对于以贩养吸的被告人，量刑时考虑吸食毒品的情节，数量刚达到判处死刑标准时，可以不判死刑；为获得吸食毒品而参与走私、运输毒品的，也不宜判处死刑。

（二）毒品犯罪死刑限制适用的司法实践

1. 增加财产刑的适用

获取暴利是实施毒品犯罪的直接动因。在暴利和判刑之间，犯罪分子也就把重心移向了暴利一方。正如马克思、恩格斯援引自《评论家季刊》中的分析："一旦有适当的利润，资本就大胆起来。如果有 10% 的利润，它就保证到处被使用；有 20% 的利润，它就活跃起来；有 50% 的利润，它就铤而走险；有了 100% 的利润，它就敢践踏一切人间法律；有 300% 的利润，它就敢犯任何罪行，甚至冒绞首的危险。"[1]由于过去审判实践中对毒品犯罪判处财产刑的较少，导致毒品犯罪屡禁不止，毒犯们舍去自身性命也要为家人留下一些家产。社会上流传着"一人坐牢，全家享福"的口号。要严惩毒品犯罪，就必须使毒品犯罪分子从经济上捞不到好处，消除犯罪的刺激因素。世界上各国刑事立法一般均强调对毒品犯罪处罚时附加财产刑。《联合国禁止非法贩运麻醉药品和精神药品公约》也明确指出："决心剥夺从事非法贩运或者从其犯罪活动中得到的收益，从而消除其从事此类贩运活动的主要刺激因素。"全国人大常委会《关于禁毒的决定》和《刑法》对毒品犯罪注重适用附加财产刑的规定，符合国际公约的精神，有利于严惩毒品犯罪、消除毒品犯罪的内在动力。尽管如此，《刑法》的规定仍不能满足司法实践需要，还应加大没收财产刑的范围，确定适用财产刑的数额标准。增加财产刑的适用，一方面可以使毒品犯罪分子受到法律的严厉制裁，另一方面也可使其不但一无所获，反而丧失其财产，使可能犯罪的人感到进行毒品犯罪得不偿失。因为毒品犯罪的唯一目的就是为了谋求暴利，如果加重财产刑的处罚，让犯罪分子无利可图，就能达到惩罚犯罪、预防犯罪的目的。

2. 非法持有毒品罪与运输毒品罪的区分

限制死刑的另一思路就是合理地解释各种具体的毒品犯罪，防止将本属不应判处死刑的毒品犯罪解释成可以判处死刑的毒品犯罪。出于限制适用死刑的考虑，还必须对可以判处死刑的罪名进行缩限解释。在当前司法实践中，最容易导致死刑罪名扩大化的是非法持有毒品罪和运输毒品罪的区分。对这一问题存在数量说、状态说与吸毒者实施说三种观点。数量说认为只

---

[1] 《马克思恩格斯全集》（第23卷），人民出版社1972年版，第829页。

要持有毒品的数量超过了个人合理吸食的量就应当被认定为运输毒品罪；状态说认为，只要在被抓获当时毒品处于运输的状态就应当认定为"运输毒品罪"；实施说认为，如果行为人经过检验属于吸毒者则视为非法持有毒品罪，否则为运输毒品罪。这些观点无疑都是从形式化的角度进行理解的，必将导致运输毒品罪的扩大化，由此导致死刑适用范围的扩大。

从立法原意的角度分析，运输毒品罪的本质在于禁止毒品向毒品消费者的流转，而非法持有毒品罪则在于防止毒品向公众流转的危险。毒品制造是毒品向毒品消费者流转的源头，而走私与运输毒品的行为是毒品流向公众的过程，贩卖行为则往往是毒品流向公众的终端。运输毒品罪危害性的本质在于对毒品向消费终端的靠近做出了实质性的推进，而不在于行为本身使毒品处在了一种物理上的运动状态。因此运输毒品罪必须从与其他毒品犯罪的关联性的角度进行解释，[1]单纯考虑毒品的物理运动是没有多少规范意义的，只有与毒品在社会上的流转效果结合起来，才具有刑法的意义。在将运输作为独立的犯罪看待的立法体系中，仍应将其放在毒品犯罪体系内进行考察，而不能仅作形式上的理解。而非法持有毒品罪的本质则在于禁止毒品向公众传播的可能性，它所禁止的是一种抽象的危险。一个人持有大量毒品，则有流向社会公众的可能；对这种"可能性"的惩罚，显然应当比对前述现实流转过程的刑罚轻。在没有证据证明关联性的情形下，由于无法证明存在现实性的毒品流转，只有流转的可能性，因此只能以这种可能性作为惩罚基础。非法持有毒品罪同时也是一种兜底性的规定，在无法证明毒品与其他毒品犯罪的关联性的情况下，只能认定为非法持

---

[1] 蔺剑：《毒品犯罪的定罪与量刑》，人民法院出版社 2000 年版，第 161 页。

有毒品罪。运输毒品罪与非法持有毒品罪在规范的层面上不具有互相重合的部分。因为非法持有毒品罪与其他毒品犯罪是相互排斥的关系，一是在关联性上的排斥，一是在证明标准上的排斥。因此不能根据法条竞合从一重处的原则在二者之间选择规范。

3. 毒品犯罪死刑适用中毒品数量与其他情节的平衡

毒品数量是毒品犯罪量刑的重要情节，仅从数量角度分析，走私、贩卖、运输、制造毒品数量大的，处 15 年有期徒刑、无期徒刑或者死刑，并处没收财产；数量较大的，处 7 年以上有期徒刑，并处罚金；数量较少的，处 3 年以下有期徒刑、拘役或者管制，并处罚金。法院有内部掌握的可以判处死刑的毒品数量标准。由此可见，毒品的数量与刑罚的轻重有对应关系，是决定刑罚轻重和死刑适用的重要情节，对于绝大多数案件而言甚至是最为重要的情节，绝对不能只片面考虑其他情节，而忽视毒品的数量。

毒品数量不是毒品犯罪量刑的唯一情节，不能唯数量是举。"毒品数量是毒品犯罪案件死刑裁量的重要情节，但不是唯一情节。人民法院在对被告人决定是否适用死刑时，应综合考虑毒品数量、危害后果、被告人的主观恶性、人身危险性、犯罪的其他情节以及当地毒品犯罪形势等各种因素，区别对待。"[1] 从规范角度分析，走私、贩卖、运输、制造毒品具有以下情节也可以判处 15 年有期徒刑、无期徒刑或者死刑，并处没收财产。如毒品集团的首要分子；武装掩护的；暴力抗拒检查、拘留、逮捕，情节严重的；参与有组织的国际贩毒活动的。如果是少量毒品，情节严重的，处 3 年以上 7 年以下有期徒刑，并

---

[1] 何荣功、莫洪宪："毒品犯罪死刑裁量指导意见（学术建议稿）"，载《中国刑事法杂志》2009 年第 11 期。

处罚金。这里的情节严重有主体是国家工作人员、在戒毒监管场所贩卖毒品、向多人贩毒或多次贩毒。除了这些与量刑幅度对应的情节外，还有大量法定从重从轻和酌定从重从轻情节，量刑时不能只片面考虑毒品的数量，忽视其他情节。

毒品犯罪死刑适用要特别关注从重处罚情节、酌定从宽处罚情节。从重处罚情节有利用、教唆未成年人，或者向未成年人出售毒品；在戒毒场所贩卖毒品；毒品犯罪的主体是再犯、累犯、惯犯。毒品犯罪案件中没有法定从宽情节的多见，没有酌定从宽情节的少见，慎重适用死刑要求量刑时高度重视酌定从宽情节，常见的有家庭成员共同犯罪、特情介入、毒品没有流入社会、近似自首立功等。

毒品犯罪适用死刑的难点是在数量刚刚达到或者接近判处死刑的数量标准时，如何平衡数量与其他情节的关系。"使数量与情节相互限制的具体规则包括：①应首先考虑数额的作用，确定刑罚基线，后考虑情节作用。②在有期刑或死刑集中适用的典型数量区域内，量刑不应唯一或主要取决于数量，情节可能发挥重要作用，以软化数额的机械性。③数量上升时从轻情节的影响力下降，而考虑从重情节的影响力要升，即重其所重；数额情节均指向从重的，其重的幅度可增加；数额巨大者，从轻减轻幅度要小，即大数额可以限制轻情节的作用。④数量下降时，从重情节的影响力应下降，而考虑从轻情节的影响力应上升，即轻其所轻者；数额情节均指向从轻，其轻的幅度也可扩大；数额较小者，从重加重幅度也不可过大，即小数额限制重情节的作用。⑤基于毒品案件的特殊性，我们认为自首和特勤引诱情节要作为应当而非可以从轻的情节，原因一是较为常见，二是有利于强化法律监督、规范侦查行为，三是贯彻轻

缓。"〔1〕

4. 毒品犯罪既遂与未遂的区分

毒品犯罪未遂一般不会被判处死刑立即执行，因此既遂的判断对于死刑的限制适用具有重要意义。当前司法实践中的主流观点遵从形式判断的方法判断既遂与未遂，致使既遂标准过于提前，由此导致了死刑适用范围的扩大。因此在既遂与未遂的认定方面也存在着限缩适用死刑的余地。司法实务界以其为行为犯为由认为运输毒品罪着手即既遂。毋庸置疑，运输毒品罪属于行为犯，但这并不意味着运输毒品罪一着手就已既遂。行为犯也须待行为实施到一定程度之后才能既遂。所有的犯罪，无论是行为犯还是结果犯，都有其对应的社会危害性，而既遂就是各犯罪类型社会危害性充分释放的形态。运输毒品罪的本质在于禁止已经制造出或已经持有的毒品转移出原所在位置的范围，向消费终端靠近。因此，只有毒品被转移出了原所在地的范围时，才能视为既遂。因此，应当将启程作为运输毒品罪的着手，而没有实际转移则视为未遂，实际转移则视为既遂。至于何为转移出毒品原所在场所的范围，应以毒品是否接近消费终端为标准进行实质判断。由于这种流动，往往会导致毒品价格的上升，故可以以毒品是否从毒品的低价格区域流向高价格区域为标准。如果行为人的计划只是在同价格区域内运输，由于没有导致毒品在整体上向消费终端靠近，也只能视为运输毒品罪的不能未遂与非法持有毒品罪的观念竞合。因此，对运输毒品罪既遂与未遂的认定，也须结合毒品犯罪的本质与非法毒品市场相联系，以毒品在实质意义上转移出毒品原所在的等价区域为判断标准。当然等价格区域不是一个地理意义上的概

〔1〕　李世清："毒品犯罪的刑罚问题研究"，吉林大学 2007 年博士学位论文，第 165～166 页。

念，而是一个社会经济意义上的概念。当运输毒品的行为跨越缉毒主体设置的关卡时，它一定会导致毒品从实质意义上更接近消费终端，且也会导致毒品价格的上升，这种情况下自然应当视为既遂。控制下的交付，虽然行为在形式上已经完成，但由于毒品已经被合法控制而无法流入非法市场，其行为所对应的社会危害性无法产生，因此只能被认定为未遂。实践中仍有不少既遂说的支持者，这导致了重刑化的趋势，不利于死刑的限制适用，应当得到纠正。

刑法不能从根本上解决毒品犯罪问题，但它仍然是打击毒品犯罪的不可或缺的手段。当前刑事司法的任务主要在于，将刑法适用的重点从刑罚的严厉性转向执法的严格性，将刑法的导向由形式上的公正转向在犯罪预防方面的有效性，将刑法的适用与犯罪学层面的研究成果（毒品犯罪的特征）以及刑事政策的需要（预防犯罪的需要）联系起来，这是刑法面对毒品犯罪应有的态度。[1]在现阶段保留死刑的同时，要澄清认识误区，认识到毒品犯罪并非最严重的犯罪。同时，我们也要认识到限制毒品犯罪死刑的适用是大势所趋。

第四节　代购毒品行为的刑法学分析*

引　言

在目前的司法实务中，由于帮人代购毒品的情形比较复杂，

─────────

〔1〕　莫洪宪："毒品犯罪的挑战与刑法的回应"，载《政治与法律》2012年第10期。

＊　作者简介：廖天虎，男，法学博士，西南科技大学法学院副教授，硕士研究生导师。研究方向：刑法学、犯罪学。

司法机关在认定一些类似案件时，最终的结论差别比较大。以下面两个案例可以反映出司法实务对于此类案件的观点的纠结。

案例一：甲打电话给乙，对乙说要买500元的毒品，乙说身上没有，要去外地购买。几小时过后，甲打电话给乙，乙说买到了，遂约定地点交货。甲给乙500元，乙给甲毒品。甲乙互相认识，后来证明代购人乙通过代购获取到了好处，即免费吸食了上家提供的毒品。这类案件在司法实务中就有不同认识，有观点认为构成"贩卖毒品罪"，有观点则认为只是代购行为，应认定为"非法持有毒品罪"。从司法实践来看，司法机关一般将有偿代购认定为"贩卖毒品罪"，而无偿代购不构成"贩卖毒品罪"，如若数量较大，则定"非法持有毒品罪"。

案例二：某日，张某和上家联系好后，开车带着李某一起去购买冰毒。到了目的地之后，张某单独下车与上家交易，回到车上，张某把购买到的10克冰毒交给李某，并告诉李某，价格是每克400元，于是李某当场了交给了张某400元现金。之后，李某因贩卖毒品被抓获，其归案后检举曾从张某处购买过10克冰毒。张某归案后承认曾帮助李某购买冰毒10克，但供述自己没有加价，同时也并不知道李某购买毒品用于贩卖，以为其购买毒品用于吸食。对于该案，司法机关有不同意见：第一种意见认为，张某从上家买来毒品卖给李某，张某构成贩卖毒品罪。第二种意见认为，张某帮助李某代购毒品，在客观上持有毒品，且超过法律规定的数量，应该认定张某构成非法持有毒品罪。第三种意见则认为，张某帮助李某代购毒品，没有加价，不能认定贩卖毒品，张某不构成犯罪。[1]

---

〔1〕　参见吴秀玲："帮人代购毒品如何定性"，载《检察日报》2012年9月2日。

对于代购毒品行为如何定性，最高人民法院于 2008 年印发的《全国部分法院审理毒品犯罪案件工作座谈会纪要》的通知（法〔2008〕324 号）（以下简称《大连会议纪要》）规定："有证据证明行为人不以牟利为目的，为他人代购仅用于吸食的毒品，毒品数量超过《刑法》第 348 条规定的最低数量标准的，对托购者、代购者应以非法持有毒品罪定罪。代购者从中牟利，变相加价贩卖毒品的，对代购者应以贩卖毒品罪定罪。"可见，该规定是以毒品代购者是否具有为自己牟利目的为标准将其行为区分为贩卖毒品罪或非法持有毒品罪。值得注意的是，最高人民法院于 2015 年印发的《全国法院毒品犯罪审判工作座谈会纪要》通知（法〔2015〕129 号）（以下简称《武汉会议纪要》）对这一观点作了部分修改，即当行为人不以牟利为目的，为吸毒者代购毒品，没有证据证明托购者、代购者是为了实施贩卖毒品等其他犯罪，毒品数量达到较大的，对托购者、代购者不再作为非法持有毒品罪的共犯论处，而是作为运输毒品罪的共犯论处。另外，《武汉会议纪要》对于"行为人为吸毒者代购毒品从中牟利，对代购者以贩卖毒品罪论处"的观点予以了坚持，并对"从中牟利"的情形进行了举例说明。行为人为他人代购仅用于吸食的毒品，在交通、食宿等必要开销之外收取"介绍费"或"劳务费"，或者以贩卖为目的收取部分毒品作为酬劳的，应视为从中牟利，属于变相加价贩卖毒品，应以贩卖毒品罪定罪处罚。但这些规定在适用中还有待完善之处。例如由于代购者的每一笔代购毒品的量较小，往往够不着起刑点，而法律又缺乏对于代购毒品明确的入刑标准。这就导致了对于毒品代购的打击陷入有法难依的尴尬境地，关于这类问题尚需进一步探讨。

一、代购毒品中"牟利"的界定

最高人民检察院、公安部于2012年发布的《关于公安机关管辖的刑事案件立案追诉标准的规定（三）》中的第1条规定："走私、贩卖、运输、制造毒品，无论数量多少，都应予立案追诉。有证据证明行为人以牟利为目的，为他人代购仅用于吸食、注射的毒品，对代购者以贩卖毒品罪立案追诉。不以牟利为目的，为他人代购仅用于吸食、注射的毒品，毒品数量达到本规定第2条规定的数量标准的，对托购者和代购者以非法持有毒品罪立案追诉。明知他人实施毒品犯罪而为其居间介绍、代购代卖的，无论是否牟利，都应以相关毒品犯罪的共犯立案追诉。"这条规定实际上是沿用了2008年的大连会议的相关规定。如上所述，2015年发布的《武汉会议纪要》对于"行为人为吸毒者代购毒品从中牟利，对代购者以贩卖毒品罪论处"的观点予以了坚持，并对"从中牟利"的情形进行了举例说明。因此，代购毒品案件认定的关键点在于对行为人是否有"牟利"的认定。

有观点认为代购毒品与代卖毒品一样，其本质上都是贩卖毒品的帮助行为，处理方式应当一致。既然司法实践中对代卖毒品行为无一例外地都被认定为贩卖毒品罪（共犯），那么代购毒品行为也应当被认定为贩卖毒品罪（共犯）。刑法并没有将牟利的目的规定为贩卖毒品罪的构成要件，因此是否以牟利为目的并不影响对贩卖毒品罪的认定。而且，即使认为牟利目的是贩卖毒品罪的隐性构成要件，依据刑法理论，以牟利为目的不仅包括自己具有该目的，还包括使他人具有该目的，毒品代购者显然具有使毒品贩卖者牟利的目的。所以，毒品代购者即使没有从中牟利或变相加价代购毒品，也应以贩卖毒品罪（共犯）论处。[1]笔者不赞同这种绝对化的观点，在认定毒品代购案件时，应该对代购毒品中的"牟利"进行合理解释和界定。"利益"通常被理解为行为人实施某种行为直接或间接获取的金钱、物品，关键在于代购之前代购者是否明确知道自己将获取免费吸毒的"好处"。按照刑法的理论，故意犯罪要求主客观相一致，如果代购者事前并不知道自己会获得免费吸食毒品的"好处"，则不得认为是"牟取利益"，不得被认定为贩卖毒品罪。根据最高人民检察院、公安部《关于公安机关管辖的刑事案件立案追诉标准的规定（三）》和相关毒品座谈会纪要中的规定，对代购毒品中的"牟利"应作狭义理解，即应当是与"贩卖"有关的"牟利"，指的是行为人加价或变相加价，例如如在毒品中掺杂、掺假或在贩卖毒品中牟取差价利益。如果代购者因付出代购毒品的劳务而获得的一种报酬，即通过劳务交换方式获得报酬，这与因加价或变相加价贩卖毒品而获得的利益是两个不同的概念。因加价或变相加价贩卖毒品而获得利益的行为，则明显违反了我国刑法关于贩卖毒品罪的规定，应以贩卖毒品罪追究行为人的刑事责任。而因代购的劳务而获得毒品吸食的行为和因其他劳务而获得毒品吸食的行为一样，并未违反我国刑法关于贩卖毒品罪的规定，不能以贩卖毒品罪追究行为人的刑事责任。[2]当然，当行为人不以牟利为目的，为吸毒者代购毒品，没有证据证明托购者、代购者是为了实施贩卖毒品等其他犯罪，毒品数量达到较大的，对托购者、代购者可作为运输毒品罪的共犯

---

〔1〕 参见殷芳保："不以牟利为目的代购毒品也应认定为共犯"，载《检察日报》2014 年 5 月 21 日。

〔2〕 参见刘吉如、孙铭、习明："代购毒品部分用于自己吸食的行为定性"，载《中国检察官》2013 年第 3 期。

论处。

二、帮人代购毒品行为的情形区分

毒品在进入消费环节后，其社会危害性会得到进一步凸现，而这种为了谋取私利而积极为吸毒人员代购毒品的代购者，极大地帮助了毒品从流通环节进入到消费环节，完成了毒品销售的最终贩卖，使毒品的危害性得到了真正的体现。因此，类似这些代购者的代购行为，其社会危害性是显而易见的。在现实生活中，代购毒品一般仅存在于具有一定感情基础的特殊关系人之间，如夫妻之间、朋友之间、老板与伙计之间等等。在实际生活中，代购的情形比较复杂多样，主要表现为以下情形：

（一）托购者指定卖家的代购

代购者主观上只有帮助购买毒品的故意，客观上只是充当托购者的工具，替代托购者去购买毒品。根据《大连会议纪要》中的规定，有证据证明行为人不以牟利为目的，为他人代购仅用于吸食的毒品，毒品数量超过《刑法》第348条规定的最低数量标准的，对托购者、代购者应以非法持有毒品罪定罪。代购者从中牟利，变相加价贩卖毒品的，对代购者应以贩卖毒品罪定罪。

1. 无偿为吸毒人员向指定的毒贩代购少量毒品

托购者基于某些原因不愿意露面，委托代购者向指定的毒贩代购毒品，代购者的代购行为在客观上与托购者亲自前往购毒具有相同的效果。代购者并未接受毒贩的委托帮其销售毒品，故代购者不具有向托购者贩卖毒品的故意，由于代购的是少量毒品，因此代购者的代购行为不构成犯罪。虽然在此种情形下代购者的代购行为不构成犯罪，但仍是一种违法行为，仍有行政处罚的必要性，这是因为代购者的代购行为对托购者的毒瘾加深起到了帮助作用。对此，代购者应有相应的认识，这种行为具有主观上的责难性。另外，代购者在客观上帮助贩毒人员销售了毒品，侵害了国家的毒品管理秩序，故该行为还具有客观违法性。因此，在对甲不能适用刑罚的情况下，应当对其处以相应的治安处罚。

2. 无偿为吸毒人员向指定的毒贩代购大量毒品

《大连会议纪要》明确指出：有证据证明行为人不以牟利为目的，为他人代购仅用于吸食的毒品，毒品数量超过《刑法》第348条规定的最低数额标准的，对托购者、代购者应以非法持有毒品罪定罪。目前在实务中存在着一种情况，即如果为某一人多次无偿代购毒品，或者为多人无偿代购毒品（均是供其吸食），累计数额达到《刑法》第348条规定的最低数额标准的，对代购行为该如何定性处理？因为无偿代购者不具有实施其他毒品犯罪的故意，考虑到为一人多次代购毒品和为多人代购毒品的当事人主观恶性较大，若多次代购或为多人代购的数量达到《刑法》第348条规定的最低数额标准，对该当事人应以非法持有毒品罪论处。[1]这样的处理方式可以防止某些长期的代购者规避法律的制裁。

（二）托购者未指定卖家的代购

1. 有偿为吸毒人员代购毒品

根据《最高人民检察院、公安部关于公安机关管辖的刑事案件立案追诉标准的规定（三）》的规定，有证据证明行为人以牟为目的，为他人代购仅用于吸食、注射的毒品，对代购者以"贩卖毒品罪"立案追诉。代购者具备主观上的可责性和客观上的刑事违法性，因此是一种可罚的行为。至于"牟利"的范围

---

[1] 参见汪先顺："代购毒品行为定性应区分具体情形"，载《检察日报》2010年9月27日。

界定，在代购活动中获得金钱利益或物质利益甚至毒品的，这些毫无疑问都是"牟利"；而对于其他非财产性利益，认定起来则比较麻烦。对于"牟取利益"的认定应严格限定在双方有约定或托购者明确承诺的可预期的范围内。例如，司法实务中较有争议的是对代购者免费吸食毒品的行为的界定。笔者认为，如果之前对事后分食没有默契或者约定，出于朋友关系为之代买，事后朋友邀请一起分食，不能认定代购者之前是以牟利为目的的代购行为。但如果代购者和托购者已经有多次合作，两者有事后分食毒品的默契，或者事先有约定分食，那么可以认定代购者是以牟利为目的从事代购行为，宜认定贩卖毒品罪。[1]换言之，如果是双方有约定或托购者之前已明确承诺给予其一定量的毒品吸食的，可以认定为获取利益或"好处"，但如若双方没有约定或没有相应的承诺，只是事后托购者让代购者免费吸食，则不能认定为获取利益或"好处"，不能认定为贩卖毒品罪。

2. 无偿为吸毒人员代购毒品

不以牟利为目的，为他人代购仅用于自用的毒品，根据我国现行的法律制度，不构成犯罪。但如果达到了非法持有毒品的立案追诉标准，则应当按照非法持有毒品罪进行处罚。从非法持有毒品罪的立法目的来看，其是一种补漏之罪。立法目的主要是为了防止与走私、贩卖、运输、制造、窝藏毒品犯罪有关的人，仅仅因没有充分证据证明而逃避处罚。由于毒品犯罪的隐秘性，司法机关又难以确切查证，如果所有的代购者都不如实提供上家信息且都以没有加价和仅仅为吸食者代购为由为自己辩护，从而免受法律的追究，这将与非法持有毒品罪的立

---

〔1〕　参见曹钰华、姚单："对一起'毒品代购'案例中若干法律问题的思考"，载《人民公安报》2015 年 7 月 13 日。

法宗旨相背离。[1]同时，根据《武汉会议纪要》的精神，当行为人不以牟利为目的，为吸毒者代购毒品，没有证据证明托购者、代购者是为了实施贩卖毒品等其他犯罪，毒品数量达到较大的，对托购者、代购者以运输毒品罪的共犯论处。因此，这种无偿为吸毒人员代购毒品的行为可能构成非法持有毒品罪或者是运输毒品罪。

3. 帮人代购毒品中的居间行为

代购者联系卖家，按照自己的意图寻找、联系毒源和代购毒品，其行为受自己意志的支配，其行为客观上对卖毒者的贩毒活动起到了帮助作用，促成毒品交易，实质上是一种居间行为，故司法实践中往往以贩卖共犯论处。[2]当然，在司法实务中对此也有不同的观点。例如有观点认为，对这种为吸毒者提供信息或者以其他方式帮助吸毒者购买毒品的居间人，不能以贩卖毒品罪的共犯论处。因为虽然居间人的行为客观上对贩毒者也起了帮助作用，有社会危害性，但考虑到他与贩毒者之间事前没有通谋，没有贩卖毒品的共同故意，而仅仅是为了帮助吸毒者买到毒品。因此对这种行为不以犯罪论处，可由公安机关给予治安处罚。但如果代购者为此牟取了利益和好处，则应认定为贩卖毒品罪。[3]实际上，毒品交易的居间行为可以分为三种情形：一是为贩卖毒品者介绍购买毒品者；二是为购买毒品者介绍贩卖毒品者；三是同时具有为贩卖毒品者介绍购买毒品者和为购买毒品者介绍贩卖毒品者两种性质，并在贩卖毒品

---

〔1〕 参见吴秀玲："帮人代购毒品如何定性"，载《检察日报》2012 年 9 月 2日。

〔2〕《最高人民法院关于适用〈全国人民代表大会常务委员会关于禁毒的决定〉的若干问题的解释》第 2 条第 4 款曾规定："居间介绍买卖毒品的，无论是否获利，均以贩卖毒品罪的共犯论处。"

〔3〕 参见《刑事审判参考》指导案例第 248 号（"马盛坚等贩卖毒品案"）。

者与购买毒品者之间联系、撮合的行为。[1]例如，甲本来就认识毒贩丙，在受乙委托后，联系丙并购买毒品，甲的行为为毒品的流通起到了积极作用，应当以贩卖毒品罪的共犯论处。再例如，甲自己也不认识贩毒人员，但通过多方打听找到毒贩丙，并帮乙购买毒品。甲代购毒品的行为，虽不是积极、主动地为毒贩丙销售毒品，但其积极寻找毒源，并放任了毒品交易的发生，对甲亦应以贩卖毒品罪的共犯论处。

从居间人的动机看，绝大多数人出于贪财，极少数人出于"哥们"义气。从居间人的佣金看，有的获取人民币，也有的获取毒品供自己吸食或者贩卖牟利。[2]在居间介绍的情形中，托购者与毒贩一般互不认识，没有毒品买卖上的联系，毒品买卖交易完全靠代购者的居间行为来完成，少了代购者的"关系"或"努力"，毒品交易将无法达成。在司法实务中，居间代购毒品的被告人往往辩称不知他人在贩毒而是仅仅帮朋友代购，导致了判断被告人的主观心态是否以牟利为目的异常困难。同时被告人供述不稳定，被告人当庭以公安机关民警刑讯逼供为由翻供现象增多，甚至极个别被告人还提出侦查人员存在渎职现象，既加大了非法证据排除的难度，又增加了判断被告人行为时主观心态的难度。应当注意的是，不能将居间介绍中的"为购买毒品的人员找寻、介绍卖毒品的人员"的行为与"接受委托人的委托代理买家购买毒品"容易混淆。典型的代买行为指委托人自己直接或者间接与卖毒者进行了联系，委托代购者向委托人知悉的卖毒者代为购买指定数量、品种或者价格等相对

---

〔1〕 参见张剑："居间、代购毒品行为如何区分情形具体认定"，载《检察日报》2009 年 6 月 22 日。

〔2〕 参见覃光文："毒品犯罪中居间行为的处罚问题——建议增设毒品居间罪"，载《云南大学学报法学版》1995 年第 3 期。

固定的毒品，代购人主要是"跑腿"的作用。

（三）代购者隐瞒托购者，克扣部分毒品供自己吸食

在司法实务中，有这样的案例，代购者为他人代购毒品，没有获得利益，但经常隐瞒托购者从代购的毒品中克扣一部分供自己吸食。对于这种情形有不同的分歧意见：一种意见认为，代购者的行为不构成贩卖毒品罪。因为其行为系代购行为，并没有利益，且其只是"买毒"，并没有"贩卖"行为，按照相关司法解释的规定，如达到法定量，应定非法持有毒品罪。另一种意见认为，代购者的行为构成盗窃罪。代购者在为他人代购毒品的过程中，从中克扣一部分供自己吸食，属于秘密窃取的行为，且毒品是可以用金钱衡量的物质，其克扣次数可以认定为盗窃的次数，达到多次盗窃即能认定盗窃罪。还有一种意见认为，代购者的行为构成贩卖毒品罪。代购者为他人购买毒品，表面上并未从中获取利益，但是其克扣部分毒品供自己吸食的行为应当被认定为有偿代购，与提供毒品者构成贩卖毒品罪的共犯。[1]笔者赞同第二种观点，对于代购毒品中的"牟利"应该是代购人事前明知或约定好的因为毒品买卖活动而获得的金钱或物质利益好处。本案例中，代购人明确告诉托购人自己没有加价，也没有获取其他好处，但实质上其克扣了部分毒品供自己吸食。根据委托代理法律关系，代购人所代购毒品的所有权应当属于托购人，因此，代购人的这种秘密窃取的行为符合《刑法》第264条的规定，应当构成盗窃罪。

---

〔1〕 参见阮兰、葛志敏："'代购'毒品克扣部分自吸如何定性"，载《检察日报》2013年3月3日。

第五节 贩卖毒品罪既遂标准的法解释学分析[*]

贩卖毒品罪的法定最高刑是死刑。我国现有的法定最高刑为死刑的罪名中，犯罪行为不包含故意杀人行为的非常少，贩卖毒品罪就是其中之一，可见该罪的社会危害性极大。贩卖毒品数量特别巨大的，如果被认定为既遂，可以被判处死刑；如果被认定为未遂，则不可能被判处死刑。所以，贩卖毒品罪的犯罪形态的认定不是一个小问题，而是一个关系到人命的大问题。它关系到死刑适用的准确与否。由于毒品犯罪的高度隐蔽性和诱惑侦查的广泛使用，实践中查获的贩卖毒品案件中，呈现典型既遂形态的并不多。在贩卖毒品案件中，按照立法和刑法理论应当被认定为犯罪未遂，甚至是犯罪预备的案件，在实践中大量地被认定为犯罪既遂。由于既遂和未遂在量刑上的巨大差距，很多个案的量刑并不准确，未能实现司法公正。因此，本书将从法解释学的角度对贩卖毒品罪的既遂标准进行阐释、界定，明确该罪的既遂标准，以利于准确适用刑罚。

一、"贩卖"的界定

要确定贩卖毒品罪的既遂，首先要确定什么是贩卖毒品罪的实行行为，因为只有存在实行行为才可能既遂。而要确定什么是贩卖毒品罪的实行行为，则首先要确定什么是"贩卖"。

《刑法》第347条对"贩卖毒品罪"的罪状的规定采取了简单罪状的规定方式。法条没有规定走私、贩卖、运输、制造毒

---

[*] 作者简介：杨艳霞，浙江杭州人，法学博士，浙江工业大学法学院副教授。

品的含义，而是直接规定"走私、贩卖、运输、制造毒品，有下列情形之一的，处十五年有期徒刑、无期徒刑或者死刑，并处没收财产……"那么，按照文理解释，贩卖毒品罪指的是"贩卖"毒品的行为，它不包括购买毒品的行为。但是，我国司法实践中一直将以贩卖为目的而非法收买毒品的行为认定为贩卖毒品的行为。最高人民检察院、公安部于2012年5月16日发布的《关于公安机关管辖的刑事案件立案追诉标准的规定（三）》就贩卖毒品罪做了如下规定："'贩卖'是指明知是毒品而非法销售或者以贩卖为目的而非法收买的行为。"这一规定的理由可能是为了贩卖毒品而非法收买毒品的行为是贩卖毒品行为的一部分。因为，除了家传的毒品、捡到的毒品、自己制造的毒品等极少数情况以外，绝大多数的贩卖毒品者都要先购买毒品，然后才能贩卖毒品。但是，这一理由并不能成为收买毒品行为被认定为贩卖毒品行为的理由。

（一）根据体系解释，"贩卖"毒品不包括"收买"毒品

贩卖毒品罪是对合犯。对合犯是指两个以上的犯罪人必须有相互对应的行为，犯罪才能成立的情形。没有购买者，贩卖毒品者是无法单独完成对毒品的贩卖的。所以，贩卖毒品罪是对合犯。根据刑法处罚规定的不同，对合犯可以分成三种类型：①刑法同时处罚处于对合地位的两个行为人，且法定刑相同，如重婚罪。②刑法对两个对合主体都处罚，但罪名和法定刑均不同，如行贿罪和受贿罪。③刑法分则规定只处罚对合犯的某一方，对另外一方不处罚。例如，贩卖淫秽物品牟利罪只处罚贩卖者，不处罚购买者。我国刑法规定了贩卖毒品罪，没有规定购买毒品罪。这说明，我国刑法对贩卖毒品的对合犯采取的是第三种立法方式：只处罚对合犯的某一方，对另外一方不处罚。因此，我国刑法不处罚购买毒品行为，也不处罚吸毒行为。

对吸毒者自我造成健康损害（吸毒行为）不犯罪化的主要原因是在宽恕理念下对吸毒者的体恤。在毒品的社会化泛滥中，吸毒者本人也是受害者。国家对于自损行为只能进行帮教，而不能再次惩罚。[1]国家能做的就是打击贩卖毒品的行为，阻止吸毒者获得毒品。

对于惩罚买入行为还是惩罚卖出行为，我国刑法规定了不同的立法例：①对有些犯罪规定了"买卖"这种行为方式。例如《刑法》第125条规定了"非法制造、买卖、运输、邮寄、储存枪支、弹药、爆炸物罪，非法制造、买卖、运输、储存危险物质罪"。第350条规定了"走私制毒物品罪、非法买卖制毒物品罪"。第352条规定了"非法买卖、运输、携带、持有毒品原植物种子、幼苗罪"。②对有些犯罪规定了"出售"和"购买"两种不同的行为方式。例如《刑法》第171条规定了"出售、购买、运输假币罪"。第155条规定了"下列行为，以走私罪论处，依照本节的有关规定处罚：（一）直接向走私人非法收购国家禁止进口物品的，或者直接向走私人非法收购走私进口的其他货物、物品，数额较大的；（二）在内海、领海、界河、界湖运输、收购、贩卖国家禁止进出口物品的，或者运输、收购、贩卖国家限制进出口货物、物品，数额较大，没有合法证明的"。在这两条规定都明确区分了出售和购买、收购和贩卖。③对有些犯罪仅规定了"贩卖""出售"行为。例如《刑法》第347条规定了"贩卖毒品罪"。《刑法》第363条规定了"制作、复制、出版、贩卖、传播淫秽物品牟利罪"。这说明，如果要打击购买某种物品（违禁品或者走私的物品）的行为，刑法会明文规定该种行为，例如购买假币行为，而不会在"贩卖"

---

[1]　高艳东："贩卖毒品罪基本理论问题探析"，载《云南警官学院学报》2004年第1期。

"出售"中包含该种行为。

综上,根据体系解释,我国刑法中的"贩卖毒品罪"仅指贩卖毒品的行为,不包括购买毒品的行为。

(二)根据公众的看法,"贩卖"毒品不包括"收买"毒品

司法者在解释法律时必须考虑当时、当地的人民对法律的含义的共同看法。司法者不能用自己的看法代替人民的看法。美国历史上非常著名的"尼克斯诉海登案"(Nix v. Hedden)的审理就体现了这个原则。该案的基本案情是:1886年春天,四位姓尼克斯的商人从西印度群岛进口了一批番茄(西红柿)。纽约港的征税人埃德温 L. 赫登根据1883年3月的关税法案 Schedule G 条款向他们征收了进口蔬菜税。尼克斯当时进行了抗议。1887年2月4日,四位姓尼克斯的商人向法庭起诉纽约港的征税人埃德温 L. 赫登,要求 Hedden 退还他们交纳的税款。该关税法案 G 条允许向"自然状态的、用盐腌的或盐水的,或本法没有特别指明的蔬菜(vegetables)"按价征收10%的税收。但对"绿的、熟的或者干的,或本法没有特别指明的水果(fruits)"免税。原告认为番茄属于水果,被告则认为番茄属于蔬菜。格雷大法官的法庭意见说,本案争议的唯一问题是对于该条款来说,番茄是蔬菜还是水果。证人都证实在贸易和商业中,这两个词没有和词典的含义不同的、特殊的含义。它们在1883年的含义和现在一样。因此我们应当按照它们通常的含义理解它们。词典定义水果为:"用来吃的植物种子或包含植物种子的果肉。"词典是用来帮助我们理解的,而不是证据。从植物学上来说,番茄是一种蔓生植物的果实,就像黄瓜、豆角、豌豆。但在人们共同的语言中,无论是出售者还是消费者,都认为这是一种长在菜园子里,像土豆、胡萝卜、甘蓝一样,在正餐的时候吃的东西。它和汤、鱼、肉类等一起组成"饭",而水

果是餐后甜点。因此，番茄是蔬菜。[1]可以看到，格雷大法官判决的依据是社会共同体中的人们共同的看法，而不是法律。法律并不能回答此问题。在本案中不是原被告双方或者法官，而是普通人是本案真正的解释者。他们把西红柿当菜吃——这就是法官如此解释的原因。[2]

在我国，公众也都认为贩卖毒品是指卖出毒品的行为。这是因为，在实践中同时存在卖出毒品和买入毒品两个相对立的行为，而且刑法还只惩罚卖出毒品，不惩罚买入毒品，那么公众当然会认为卖出毒品和买入毒品是两个不同的行为，贩卖毒品罪中的"贩卖"是指卖出毒品，而不是买入毒品。此时，司法者将贩卖解释为既包括卖出，又包括买入，显然是违反生活常识、与人民群众在生活中的经验并不相符的解释。

（三）根据立法的基本原理，贩卖毒品罪中的"贩卖"指
　　　的是实行行为

公安部和最高人民检察院将贩卖解释为"明知是毒品而非法销售或者以贩卖为目的而非法收买的行为"的主要理由是绝大部分贩卖毒品行为的第一步都是买入毒品，即"以贩卖为目的而非法收买"，因此这种收买毒品不是单纯的购买毒品的行为，它是贩毒行为的一部分。诚然，为了贩卖而收买毒品确实是贩毒行为的第一步，但我们能否因此将"贩卖毒品"解释为包括"收买毒品"呢？如果可以这样解释，那么为了故意杀人而买刀是否属于"杀人"行为？我们能否将杀人行为解释为"非法剥夺他人生命以及为了非法剥夺他人生命而进行的准备行

---

[1]　"U. S. Supreme Court, Nix v. Hedden, 149 U. S. 304（1893）", http://case-law. lp. findlaw. com.

[2]　杨艳霞：《刑法解释的理论与方法——以哈贝马斯的沟通行动理论为视角》，法律出版社2007年版，第166页。

为，如购买刀具，跟踪被害人等"，显然，我们不能这样解释。如果可以这样解释，那么盗窃行为也可以被解释为"窃取公私财物以及为了窃取公私财物而进行的准备行为，如练习扒窃技术、跟踪被害人等"。如果这样，"杀人""盗窃""抢劫"等行为都将没有确定的含义。而同一个"跟踪被害人"则既可以被解释为杀人行为，也可以被解释为盗窃行为、抢劫行为、绑架行为……这显然会使刑法分则的规定丧失"将犯罪类型化为不同的构成要件"的作用，罪刑法定当然也就无从实现了。

还有人认为，《现代汉语词典》将"贩卖"解释为"商人买进货物再卖出以获取利润"。所以，贩卖本来就包括"买进货物"的行为。

公安部和最高检的解释和这些按照词典进行解释的人所犯的错误是一样的：在刑法中，刑法分则规定的行为是实行行为。所谓实行行为，从形式上说，是指刑法分则规定的行为，从实质上说，是能够直接造成法益侵害危险的行为。买进毒品并不是能够直接造成法益侵害危险的行为。它是贩卖毒品这个行为的预备行为。我国刑法分则规定的犯罪行为都是实行行为。之所以这样讲，是因为只有实行行为才具有惩罚的必要性，也才具有犯罪类型的意义。我国《刑法》第22条规定："为了犯罪，准备工具、制造条件的，是犯罪预备。"所以，即使认为为了出卖而收买毒品是贩卖毒品行为的一部分，它也是贩卖毒品行为的预备行为。《刑法》分则第347条规定的"贩卖毒品"中的"贩卖"仍然是指"卖出"毒品，而不包括"收买"毒品。

（四）根据本罪的法益，"贩卖毒品"仅指"卖出毒品"

传统观点认为毒品犯罪的保护法益是国家对毒品的管制，因此，只要是以贩卖为目的购买毒品，就破坏了国家对毒品的管制。可是，这种观点不能说明，为什么为了吸食而购买毒品不构成犯罪，为什么非法种植毒品原植物的行为也是制造（非合成）毒品的必备条件，但其法定刑却远远低于制造毒品罪。这些行为都破坏了国家对毒品的管制，但为什么会有罪与非罪、重罪与轻罪的区别？国家对毒品实行严格的管制，管制的直接目的是不使毒品泛滥。但是，国家为什么不允许毒品泛滥？因为毒品会使人上瘾，长期吸食毒品会严重危害人的身体健康。而且，由于吸食毒品极易成瘾，因此大部分能接触到毒品的青少年对于毒品的诱惑是没有抵抗力的。所以，如果允许毒品随意流通，接触到毒品的人就可能吸食、注射毒品，其身体健康受到侵害的危险性就很大。所以，毒品犯罪的保护法益是公众健康。[1]毒品犯罪是"以公众的健康为保护法益的抽象危险犯"。[2]既然毒品犯罪的保护法益是公众健康，那么只有当行为人的行为具有直接侵犯公众健康的危险时，这个行为才是本罪的实行行为。

综上，贩卖毒品罪中的"贩卖"仅应当包括卖出毒品行为，不应当包括收买毒品行为。即使是为了出卖而收买毒品也不能被包括在"贩卖"中。

二、如何认定居间介绍的行为

居间介绍买卖毒品行为与居中倒卖毒品行为不同。居间介绍者在毒品交易中处于中间人地位，发挥介绍联络作用。居中倒卖者属于毒品交易主体，与前后环节的交易对象是上下家关系，直接参与毒品交易并从中获利。居间介绍买卖毒品者包括三类：①受贩毒者委托，为其介绍联络购毒者；②明知购毒者

---

〔1〕　张明楷："简评近年来的刑事司法解释"，载《清华法学》2014 年第 1 期。

〔2〕　[日] 大谷实：《刑法讲义各论》，日本成文堂 2013 年版，第 420 页。

以贩卖为目的购买毒品，受委托为其介绍联络贩毒者；③受以吸食为目的的购毒者委托，为其介绍联络贩毒者。第三种行为显然不构成贩卖毒品罪。

最高人民法院在审判实践中一直将为出售毒品者和为出卖毒品而收买毒品者提供帮助的居间介绍人认定为贩卖毒品罪的共犯。2015 年 5 月 18 日印发的《全国法院毒品犯罪审判工作座谈会纪要》再次明确了这一观点。该纪要规定："居间介绍者受贩毒者委托，为其介绍联络购毒者的，与贩毒者构成贩卖毒品罪的共同犯罪；明知购毒者以贩卖为目的购买毒品，受委托为其介绍联络贩毒者的，与购毒者构成贩卖毒品罪的共同犯罪。"这一规定既不符合"贩卖"的含义，也不符合共同犯罪的基本原理。

（一）明知购毒者以贩卖为目的购买毒品，受委托为其介绍联络贩毒者的行为不符合"贩卖"的含义

前已论证，我国刑法中的"贩卖"毒品应当是指将毒品卖出的行为。那么帮助买方购买毒品的行为并不是"贩卖"行为。即使其从中获取介绍费，也不能将这种购买行为认定为贩卖行为。

（二）将帮助买方购进毒品的行为认定为贩卖毒品不符合共同犯罪的基本原理

贩卖毒品罪惩罚的是贩卖毒品的行为，那么其共同犯罪行为也应当是帮助贩卖者将毒品贩卖出去的行为。帮助者和贩卖者应当具有意思联络。如果帮助者没有帮助卖方卖出毒品的意思，只有帮助买方购进毒品的意思，那么他和卖方不成立共同犯罪。同样的例子还有，刑法惩罚贩卖淫秽物品牟利的人，不惩罚购买淫秽物品的人。我们能不能说，由于购买行为的存在才使得贩卖行为能够既遂，因此购买行为是贩卖行为的帮助犯，

因此应当将购买淫秽物品者按照贩卖淫秽物品者的帮助犯进行处罚？大家都认为不能这样说，这个说法是荒唐的、是违反法律的明文规定的。那为什么到了贩卖毒品罪中，这个说法就成了合理、合法的解释了呢？

通过上述论证，我们可以合理地得出如下结论：只有帮助卖方卖出毒品的居间介绍者才成立贩卖毒品罪。这种介绍者，即使不牟利，也成立贩卖毒品罪的共犯。因为是否牟利并不是贩卖毒品罪的构成要件。

三、贩卖毒品罪的既遂

在确认了贩卖毒品罪中"贩卖"的含义和贩卖毒品罪的法益之后，贩卖毒品罪的既遂标准的确定就变得简单了。"贩卖"的含义是"卖出"，贩卖毒品罪的法益是公众健康。只有实行行为才可能成立既遂。而只有能够直接造成法益侵害危险的行为才是实行行为。因此，只有出售毒品的行为才是本罪的实行行为。根据这个结论，笔者对司法实践中的疑难问题提出了以下看法。

（一）以贩卖为目的而非法收买毒品的行为属于贩卖毒品罪
　　　的预备行为

为了贩卖而收买毒品的行为显然没有直接致使毒品流入社会，从而产生危害公众健康的危险。因此，这种收买行为不是本罪的实行行为，而是本罪的预备行为。即使收买得逞，也仅成立本罪的预备。在卖方将毒品出售给买方时，严格说来，只应当惩罚出售毒品的一方，不应当惩罚收买毒品的一方。即使为了加强对毒品犯罪的打击，需要从源头上打击毒品犯罪，因此惩罚这种为了贩卖毒品而收买毒品的行为，也只能将这种收买行为认定为本罪的预备犯，在处罚时"可以比照既遂犯从轻、减轻处罚或者免除处罚"。

（二）双方仅达成交易的合意，尚未开始进行毒品交付行为的，只能成立贩卖毒品罪的预备

关于本罪的既遂标准，目前理论界存在多种不同的主张。这些主张可以分为四类：①无需进入毒品交易环节，只要达成交易的合意即为既遂。这种观点被称为"契约说"。持这种主张的学者认为，买卖双方达成买卖的契约即为犯罪既遂。至于是否实际交付毒品或者付费，并不影响既遂的成立。[1]②无需进入毒品交易环节，但卖方至少实施了贩卖行为。例如，甲和乙约定出售10克毒品给乙，甲带着毒品到达约定的交易地点，在等待乙时被抓获。这种观点被称为"实际行为说"。[2]③只有买卖双方开始进行毒品交易，毒品实际进入了交易状态才成立犯罪既遂。例如，甲和乙约定出售10克毒品给乙，甲带着毒品到达约定的交易地点，在等待乙时被抓获，仍为犯罪未遂。只有当甲、乙开始对毒品进行验货、付款的行为时，才成立犯罪既遂。如果在这个过程中被警察人赃俱获，仍然成立犯罪既遂。这种观点被称为"进入交易说"。[3]④不仅买卖双方要进入交易状态，而且毒品要被实际上转移给买方才成立犯罪既遂。至于转移毒品后行为人是否已获得了利益，则不影响既遂的成立。[4]这种观点被称为"转移说"。

观点①和②显然混淆了犯罪预备行为和犯罪实行行为。贩卖毒品罪的实行行为是贩卖。贩卖的意思是卖方向买方出售物品。所以，只有双方开始"卖"和"买"时，犯罪行为才有既

---

〔1〕 赵秉志、于志刚：《毒品犯罪》，中国人民公安大学出版社2003年版，第203页。

〔2〕 欧阳涛、陈泽宪：《毒品犯罪及对策》，群众出版社1993年版，第73页。

〔3〕 蔺剑：《毒品犯罪的定罪与量刑》，人民法院出版社2000年版，第174页。

〔4〕 张明楷：《刑法学》（第4版），法律出版社2011年版，第1007页。

遂的可能。卖方和买方仅仅达成出售协议，卖方根本没有开始出售行为，或者卖方将毒品带到约定地点，但还没有和买方进行"买卖"的行为，都属于本罪的预备行为。即使被警察当场抓获，也只能成立本罪的犯罪预备。

（三）双方开始进行毒品交易，但毒品未能实际转移的，只能成立本罪的未遂

如果双方已经到达交易现场，并且拿出了毒品进行交易，但此时警察忽然出现，双方被当场抓获的，如何认定？根据上述观点③，此时成立犯罪既遂。在司法实践中，这种情况也都被认定为犯罪既遂。但这种观点并不合法。首先，"贩卖"是指卖方和买方达成合意转移所有权的行为，而民法规定动产所有权的转移是动产物品的实际交付。所以，只有实际交付了动产的，才能转移动产的所有权。其次，犯罪的既遂行为是符合犯罪法定的构成要件，侵害该罪的法益或者具有侵害法益的风险的行为。贩卖毒品者在毒品交易现场被当场抓获时，其用于贩卖的毒品并不能流入社会，不会产生被其他人得到的风险。因此，此时只能成立贩卖毒品罪的未遂。

（四）只有毒品出售者已经将毒品转移给买方，贩卖毒品罪才既遂

这是前述观点④的观点。只有这个观点符合《刑法》第347条的规定和刑法的基本原理。

（五）通过网络购买毒品的，对于出售方来说，发货即为既遂，但为卖而买的收货方只能成立犯罪预备

有些毒贩现在使用网络来出售毒品。在这种情况下，出售方发货即为犯罪既遂，出售方是否已经收到货款不影响犯罪既遂的成立。因为出售方将毒品交付运输，这些毒品就具有了流入社会的可能，具备了"危害公众健康的抽象危险"。

前已论证，为卖而买的收货方无论是否最终收到货物，都只能成立贩卖毒品罪的犯罪预备。此不赘述。

（六）"控制下交付"不能成立犯罪既遂

"控制下交付"（controlled delivery）是指禁毒执法机构发现非法或可疑的麻醉药品或精神药物托运货物后，在涉案一国或几国主管当局知晓并监视下，仍旧让其出境入境或过境，以期查明所有犯罪嫌疑人的一种侦查措施。控制下交付作为打击毒品犯罪尤其是跨国的有组织的毒品犯罪的重要措施和手段，在1988年被正式写入联合国《禁止非法贩运麻醉药品和精神药物公约》。按照是否使用已查获的毒品进行控制下交付，可将控制下交付分为毒品的控制下交付（又称实态性控制下交付）和替代品的控制下交付（又称非实态性控制下交付或干净的控制下交付）。毒品的控制下交付通常是在毒品与人随行，禁毒执法机关没有机会对毒品进行替换，或者毒品包装及伪装精密，无法开包取出和替换其中隐藏的毒品，禁毒执法机关仍然以查获的毒品进行交付的控制下交付。替代品的控制下交付，是指为了保证毒品的安全，防止毒品在运输过程中发生失控现象，禁毒执法机关将查获的毒品完全或部分取出，用形状、颜色、大小、数量相似的非毒品伪装成毒品后所进行的控制下交付。

在我国的司法实践中，控制下交付都是被作为犯罪既遂处理的。但是，这种做法并不合理，也不合法。在控制下交付时，毒品双方的交易行为都是在侦查机关的掌控之下，除非出现意外，买卖双方的犯罪是不可能出现侵害法益的风险的，换言之，是不可能既遂的。在控制下交付时，从形式上看，毒品的实际转移满足了本罪的既遂条件，但是交易双方事实上并不可能达到既遂的法律效果。所以，在控制下交付中，毒品的实际转移只是满足了本罪既遂的形式要求，而未满足本罪既遂的实质要求。因此，这种行为不可能成立犯罪既遂。[1]

在毒品的控制下交付中，因为毒品有流散到社会的危险，因此应当被认定为犯罪未遂。在替代品的控制下交付中，由于这种交付完全不可能发生毒品流散到社会的危险，因此应当认定为不能犯，不成立犯罪。当然，特殊情况下，如果交付失控了，买卖双方交易成功的，则应当认定为犯罪既遂。

第六节　我国现阶段的毒品犯罪刑事政策解读*

一、我国毒品犯罪的现状之分析

随着社会的不断发展，经济生活水平的不断提高，毒品犯罪也出现了新的态势。下文中笔者将就我国毒品犯罪的现状做出了简要的分析。

（一）境外毒品对我国"多头入境渗透"

我国所出现的毒品，尤其是精制海洛因，绝大部分是自境外跨国入境，并多来自于境外的毒源地。来自"金新月"的毒品，从新疆进入我国。此外，来自俄罗斯及中亚地区的毒品，也在向我境内渗透。近年来，我国东北境外的某邻国，也开始大规模种植、制造毒品，成了对我国构成直接威胁的新毒源。境外毒品犯罪集团将我国作为毒品中转地，境外毒品集团和不法分子将我国作为"金三角"毒品销往欧美等国的中转地之一，短短数年间，毒品在我国境内的泛滥，客观上已成为全球毒品

〔1〕　张小贺、马欣："贩卖毒品的控制下交付若干问题探析"，载《湖南公安高等专科学校学报》2009年第1期。
　*　作者简介：包雯，河北经贸大学教授，硕士研究生导师；徐晓飞，河北经贸大学2015级研究生。

犯罪一体化的一个组成部分。

（二）制毒贩毒犯罪手段日益现代化

在贩毒手法上，方式、技巧不断升级翻新，策划运作更加周密细致，对抗查缉和逃避侦查的能力日益增强。在贩毒路线上，陆路、海路、空路、邮路，甚至虚拟网络的私人聊天室均被利用上，多条路线分段运输、昼伏夜行、绕关避卡、邮政快递及物流运输均成为运毒的重要方式，通过网络订购进行在线交易销售毒品，网上买卖制度配方等网上涉毒案件已经出现。在通信方式上，海事电话、多机多卡、暗语和小语种联络已见使用。在毒品交易上，毒枭和毒枭之间不见面，马仔和马仔之间不联系，或通过临时雇用人员接取毒品，或约定地点直接交毒取钱。在付款方式上，现金交易逐渐淡出，大多通过电子汇款、银行汇兑或地下钱庄转移交付。如此等等均表明贩毒的手法日趋现代化。

（三）毒品犯罪日益跨国化、集团化，大案要案突出

受全世界毒品犯罪活动猖獗的深度影响，我国当前毒品犯罪活动日益向组织化、集团化和现代化、高科技化方向发展。境外毒品犯罪分子相互勾结，逐渐形成了以边境沿线为主的集生产、运输、销售、洗钱于一体的地下贩毒网络集团。2005 年9 月，中、缅、老、泰四国警方经过 11 个月的艰苦侦查，成功破获"11·02"特大跨国贩毒案件，摧毁了韩永万跨国贩毒集团，铲除了涉及中、缅、老三国多个地区的贩毒网络，共抓获三国犯罪嫌疑人 70 名，缴获海洛因 726.8 千克，毒资人民币 60 余万元，以及房产、地产、汽车、枪支、手榴弹、子弹、发报机等赃物。2007 年 12 月，广东省、云南省公安机关联合破获了一起特大跨国贩毒案，抓获犯罪嫌疑人刘景亮等 5 名，缴获海洛因 39.91 千克，氯胺酮 50 千克，汽车 3 辆，管制刀具 3 把。

2008 年 11 月，我国广东省公安机关与哈萨克斯坦国家安全委员会合作，对一起跨国走私毒品案件实施控制下交付，抓获外籍毒品犯罪嫌疑人 4 名，缴获海洛因 2.26 千克，切断了一条经哈萨克斯坦走私"金新月"毒品到广州的贩毒通道。2009 年 5 月，上海市、浙江省公安机关在其他地方公安机关的配合下，成功破获了"2009·3·10"特大跨国走私贩卖冰毒案件，抓获犯罪嫌疑人 7 名，缴获冰毒 9.7 千克，查获运毒船一艘，打掉了一个经公海向我国走私贩运毒品的跨境贩毒团伙。2009 年 11 月，云南省公安机关在四川省公安机关的支持下，成功破获了"2009·09·09"特大系列贩毒案件，抓获犯罪嫌疑人 26 名，缴获冰毒 165.1 千克，查获手枪 2 支、子弹 12 发、车辆 16 辆、毒资 2420 余万元，查封房产 9 处，价值 540 余万元，摧毁了一个由缅甸经云南、向四川、广东等省区走私贩卖毒品的特大跨国贩毒网络。2009 年，全国法院审结的毒品犯罪案件判决发生法律效力的犯罪分子 56 125 人，其中被判处五年以上有期徒刑、无期徒刑至死刑的 17 462 人，同比增长 8.78%，重刑率为 31.11%，高出同期全部刑事案件重刑率 14.81 个百分点。以上表明我国毒品犯罪活动日益猖獗。

（四）毒品犯罪数量居高不下，总体呈快速增长的趋势

随着经济发展，人们的精神需求日益旺盛，对毒品特别是新型毒品的需求日益膨胀，追求物欲和精神快感的热情空前高涨，由此导致我国在客观上存在着巨大的毒品需求。在 2014 年里，我国破获毒品犯罪案件 14.6 万起，缴获各类毒品 69 吨，抓获犯罪嫌疑人 16.9 万名。同年底，我国累计登记的吸毒人员依然多达 295.5 万名，全年共查处吸毒人员 88.7 万余人，新发现登记吸毒人员 46.3 万余名，且估计全国实际吸毒人数超过了 1400 万名。

（五）新型毒品数量增长较快

由于各国严厉打击毒品犯罪，包括打击毒品原植物的种植行为等因素，以至于毒品原植物的传统毒品，如鸦片、海洛因、大麻等的数量受到抑制，相反，由于人们观念的开放和收入的提高等原因，各种新型化学合成毒品的种类和数量正日益增多。据报道，我国早在 1998 年就缴获了各类易制化学毒品 344.5 万吨，还缴获摇头丸、杜冷丁、咖啡因、三挫伦等麻醉药品，至 2001 年，滥用摇头丸和氯胺酮的人数急剧增多，全国大中城市的许多歌舞娱乐场所吸食摇头丸的现象相当普遍，并且吸食者涉及社会多个阶层。总体而言，传统毒品海洛因在涉案毒品中的比重在逐年下降，而冰毒、氯胺酮等新类型合成毒品在涉案毒品中的比重逐年上升。

（六）吸毒群体趋于多元化、低龄化

在常人眼里，"吸毒"二字往往是和"社会闲散人员"的身份联系在一起的。各级政府的重要职责之一就是预防和惩治违法犯罪行为，也就是运用行政法令和群众监督的力量，促使吸毒者戒绝瘾癖，同时限制和取缔种植、收贮、制造、转运、贩卖毒品和毒具等行为。遗憾的是近些年来涉赌官员不断涌出，例如，湖南临湘"吸毒市长"被爆出；2014 年 4 月底，安徽宿松县道路运输管理局副局长余刚因伙同他人吸毒被抓获；2015 年 4 月 17 日湖南省邵阳市邵东县国税局干部龙运忠在酒店内吸毒被抓获；等等。近年来更让人失望的莫过于昔日自己喜爱的电影明星接二连三地被曝出因吸毒被抓，其中包括王学兵、房祖名、柯震东、张默、高虎、尹相杰、李代沫等等。这些公众人物有些还曾经是禁毒大使，竟这样禁不住诱惑成了瘾君子。在我国还有更重要的一部分吸毒群体，那就是青少年。青少年因为接受新鲜事物快、识别能力不够强、对待危害人类的毒品缺乏辨别力，从而成了毒品入侵最大的牺牲品。《国家药物滥用监测年度报告（2003年）》说，青少年吸毒人群中20岁以下的占19.9%，21岁~30岁的占55.6%；首次吸毒年龄在30岁以下的，也有75.5%。《中国青年发展报告（1995~2004）》称，十年间官方登记在册的、35岁以下青少年吸毒人员达到75.5万人。

二、我国现阶段毒品犯罪刑事政策解读

（一）毒品犯罪刑事政策的内涵

毒品犯罪的刑事政策研究是后续于毒品和毒品犯罪概念分析，先于毒品犯罪的立法与司法实践之前必须要重视的一个研究领域，该领域所得的研究结论将会影响到整个刑法领域内毒品犯罪的立法与司法实践。笔者认为，毒品犯罪刑事政策是一个国家特定历史时期总的刑事政策在毒品犯罪领域的具体体现，它着眼于毒品犯罪的基本态势，以惩治和预防毒品犯罪为目标，通过立法、司法、执法等活动和措施反映国家对毒品犯罪的基本态度。作为一项具体的刑事政策，毒品犯罪刑事政策在具有刑事政策的一般特征的同时，也具有自身的独特性，对此，我们可以从以下几个方面予以理解：

（1）毒品犯罪刑事政策的事实基础是一个国家毒品犯罪的基本态势。"社会治安形势和犯罪态势是影响刑事政策制定的最主要因素。"[1]有关惩治和预防犯罪的所有措施都是源于犯罪现实的要求，毒品犯罪的基本态势是毒品犯罪刑事政策制定、实施、调整的现实依据。而且，毒品犯罪在不同历史时期的具体态势也会相应地影响各个时期毒品犯罪刑事政策的内容。例如，我国在1979年《刑法》中有关毒品犯罪的规定仅有1条，

---

[1]　刘仁文：《刑事政策初步》，中国人民公安大学出版社2004年版，第179页。

其现实依据就在于在 1979 年《刑法》制定时整个国家的毒品犯罪现象还不是很明显。到了 1997 年，由于毒品犯罪在我国已经相当严重。因此，这种现实反映到毒品犯罪刑事政策中就体现为 1997 年《刑法》加大了对毒品犯罪的惩处力度。而到了现阶段，随着社会经济的发展，毒品犯罪手段趋于智能化，毒品犯罪人群趋于多样化，新型毒品的层出不穷，非法生产毒品的态势越来越严重，在 2015 年 11 月 1 日开始实施的《刑法修正案（九）》中增加了非法生产制毒物品罪和非法生产毒品罪。[1]作为一种社会现象，毒品犯罪客观地存在于一个国家。但是，由于受各种因素的影响，毒品犯罪在各个国家会呈现出不同的特点，如在犯罪原因、犯罪数量、犯罪人特征、犯罪手段和方式、犯罪发展规律等各方面会表现出一定的差异性。而这种差异性也就决定了各个国家在面对本国的毒品犯罪时，往往会根据本国毒品犯罪的基本特征作出反应，制定或者调整相应的政策。

（2）毒品犯罪刑事政策以惩治和预防毒品犯罪为目标。如前所述，毒品及毒品犯罪具有十分严重的社会危害性，惩治和预防毒品犯罪不仅是当今世界各国所广泛采取的措施，同时也是有关国际组织和国际会议所一直倡导的基本态度。清朝政府在雍正七年（1729 年）颁布了世界上第一个禁烟令——《兴贩鸦片及开设烟馆之条例》，首次提出用刑罚手段来惩治贩卖、教唆或引诱他人吸食鸦片的行为。而在早年，经美国政府倡议，受鸦片毒害最深的中国作为东道主，在上海召开了世界历史上

---

〔1〕 2015 年 11 月 1 日《刑法修正案（九）》第 41 条将原《刑法》第 350 条第 1 款、第 2 款修改为："违反国家规定，非法生产、买卖、运输醋酸酐、乙醚、三氯甲烷或者其他用于制造毒品的原料、配剂，或者携带上述物品进出境，情节较重的，处三年以下有期徒刑、拘役或者管制；情节严重的，处三年以上七年以下有期徒刑，并处罚金；情节特别严重的，处七年以上有期徒刑，并处罚金或者没收财产。""明知他人制造毒品而为其生产、买卖、运输前款规定的物品的，以制造毒品罪的共犯论处。"

首次国际禁毒会议，即 1909 年上海万国禁烟会。各国法律和国际公约之所以强调对毒品犯罪的惩治和预防，就是基于对毒品危害性的认识，认为有必要以国家强制力或者国际合作的方式，遏制毒品犯罪现象，达到惩治和预防毒品犯罪的目标。

（3）毒品犯罪刑事政策体现在惩治和预防毒品犯罪的有关正式文件之中。这里所谓的正式文件主要包括国家的法律，如我国的《刑法》《治安管理处罚法》《禁毒法》等司法机关就惩治毒品犯罪实践中具体问题的处理所作出的解释或发布的政策性文件，在我国通常表现为司法解释或者会议纪要的形式。有关毒品犯罪的几个会议纪要都有关于贯彻执行刑事政策的具体规定。国家就犯罪预防和控制所制定的具体政策、文件，如中共中央、国务院年发布的《关于加强社会治安综合治理的决定》就蕴含着丰富的刑事政策内容。各省、自治区、直辖市制定的适用于本地区毒品犯罪惩治和预防的法规、规章或者其他规范性文件也有着具体的规定。上述所谓的正式文件并不要求专为毒品犯罪的惩治和预防而制定，只要其中包含着惩治和预防毒品犯罪的目的，或者其措施能够为惩治和预防毒品犯罪这一系统工程所包容即可。

（4）毒品犯罪刑事政策通过立法、司法、执法等具体活动的实施而得以实现。政策的生命在于执行，毒品犯罪刑事政策在根本上是国家对毒品犯罪这一社会现象的基本态度的反映，它本身除了因具有宣示性作用而能够发挥其教育、普及意义之外，并不能够自动实现。毒品犯罪刑事政策只有通过立法、司法、执法等具体活动的实施方能得以实现。立法作为一种国家的专门性活动，它必然要反映国家的意志，体现在毒品犯罪立法中就是，国家会对毒品犯罪的基本态度直接规定为法律，或者将这种态度体现在具体的法律条文之中，法律的实施也就意味着毒品犯罪刑事政策的实施，法律目的的实现也就意味着毒品犯罪刑事政策的实现。例如，在我国《禁毒法》的制定过程中，吸毒行为的性质界定成了理论界和司法实务部门广泛探讨的一个问题，即吸毒究竟是单纯的违法行为，还是一种生理行为？要不要将吸毒行为规定为犯罪这就需要国家通过立法的方式予以确定？经过反复讨论之后，《禁毒法》第31条规定"国家采取各种措施帮助吸毒人员戒除毒瘾、教育和挽救吸毒人员"。这一规定是基于对吸毒行为性质和打击毒品的政策考虑的，认为"吸毒不仅是一种违法行为，更是一种疾病"。[1]而司法活动是惩治毒品犯罪的必经环节，对毒品犯罪行为人刑事责任的追究必须经过司法程序的处理才能生效。同时，惩治毒品犯罪的政策要求也必须通过司法活动来具体体现。在司法活动中，按照罪刑法定原则的要求，对毒品犯罪的惩处必须以《刑法》的规定为依据。但是在具体的认定中，一个行为究竟是否应当认定为犯罪，是从重处罚还是从轻处罚，是判处实刑还是判处缓刑，对这些问题的解决离不开刑事政策的指导。同时，海关、公安、缉毒部门查禁毒品的执法活动，也都是毒品犯罪刑事政策总体要求的具体实施方式。

（二）毒品犯罪立法中的刑事政策

大谷实教授认为："刑事政策的核心便是将危害社会秩序的行为、反社会的行为作为犯罪加以制止，也即防止犯罪。这里所谓犯罪是社会危害极大，若放任其发生便不能或难以维持社会秩序，因而有必要作为刑事政策的对象的行为。"[2]大谷实教授所说的"将危害社会秩序的行为、反社会的行为作为犯罪

---

〔1〕 黄太云主编：《中华人民共和国禁毒法解读》，中国法制出版社2008年版，第106页。

〔2〕 ［日］大谷实：《刑事政策学》，黎宏译，法律出版社2004年版，第3页。

加以制止"，实际上就是指将一个行为犯罪化，而其方式就是刑事立法。所谓犯罪化，就是指通过刑事立法的方式将原本不属于犯罪的行为规定为犯罪。以非法持有毒品罪为例，在我国1979 年《刑法》中，并无关于非法持有毒品罪的规定。20 世纪90 年代初，由于毒品犯罪日益猖獗，一些犯罪分子手中持有大量毒品，但又没有证据证明其从事了制造、贩卖、运输毒品等犯罪活动。为了解决司法实践中的实际困难，加强对毒品犯罪的打击力度，1990 年全国人大常委会通过的《关于禁毒的决定》第 3 条规定"禁止任何人非法持有毒品"。从而在我国法律中确立了非法持有毒品罪这一罪名。将原本不属于刑法规制对象的非法持有毒品的行为规定为犯罪，这实际上就是一种犯罪化的过程。与犯罪化相对的是除罪化，对于除罪化的内涵，理论上存在一定的争议。我国台湾地区的主流观点认为，除罪化包括非犯罪化与非刑罚化。[1]所谓非犯罪化，就是将原本属于刑法规定的犯罪的行为，通过刑事立法的方式不再将其视为犯罪。而非刑罚化，则是将犯罪行为的法律后果从原有的刑罚方式更改为保安处分等形式，它并不是将一个犯罪行为不再视为犯罪，而只是在法律后果上作出调整。在毒品犯罪的立法上，同样存在着有关除罪化的做法或者观点，其表现形式就是"毒品合法化"。例如，荷兰政府较早地采取措施，推行"毒品合法化"的措施，成为当今世界实行宽松毒品政策的代表性国家。

笔者认为，无论是犯罪化还是除罪化，这一过程本身反映的是一个国家毒品犯罪刑事政策的调整，说明了国家对犯罪现象的态度发生了改变。而其直接后果就是，一个国家的犯罪圈相应地得以调整。在其他犯罪行为没有被作为非犯罪化处理的

---

〔1〕 许福生：《刑事政策学》，中国民主法制出版社 2005 年版，第 73 页。

情况下，犯罪化意味着犯罪圈的扩大。而在没有犯罪化的情况下，非犯罪化意味着犯罪圈的缩小。犯罪圈的划定，意味着刑法规制范围的界定，即刑法的打击面究竟以什么样的程度最为合适。对于毒品犯罪立法来讲，目前争论最多的无外乎"毒品合法化"问题与吸毒行为的性质认定问题，这是毒品犯罪立法中刑事政策的具体体现。当然，有必要指出的是毒品犯罪立法中的刑事政策还包括对毒品犯罪的刑罚设置问题，即对毒品犯罪的刑罚设置是坚持从严还是从宽，对具体的毒品犯罪罪名是设置较为严厉的刑罚，还是设置较为宽缓的刑罚。总的来看，当今世界各国对毒品犯罪的刑罚设置以严厉为主流，有关的国际公约也都表达了严厉打击毒品犯罪的基本态度，而且世界各国就共同打击毒品犯罪还正在加紧开展国际合作。因此，在毒品犯罪的刑罚设置问题上，无论是在理论上还是在实践中，其争议都远不及上述两个问题。因此，本书对此将不再赘述。

（三）我国毒品犯罪司法中的刑事政策

2014年6月，中央政治局常委会议、国务院常务会议分别听取禁毒工作专题汇报，习近平总书记、李克强总理分别对禁毒工作作出了重要指示批示。中共中央、国务院首次印发了《关于加强禁毒工作的意见》，并下发了贯彻落实分工方案。国家禁毒委员会制定了《禁毒工作责任制》，并召开全国禁毒工作会议，对全面加强禁毒工作作出部署。随后，全国法院毒品犯罪审判工作座谈会于2014年12月11日在湖北武汉召开。会议传达学习了中央对禁毒工作的一系列重大决策部署，总结了近年来人民法院禁毒工作取得的成绩和存在的问题，分析了当前我国毒品犯罪的总体形势和特点，明确了继续依法从严惩处毒品犯罪的审判指导思想，研究了毒品犯罪审判过程中遇到的若干法律适用为题，并对当前和今后一个时期法院禁毒工作作出了具体安排和部署。最高人民法院于 2015 年 5 月 18 日印发了《全国法院毒品犯罪审判工作座谈会纪要》，为全国法院在禁毒方面的审判工作提供了指导性的意见。

关于办理毒品犯罪案件面临的一些突出法律适用问题，全国法院毒品犯罪审判工作座谈会认为，2008 年印发的《全国部分法院审理毒品犯罪案件工作座谈会纪要》（以下简称《大连会议纪要》）较好地解决了这一问题，其中大部分规定在当前的审判实践中仍有指导意义，应当继续参照执行。同时，随着毒品犯罪形势的发展变化，近年来出现了一些新情况、新问题，需要加以研究解决。与会代表对审判实践中反映较为突出，但《大连会议纪要》没有作出规定，或者规定得不尽完善的毒品犯罪法律适用问题进行了认真研究讨论，就罪名认定问题、共同犯罪认定问题、毒品数量认定问题、死刑适用问题、缓刑与财产刑适用问题、减刑与假释问题、累犯与毒品再犯问题，以及非法贩卖麻醉药品、精神药品行为的定性问题取得了共识。[1]

面对严峻的毒品犯罪形势，各级人民法院要继续坚持依法从严惩处毒品犯罪的指导思想。要继续依法严惩走私、制造毒品和大宗贩卖毒品等源头性犯罪，严厉打击毒枭、职业毒犯、累犯、毒品再犯等主观恶性深、人身危险性大的毒品犯罪分子，该判处重刑和死刑的坚决依法判处。要加大对制毒物品犯罪，多次零包贩卖毒品，引诱、教唆、欺骗、强迫他人吸毒及非法持有毒品等犯罪的惩处力度，严惩向农村地区贩卖毒品及国家工作人员实施的毒品犯罪。要更加注重从经济上制裁毒品犯罪，依法追缴犯罪分子违法所得，充分适用罚金刑、没收财产刑并

---

〔1〕 2015 年 5 月 18 日《全国法院毒品犯罪审判工作座谈会纪要》。

加大执行力度，依法从严惩处涉毒洗钱犯罪和为毒品犯罪提供资金的犯罪。要严厉打击因吸毒诱发的杀人、伤害、抢劫、以危险方法危害公共安全等次生犯罪。要规范和限制毒品犯罪的缓刑适用，从严把握毒品罪犯减刑条件，严格限制严重毒品罪犯假释，确保刑罚执行效果。同时，为全面发挥刑罚功能，也要贯彻好宽严相济刑事政策，突出打击重点，体现区别对待。对于罪行较轻，或者具有从犯、自首、立功、初犯等法定、酌定从宽处罚情节的毒品犯罪分子，根据罪刑相适应原则，依法给予从宽处罚，以分化、瓦解毒品犯罪分子，预防和减少毒品犯罪。要牢牢把握案件质量这条生命线，既要考虑到毒品犯罪隐蔽性强、侦查取证难度大的现实情况，也要严格贯彻证据裁判原则，引导取证、举证工作围绕审判工作的要求展开，切实发挥每一级审判程序的职能作用，确保案件办理质量。对于拟判处被告人死刑的毒品犯罪案件，在证据质量上要始终坚持最高的标准和最严的要求。

各级人民法院要结合审判工作实际，积极开展调查研究，不断总结经验，及时发现并解决审判中遇到的突出法律适用问题。各高、中级人民法院要加大审判指导力度，在做好毒品犯罪审判工作的同时，通过编发典型案例、召开工作座谈会等形式，不断提高辖区法院毒品犯罪审判工作水平。最高人民法院对于复核毒品犯罪死刑案件中发现的问题，要继续通过随案附函、集中通报、发布典型案例等形式，加强审判指导。其对于毒品犯罪法律适用方面存在的突出问题，要适时制定司法解释或规范性文件，统一法律适用。对于需要与公安、检察机关共同解决的问题，要加强沟通、协调，必要时联合制发规范性文件。对于立法方面的问题，要继续提出相关立法建议，推动禁毒法律的修改完善。

各级人民法院要严格落实禁毒工作责任，按照《禁毒工作责任制》的要求和同级禁毒委员会的部署认真开展工作，将禁毒工作列入本单位整体工作规划，制定年度工作方案并贯彻落实。各高级人民法院要进一步加强专业审判机构建设，要确定专门承担毒品犯罪审判指导任务的审判庭。毒品犯罪相对集中地区的高、中级人民法院可以根据当地实际和工作需要，探索确立专门承担毒品犯罪审判工作的合议庭或者审判庭。各级法院要建立健全业务学习、培训机制，通过举办业务培训班、组织交流研讨会等多种形式，不断提高毒品犯罪审判队伍专业化水平。同时，法院要与相关职能部门建立并推动禁毒长效合作机制，在中央层面和毒品犯罪集中地区建立公、检、法三机关打击毒品犯罪联席会议制度，探索建立重大毒品犯罪案件信息通报、反馈机制，提升打击毒品犯罪的合力。

要充分利用有利时机集中开展禁毒宣传，最高人民法院和毒品犯罪高发地区的高级人民法院要将"6·26"国际禁毒日新闻发布会制度化，并利用网络、平面等媒体配合报道，向社会公众介绍人民法院毒品犯罪审判及禁毒综合治理工作情况，公布毒品犯罪典型案例。要加强日常禁毒法制宣传，充分利用审判资源优势，通过庭审直播、公开宣判、举办禁毒法制讲座、建立禁毒对象帮教制度，以及与社区、学校、团体建立禁毒协作机制等多种形式，广泛、深入地开展禁毒宣传教育活动。要突出宣传重点，紧紧围绕青少年群体和合成毒品滥用问题，有针对性地组织开展宣传教育工作，增强人民群众自觉抵制毒品的意识和能力。要延伸审判职能，针对毒品犯罪审判中发现的治安隐患和社会管理漏洞，及时向有关职能部门提出加强源头治理、强化日常管控的意见和建议，推动构建更为严密的禁毒防控体系。

在我国，不管是国家行政法机关还是司法机关都已经充分地认识到了毒品犯罪的危害性，已经从行政、立法、司法各方面采取措施形成了一个完整的体系去防控毒品犯罪。宽中有严，严中有宽。毒品犯罪防控工作充分重视人权，又不屈服于人权；重视毒品犯罪的防控工作，防患于未然，而不是说等到毒品犯罪泛滥于整个社会的时候才意识到他的严重性；采取毒品犯罪的法治宣传，包括案例、讲座等形式。尤其是根据我国毒品犯罪的现状，毒品犯罪防控工作特别重视我国青少年的防范工作。

结　语

毒品犯罪是我国法治建设的重要阻碍，为实现中华民族的伟大复兴，我们必须坚决抵制毒品在中国的泛滥。毒品的危害性从 19 世纪40、50 年代开始我们已经深刻地体会到，不论是对国家还是我们个人来说都是记忆犹新的。禁毒工作在我国依旧任重而道远。本节对毒品犯罪刑事政策的基本理论作出了初步阐释，结合当前我国毒品犯罪的基本态势，对我国现有毒品犯罪刑事政策给予了客观评价，就毒品犯罪立法、司法中的刑事政策因素进行了深入研究。需要说明的是，解决刑事犯罪问题是一项长期的斗争，需要从各方面做工作。要真正消除毒品对社会的危害，实现防范与控制毒品犯罪的目标，需要国家和社会各个方面的共同努力。随着我国禁毒斗争的不断深入推进，我国毒品犯罪刑事政策也必定会更加完善。

第七节　我国未成年人毒品犯罪从严
刑事政策的检验和修正
——以某省法院系统近十年的判决为样本的研究 *

　　毒品的控制与未成年人的培养是关系国家、民族兴盛的大问题。儿童[1]是人类的未来，是社会可持续发展的重要资源。儿童发展是国家经济社会发展与文明进步的重要组成部分，促进儿童发展对于全面提高中华民族素质、建设人力资源强国具有重要战略意义。[2]而中华民族因深受毒品之害而成为"东亚病夫"的惨痛历史表明，毒品滥用与毒品犯罪关乎民族兴衰，因此严格控制与打击毒品违法犯罪是我国长期坚持的基本国策。2014 年 7 月中共中央、国务院印发的《关于加强禁毒工作的意见》，进一步明确要求各地区、各有关部门把禁毒工作纳入国家安全战略和平安中国、法治中国建设的重要内容。[3]我国确立的未成年人犯罪从宽和毒品犯罪从严的差异化对策，体现了我国社会治理已迈向科学化与精细化。但对兼具上述两种特性的未成年人毒品犯罪，应采取何种治理策略，还需要根据《关于加强禁毒工作的意见》所确定的方针与原则，在正确评估我国未成年人毒品犯罪从严刑事政策效果的基础上，确立适合未成

　　* 作者简介：袁林，西南政法大学法学院刑法学教授，博士研究生导师。本节为国家社科基金一般项目"刑法适用公众参与机制研究"（13BFX057）以及中央财政支持地方高校建设项目"特殊群体权利保护与犯罪预防研究创新团队"研究成果。
　　[1]　根据联合国《儿童权利公约》第 1 条规定，儿童系指 18 岁以下的任何人，除非对其适用之法律规定成年年龄少于 18 岁。本节所称的"儿童"与未成年人在相同意义上使用。
　　[2]　参见《中国儿童发展纲要（2011～2020 年）》。
　　[3]　"中共中央、国务院印发《关于加强禁毒工作的意见》"，载人民网：http://cpc.people.com.cn/n/2014/0707/c64387-25247036.html，访问时间：2014 年 5 月 5 日。

年人毒品犯罪特点的治理策略与制度。

一、研究对象、方法与样本选择

（一）研究对象

本节的研究对象是未成年人毒品犯罪的从严刑事政策。从严刑事政策是一个相对意义上的政策类型，本节所研究的从严刑事政策指我国 1979 年《中华人民共和国刑法》（以下简称 1979 年《刑法》）颁布后，经过逐步变迁而具有以下特点并且正在实施的刑事政策。

1. 刑事责任年龄降低

1979 年《刑法》第 171 条规定的制造、贩卖、运输毒品罪的法定最高刑为 15 年有期徒刑，毒品犯罪既不属于第 14 条第 2 款所明确规定的已满 14 周岁不满 16 周岁人应当负刑事责任的犯罪，也不在"其他严重破坏社会秩序罪"之列。1982 年《关于严惩严重破坏经济的罪犯的决定》、1988 年《关于惩治走私罪的补充规定》先后将贩卖毒品罪和走私毒品罪的法定最高刑提高到死刑。1990 年 12 月全国人大常委会通过的《关于禁毒的决定》，将走私、贩卖、运输、制造毒品罪的法定最高刑规定为死刑。1992 年最高人民法院《关于已满十四周岁不满十六周岁的人犯走私、贩卖、运输、制造毒品罪应当如何适用法律问题的批复》和 1994 年《关于适用〈全国人民代表大会常务委员会关于禁毒的决定〉的若干问题的解释》规定："已满十四岁不满十六岁的人走私、贩卖、运输、制造毒品的，且具有《决定》第二条第一款和第二款规定的情形之一的，属于刑法第十四条第二款中规定的'其他严重破坏社会秩序罪'，应当负刑事责任。" 1997 年《刑法》缩小了 14 周岁至 16 周岁人负刑事责任的范围，但第 17 条第 2 款明确规定已满 14 周岁的人应当对贩卖毒品负刑事责任，贩卖毒品罪成了已满 14 周岁不满 16 周岁的人承担刑事责任的唯一非暴力型犯罪。

2. 入罪标准放宽

毒品犯罪的入罪标准放宽体现在两个方面：第一，对走私、贩运、运输、制造毒品实行零容忍的入罪标准。1979 年《刑法》及《关于禁毒的决定》均没有规定走私、贩卖、运输、制造毒品的入罪数量标准，对走私、贩卖、运输、制造毒品数量极少的，可以根据 1979 年《刑法》第 10 条的但书出罪。为了严厉惩罚毒品犯罪，1997 年《刑法》第 347 条规定"对走私、贩卖、运输、制造毒品的，无论数量多少，都应当追究刑事责任"；第 357 条规定"毒品的数量以查证属实的走私、贩卖、运输、制造、非法持有毒品的数量计算，不以纯度折算"。按此规定，走私、贩卖、运输、制造毒品的，无论是数量还是质量，均不存在出罪的可能。根据最高人民法院 2006 年《关于审理未成年人刑事案件具体应用法律若干问题的解释》（以下简称《解释》）以及 2010 年《关于贯彻宽严相济刑事政策的若干意见》（以下简称《意见》），走私、贩卖、运输、制造毒品的零容忍标准适用于未成年人，排除了依据 1997 年《刑法》第 13 条出罪的可能。第二，诱惑侦查准入并规定"犯意引诱"型"毒品犯罪"一律入罪。2008 年最高人民法院《全国部分法院审理毒品犯罪案件工作座谈会纪要》（以下简称《纪要》），不仅明确肯定了诱惑侦查，而且规定对因"犯意引诱"而实施"毒品犯罪"的被告人，甚至在"双套引诱"下实施的毒品犯罪，应追究刑事责任。这一规定可能导致本没有犯罪意图的人因"犯意引诱"甚至"双套引诱"而成为毒品犯罪人。

3. 毒品再犯处罚从重

为了严惩毒品犯罪和防止再次实施毒品犯罪，1991 年《关于禁毒的决定》首次规定了较一般累犯制度处罚更为严厉的毒品再犯制度。1997 年《刑法》第 356 条再次规定了毒品再犯制度。《纪要》规定，根据第 356 条规定，只要因走私、贩卖、运输、制造、非法持有毒品罪被判过刑，不论是在刑罚执行完毕后，还是在缓刑、假释或者暂予监外执行期间，又犯《刑法》分则第六章第七节规定的犯罪的，都是毒品再犯，应当从重处罚。《刑法修正案（八）》根据对犯罪未成年人从宽处罚之精神，取消了未成年人构成一般累犯的规定，但却保留了未成年人可成立毒品再犯的规定。《意见》第 11 条规定："要依法从严惩处累犯和毒品再犯。凡是依法构成累犯和毒品再犯的，即使犯罪情节较轻，也要体现从严惩处的精神。"2014 年 1 月 1 日实施的《最高人民法院关于常见犯罪的量刑指导意见》规定，毒品再犯量刑可以增加基准刑的 10% ~30%。

4. 刑罚适用严厉

刑罚适用严厉的表现形式很多，其中免予刑事处罚与非监禁刑的适用率的高低是一个重要指标。《意见》规定，对于未成年人犯罪较轻的，可以依法适当适用缓刑或者判处管制、单处罚金等非监禁刑；依法可免予刑事处罚的，应当免予刑事处罚。根据某省法院系统[1]2004 年至 2013 年 10 年间刑罚适用情况（见表 1 - 1），未成年人毒品犯罪非监禁刑与免于刑事处罚的比例非常低，非监禁刑适用率为 19.04%，免于刑事处罚适用率为 1.60%，而同期未成年人其他犯罪非监禁刑适用率为 41.61%，免于刑事处罚的适用率为 1.95%。虽然二者免予刑事处罚的适用率差距不大，但未成年人其他犯罪的非监禁刑适用率是未成年人毒品犯罪非监禁刑适用率的 2 倍多。

---

〔1〕 "某省法院系统"在下节中简称样本单位。本节中所有数据除特别注明，否则均来自对样本单位的调查。

表1-1　未成年人毒品犯罪与未成年人其他犯罪刑罚适用对比（单位：人/%）

		2004	2005	2006	2007	2008	2009	2010	2011	2012	2013	总数
未成年人其他犯罪	生效判决被告人	2706	2489	1977	1995	2406	1892	1600	1456	1285	1065	18 871
	免于刑事处罚	47	50	47	32	57	37	36	26	18	3	353
	非监禁刑	1014	1025	863	810	1039	769	582	648	652	450	7852
	免于刑事处罚比	1.74	2.01	2.38	1.60	2.37	1.96	2.25	1.79	1.40	0.28	1.87
	非监禁刑比	37.47	41.18	43.65	40.60	43.18	40.64	36.38	44.51	50.74	42.25	41.61
未成年人毒品犯罪	生效判决被告人	21	24	18	22	63	52	48	105	75	71	499
	免于刑事处罚	0	0	0	0	4	1	0	2	1	0	8
	非监禁刑	3	4	3	2	10	10	7	20	17	19	95
	免于刑事处罚比	0.00	0.00	0.00	0.00	6.35	1.92	0.00	1.90	1.33	0.00	1.60
	非监禁刑比	14.29	16.67	16.67	9.09	15.87	19.23	14.58	19.05	22.67	26.76	19.04

（二）研究方法

　　未成年人毒品犯罪从严刑事政策实施效果一直缺少科学的验证及解释，已有的研究成果难以提供准确和客观的结论，理论解释及对策建议大多建立在主观分析之上，所得结论具有很大或然性和不可靠性，很多观点缺乏说服力。以现有理论为基础的刑事政策和法律制度具有明显的不可靠性及主观臆断性，实施效果严重偏离其预期目标，面对毒品犯罪"惩罚越严，犯罪率越高"的困境束手无策。本节试图用以下方法展开研究：第一，以"影响犯罪因素的相关性分析"作为基本研究方法，将未成年人毒品犯罪与从严刑事政策（影响因素）作为两个变量，通过统计分析从严刑事政策实施后未成年人毒品犯罪数量、类型结构的变化等，客观检验从严刑事政策与未成年人毒品犯罪治理的相关性。第二，在"犯罪因素的相关性分析"的基础上，采用制度法学研究范式，从逻辑前提、目标设定、价值追求及实施工具四个制度要素入手，解释从严刑事政策与未成年人毒品犯罪相关性的制度性原因。第三，将相关性分析的结果与制度要素的解释结合起来，提出放弃从严刑事政策并转向适度舒缓刑事政策的改革思路，并对目前的刑事法律制度提出四点修改建议，以增强未成年人毒品犯罪刑事政策的回应性和包容性，走出"惩罚越严，犯罪率越高"的治理困境。

（三）样本选择

本节以某省法院系统近 10 年的判决情况为样本进行研究。

首先，将选取样本的时间跨度确定在 2004 年至 2013 年。时间跨度的选择是根据未成年人毒品犯罪政策的变迁过程所确定的。自 20 世纪 80 年代初以来，为应对犯罪不断增加的现实，我国刑事政策及刑法整体上沿着不断趋于严厉的方向变迁，对毒品犯罪的"严打"政策逐步确立。1979 年《刑法》规定的毒品犯罪法定最高刑为 15 年有期徒，毒品犯罪不属于"严打"的犯罪类型。1982 年《关于严惩严重破坏经济的罪犯的决定》将贩卖毒品罪列为"严打"对象，并将其法定最高刑修改为死刑。1988 年《关于惩治走私罪的补充规定》、1990 年《关于禁毒的决定》、1997 年《刑法》等刑事立法，对毒品犯罪包括未成年人毒品犯罪的处罚越来越严厉。1997 年《刑法》采用基本法律的形式将体现未成年人毒品犯罪从严刑事政策的犯罪与刑罚制度确定下来。自 2004 年 12 月中央政法工作会议上时任中共中央政法委书记罗干同志提出宽严相济刑事政策后，我国长期实行的"严打"刑事政策得到了适度调整。2006 年 10 月 11 日《中共中央关于构建社会主义和谐社会若干重大问题的决定》正式确立宽严相济的刑事政策，但自 1982 年实施的对毒品犯罪"严打"政策一直未变，《意见》明确规定毒品犯罪属于"严打"的犯罪类型。2011 年《刑法修改正案（八）》根据未成年人犯罪从宽处罚的原则修改了 1997 年《刑法》中有关未成年人犯罪的一些条款，但对于未成年人毒品犯罪仍采取与成年人毒品犯罪同样严厉的刑事政策。考虑到 1997 年《刑法》施行后的几年里，对犯罪治理的影响具有不稳定性，其施行效果不宜纳入统计相关性分析的范围。另一方面，自 2004 年开始我国开始调整严打刑事政策，在对未成年人犯罪从宽与对毒品犯罪依然从严的刑事政策下，对兼具两种类型犯罪特点的未成年人毒品犯罪仍然保持从严的政策，因此，选择 2004 年至 2013 年的未成年人毒品犯罪的数据作为统计分析样本，具有可靠性和典型性。

其次，将样本收集的空间范围确定为省级行政区域。从全国范围看，选择一个省级行政区域的样本可能存在选择性偏差，考虑到全国未成年人毒品犯罪的实际情况虽然存在一定的差别，但基本规律和情况相差不大，因此，以省级行政区的未成年人毒品犯罪作为分析样本，仍具有代表性、典型性和可靠性，选择性偏差不大，可以得出较为可靠的结论。

在进行"犯罪因素的相关性分析"时，分别选择未成年人毒品犯罪总量变化、犯罪类型变化两个因素直接分析从严刑事政策与未成年人毒品犯罪变化的相关性，采用未成年人犯罪数量变化比较、毒品犯罪数量变化比较、再次犯罪变化比较分析，检验从严刑事政策与未成年人毒品犯罪的相关性。这五个方面虽然没有包括验证从严刑事政策与未成年人毒品犯罪相关性的全部因素，但包括了相关性分析的最主要因素，得出的结论具有可靠性。

二、从严刑事政策与未成年人毒品犯罪相关性的统计分析

政策的效果最终由实践来检验。我国逐步确定的从严刑事政策是否有效遏制了未成年人毒品犯罪呢？我们以取样单位近10年未成年人毒品犯罪的判决为样本，统计分析该政策实施后未成年人毒品犯罪的变化情况，揭示从严刑事政策与未成年人毒品犯罪的相关性。

（一）未成年人毒品犯罪总量变化所反映的相关性

自2004年以来，未成年人毒品犯罪人数呈现大幅上升趋势，根据我们的取样统计，样本单位内未成年人毒品犯罪人数，2004年仅21人，2011年达105人，较2004年增长5倍。2012年、2013年有所下降，但较2004年仍增长3.38倍。已满14周岁不满16周岁的未成年人只对贩卖毒品犯罪负刑事责任，总体犯罪人数不多，但仍有明显增幅，特别是2011年、2012年增长趋势明显。（见表1-2）

表1-2　未成年人毒品犯罪人数及未成年人毒品犯罪年龄分布（单位：人/%）

	未成年人毒品犯罪总人数	已满16周岁不满18周岁犯罪人数	已满14周岁不满16周岁犯罪人数
2004	21	20	1
2005	24	24	0
2006	18	16	2
2007	22	20	2
2008	63	57	6
2009	52	48	4
2010	48	42	6

	未成年人毒品 犯罪总人数	已满 16 周岁不满 18 周岁犯罪人数	已满 14 周岁不满 16 周岁犯罪人数
2011	105	93	12
2012	75	64	11
2013	71	67	4
总数	499	451	48
比率	1.00	90.38	9.62

通过上述统计分析，可将二者的相关性描述为：第一，仅仅从犯罪人数变化对比，从严刑事政策实施后，未成年人毒品犯罪人数不仅没有下降，反而大幅上升。第二，未成年人毒品犯罪人数变化受多种因素的影响，目前还难以找到有效的理论手段和工具准确解释多种因素对未成年人毒品犯罪人数增加的影响程度。第三，在影响因素不变的条件下，上述统计分析的结果可以证明，从严刑事政策难以减少未成年人毒品犯罪的数量。第四，假设没有实施从严刑事政策，未成年人毒品犯罪数量是否会更多，目前没有任何材料可以证成这一结论。许多人肯定这一结论是基于主观感觉和判断，但这个结论迄今为止仍然没有被证实。

（二）犯罪类型变化所反映的相关性

我国刑法对毒品犯罪的严厉刑事政策集中体现在对走私、贩卖、运输、制造毒品罪的制裁上，样本单位 10 年间未成年人毒品犯罪类型仅涉及三个罪名：一是走私、贩卖、运输、制造毒品罪；二是引诱、教唆、欺骗他人吸食毒品罪；三是容留他人吸毒罪。其中 99.20% 的未成年人所犯罪行为走私、贩卖、运输、制造毒品罪，仅 2 人被判引诱、教唆、欺骗他人吸食毒品罪，占 0.40%；2 人被判处容留他人吸毒罪，占 0.40%。（见表

1 -3）根据对样本单位 3 个基层法院 2010 ~ 2012 年审结的未成年人毒品犯罪案件统计分析，3 年间 3 个基层法院共判处未成年人毒品犯罪 87 人，其中 84 人被判贩卖毒品罪，占 96. 55%，由此推知，在未成年人走私、贩卖、运输、制造毒品犯罪中，贩卖毒品占绝大多数。

表 1 - 3   未成年人毒品犯罪类型变化（单位：人/%）

	未成年人毒品犯罪总人数	走私、贩卖、运输、制造毒品罪犯罪人数	引诱、教唆、欺骗他人吸食毒品罪犯罪人数	容留他人吸毒罪犯罪人数
2004	21	21	0	0
2005	24	24	0	0
2006	18	18	0	0
2007	22	22	0	0
2008	63	63	0	0
2009	52	52	0	0
2010	48	48	0	0
2011	105	103	1	1
2012	75	74	1	0
2013	71	70	0	1
总数	499	495	2	2
比率	1. 00	99. 20	0. 40	0. 40

上述分析反映出了二者间存在以下相关性：尽管刑法严惩未成年人走私、贩卖、运输、制造毒品罪，并规定已满 14 周岁不满 16 周岁的人应当对贩卖毒品承担刑事责任，但贩卖毒品罪依然十分突出，比例高达 96. 55%。严厉的刑事政策没能阻止未

成年人实施贩卖毒品的犯罪行为，证明从严刑事政策对不同犯罪类型的抑制功能存在明显差异，对受金钱激励的贩卖毒品犯罪存在抑制失灵的现象。

（三）与未成年人其他犯罪比较所反映的相关性

未成年人毒品犯罪属于未成年人犯罪的特殊类型，在过去的 10 年间未成年人毒品犯罪人数与未成年人其他犯罪人数的比率为 2.64%。但从发展趋势看，未成年人毒品犯罪与未成年人其他犯罪的人数变化趋势则完全相反：未成年人其他犯罪人数整体呈下降趋势，而未成年人毒品犯罪人数整体呈上升趋势。随着我国对未成年人从宽刑事政策的实施，未成年人毒品犯罪人数与未成年人其他犯罪人数的比率逐步提高，2004 年仅为 0.78%，从 2007 年开始明显上升，2011 年达到 7.21%，2013 略有下降但仍为 6.67%。（见表 1－4 和图 1－1）

表 1－4　未成年人毒品犯罪人数与未成年人其他犯罪人数
比率分布(单位：人/%)

	2004	2005	2006	2007	2008	2009	2010	2011	2012	2013	总数
未成年人其他犯罪人数	2706	2489	1977	1995	2406	1892	1600	1456	1285	1065	18 871
未成年人毒品犯罪人数	21	24	18	22	63	52	48	105	75	71	499
比率	0.78	0.96	0.91	1.10	2.62	2.75	3.00	7.21	5.84	6.67	2.64

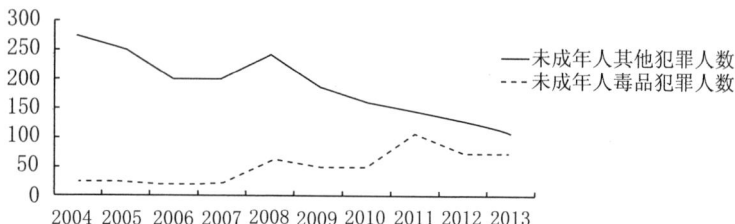

图1-1 未成年人毒品犯罪人数和未成年人其他犯罪人数变化趋势图

注：因未成年人毒品犯罪人数和未成年人其他犯罪人数数据差别较大，为在图1-1中使未成年人毒品犯罪人数变化趋势易于观察，故对表1-4中未成年人其他犯罪人数做缩小10倍处理，不影响图1-1中未成年人其他犯罪人数变化趋势的客观性。

上述分析反映出二者具有以下相关性：第一，不论是从逻辑分析，还是从实践验证，从宽刑事政策肯定是未成年人犯罪整体下降的原因之一，从严刑事政策则是导致未成年人毒品犯罪人数上升的原因之一；第二，未成年人毒品犯罪人数与未成年人其他犯罪人数变化呈反向趋势，在影响因素基本相同的条件下，我国对未成年人毒品犯罪与未成年人其他犯罪采用差异化的刑事政策，无疑是造成这种反向趋势的直接原因。虽然这种反向趋势可能并不仅仅由刑事政策的差别所导致，但刑事政策尤其是入罪标准的差别，肯定是影响定罪数量变化的重要因素。

（四）与成年人毒品犯罪比较所反映的相关性

未成年人毒品犯罪是毒品犯罪中的特殊类型，10年间毒品犯罪中未成年人犯罪人数与成年人犯罪人数的比率约为2.06%。从发展趋势看，毒品犯罪中未成年人犯罪人数与成年人犯罪人数均呈现大幅上升趋势，二者之间没有明显的背离现象。（见表1-5和图1-2）

表1-5 未成年人毒品犯罪人数与成年人毒品犯罪人数对比（单位：人/%）

	未成年人毒品犯罪人数	成年人毒品犯罪人数	比率
2004	21	1363	1.54
2005	24	1303	1.84
2006	18	1126	1.60
2007	22	902	2.44
2008	63	1615	3.90
2009	52	1797	2.89
2010	48	2060	2.33
2011	105	4691	2.24
2012	75	4294	1.75
2013	71	5059	1.40
总数	499	24 210	2.06

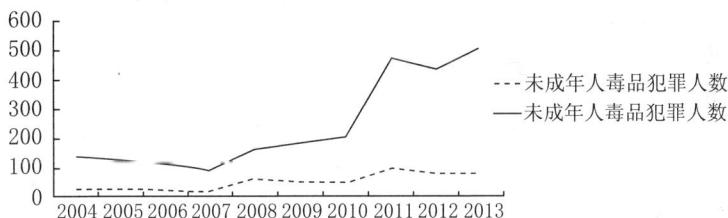

图1-2 未成年人毒品犯罪人数和成年人毒品犯罪人数变化趋势图

注：因未成年人毒品犯罪人数和成年人毒品犯罪人数数据差别较大，为在图1-2中使未成年人毒品犯罪人数变化趋势易于观察，故对表1-5中成年人毒品犯罪人数做缩小10倍处理，不影响图1-2中成年人毒品犯罪人数变化趋势的客观性。

上述分析表明二者间存在以下相关性：第一，我国对未成年人毒品犯罪和成年人毒品犯罪采用相同的从严刑事政策，在相同刑事政策下两种犯罪变化的趋势呈现出一致性；第二，这可以进一步证实前面对二者相关性的描述，即在其他影响因素不变的条件下，处罚严厉程度的增加与未成年人毒品犯罪数量的增加是一致的。

（五）曾经犯罪变化情况所反映的相关性

曾经犯罪占犯罪总人数的比例是证明刑事政策效果的一个重要因素。10 年间未成年人其他犯罪中曾经犯罪人数占 3.97%，而未成年人毒品犯罪中曾经犯罪人数占 4.00%，高出 0.43%。从曾经犯罪人所占比例的变化走势看，未成年人毒品犯罪曾经犯罪率波动较大，如 2006 年、2007 年、2011 年所占比例很高，分别达11.11%、9.09%、6.67%，而 2004 年、2005 年、2009 年度则为0。未成年人其他犯罪中曾经犯罪人数所占比例虽然有所上升，但变化趋势相对比较平稳。成年人毒品犯罪中曾经犯罪人数比例则相当高，10 年间成年人毒品犯罪中曾经犯罪人数平均比例高达 26.24%，其走势也有较大波动，2013 年高达 32.34%。就曾经犯罪的情况分析，未成年人毒品犯罪与成年人毒品犯罪的走势相似，与未成年人其他犯罪趋势存在明显差异。（见表 1 - 6）

表 1 - 6　未成年人毒品犯罪、未成年人其他犯罪、成年人毒品犯罪中曾经犯罪人数比率（单位：人／%）

	未成年人毒品犯罪中曾经犯罪情况			未成人其他犯罪中曾经犯罪情况			成年人毒品犯罪中曾经犯罪情况		
	犯罪人总数	曾经犯罪人数	比率	犯罪人总数	曾经犯罪人数	比率	犯罪人总数	曾经犯罪人数	比率
2004	21	0	0.00	2706	80	2.96	1363	235	17.24
2005	24	0	0.00	2489	96	3.86	1303	289	22.18
2006	18	2	11.11	1977	91	4.60	1126	333	29.57
2007	22	2	9.09	1995	81	4.06	902	202	22.39

	未成年人毒品犯罪中曾经犯罪情况			未成人其他犯罪中曾经犯罪情况			成年人毒品犯罪中曾经犯罪情况		
	犯罪人总数	曾经犯罪人数	比率	犯罪人总数	曾经犯罪人数	比率	犯罪人总数	曾经犯罪人数	比率
2008	63	2	3.17	2406	57	2.37	1615	283	17.52
2009	52	0	0.00	1892	93	4.92	1797	435	24.21
2010	48	2	4.17	1600	71	4.44	2060	503	24.42
2011	105	7	6.67	1456	58	3.98	4691	1134	24.17
2012	75	2	2.67	1285	64	4.98	4294	1290	30.04
2013	71	3	4.23	1065	59	5.54	5059	1636	32.34
总数	499	20	4.00	18 871	750	3.97	24 210	6340	26.19

上述分析可以反映出二者间存在以下相关性：第一，从严刑事政策是导致未成年人毒品犯罪中曾经犯罪率高于未成年人其他犯罪中曾经犯罪率的法律因素。第二，尽管我国对毒品犯罪及未成年人毒品犯罪实行从严刑事政策，但未成年人毒品犯罪中较高的曾经犯罪率表明从严刑事政策并没能遏制未成年人毒品犯罪的增长，刑罚威慑对未成年人毒品犯罪的抑制效果不明显。

通过上述五个方面的统计分析，可以发现：10年间样本单位内未成年人毒品犯罪与成年人毒品犯罪都呈大幅增长趋势，与未成年人其他犯罪的变化趋势相反，未成年人毒品犯罪中曾经犯罪的比例高于未成年人其他犯罪中曾经犯罪的比例，刑法严惩的贩卖毒品犯罪仍然非常突出。上述统计分析揭示出从严刑事政策与未成年人毒品犯罪间的两个相关性：一是在不考虑其他因素或将其他因素视为非变量的条件下，从严刑事政策作为自变量，与未成年人毒品犯罪数量呈正相关性，即惩罚越严厉，犯罪率越高。其同时与未成年人毒品犯罪的治理效果呈负相关性，即惩罚越严厉，防控犯罪的治理效果越低。二是如果将所有的影响因素都作为变量加以综合考虑，则无法验证从严刑事政策与未成年人毒品犯罪的相关性。这两个相关性表明从严刑事政策控制未成年人毒品犯罪的效果迄今没有得到验证，而客观的结果却是"惩罚越严厉，犯罪率越高"。

三、从严刑事政策与未成年人毒品犯罪相关性的理论解释

采用统计分析所揭示的从严刑事政策与未成年人毒品犯罪变化的相关性，与许多人相信的"严打"可以减少未成年人毒品犯罪的结论恰恰相反。现在我们采用制度实证的范式，从逻辑前提、政策目标、价值理念及政策工具四个政策要素入手，解释为什么从严刑事政策与未成年人毒品犯罪变化呈现正相关性。

（一）从严刑事政策的逻辑前提难以证实

任何政策都必须以被证实的逻辑前提为其存在的正当基础。我国对未成年人毒品犯罪采取从严刑事政策的逻辑前提是：未成年人毒品犯罪属于"严重危害人民健康的犯罪"。基于这一逻辑前提，1997 年《刑法》第 17 条第 2 款将贩卖毒品与故意杀人、故意伤害致人重伤或者死亡、抢劫、强奸、放火、爆炸、投毒并列为同等严重的犯罪。《意见》第 7 条规定："走私、贩卖、运输、制造毒品等毒害人民健康的犯罪，要作为严惩的重点，依法从重处罚。"然而，将未成年人毒品犯罪定性为严重危害人民生命与健康的犯罪这一逻辑前提难以成立。

将毒品犯罪视为严重危害人民健康的犯罪，通常基于以下两个原因：一是滥用毒品严重危害人身健康，二是吸毒者容易实施严重危及人身健康的犯罪。但基于上述两个理由推导出毒

品犯罪是严重危害人身健康的犯罪是难以成立的。首先，"滥用毒品的危害"不等于"毒品犯罪的危害"。[1]除强迫他人吸食、注射毒品外，其他毒品犯罪对毒品的滥用只起到间接性作用，[2]而毒品犯罪本身并不直接危及人的健康与生命。其次，研究表明吸毒者更容易实施违法犯罪，但有研究证明吸毒者主要从事毒品犯罪而较少从事非毒品犯罪。[3]有学者认为吸毒与犯罪的相关性可能是一个伪命题，因为吸毒和其他犯罪，都可能源于相同的诱因，例如经济剥削或者不健全的家庭。[4]

　　有关国际公约及我国法律没有将毒品犯罪视为严重危害人民健康的犯罪。我国1979年《刑法》和1997年《刑法》均将毒品犯罪视为妨害社会管理秩序的犯罪，1982年全国人大常委会《关于严惩严重破坏经济的罪犯的决定》将贩卖毒品罪规定为严重破坏经济的犯罪。《公民权利与政治权利国际公约》第6条规定："在未废除死刑的国家，判处死刑只能是作为对最严重的罪行的惩罚。"根据联合国经济及社会理事会《关于保护面对死刑的人的权利的保障措施》的解释，"最严重的罪行"应当是蓄意而结果为害命或其他极端严重的犯罪。联合国人权委员会始终坚持毒品犯罪不属于最严重犯罪的立场，强调将死刑扩张至所有与贩毒有关的行为，包括贩卖与吸食毒品，乃是过度之

---

〔1〕　何荣功："'毒品犯罪'不应属于刑法中最严重罪行"，载陈泽宪主编：《刑事法前沿》（第7卷），中国人民公安大学出版社2013年版，第261页。

〔2〕　张天一："对重刑化政策下贩卖毒品罪之检讨"，载《月旦法学杂志》2010年第5期。

〔3〕　Lana Harrison and Joseph G. Froerer, "The Intersection of Drug Use and Criminal Behavior", E. Barry W. Hancock and Paul W. Sharp, *Public Policy*, *Crime and Criminal Justice*, Prentice - Hall, Inc. , 1997, pp. 97 ~ 98.

〔4〕　[美]斯蒂芬·E. 巴坎：《犯罪学：社会学的理解》，秦晨等译，上海人民出版社2011年版，第518页。

考量，违背联合国人权法的规定。[1]根据《联合国少年司法最低限度标准规则》确立的少年司法相称原则，为防止对犯罪少年的刑罚超过需要，必须对违法行为的严重性有公正的估量。将毒品犯罪定性为严重危害人身健康的犯罪，显然缺乏对未成年人违法行为的公正评估，以此为逻辑前提确定对未成年人毒品犯罪从严处罚政策，属于典型的政策误用。因此，从严刑事政策与未成年人毒品犯罪趋势呈正相关性，而与治理效果呈负相关性，具有逻辑上的必然性。

（二）从严刑事政策目标设定缺乏科学依据

我国 1997 年《〈中华人民共和国刑法〉修改草案的说明》指出："对于有些犯罪行为现在已经发展得很严重，如走私犯罪、毒品犯罪，需要相应加重刑罚。"从严刑事政策的目标无疑是控制未成年人毒品犯罪，但这个目标设定缺乏科学依据，实现的概率较小。从犯罪因素相关性角度分析，从严刑事政策的预期目标包括以下三种：一是未成年人毒品犯罪被根除；二是未成年人毒品犯罪数量减少或保持原有规模；三是犯罪虽然增长，但控制了增长率。第一个目标只存在于理论上，是不可能实现的，不具有现实性。第二个目标是从严刑事政策所追求的现实目标。但前面的统计数据已经证明，从严刑事政策实施后我国未成年人毒品犯罪仍然大幅增长，表明决策者希望依赖从严刑事政策减少或控制未成年人毒品犯罪规模的目标没有实现。至于第三个目标是否实现，即是否抑制了未成年人毒品犯罪增长率，是一个迄今无法证实的问题。前面的统计分析结果表明，从严刑事政策实施后未成年人毒品犯罪增长没有表现出明显的减缓趋势。

---

〔1〕 何荣功："'毒品犯罪'不应属于刑法中最严重罪行"，载陈泽宪主编：《刑事法前沿》（第 7 卷），中国人民公安大学出版社 2013 年版，第 261 页。

　　未成年人毒品犯罪受诸多复杂因素的影响，从严刑事政策仅仅是影响其变化的一个变量。考虑到犯罪因素相关性约束条件，影响从严刑事政策实现预期目标的原因可能有三种情形：一是其他因素的影响没有发生明显变化，从严刑事政策导致司法机构从法律上认定了更多的犯罪。在这种情形下，从严刑事政策增加了未成年人行为被认定为犯罪的可能性，推升了犯罪率的上升。二是影响未成年人从事毒品犯罪的因素增加，毒品犯罪行为数量增加，从严刑事政策无法对冲其他因素对犯罪所产生的激励，犯罪数量仍然增加，出现抑制的失灵。三是影响未成年人毒品犯罪的因素增加，毒品犯罪的行为数量增加，从严刑事政策只能一定程度上抑制其他因素对犯罪所产生的激励作用，从现象上看存在失灵，但事实上发挥了控制犯罪增加的功能。前两种情形下从严刑事政策不能抑制毒品犯罪的增加已得到前面分析的验证，而第三种情形则无法予以证实。

　　根据对上述不同情况的分析，选择从严刑事政策治理未成年人毒品犯罪，符合人们的常识性经验，满足了人们对未成年人毒品犯罪的担忧和情绪性反应，但偏离了科学立法的原则。第一，从严刑事政策以未经验证的政策效果即"从严刑事政策能够控制未成年人毒品犯罪"假定为前提，但这一假定在国内外均没有得到证实。美国自 20 世纪 80 年代对未成年人毒品犯罪实行所谓的"铁腕政策"，最大可能地逮捕定罪，但毒品犯罪仍然没有得到遏制，80 年代监狱罪犯增长了 3 倍，90 年代有 1/4 的黑人青少年被定罪，[1]监狱中有一半的犯罪与毒品有

　　[1] Schannae L. Lucas, *The Juvenile Drug Court Decision Making Process: An Analysis of Operating Styles, Outcome Decisions and Disparities*, Washington State University, 2009, UMI: 3370401.

关，[1]美国人口仅占世界人口总数的 4.5%，但毒品消费却占全球的 60%。[2]我国台湾地区于 1993 年 5 月 12 日正式向"毒品宣战"，但毒品犯罪被判有罪人数却大幅增长，2004 年为14 640 人，2009 年则增为 36 758 人，[3]2013 年，毒品犯罪起诉人数 70 150 人，判决确定有罪人数 36 096 人。[4]相反，70 年代荷兰对大麻非罪化后吸食大麻的人数减少，[5]2001 年葡萄牙对使用各种类型毒品实行非罪化政策，终生染毒率、艾滋病感染率、与毒品相关的死亡率等都大幅减少。[6]第二，为促进各国毒品政策的有效性，国际毒品政策组织（International Drug Policy Consortium，IDPC）提出毒品政策应植根于明确的证据。[7]而我国刑事政策的决策是以一个未经验证的假定作为决策依据，是一个小概率的选择，不仅缺乏科学决策的依据，也不符合实事求是的原则，不可能有效治理未成年人毒品犯罪。第三，尽管科学、哲学以及理性思维都必须认真对待常识，全部的科学与全部的哲学也都是文明的常识，[8]但依据常识做出

---

〔1〕　郭跃："葡萄牙对吸毒人员非罪化的政策实践及启示"，载《广西大学学报（哲学社会科学版）》2011 年第 1 期。

〔2〕　朱日侨："药物滥用与毒品防治政策之国际趋势"，载杨士隆等：《药物滥用、毒品与防治》，五南图书出版公司 2012 年版，第 482 页。

〔3〕　詹中原、陈泉锡："台湾毒品防治政策成效未能彰显之原因探析"，载《台湾公共卫生杂志》2011 年第 6 期。

〔4〕　杨士隆："国际间毒品发展趋势与防治作为"，载《第一届海峡两岸药物滥用与毒品防治研讨会会议资料》，第 24 页。

〔5〕　[美] 斯蒂芬·E. 巴坎：《犯罪学：社会学的理解》，秦晨等译，上海人民出版社 2011 年版，第 518 页。

〔6〕　郭跃："葡萄牙对吸毒人员非罪化的政策实践及启示"，载《广西大学学报（哲学社会科学版）》2011 年第 1 期。

〔7〕　朱日侨："药物滥用与毒品防治政策之国际趋势"，载杨士隆等：《药物滥用、毒品与防治》，五南图书出版公司 2012 年版，第 482 页。

〔8〕　[英] 卡尔·波普尔：《客观知识》，舒炜光等译，上海译文出版社 2001 年版，第 36 页。

的决策在很多情况下具有不可靠性。刑事政策关系到未成年人的自由等人身权利，以无法验证的结论作为立法依据违背了立法的科学性原则。第四，对严重犯罪进行严厉惩罚的情绪化反应是传统非理性的决策习惯，不宜运用到未成年人犯罪的刑法治理中。第五，简单地对越来越严重的犯罪采用严厉惩罚的治理措施，是政策制定及社会治理简单化的做法，而当代风险社会治理则要求使用多样化的方式和手段。上述原因决定了从严刑事政策的预期目标缺乏科学依据，是难以实现甚至根本不可能实现的目标。

（三）从严刑事政策遵循的价值目标存在偏差

价值目标影响政策的手段选择与政策实施效果，因此，在确定刑事政策时，决策者应当确立基本的价值目标，并根据政策价值目标选择实现价值目标的手段，预测政策实施效果。关于刑事政策的价值目标，学者观点不一。有的认为自由、秩序、正义、效益是刑事政策的价值目标；[1]有的认为刑事政策的价值目标分为效率、公正、秩序、自由四个不同层次和不同侧面，并在法治的框架内遵循"效率优先、兼顾公正"与"秩序优先，兼顾自由"的模式；[2]有的认为刑事政策价值目标主要是效率、公正、秩序、自由，但不同的社会、不同的时期，统治者所追求的刑事政策目标有所差异，甚至截然不同。[3]

经过长期的丰富和发展，当代刑事政策的价值目标不再是抽象的自由与正义，而是《世界人权宣言》所确立的更具体、更现实的秩序与人权。"法律是正义与秩序两个价值的综合体，

---

[1] 严励："刑事政策价值目标的追问"，载《政法论坛》2003 年第 5 期。

[2] 侯宏林："刑事政策的价值分析"，中国政法大学 2004 年博士学位论文，第 186 页。

[3] 刘仁文："社会转型与刑事政策"，载《当代法学》2005 年第 4 期。

旨在创设一种正义的社会秩序。"[1]正义本身不是刑事政策的价值目标,而效率或效益应当是刑事政策选择时需要考虑的影响因素,自由已经被更具体的人权所取代。因此,解读《世界人权宣言》第 28 条的规定,在秩序与人权的关系上,秩序维护是人权保障的必要条件,人权保障是秩序维护的目标。我国法律体系已经借鉴了人权保障的国际经验,"尊重和保障人权"被明确写入我国宪法,刑事政策从"严打"转向了"宽严相济",表明保障人权已经成为我国刑事政策与刑事法律最为核心的价值目标。当然,恰当处理秩序与人权两个价值目标的关系是一个难题,理论与实践常出现偏差,如有学者认为秩序维护与人权保障两个基本价值目标存在二律背反的关系。[2]在我国刑事政策实践中,也长期存在"重犯罪打击,轻人权保护""重社会利益保护,轻个人权利保护"的现象。[3]

未成年人与成年人享有一样的独立的人权,是人权保护价值目标的当然要求。我国刑法理论与实践虽然强调保护儿童的合法权益,但实质上并没有把儿童当作权利主体。[4]未成年人毒品犯罪的从严刑事政策注重对社会秩序的维护,忽视了对未成年人的人权保护,强调高定罪率与监禁率,不符合当代法治和人权保障的基本价值追求,以这样的价值目标为指导的从严刑事政策很难获得正面的治理效果。因此,未成年人刑事政策的

---

〔1〕 [美] E. 博登海默:《法理学——法哲学及其方法》,邓正来、姬敬武译,华夏出版社 1987 年版,第 302 页。

〔2〕 [日] 大谷实:《刑法讲义总论》(第 2 版),黎宏译,中国人民大学出版社 2008 年版,第 8 页。

〔3〕 程应需:"人权保护与我国刑事政策的价值选择",载《法学评论》2006 年第 2 期。

〔4〕 赵俊合:"儿童免受性侵害的权利——对我国儿童性法律的审视",载《法学研究》2004 年第 6 期。

制定，应承认未成年人享有独立的人权并以保障未成年人人权作为基本价值目标。不仅如此，儿童是人类的未来，是社会可持续发展的重要资源，《儿童权利公约》确立了儿童利益优先和儿童最大利益原则，关于儿童的一切行动，不论是由公私社会福利机构、法院、行政当局还是由立法机构执行，均应以儿童的最大利益为一种首要考虑。因此，在对未成年人与成年人人权进行平等保护的基础上，还需要对未成年人予以特别保护，并以此为基本价值观念指导未成年人刑事政策的制定。这应是"未成年人犯罪刑事政策具有与普通刑事政策二元分立的特点"的原因。[1]

（四）从严刑事政策的实施工具过于单一

政策通过一些具体的手段去追求一些特定的目的，[2]政策工具决定政策效果，因此，选择政策工具成了制定政策需要考虑的重要内容。政策工具的选择通常需要综合考虑以下因素：第一，备选工具与政策目标的实现是否相关和必要；第二，为实现政策目标而使用的工具是否充足；第三，备选工具中是否具有消解政策副作用的手段；第四，政策工具能否实现政策所追求的结果。

确定未成年人毒品犯罪从严政策工具是否恰当，需要根据未成年人毒品犯罪的状况，分析从严刑事制裁手段是否必要、充分、有效。未成年人毒品犯罪受多种因素影响，但主要在于其合法权益未受到有效的保护。[3]分析取样单位3个基层法院

---

〔1〕 张利兆：《未成年人犯罪刑事政策研究》，中国检察出版社 2006 年版，第38页。

〔2〕 ［加］梁鹤年：《政策规划与评估方法》，丁进锋译，中国人民大学出版社2009年版，第66页。

〔3〕 莫洪宪："论我国刑法中未成年人的刑事责任"，载《法学论坛》2002年第4期。

2010～2012年未成年人毒品犯罪案件中未成年人的文化程度及职业情况，初中文化程度约占61%，小学文化程度约占30%，约32%是失学、辍学的中小学生，超过80%属于闲散未成年人。未成年人教育缺失，与学校、家庭、社会联系薄弱，社会化渠道不畅，未成年人实施毒品犯罪的原因绝大多数是被利用、被诱骗，少数则是出于好奇。因此，治理未成年人毒品犯罪需要政府、学校、家庭等多元社会主体，针对未成年人毒品犯罪的特点，综合使用多种差异性政策工具，如教育、家庭干预、矫正等。《儿童权利公约》第40条明确规定了对儿童违法犯罪行为应采用多种处理办法，诸如照管、指导和监督令、辅导、察看、寄养、教育和职业培训方案及不交由机构照管的其他办法，以确保处理儿童的方式符合其福祉并与其情况和违法行为相称。

根据未成年人犯罪的原因与特点，对未成年人毒品犯罪的治理应当根据"教育为主，惩罚为辅"的原则，采用以刑罚惩罚为辅的多种政策工具并用的未成年人毒品犯罪治理模式。如扩大教育面、缩小司法面，对未成年人犯罪实行最小量化的政策，即在进行司法程序关口上对未成年人具有刑事可罚性的行为进行严格控制，实行最小量化；[1]对犯罪未成年人适用刑罚时以适用非监禁刑为原则，以适用监禁刑为例外；通过培养归属感包括社区归属感、家庭归属感和学校归属感等途径强化社会纽带关系，增强未成年人的个体社会资本，实现未成年人的社会回归。[2]然而，我国虽然确立了社会治安综合治理的方针，全国人大常委会制定了《关于加强社会治安综合治理的决定》，但从实践看，其内容却是以"严打"为主，真正消除犯罪原因

---

[1] 林少平："扩大教育面，缩小司法面"，载《政法论坛》2000年第4期。
[2] 汪明亮："基于社会资本解释范式的刑事政策研究"，载《中国法学》2009年第1期。

的手段并不多。[1]过度迷信刑罚效果的从严刑事政策，手段过于单一，缺乏包容性：第一，由于从严刑事政策强调刑罚制裁，将更多未成年人关进监狱，忽视了从严刑事政策的高定罪率所产生的诸多副作用。例如，难以与其他治理工具如教育等实现功能整合，甚至产生排斥效应。第二，未成年人被贴上犯罪的标签，更加难以融入社会，采用其他措施解决这一问题需要支付更大成本。第三，在缺乏政策实施评估机制的条件下，从严刑事政策很容易演变成对社会不负责任的报复性打击，陷入"犯罪越严重，惩罚越严厉；惩罚越严厉，犯罪越严重"的恶性循环，反而为社会治理带来很多新矛盾。

四、未成年人毒品犯罪从严刑事政策的修正

从前述分析和解释可以看出，从严刑事政策是未成年人毒品犯罪增长的重要因素。老子早就说过："法令滋彰，贼盗多有。"[2]在其他因素不变的条件下，依靠严惩难以阻止未成年人毒品犯罪率的增长，反而增加了被认定为犯罪的数量，并带来诸多负面社会效应，出现制度约束功能的失灵。面对未成年人毒品犯罪治理的这种困境，应调整从严刑事政策，采用适度舒缓的刑事政策，修正目前的刑事政策和相关刑事法律制度，增强刑事法律制度的社会回应性和包容性，构建更加符合未成年人行为特点和成长规律的法律治理模式，有效对冲复杂因素对未成年人毒品犯罪增长所产生的诱致作用。

（一）修正未成年人毒品犯罪责任主体的年龄标准

刑事责任年龄直接体现未成年人权益保护的基本理念与价

---

[1]　莫洪宪："改革开放以来我国刑事政策总体评估和启示"，载《东方法学》2008年第5期。

[2]　《老子》第57章。

值追求。《联合国儿童权利公约》第 40 条要求"缔约国……应规定最低年龄",根据《联合国少年司法最低限度标准规则》,确定刑事责任年龄应考虑到情绪和心智成熟的实际情况。我国 1997 年《刑法》第 17 条关于刑事责任年龄的规定,总体而言,既与《儿童权利公约》的精神保持一致,又充分考虑我国的国情,即历史文化传统,社会心理,现阶段儿童的身体发育、智力发展和受教育程度之特殊性,[1]充分体现了对未成年人的保护政策。[2]

然而,关于未成年人毒品犯罪的刑事责任年龄是否适当,则基于不同的价值目标形成了两种对立的观点:一是基于严惩毒品犯罪的立场,主张已满 14 周岁不满 16 周岁的人应当对走私、贩卖、运输、制造毒品负刑事责任。[3]二是基于对未成年人犯罪从宽处罚的原则,主张废除已满 14 周岁不满 16 周岁的人对贩卖毒品负刑事责任的规定。[4]本节基于以下理由,主张取消 1997 年《刑法》第 17 条第 2 款关于已满 14 周岁不满 16 周岁的人对贩卖毒品承担刑事责任的规定,即未成年人毒品犯罪的刑事责任年龄应为 16 周岁。第一,毒品犯罪与故意杀人、故意伤害致人重伤死亡等暴力犯罪的危害性不具有相当性;第二,毒品犯罪的非直接的危害性不容易为未成年人充分认识,尤其是诸多新型毒品的危害仍处于成人世界争论之中;第三,未成

---

[1] 蒋娜:"未成年人刑法焦点问题之中英比较——以《儿童权利公约》的执行为切入点",载《刑法论丛》2010 年第 1 期。

[2] 林维:"未成年人刑事责任年龄及其制裁的新理念",载《中国青年政治学院学报》2005 年第 2 期。

[3] 潘榕:"刑法应加大控制未成年人毒品犯罪的力度",载《青少年犯罪问题》2003 年第 4 期。

[4] 张兆松:《刑事司法公正的制度选择》,法律出版社 2008 年版,第 91 页;刘科、任宝强:"未成年人毒品犯罪刑法适用若干问题研究",载《法学杂志》2011 年第 9 期。

年人毒品犯罪中超过 90% 的是贩卖毒品，没有扩大已满 14 周岁不满 16 周岁的人毒品犯罪负刑事责任的范围的现实紧迫性；第四，尽管已满 14 周岁不满 16 周岁的人对贩卖毒品负刑事责任，但贩卖毒品犯罪仍然严重的现实表明对未成年人毒品犯罪的从严刑事政策治理存在失灵，在此前提下仍然选择降低年龄标准治理走私、运输、制造毒品的行为违反科学决策的基本依据。

或许会有人担心取消已满 14 周岁不满 16 周岁的人对贩卖毒品负刑事责任的规定，会导致已满 14 周岁不满 16 周岁的人或利用已满 14 周岁不满 16 周岁的人贩卖毒品增加，这种看法似乎符合常理，实则缺乏科学根据。第一，已满 14 周岁不满 16 周岁的人贩卖毒品绝大多数是被教唆或利用的，严惩被利用的未成年人对预防未成年人贩卖毒品没有针对性；第二，为预防利用未成年人毒品犯罪而惩罚被利用的未成年人，违背了儿童最大利益原则，不符合保护未成年人的理念与目标；第三，如前述样本单位 3 个基层法院的统计资料表明，贩卖毒品的已满 14 周岁不满 16 周岁的人，主要是失学辍学的闲散未成年人，采取其他措施如保障未成年人的教育权等较之严厉的刑罚惩罚更能发挥治理效果。

（二）未成年人毒品犯罪行为适度非罪化

非罪化是指将迄今为止作为犯罪加以处罚的行为不作为犯罪，停止对其处罚。[1]根据目的刑论，刑罚不是对已然犯罪的报应，而是教育挽救犯罪人，刑罚不是唯一的甚至不是主要的对付犯罪的工具，非犯罪化、非刑罚化成了社会防卫运动的重要

---

〔1〕〔日〕大谷实：《刑法讲义总论》（第2版），黎宏译，中国人民大学出版社 2008 年版，第 96 页。

内容。[1]非犯罪化作为应对犯罪的一种重要策略，符合刑罚谦抑、人权保障尤其是未成年人保护的精神和价值。但如何把握非罪化的尺度，如何划定非罪化的范围，关系着应对犯罪策略的成败，需要深入探索。

就未成年人犯罪而言，《联合国少年司法最低限度标准规则》确立的相称原则和双向保护原则作为对从宽处罚原则的制约，是世界通行的未成年人刑事政策标准。[2]我国根据有关国际公约及当前犯罪形势，根据对犯罪未成年人从宽处罚的原则，对未成年人实施的情节轻微的犯罪，甚至特定情形的抢劫、强奸等行为作非罪化处理；而根据对毒品犯罪仍然"严打"的政策，对走私、贩卖、运输、制造毒品仍采用零容忍的定罪标准，排除了未成年人毒品犯罪非罪化的可能。但这种政策适用于未成年人不具有合理性，而应当适度调整。从现实情况看，未成年人实施的毒品犯罪主要是毒品数量极少的贩卖毒品罪，且绝大多数属于初犯、主观恶性小、人身危险性不大。如果没有出罪的余地，无论走私、贩卖、运输毒品数量多少，也不管情节轻重均贴上犯罪的标签，既导致刑罚制度的结构功能严重失衡，也严重影响未成年人发展。为此，可通过立法或司法解释对具有以下情形之一的行为作非罪化处理：①走私、贩卖、运输、制造毒品数量极少的；②被利用、教唆、胁迫、诱骗参加毒品犯罪活动且危害不大的；③初次犯罪数量不大，情节较轻的；④因特情引诱实施毒品犯罪的；等等。

将未成年人上述行为作非罪化处理有现实合理性。首先，

---

[1] 刘守芬、韩永初："非犯罪化、非刑罚化之理性分析"，载《现代法学》2004 年第 3 期。

[2] 康均心、杜辉："对未成年人犯罪出罪化解释的刑事政策审视"，载《青少年犯罪研究》2008 年第 4 期。

毒品犯罪不是直接危及人身的暴力犯罪，对未成年人走私、贩卖、运输、制造毒品情节轻微，初次犯罪，数量极少或被利用、引诱、胁迫或者因诱惑侦查等实施的走私、贩卖、运输、制造毒品的行为适度非罪化，符合《联合国少年司法最低限度标准规则》所确定的相称原则和双向保护原则。其次，《联合国禁止非法贩运麻醉药品和精神药物公约》虽然要求"各缔约国应采取可能必要的措施将公约所列的故意行为确定为国内法中的刑事犯罪"，但同时规定"在性质轻微的适当案件中，缔约国可规定作为定罪或惩罚的替代办法，采取诸如教育、康复或回归社会等措施"。再次，随着国际社会对毒品犯罪的认识不断深入及应对措施的变化，2007 年全国人大常委会颁布的《中华人民共和国禁毒法》已对走私、贩卖、运输、制造毒品入罪的零容忍政策做了适度调整。该法第 59 条规定："走私、贩卖、运输、制造毒品的，构成犯罪的，依法追究刑事责任；尚不构成犯罪的，依法给予治安管理处理。"最后，《儿童权利公约》第 33 条明确规定："缔约国应采取一切适当措施，包括立法、行政、社会和教育措施，保护儿童不至非法使用有关国际条约中界定的麻醉药品和精神药物，并防止利用儿童从事非法生产和贩运此类药物。"据此，基于儿童利益最大原则，从保护未成年人权益的角度出发，应严禁将诱惑侦查适用于未成年人，对因诱惑侦查而实施毒品犯罪的未成年人严禁定罪量刑。

（三）修改未成年人毒品再犯从重量刑情节

虽然累犯制度存在"行为中心主义"和"行为人中心主义"的差别，但对于累犯各国普遍采取从严处罚的倾向，或从重或加重，[1]且其理由是一致的，即累犯的人身危险性或反社

---

[1]　赵秉志、于志刚："论澳门刑法中的累犯制度"，载《吉林大学社会科学学报》2001 年第 2 期。

会性较大。[1]我国 1997 年《刑法》在总则第 65、66 条设立一般累犯与特别累犯的同时，在分则第 356 条规定了较累犯制度更严厉的毒品再犯制度。尽管关于毒品再犯与一般累犯的关系存在"特别再犯说"与"特别累犯说"的争议，但对二者从重处罚具有相同的理论依据，即针对行为人无视先前刑罚体验而再度犯罪这一事实在整体上所作的否定评价。[2]而且，基于前后罪性质相同的再犯较前后罪性质相异的累犯具有更大的主观恶性的理论假定，设定毒品再犯的处罚重于累犯的处罚制度。

然而，累犯从重的通说所依据的理论都是未经实证的论断，如累犯的主观恶性重于初次犯罪、累犯无视先前刑罚体验、再犯罪率要高于初犯率等[3]。并且，累犯与再犯制度的差异性理论依据也不具有合理性，如前后两罪均是贩卖少量毒品的毒品再犯与前罪抢劫、后罪故意杀人的一般累犯比，二者的主观恶性及人身危险性大小不言自明。因此，无论是从政策选择的角度还是从价值目标的定位，《刑法修正案（八）》废除未成年人构成累犯的制度具有科学性与合理性，相应地，未成年人毒品再犯制度也应依据相同的理论依据及价值目标进行修正。

关于《刑法修正案（八）》是否在废除未成年人构成一般累犯的同时也废除了未成年人毒品再犯制度，现有两种观点：一种是认为刑法规定未成年人不构成一般累犯，当然也不构成

---

[1] 甘雨沛、何鹏：《外国刑法学》（上册），北京大学出版社 1984 年版，第469 页。

[2] 李炜、华肖："论毒品再犯与一般累犯之适用关系"，载《法学》2011 年第 9 期。

[3] 熊建明："累犯通说的反省与批判"，载《环球法律评论》2011 年第 3期。

毒品再犯，[1]相反观点则认为刑法只废除了未成年人一般累犯制度，未成年人仍构成毒品再犯。[2]纵观《刑法修正案（八）》修改情况，不能得出已取消未成年人构成毒品再犯的规定。理由有二：其一，《刑法修正案（八）》只是对第65条这一特定条文的修改，并未涉及其他条文；其二，从对1997年《刑法》第66条的修改看，不仅没有修改特别累犯构成的年龄条件，反而增加了黑社会性质组织犯罪等特别累犯。因此，我国刑法应当明确废除未成年人构成毒品再犯的规定。

（四）严格控制监禁刑的适用范围

监禁刑因交叉感染导致累犯增多已为监禁刑的共识性弊病，监禁刑不利于罪犯刑满释放后建立良好的社会纽带关系，降低了个体的社会资本，间接促使犯罪的发生。[3]研究表明，判处6个月以上刑期的罪犯，成为累犯的可能性及再犯之罪的严重性均显著增加。[4]由于未成年人的身心特点，对犯罪未成年人适用监禁刑的负面效应更大，最集中的表现是监禁容易导致未成年犯罪人向惯犯、累犯转变。[5]因此，国际社会着力寻找监禁刑的替代措施。1980年第六届联合国预防犯罪和罪犯待遇大会上，通过了"监禁替代措施"决议，建议成员国扩大使用监禁刑替代措施。1990年第八届联合国预防犯罪和罪犯待遇大会上，

---

〔1〕　刘宪权、周舟："特殊群体从宽处罚规定司法适用分析"，载《华东政法大学学报》2011年第6期。

〔2〕　张勇虹："对《刑法修正案（八）》累犯规定的解析与完善"，载《昆明理工大学学报（社会科学版）》2011年第3期。

〔3〕　汪明亮："基于社会资本解释范式的刑事政策研究"，载《中国法学》2009年第1期。

〔4〕　D. Stanley Eitzen and Doug A. Timmer, *Criminology*, John Wiley & Sons, Inc. , 1985, p. 571.

〔5〕　姚建龙："未成年人犯罪非监禁理念与实现"，载《政法学刊》2004年第5期。

通过了《非监禁措施最低限度标准规则》和《非监禁制裁研究的原则和指南》，对非监禁刑的适用给予指导，非监禁刑得到广泛的适用。

为了控制对未成年人适用监禁刑的负面效应，严格控制对未成年人适用监禁刑应成为未成年人保护的重要内容。《儿童权利公约》明确规定："儿童的逮捕、拘留或监禁应符合法律规定并仅应作为最后手段，期限应为最短的适当时间。"《联合国少年司法最低限度标准规则》第 17 条规定："对未成年人的人身自由加以限制应尽可能把限制保持在最低限度；除非判决少年犯有涉及对他人行使暴力的严重行为，或屡犯其他严重罪行并且不能对其采取其他合适的对策，否则不得剥夺其人身自由。"第 19 条规定："把少年投入监禁机关始终应是万不得已的处理办法，其期限应是尽可能最短的必要时间。"根据上述国际文件，对未成年人适用监禁刑仅限于以下情形并应限定在尽可能短的时间：一是未成年人所犯罪行是涉及人身的暴力犯罪；二是屡犯其他严重罪行并且不能对其采取其他合适的对策。

毒品犯罪的性质不属于侵害人身的严重暴力犯罪，毒品犯罪未成年人绝大多数是因失学、无业、交友不慎、家庭成员涉毒、被利用甚或被胁迫犯罪，主观恶性和人身危险性不大。因此，未成年人毒品犯罪不属于必须使用监禁刑的情形。但我国未成年人毒品犯罪的监禁刑适用率高达 80%。尽管《刑法修正案（八）》放宽了未成年人适用缓刑的条件，但对未成年人毒品犯罪适用缓刑的比率仍偏低，监禁刑适用率高的情况并没有明显改变。如样本单位 2013 年判决未成年罪犯 1136 人，缓刑 466人，占 41.02%；判处毒品犯罪未成年人 71 人，缓刑 19 人，仅占 26.76%。这种状况显然有违对犯罪未成年人适用监禁刑不得已原则，有必要对此进行矫正，最大限度地适用免于刑事处罚或缓刑及管制等非监禁刑。为了保证非监禁刑的效果，需要完善未成年人审前非监禁措施。相关制度需要保证将对未成年人的审前羁押作为万不得已的手段；根据未成年人毒品犯罪的原因与生活环境等，扩大适用禁止未成年罪犯进入酒吧、禁止接触吸毒人员、禁止接触可能实施毒品犯罪的人员等保护性措施；创设多种符合未成年人特点、有利于促进未成年人回归社会的社区矫正制度。

第八节 论"毒驾入刑"的正当性诉求
——兼议"社会危害性"的判断和取舍*

"毒驾入刑"是基于社会现状而衍生的法律问题，推动"毒驾入刑"的目的，是希望将"吸毒后驾驶机动车"[1]的行为犯罪化，从而给予更为严厉的惩罚和威慑，以刑法的规范强调国家对于"毒驾"行为的态度转向强硬，同时以此保障以其他法律手段已然无法惠及的国民权益。然而"毒驾"是否应当以刑事法的方式加以规范，或者说将"毒驾"行为犯罪化的正当性理由何在，是值得研讨的问题。

一、破题："毒驾入刑"——现实推动还是法律缺陷？

"毒驾入刑"具有现实的基础和理论的考察。从现实状况来

---

* 作者简介：包涵，中国人民公安大学侦查学院禁毒教研室讲师，法学博士。

[1] 有论者将"毒驾"行为人为地限定于"驾驶机动车"，实际上是对概念上的"毒驾"作了限缩解释，目的在于规制当前社会可预见的"常态"行为而不及于其他并不普遍的交通工具。就刑事立法的普遍性来看，此种选择性定义是否正确，还有待考量。但出于同一范畴的探讨，本节也作此解释，并在以下的讨论中以"吸毒后驾驶机动车"来定义"毒驾"。参见陈帅锋、李文君、陈桂勇："我国吸毒后驾驶问题研究"，载《中国人民公安大学学报（社会科学版）》2012年第1期。

看，"毒驾"行为能够导致驾驶人对于正常驾驶的判断力和控制力的降低，从而增大导致交通事故或者其他危害公共安全的行为发生的概率，而且目前业已出现大量的吸毒后驾驶机动车引发公共安全问题的情况。因此将"毒驾"行为纳入到刑法的规范中来，以刑事处罚的方式对"毒驾"行为进行否定评价，至少是一种防范公共安全受到现实危险侵害的解决方案，具有谋求公共利益的价值取向。而从法律的体系构建上看，与"毒驾"行为类似的行为，譬如"醉驾"，已经被犯罪化而纳入到刑法当中，那么在同一法律体系中以不同的惩治手段差别化评价外观上类似的行为，从法律体系自身完整和周延的角度看，显示出了不平衡的状态。从法理上看，为了达到法律制度的内在完善和构架合理，"毒驾"行为也可能具有"入刑"的理由。

（一）现实的考量——"毒驾入刑"的客观助力

目前的现实状况表明，毒驾行为的确存在着较为普遍的发生态势，并且在可预期的将来，毒驾行为蔓延的可能性较大。包括登记吸毒人员在内的"1000万以上的在册和隐性吸毒人口中，至少有200万以上的吸毒人员持有机动车驾驶证，这一群体对交通安全构成了极大的威胁。这是近年来全国'毒驾'伤亡案例急剧增长的重要背景因素"。[1]在日益泛滥的"毒驾"行为所带来的社会风险面前，民意的积累和社会的呼声对法律提出了要求。实际上，在目前的法律体系中，对于"毒驾"行为从行政法和刑法的层面都有相应的治理规范。2000年11月10日最高人民法院《关于审理交通肇事刑事案件具体应用若干问题的解释》的第2条规定："酒后、吸食毒品后驾驶机动车辆的，并且交通肇事致1人以上重伤，负事故全部或者主要责任

---

〔1〕 陈桂勇等："我国药物滥用（毒驾）对交通安全的危害现况初探"，载《中华创伤杂志》2012年第1期。

的，应当以交通肇事罪定罪处罚。"2013年1月1日公安部以《机动车驾驶证申领和使用规定》这一部门规章的形式对"毒驾"行为也进行了规制。该规定第77条做了如下规定："机动车驾驶员被查获有吸食、注射毒品后驾驶机动车行为，正在执行社区戒毒、强制隔离戒毒、社区康复措施，或者长期服用依赖性精神药品成瘾尚未戒除的，车辆管理所应当注销其机动车驾驶证。"然而，在学者看来，上述立法成果并未从根本上对"毒驾"行为作出正当的衡量。在刑事规范中，《关于审理交通肇事刑事案件具体应用若干问题的解释》将"毒驾"所引发的交通事故作为惩罚的依据，与一般的交通肇事并无区别，且这一司法解释颁布于《刑法修正案（八）》之前，当时的"醉驾"与"毒驾"在法律评价上不存在差异，都是处罚由"不能安全驾驶机动车"所引发的危害结果，在当前"醉驾"已经入刑的背景下以此来规制"毒驾"，似有不妥。而在行政法规中，对于"毒驾"行为的处罚需要多重因素的共同评价，诸如"吸食、注射毒品后驾驶，同时还伴有戒毒措施的执行"，且惩罚的力度仅及于注销机动车驾驶证，似乎不能反映"毒驾"行为所带来的危害。

（二）法律体系的周延——"毒驾入刑"的立法动机

2011年5月1日实施的《刑法修正案（八）》，将"醉酒后驾驶机动车"归结为犯罪行为，设置于《刑法》第133条之下，作为"危险驾驶罪"的犯罪表现形式之一。刑法是具有普遍性的法则，对于具有同等性质的行为需要作出一致的判断和评价。从"醉酒驾驶机动车"与"吸毒后驾驶机动车"的行为外观上看，的确具有"同等行为施以同等处罚"的前提条件：作为具有降低驾驶人辨识和控制力的"醉驾"行为得到了刑法的否定评价，那么对于具有同等甚至更加严重的影响驾驶人正常驾驶能力的"毒驾"为何不能被纳入刑法当中，并被给予同等的评价。在同一刑法体系中，对于外观和性质相似的行为，缺乏等同的法律评价，在力图推动"毒驾入刑"的论者看来，至少在刑法体系内部是不合理的。这一缺陷容易造成刑法权威以及民众对于刑法的期待的降低。因为"'毒驾'极易构成对民众的健康、生命及公共交通安全的威胁。因此，吸食、注射毒品的驾驶人员，对社会和他人利益具有现实危害可能性，对其'毒驾'行为予以及时的司法干预，就成了维护社会利益的必要"[1]这是一个简单的逻辑：危害性尚不如"毒驾"的"醉驾"都可以入刑，为何"毒驾"不能以刑法加以规制？因此，在法律上认为"毒驾"与"醉驾"具有等同的处罚价值，这一论断是从法律自我完善的角度推动"毒驾入刑"主流的论据。

二、社会危害性："毒驾入刑"的逻辑和现实批判

通过上述分析可以看出，"毒驾入刑"的命题已经具有相当层次的学术和实务研讨，并且已在"毒驾"行为所造成的现实危害和当前刑法体系自我完善的基础上作出了相应的探索。然而论证一种行为是否需要由刑法进行规制，简单地观察其外观、性质以及发生的规模并不足够。基于保障人权和打击犯罪的双重需求，社会中的行为是否构成犯罪，是由立法机关经过严格的立法程序来制定的，而立法者的决定，需要通过对社会的发展状况、民众的接受程度以及对刑法进行规制的费效评估综合作出判断。纵观目前对于"毒驾入刑"的推动，大多都是从对"毒驾"行为造成结果的严重性以及行为本身的普遍性出发的，欠缺从刑法性质以及刑事立法目的与过程角度展开的研讨。严

---

〔1〕 陈琼珂："'毒驾'猛于酒驾，入刑大势所趋"，载《解放日报》2013 年 11 月 22 日。

格地说，将"毒驾"与"醉驾"的简单比附并不合理，因为这一对比显然会触发刑法对于罪刑法定原则的最低限度诉求——禁止类推解释。禁止类推要求判断一行为是否属于犯罪，应当以刑法的明确性规定作为前提，而不是在外观上比较行为的相近程度。因此，从法律的角度分析"醉驾"与"毒驾"的相似性，并不能够取得对于"毒驾入刑"的有力推动。

（一）"毒驾"行为中"社会危害性"的逻辑判断

在论证"毒驾入刑"的正当化理由时，大多数著述习惯于用"社会危害性"来表达，通过描述"毒驾"行为所带来的民众和社会财产的现实损害和危险，论证"毒驾"行为具有严重的社会危害性，因此需要由刑法来加以规制。这是极为简单的逻辑，即刑法所规定的犯罪，是惩罚具有社会危害性的行为；"毒驾"具有社会危害性，因此需要刑法来加以处罚。"如此危险的驾驶行为（毒驾）自应受到刑法的评价。刑法是规定犯罪、刑事责任与刑罚的法律，而犯罪最本质的特征即是其严重的社会危害性。"[1]这一观念虽占据主流，但仍旧值得从刑法本身来加以探讨。用社会危害来归纳"毒驾"行为所带来的负面效应是恰当的。显然，吸食毒品，会对驾驶员的意志力、判断力造成严重影响，致使吸食者视线范围、平衡能力、脑部运动能力、动作反应等身体状况转弱，从而增大不能安全驾驶机动车的风险。那么对于公共交通领域来说，这一行为就具有了不被社会所接受的负面的风险，且这一风险可能带来民众个体的财产或生命、健康权利损害或者公共安全设施和社会经济的重大

---

[1]　类似的论者较多，笔者不一一展开。可参见俞峥嵘："'毒驾入刑'势在必行"，载《联合时报》2012年6月26日；颜河清："'毒驾'入刑法律问题研究"，载《上海公安高等专科学校学报》2012年第4期；刘远："危险驾驶的刑事责任问题探究"，载《法学论坛》2009年第6期。

损失。但是这一"社会危害"能否被归纳为"社会危害性"，值得商榷。

刑法中的"社会危害性"并非是由"社会危害"抽象而成的概念，而是根据刑法的法律属性作出的独有表达。在我国一直因袭的苏联刑法的概念范围中，"社会危害性是犯罪在刑法上的实质特征，表现在社会危害性是对刑法保护的所有利益的损害"。[1]在我国传统的刑法学表述中，犯罪也是社会危害性、刑事违法性和应受惩罚性三种实质特征和规范特征的集合，其中"犯罪的社会危害性是犯罪行为第一位的特征，刑事违法性则是犯罪行为的社会危害在法律上的表现或者说评价，而应受惩罚性则是法律上所量定的后果"。[2]

也就是说，对于通过论证"毒驾"行为具有"社会危害性"从而说明其具有刑法惩罚性的观点，且不论"毒驾"行为在应然状态下是否应当通过刑法来加以处罚，至少在推论的逻辑结构上存在重大瑕疵——社会危害性是犯罪的实质特征，只有当某一行为已经被收纳进刑法的规范范畴，成了由刑罚惩罚的对象之时，我们才能去解释这一行为具有"社会危害性"。而在一行为尚未得到刑法规定为犯罪并予以否定评价之前，并不存在法律意义上的"社会危害性"判断。既然从性质上都不存在，自然谈不上对"社会危害性"大小的衡量。所以，当"毒驾"行为尚未进入刑法评价领域之前证明其具有社会危害性，不符合一般的逻辑顺序。这一论证逻辑至少在规范领域是合理的，因为在社会当中具有"社会危害"的行为很多，但不一定都具有"社会危害性"。例如《刑法》第237条第1款规定的强

---

[1] 赵微：《俄罗斯联邦刑法》，法律出版社2003年版，第12页。

[2] 魏东："论社会危害性理论与实质刑法观的关联关系与风险防范"，载《现代法学》2010年第6期。

制猥亵、侮辱妇女罪，罪状的描述是"以暴力、胁迫或者其它方法强制猥亵、妇女或者侮辱妇女的，处五年以下有期徒刑或者拘役"。可见，强制猥亵、侮辱妇女的行为，在行为外观上对妇女身心健康和人格尊严造成的损害，具有"社会危害"，而刑法将其纳入规范当中并且予以相应的惩罚，此时我们才能对"强制猥亵、侮辱妇女"的行为作出具有"社会危害性"的判断。同理，强制猥亵一个成年男子，外观上也对男子的身心健康和人格权利造成了损害，具有"社会危害"，但是刑法综合法律体系、立法需要、惩罚成本以及法律效果等因素考虑，并不将此行为评价为犯罪，那么对于强制猥亵成年男子的行为就不能作出具有"社会危害性"的判断。

（二）刑法中"社会危害性"的批判

除了逻辑上的弊病，以"社会危害性"的存在与否来论述"毒驾"入刑的正当性，也不符合刑法学研究中的惯常论证方式。对于"社会危害性"这一犯罪的实质概念是否应当存在于刑法当中，理论界经历了长期的批判、争论与理论的再次架构。

"社会危害性"的理论来源，一般认为是我国刑法继受于苏俄刑法学的重要理论遗产之一。[1]1922年的《苏俄刑法典》第6条如此描述社会危害性："凡意图反对苏维埃制度，或破坏工农政权在向共产主义过渡时期所建立的法律秩序之一切作为或不作为，均认为危害社会的行为。"[2]法律上的继受在我国当前刑法典中的表现，就是《刑法》第13条关于犯罪的含义，其

---

〔1〕　陈兴良：《刑法的知识转型（学术史）》，中国人民大学出版社2012年版，第253页。

〔2〕　参见中国人民大学刑法教研室编：《苏维埃刑法论文选》，中国人民大学出版社1956年版，第2页，转引自赵微：《俄罗斯联邦刑法》，法律出版社2003年版，第9页。

仍旧使用了"……以及其他危害社会的行为，依照法律应当受刑罚处罚的，都是犯罪……"的表述。然而，在法律文本上使用"社会危害性"作为判断犯罪的实质标准，在学术界却经历了长久的争议。"社会危害性"理论受到批判，原因大多集中在社会危害性的判断标准及其对于犯罪成立所起的作用上。"除了犯罪行为具有社会危害性之外，其他违法行为、不道德行为也具有社会危害性，故将社会危害性作为犯罪的本质特征，并不利于区分犯罪与其他违法行为、不道德行为，导致具备犯罪的最本质特征的行为不一定是犯罪……"[1]对于逐渐成为规范学科的刑法学来讲，要求语义和逻辑上的周延封闭——即外观和形式上的规范，必然要求在注释上更加合理化。在大多数外国刑法中，都是使用形式标准而非实质标准来判断犯罪成立与否的，以此来排除社会危害性的判断可能对刑法典的逻辑周延和完整性造成影响。例如《法国新刑法典》第 111 - 1 条规定："刑事犯罪，依其严重程度，分为重罪、轻罪和违警罪。"[2]意大利刑事古典学派创始人卡拉拉认为："犯罪不是一种行为实体，而是'对已颁布的法律的侵犯'。"而在《意大利刑法典》第 39 条也作了相似的规定："根据本法典为有关罪行分别规定的刑罚种类，犯罪区分为重罪（delitti）和违警罪（contravvenzioni）。"[3]这一形式上的解释方法受到推崇并非因其完整揭示了犯罪的特质，而在于其将犯罪的限度缩小在法律的范围内，并将犯罪定性的"权力"交由法律，从而达到了遵循立法和民主的需要。所以社会危害性的概念"并不具有基本的规范质量，

---

〔1〕 张明楷：《刑法学》（第 2 版），法律出版社 2003 年版，第 93 页。

〔2〕 《法国新刑法典》，罗结珍译，中国法制出版社 2005 年版，第 3 页。

〔3〕 《意大利刑法典》，黄风译，中国政法大学出版社 1998 年版，第 10、18页。

更不具有规范性……不具有实体的刑法意义。它不仅通过'犯罪本质'的外衣为突破罪刑法定原则的刑罚处罚提供了一种貌似具有刑法色彩的理论根据，而且也在实践中对于国家法治起着反作用"。[1]

所以，无论如何解释"社会危害性"，都"没有将社会意义上的社会危害性与刑法意义上的社会危害性加以区别，因为社会危害性并不是行为的固有属性，只有当行为脱离了法律秩序或者社会伦理的轨道时才有可能产生价值判断"。[2]因此，在法律上用"社会危害性"的概念来表述犯罪，很容易将在社会意义上被判断为具有社会危害性的行为放置到法律本身并没有规定为犯罪的行为当中，造成对罪刑法定的破坏——例如，在1997年《刑法》废除流氓罪以后，在公开场所自愿性交的行为，应该没有刑法进行否定评价的余地。但是该行为在社会秩序的意义上是具有社会危害的，因此很容易被评于刑法之下，符合了犯罪的实质条件，有被处于刑罚的危险。作为严格要求罪刑法定的现代刑法，保障被害人权利的人权保障机能得到极大强化，要求在法律上完全贯彻刑法的保障作用。显然，从这个意义上说，社会危害性不能满足刑法体系的基本要求，这也是社会危害性理论受到抨击的根本原因。因此，社会危害性的最大弊病在于："当犯罪的实质特征与形式特征发生冲突的情况下，到底应当以何者作为认定犯罪的标准？……如果以实质特征为准，那么将导致司法擅断从而违背罪刑法定原则；如果以形式特征为准，那么实质概念就纯属多余。"[3]可以看出，当

---

〔1〕　李海东：《刑法原理入门》，法律出版社1998年版，第8页以下。

〔2〕　张杰："论社会危害性的二重建构及与刑事违法性之关系"，载《北京人民警察学院学报》2006年第4期。

〔3〕　陈兴良：《刑法的人性基础》，中国方正出版社1999年版，第340页。

代的刑法学研究已经在逐渐抛除犯罪的实质定义方式，而其做法之一是首先将"社会危害性"的判断排斥在犯罪的定义之外。若仍旧以"毒驾"行为具有"社会危害性"为入刑的标准，在刑法学研讨的范围来看，是不具有合理性的。因为"毒驾"造成的肇事肇祸乃至于民众生命财产和公共利益受到损害，都是外观上的"社会危害"；即使判断"毒驾"具有社会危害性，也不适宜作为入刑的理由。因为"社会危害性"在理论上作为判断犯罪的本质特征已经遭到了主流学说的否定评价。

综上所述，以"社会危害性"为判断"毒驾"入刑的标准，首先不具备逻辑上的自我周延，因为"社会危害性"是传统刑法学说中犯罪的实质概念，是刑法规范中对于犯罪的评价。所以当"毒驾"行为尚未被纳入刑法典之前，"毒驾"行为具有"社会危害性"的评价是不应当存在的。同时，当前的主流刑法思潮已经逐步摆脱了对犯罪进行实质评价的理论窠臼，转而从犯罪的形式定义出发研讨犯罪的含义。因此以"社会危害性"的存在与否作为"毒驾入刑"的正当化理由，至少显得不那么"与时俱进"。

三、"毒驾"的"入刑"理由：以刑法的立法要求为引导

通过评述"社会危害性"参与"毒驾入刑"的正当性评价的逻辑与法理之后，我们可以得出这样的结论，即：以"社会危害性"的存在来推动"毒驾"的犯罪化，在形式逻辑和刑法学的研究范式上都不具备一般的合理性。显然，以社会危害性的严重与否，展开对于"毒驾"行为能否被刑法所吸纳为犯罪的评价，是不妥当的。一般来说，立法者考虑是否需要通过刑罚的手段规范社会当中存在的现象，通常会从下面几个层次去考察："令人憎恶的行为，只有到了（法律）难以忍受的地步，

才可能面临刑罚的制裁。是否以刑罚对付一个特定的行为，立法政策上应当考虑三点：①行为的反社会伦理程度；②行为的社会危险程度；③有无比较和缓而且同样有效的手段可以运用。"[1]

（一）"毒驾"行为的反伦理性

德夫林说："存在着一种公共道德，其为人类社会提供黏合的水泥；而法律，尤其是刑法，必须将维护这一公共道德视为自己的基本功能。在特定的情形下，实际上法律应否借由特定的刑事制裁而获得执行，则取决于公众的情感状态。"[2]因此，对于一种行为能否以刑罚来加以评价，首先是行为本身在公众的道德感上带来的损害。显然，"毒驾"行为具有一般社会成员从道德上共同抵制的反伦理性。因为，任何在公共安全领域采用增大固有风险的方式驾驶，并可能造成重大损害的行为，都会受到民众观念上的谴责。从行为本质上看，驾驶机动车本身就具有一定的风险，而这一风险即使在现代社会也是无法被根除的——车辆总会有寿命期限、车辆的速度对人来说是致命的等等。但社会通过一系列的风险防范手段来控制风险发生的概率——例如驾驶执照的考试、车辆的年检以及交通规则的设立，使民众可以忍受驾驶行为的固有风险，而不会因为固有风险的存在而因噎废食地放弃高速运转的车辆给社会带来的便利和福祉。然而，吸食毒品会导致驾驶者的辨识能力和控制能力急剧降低，从而显著地增大驾驶的风险，甚至导致风险不可控而变为损害的现实。这是在平和的社会中民众所难以接受的，因为

---

〔1〕林东茂：《刑法综览》（修订第 5 版），中国人民大学出版社 2009 年版，第 5 页。

〔2〕［英］丹尼斯·劳埃德：《法理学》，许章润译，法律出版社 2007 年版，第 193 页。

"毒驾"严重地侵害了公民权利和社会稳定，为和谐的社会生活带来了巨大的危险，导致了刑法参与否定评价的可能。"与其说犯罪的本质在于其社会危害性，还不如说它本质上就是一种道德的恶——民众善恶观念中最严重的最不能容忍的恶。"[1]正是因为"毒驾"行为具有的严重的反伦理性，在民众的观念上不能接受，出于对于民众的人权保障功能，刑法必然要求对这样的行为表达一定的否定态度。

(二)"毒驾"行为的法益侵害

抛弃社会危害性参与讨论"毒驾入刑"的正当性，并非是对犯罪的实质定义作了完全的否定，而是在罪刑法定原则下，排除社会危害性的判断可能带来的刑法的不当类推和对人权保障机能造成损害的可能。前已述及，"毒驾"行为虽然在逻辑上不具备刑法的社会危害性判断，但是仍旧具有外观上现实的社会危害，而社会危害达到或者积累到一定程度——通过"毒驾"行为的普遍性和危害性判断——可以得出其应当具有相当的危害程度。那么在这一危害日益泛滥之际，刑法是否需要将"毒驾"行为评价为犯罪，需要考虑"毒驾"对于法益的侵害程度。

实际上，在对犯罪的定义作形式解释的国家，也并未抛除在实质意义上对犯罪作出解释的努力。"法益"概念就是在这一背景下产生并且作为犯罪的基本特征出现的。"法益侵害这一概念与社会危害性相比，具有规范性、实体性与专属性的特征，更适合用于对犯罪本质的描述。"[2]犯罪的本质若只用形式定义去解释，难免有循环解释之嫌：犯罪是法律规定的违背刑法应受刑罚惩罚的行为，刑法是规定犯罪和惩罚的法律。而法益概念的出现，就是为了克服在大陆法国家欠缺犯罪的实质解释

---

[1] 张武举:《刑法的伦理基础》，法律出版社2008年版，第156页。

[2] 陈兴良:《刑法的知识转型》，中国人民大学出版社2012年版，第253页。

而出现的。在我国刑法"去苏联化"的演进浪潮中，法益概念正好填补了已经作出了实质解释但又饱受抨击而理论地位不稳的"社会危害性"。因为"刑法是为了更好地保护最大多数国民的利益而统制社会整体的手段"。既然如此，国民的利益受到侵害就是违法性的原点。因此应当首先将违法行为定义为"导致法益的侵害或者危险的行为，法益是指应当由刑法来保护的利益"。〔1〕

显然，法益概念避免了社会危害性参与"毒驾入刑"合理性论证的逻辑困境。因为法益是一个抽象的概念，本身就是描述"刑法应当保护的利益"，是一种应然的描述。即对于立法者来讲，需要由刑法去否定评价的损害了"法益"的行为，都是犯罪。正如大塚仁教授所说："刑法是对社会生活上被认可的各种利益进行保护的，这种利益才被称为法益，也只有对法益的攻击行为，才是犯罪。"〔2〕将"毒驾"行为归于犯罪，正是因为"毒驾"现实地侵害法律所保护的利益，是社会大众所不能接受的，并且通过一般的行政法规和替代处罚方式都无法弥合侵害行为所带来的社会价值损失。而且将"毒驾"入刑，从根本上是为了使社会获得一种较为严厉的防御手段。因为"毒驾"带来的社会危害会极其严重，仅仅对"毒驾"行为造成的结果进行规制是不足以遏制毒驾行为继续蔓延的，所以社会需要刑法提前对"毒驾"行为的打击时间，将"毒驾"归结于危险犯，扩大对因为"毒驾"导致的不能安全驾驶行为的打击。这

---

〔1〕 ［日］前田雅英：《刑法总论讲义》（第3版），东京大学出版社1998年版，第53页以下，转引自张明楷：《刑法学》（第2版），法律出版社2003年版，第100页。

〔2〕 ［日］大塚仁：《犯罪论的基本问题》，冯军译，中国政法大学出版社1993年版，第4页。

一立法模式的构建也不违背"法益"的概念外延。麦兹格认为："精神化是法益概念自身的本质，因为法益是由客观的法所认可的利益存在的状态，即法所承认的、刑法所保护的客观价值……置于刑罚下的'心情刑法'本身也包含在法益概念中。"[1]显然，市民对于法律保护自身权益和社会秩序的心情期待和伦理判断，也是法益概念的组成部分，法益考虑的不仅仅是实在的法律利益，也包括对于国民对某一行为容忍度的考察。特别是在当前，随着社会的进化和法制的完善，刑法对于民生的维护和保障逐渐替代了单纯的对犯罪的打击和预防，刑法的形象也从以残酷的刑罚为主的惩罚法，向充满人文关怀的保障法转化。从醉驾入刑的过程来看，《刑法修正案（八）》的修法目的之一，就是加强民生的刑法保护，强调对弱势群体和广大人民群众生命健康的保护，这体现了民众对于反响强烈、社会危害严重的行为予以犯罪化的民生诉求。从醉驾入刑的效果来看，据统计，截至 2011 年年底，也就是醉驾入刑半年以后，全国发生醉酒驾驶机动车案 8756 起，较上年同期下降 33.6%；全国因酒后驾驶机动车造成交通事故的死亡人数为 134 人，较上年同期下降 31%，其中，因醉酒驾驶机动车造成交通事故死亡人数较上年下降 33.1%。[2]可见，"毒驾入刑"能够最大程度地保护刑法所需要保障的公民基本权利，完善刑法由"打击犯罪、惩罚犯罪人"向"保障民生"的态度转向，满足了民众对于刑法的期待。因此，从保护法益的角度看，"毒驾入刑"具有相当的正面意义。

---

〔1〕 ［日］伊东研祐：《法益概念史研究》，成文堂 1984 年版，第 155 页。
〔2〕 高铭暄、陈冉："论社会管理创新中的刑事法治问题"，载《中国法学》2012 年第 2 期。

（三）以刑罚惩罚"毒驾"行为的手段必要性

刑法是最为严酷的法律，刑罚剥夺人的财产、自由乃至生命。但另一方面，"刑法亦事生产，有其社会功能，此功能发自恶缘的贬抑、责难与否定"。[1]刑法通过对犯罪的惩罚来保障公民的权利和社会的秩序，所以厘定刑法时，应当遵从"必要性"的原则。"立法者只应当把那些在较为严重的程度上危害社会共存条件的，而且只有依靠刑罚才能有效制止的行为宣布为犯罪。"[2]因为刑法既需要保障个人的自由，又应当维护社会的必要秩序，只有当某一行为通过其他的社会及法律规范无法规制或者控制成本和效益明显不匹配的时候，才能考虑刑法的参与，这也是刑法谦抑原则的具体表现之一。所以，考察"毒驾"是否需要入刑，应当考察其他规范是否已经不能遏制毒驾的行为和结果以及"毒驾"是否已经达到需要刑法介入的程度。在当前的社会情势下，对于一行为是否应当归结于犯罪，应当审慎地决定。因为在刑事立法日益轻缓和人道的当下，刑法倾向于非犯罪化和轻刑化的思维，并且通过各种方式进行不断的调整，以此来适应新的社会历史时期刑法的功能。在这一背景下，未经理性论证的犯罪化会引发进一步的重刑化倾向，从而导致刑罚的滥用，对刑罚的功能产生负面影响。然而"刑为盛世所不能废，而亦盛世所不尚"，对于严重危害民众和社会安全的行为，仍旧需要采取适度的犯罪化策略。而这一策略的选择，应当从社会危害、民众反响程度、社会可容忍度以及刑法体系和结构的统一角度加以考虑。对于其他的社会或法律规范无法达到规范效果且又严重危害民众安全和社会稳定的行为，应当

---

〔1〕　林东茂：《刑法综览》（修订第 5 版），中国人民大学出版社 2009 年版，第 10 页。

〔2〕《意大利刑法典》，黄风译，中国政法大学出版社 1998 年版，第 5 页。

在保证刑法典统一和解释合理的前提下有限度地犯罪化，而对于其他社会规范可以化解或者通过其他法律的合理解释能够包容的行为，则没有犯罪化的必要。涂尔干曾说："正是犯罪，把那些真诚的意识团结在一起，集中在一起。"〔1〕集体性的朴素情感反映了社会道德秩序和生活秩序的期盼，同时也表现出了民众对于自我权利的珍视和对法律权威的希望。在现阶段，刑法的重要任务是保障民生的安全和公民基本权益不受侵害，对于"毒驾"这样严重影响公民权益和民众安居乐业的危害行为，在其他行政、民事规范不能严密保护社会秩序之时，刑法应当担负起保障民生权益的任务，通过打击危害人民基本利益和危及公众安全感的行为，来保护公民的基本权益。因为在法律规制和威慑作用上，刑法的效应最为显著。同时，具体到"毒驾"行为的入刑与否，也可以从"醉驾"的入刑过程加以考虑。在"醉驾"入刑之前，也有法律规范对"醉驾"行为进行规制，但在这些规范对于"醉驾"的控制及惩罚效果达到民众对法律期待之际，立法者将"醉驾"行为入刑，以此来规制醉酒驾车导致的危险驾驶行为。所以对于"毒驾"来说，不管是从公民权利的保护角度，还是从法律自身的完整性出发，作出类似于"醉驾"的等值评价应当是比较合理的选择。〔2〕

结 论

"毒驾入刑"是一个争论良久且渐趋明朗的问题，然而在开始探讨"毒驾入刑"之后的操作性和具体的定罪量刑标准之际，

---

〔1〕 ［法］涂尔干：《社会分工论》，渠东译，生活·读书·新知三联书店2000年版，第65页。

〔2〕 赵秉志："《刑法修正案（八）》宏观问题探讨"，载《法治研究》2011年第5期。

探索"毒驾入刑"的正当性理由，是对于这一行为在刑法上是否需要规范的正本清源的问题。在现有的论述当中，以"社会危害性"为标准的"毒驾入刑"论证范式，并不符合法律逻辑和对于犯罪的实质判断标准。对于"毒驾"行为是否应当入刑的讨论，应当从刑法本身的性质和需求进行展开，而非对于"毒驾"行为进行外观上的评价或是用简单的逻辑论证来达到"毒驾"犯罪化的目的。刑法的要求是综合的，并不是简单判断社会危害，而是从"毒驾"行为的内在属性和法益侵害性以及采取刑事处罚的必要性来考虑的。因此"毒驾入刑"所依赖的基础是法律的制定和运行规律，而显然不是对于"毒驾"现象的描述。

第九节　运输毒品罪去死刑论[*]

2014 年 12 月 11 日至 12 日，最高人民法院在湖北省武汉市召开了全国法院毒品犯罪审判工作座谈会，并形成极具指导性的《全国法院毒品犯罪审判工作座谈会纪要》（法〔2015〕129号）（以下简称《纪要》），就罪名认定问题，共同犯罪认定问题，毒品数量认定问题，死刑适用问题（包括运输毒品犯罪的死刑适用、毒品共同犯罪、上下家犯罪的死刑适用，新类型、混合型毒品犯罪的死刑适用），缓刑、财产刑适用及减刑、假释问题，累犯、毒品再犯等问题达成了共识。其中，就运输毒品犯罪的死刑适用问题做了全面而深入的阐述，但是，遗憾的是，还仍保留了运输毒品罪的死刑适用。《纪要》指出："对于运输

---

[*]　作者简介：王文龙，河南郑州人，法律硕士，河南善德律师事务所。

毒品犯罪，应当继续按照《大连会议纪要》的有关精神，重点打击运输毒品犯罪集团首要分子，组织、指使、雇佣他人运输毒品的主犯或者毒枭、职业毒犯、毒品再犯，以及具有武装掩护运输毒品、以运输毒品为业、多次运输毒品等严重情节的被告人，对其依法应当判处死刑的，坚决依法判处。"但是，非暴力型犯罪，如运输毒品罪，废去其死刑适用，并没有刑法理论上的障碍。鉴于我国司法实践的现状，和对毒品犯罪的"严打"高压态势，走私、贩卖、制造毒品罪可以限制使用死刑，而运输毒品罪应从立法上废止死刑的适用。当然，废止运输毒品罪的死刑适用应有理论基础及现实依据。

一、运输毒品罪的历史发展与实施现状

罪刑法定原则是我国刑法的基本原则。罪刑法定原则中的"法定"指的是不仅有明确法律规定的罪名，同时也应有明确法律规定的量刑。对运输毒品罪的立法发展与司法现状进行梳理，具有重要的现实意义。

（一）运输毒品罪的立法发展

我国 1997 年《刑法》有关毒品犯罪共 11 个条款、12 个罪名。关于毒品犯罪死刑的规定集中体现《刑法》总则第 48、49 条及分则第 347 条第 2 款。《刑法》第 48 条规定："死刑只适用于罪行极其严重的犯罪分子，对于应当判处死刑的犯罪分子，如果不是必须立即执行的，可以判处死刑同时宣告缓期二年执行。"该条规定了死刑适用的总标准。《刑法》第 49 条规定："犯罪的时候不满十八周岁的人和审判的时候怀孕的妇女，不适用死刑。"该条是对死刑适用的排除规定，该规定也适用于毒品犯罪。具体规定有，《刑法》第 347 条第 2 款规定，走私、贩卖、运输、制造毒品，有下列情形之一的处 15 年有期徒刑、无

期徒刑或者死刑，并处没收财产。

1979年《刑法》到1997年《刑法》，毒品犯罪的死刑范围在不断扩大。1979年《刑法》仅有第171条规定了毒品犯罪，即制造、贩卖、运输毒品罪，没有对其配置死刑，最高法定刑规定为有期徒刑15年。但随着毒品犯罪形式的严峻，法定刑不断升级。1982年全国人大常委会在《关于严惩严重破坏经济的罪犯的决定》（已废止）第1条做了补充性规定，即制造、贩卖、运输毒品，情节特别严重的，处10年以上有其徒刑、无期徒刑或者死刑。该条将毒品犯罪的最高法定刑提高至死刑，这也是我国引入毒品犯罪死刑的开端。1988年《关于惩治走私犯罪的补充规定》又将走私毒品罪的最高法定刑从10年有期徒刑提高至死刑。1990年全国人大常委会通过的《关于禁毒的决定》第2条规定，将走私、制造、贩卖、运输毒品罪的法定刑全面提高至死刑。到1997年《刑法》第347条规定，走私、贩卖、运输、制造鸦片1000克以上、海洛因或甲基苯丙胺50克以上或者其他毒品数量大的，就可以判处死刑。该条完整地保留了立法演进过程中毒品犯罪死刑的最大范围，表明了毒品犯罪的死刑范围逐步扩大。据此，我国毒品犯罪的立法具有以下特点：

1. 毒品犯罪适用死刑的数量标准在不断降低

1979年《刑法》按照"立法定性、司法定量"的原则，没有具体规定毒品数量标准。同时，该罪的结果加重情节只限于"一贯或者大量制造、贩卖、运输毒品"。1987年《最高人民法院关于贩卖毒品死刑案件的量刑标准的答复》规定，对个人制造、贩卖、运输鸦片判处死刑的标准是500两以上，个人制造、贩卖、运输海洛因、吗啡处死刑的标准是500克以上。可见，当时对毒品犯罪适用死刑的数量标准的控制仍较为严格。而

1997 年《刑法》不仅在刑法条文中直接规定了可适用死刑的毒品数量，且数量大大低于 1987 年司法解释中的规定数量，即针对走私、制造、贩卖、运输海洛因和鸦片的死刑数量分别低于 1987 年司法解释中的规定数量的 1/10 和 1/25，这与保留死刑的发达国家和发展中国家相比，都要严酷。

2. 适用死刑的条件标准在不断放宽

在毒品数量的计算方式上，1997 年《刑法》第 347 条规定："对多次走私、贩卖、运输、制造毒品，未经处理的，毒品数量累计计算。"这种计算方式导致实施多次毒品犯罪的人很容易达到死刑的适用标准数量。此外，1997 年《刑法》第 357 条第 2 款规定："毒品的数量以查证属实的走私、贩卖、运输、制造、非法持有毒品的数量计算，不以纯度折算。"该条款完全排除了司法机关将毒品纯度作为酌定量刑情节进行考虑的可能性。由于定罪量刑不考虑毒品犯罪纯度，掺假也会导致毒品数量的增加，从而易达到适用死刑的数量标准。虽然 2000 年的司法解释规定："掺假之后毒品的数量才达到判处死刑标准的，对被告人不判处死刑立即执行。"但仍然保留了适用死刑的可能性。在适用死刑的情节安排上，1997 年《刑法》第 347 条，将"走私、贩卖、运输、制造毒品的首要分子""武装掩护走私、贩卖、运输、制造毒品""以暴力抗拒检查、拘留、逮捕""参与有组织的国际贩毒活动"等选择情节与上述数量标准并列作为可适用死刑的规定，其他适用死刑的情形没有进行具体限定，这在立法上降低了死刑的条件标准。在刑种的规定上，将 15 年有期徒刑、无期徒刑和死刑并列为选择性刑种，其刑罚幅度之大在适用上难免造成死刑的扩大化。

3. 死刑适用的程序限制在不断弱化

1979 年《刑法》第 43 条第 2 款规定："死刑除依法由最高

人民法院判决的以外，都应当报请最高人民法院核准；死刑缓期
执行的，可以由高级人民法院判决或者核准。"对死刑的适用还
是规定了严格程序。而 1981 年全国人民代表大会常务委员会
《关于死刑案件核准问题的决定》、1983 年修改的《人民法院组
织法》以及同年发布的《最高人民法院关于授权高级人民法院
核准部分死刑案件的通知》，将杀人、强奸、抢劫、爆炸等严重
危害公共安全和社会治安案件的死刑核准权下放到高级人民法
院行使。最高人民法院于 1991 年、1993 年、1996 年、1997 年
又先后分别授权云南、广东、广西、四川、甘肃和贵州等六个省、
自治区的高级人民法院，对毒品犯罪死刑案件行使死刑核准权，
直到 2006 年《最高人民法院关于统一行使死刑案件核准权有关
问题的决定》决定收回死刑复核权。然而死刑复核权的下放，
不仅使死刑适用的程序性约束被大大削弱，而且也使得毒品犯
罪的死刑适用率居高不下。尽管 2010 年颁布了《关于办理死刑
案件审查判断证据若干问题的规定》，但受 20 世纪 80 年代以来
"严打"刑事政策的影响，对毒品犯罪适用死刑的程序限制明显
弱化。

（二）运输毒品犯罪的司法现状

最高人民法院的司法解释对地方各级人民法院的审判工作
起着普遍的指导作用。然而，现行的司法解释无不体现出重刑倾
向。目前，关于毒品犯罪死刑适用的司法解释主要包括：2000
年印发的《关于全国法院审理毒品犯罪案件工作座谈会纪要》、
《关于审理毒品案件定罪量刑标准有关问题的解释》；2007 年的
《办理毒品犯罪案件适用法律若干问题的意见》；2008 年 12 月印
发的《全国部分法院审理毒品犯罪案件工作座谈会纪要》（以下
简称《大连会议纪要》）；2015 年 5 月印发的《全国法院毒品犯
罪审判工作座谈会纪要》（以下简称《武汉会议纪要》）。《大连

会议纪要》专门对毒品犯罪的死刑适用问题进行了具体的规定，详细列举了五种可以判处死刑的情形和九种可以不判处死刑立即执行的情形。归纳起来，对毒品犯罪死刑的适用标准就是《刑法》第 347 条所规定的五种情形，如果具有某些从重处罚的法定或酌定情节，可以判处死刑。对毒品数量达到死刑数量标准，但有某些法定或酌定的从轻处罚情节的，可以不判处被告人死刑立即执行。《武汉会议纪要》特别说明关于毒品犯罪的死刑适用问题在《大连会议纪要》基础上作出补充性规定的（并非修改），两者配套使用。《武汉会议纪要》强调了毒品犯罪案件的死刑政策把握问题，提出充分发挥死刑的威慑作用，对其中罪行极其严重、依法应当判处死刑的，必须坚决依法判处死刑。其体现了我国重刑主义思想。

二、废止运输毒品罪死刑的根据

废止运输毒品犯罪的死刑适用问题，不得不追溯至死刑制度存废问题的讨论。本节是在坚持废除死刑制度的大前提下提出废止运输毒品犯罪的死刑适用，之所以就运输毒品罪单独列出讨论：一方面，考虑到我国司法实践活动及有力打击毒品犯罪的需要，当前废除死刑制度是不现实的，逐步限制死刑适用则是一个更为现实的选择。因此，有学者提出："中国可以根据国家发展的'三步走'战略分三个阶段逐步废止死刑，中国废止死刑之路应以逐步而及时地废止非暴力犯罪的死刑为突破口和切入点。"[1]另一方面，将运输毒品罪规定在毒品犯罪一章有其特殊性，讨论废止运输毒品罪的死刑适用更具有现实意义。所以，毒品犯罪的死刑必须废止，这只是从应然意义上得出的

---

[1] 赵秉志："中国逐步废止死刑论纲"，载《法学》2005 年第 1 期。

论断，它为我国毒品犯罪的死刑改革指明了方向。[1]

（一）废除死刑制度的再讨论

无论从刑法思想、刑法理论，还是从司法角度来看，死刑问题都是一个极为敏感的问题。死刑问题甚至并不单纯是一个法律问题，而且也是一个非常重要的社会问题、政治问题。[2]然而，在对死刑制度的研究过程中，关于死刑的存废问题，各家论点不一。笔者坚持死刑应该废止，因为死刑是一种野蛮的、反人道的刑罚方法，而且是违反宪法本质的刑罚方法。最早在理论上对死刑的价值提出质疑的是意大利著名法学家、刑事古典学派的杰出代表之一贝卡里亚。他指出："用死刑来向人们证明法律的严峻是没有益处的。如果说，欲望和战争的要求纵容人类流血的话，那么，法律作为人们行为的约束者，看来不应该扩大这种残暴的事例。随着人们用专门的研究和手续使越来越多的死亡合法化，这种事例就更加有害了。体现公共意志的法律憎恶并惩罚谋杀行为，而自己却在做这种事情；它阻止公民去做杀人犯，却安排一个公共的杀人犯。"[3]理论上，有关废除死刑的理由大致有："其一，死刑是反人道的、野蛮的刑罚方法。其二，死刑是反改善主义理念的刑罚方法。其三，死刑是反宪法本质的刑罚方法。其四，死刑是反平等的、反公正的刑罚方法。其五，死刑是不具有威慑力的刑罚方法。其六，死刑是不能补救的刑罚方法。其七，死刑是不利于维护善良风俗的刑罚方法。其八，死刑是不利于犯罪人家属以及被害人及家

---

〔1〕　赵秉志、阴建峰："论中国毒品犯罪死刑的逐步废止"，载《法学杂志》2013年第5期。

〔2〕　高铭暄主编：《刑法专论》（第2版），高等教育出版社2006年版，第509页。

〔3〕　［意］贝卡里亚：《论犯罪与刑罚》，黄风译，中国大百科全书出版社1993年版，第46～47页。

属的刑罚方法。其九，死刑是不符合社会发展潮流的刑罚方法。此外，废除死刑论者还提出了其他一些理论依据，如死刑与禁止杀人的法律相矛盾，死刑违反社会契约等。"[1]因此，死刑制度应予废除，毒品犯罪，特别是运输毒品罪的死刑适用当然应属废除的行列。

（二）运输毒品罪侵犯的法益争论

我国《刑法》第347条规定："走私、贩卖、运输、制造毒品，无论数量多少，都应当追究刑事责任，予以刑事处罚。走私、贩卖、运输、制造毒品，有下列情形之一的，处十五年有期徒刑、无期徒刑或者死刑，并处没收财产：（一）走私、贩卖、运输、制造鸦片一千克以上、海洛因或者甲基苯丙胺五十克以上或者其他毒品数量大的；（二）走私、贩卖、运输、制造毒品集团的首要分子；（三）武装掩护走私、贩卖、运输、制造毒品的；（四）以暴力抗拒检查、拘留、逮捕，情节严重的；（五）参与有组织的国际贩毒活动的。走私、贩卖、运输、制造毒品罪，是指自然人或者单位，故意走私贩卖、运输、制造毒品的行为。"[2]关于毒品犯罪所侵犯的法益，我国理论界众说纷纭，我国刑法理论通说认为，毒品犯罪侵犯的法益是国家对毒品的管理制度。[3]德国学者罗克辛指出："贩卖毒品的可罚性的正当化根据在于，如果不处罚贩卖毒品的行为，就不可能控制毒品的泛滥，而且毒品对无责任能力的服用者特别是未成年人会产生严重危险。"从该意义上来讲，毒品犯罪所侵犯的法

---

〔1〕 张明楷：《外国刑法纲要》（第2版），清华大学出版社2012年版，第372～374页。

〔2〕 张明楷：《刑法学》（第4版），法律出版社2011年版，第1004页。

〔3〕 高铭暄、马克昌主编：《刑法学》（第4版），北京大学出版社2010年版，第661页。

益是毒品的不可泛滥性。亦有学者指出，毒品犯罪的保护法益是公众健康。[1]笔者认为，毒品犯罪侵犯的法益即为公共健康，然而，走私、贩卖、制造毒品的行为将毒品直接流通于社会，并从中谋取利益，直接危害了公共健康。运输毒品行为往往依附于走私、贩卖、制造毒品行为，即使在共同犯罪的情况下，运输毒品行为起到的只是帮助作用。而且，还有被胁迫运输毒品的情况。同时，运输毒品的行为人一般情况下处于社会的最底层，比如，边境的村民、正常经济收入的人等，运输一次毒品的所得可能都会多于其一年的收入。但是，通过运输毒品赚取的收入远远低于走私、贩卖、制造毒品行为所产生的收益。因此，运输毒品行为具有侵犯公众健康的间接性，主观恶性比走私、贩卖、制造毒品行为浅，同等情况下，社会危害性小于走私、贩卖、制造毒品行为。所以，本着罪责刑相适应这一刑法基本原则，不同行为，适用刑罚是应区别对待，这也有利于贯彻我国宽严相济的刑事政策。在宽严相济的刑事政策中，该宽则宽，该严则严，对于"宽"与"严"加以区分，这是基本前提。因此，宽严相济以区别对待或者差别待遇为根本内容[2]。

（三）对毒品犯罪配置死刑不符合报应理论

一般认为，无被害人犯罪是指没有直接的被害人或被害人不明显的犯罪。[3]诚然，根据社会一般观念，毒品犯罪会危及吸毒者的身心健康，诱发其他犯罪，甚至会引致社会的颓废。因此，也有论者据此认为毒品犯罪并非无被害人犯罪。[4]不过，

---

[1]　张明楷：《刑法学》（第4版），法律出版社2011年版，第1005页。

[2]　陈兴良："宽严相济刑事政策研究"，中国人民大学出版社2006年版。

[3]　李贵方："评西方国家的无被害人犯罪"，载《法学家》1992年第2期。

[4]　[日]大谷实：《刑事政策学》，黎宏译，法律出版社2000年版，第91～92页。

毒品犯罪之行为人往往都能认识到自身行为之结果，却仍自愿沉湎于此，并没有直接造成他人的痛苦或伤害。而且，毒品犯罪的本质危害乃在于对国家毒品管理制度的侵犯，而非对特定被害人人身权利的侵害。就此而论，它显然符合无被害人犯罪的基本特征。正由于毒品犯罪属于无被害人犯罪，缺乏具体、直接的被害人，也没有积极追求致犯罪人于死地之复仇主体，故而其应受刑罚非难的程度相对较低，对毒品犯罪排除死刑的适用甚至废止其死刑所遇到的民意阻力相对要小一些。因为对于几乎无可能吸食毒品的广大普通国民而言，他们对于毒品犯罪的危害并无切身的体验，对于取缔毒品的刑罚法规也没有具体的欲求，[1] 不具有为毒品犯罪配置极刑的强烈期待。而且，毒品犯罪并不直接导致被害人死亡，欠缺判处犯罪人死刑的对称性补偿根据。它所造成的社会危害主要通过毒品的数量来体现，而数字相对较为抽象，不易引起民众的激愤情绪。[2] 对毒品犯罪分子科处自由刑，至少可以通过强制罪犯以无偿劳动来尽可能弥补因其犯罪给国家、社会和人民造成的损害。[3]

（四）毒品犯罪并未达死刑适用"罪行极其严重"的标准

所谓非暴力犯罪，是指犯罪实行行为不以暴力方法实施，且不以他人人身为犯罪对象，不会对人身安全形成直接的损害或者危险的犯罪。[4] 具体到毒品犯罪来说，虽然其亦可能损害

---

〔1〕 ［日］西原春夫：《刑法的根基与哲学》，顾肖荣等译，法律出版社 2004 年版，第 105 页。

〔2〕 李运才："毒品犯罪的死刑限制及废止"，北京师范大学 2010 年博士学位论文，第 130 页。

〔3〕 赵秉志："论中国非暴力犯罪死刑的逐步废止"，载《政法论坛》2005 年第 1 期。

〔4〕 黄京平、石磊："简析中国非暴力犯罪及其死刑立法"，载赵秉志主编：《中国废止死刑之路探索》，中国人民公安大学出版社 2004 年版，第 6 页。

部分民众的身心健康，但这主要是通过民众自愿购买、吸食毒品而间接引致，走私、贩卖、运输、制造毒品之行为本身并不以暴力或者暴力威胁为手段。就此而论，毒品犯罪无疑属于典型的非暴力犯罪，且其侵犯的是社会法益而非个人法益。

与其他非暴力犯罪一样，毒品犯罪亦不具有明显的外显性、反伦理性、残酷性等暴力犯罪所固有的特征，对其配置死刑有违合理配置死刑的必要性原则与价值衡量原则。因为从生成机理上讲，毒品犯罪发生的原因是多方面的，既有个体原因、被害人原因，也有社会原因、制度原因，而且很大程度上是由管理的混乱、政策的漏洞、法律法规的不健全等制度原因导致的。所以，对毒品犯罪的遏制，应重在加强管理、堵塞漏洞和完善法制，而不应寄望于适用极刑。否则，其刑罚配置便会"过量"，从而违反了合理配置死刑之必要性原则。而且，由于毒品犯罪在犯罪基本构成特征中并不包含暴力因素，且不以他人人身为侵犯对象，其社会危害性明显有别于故意杀人罪等暴力犯罪，根本不能视为符合我国《刑法》总则所确立的"罪行极其严重"之死刑适用标准，对毒品犯罪与故意杀人罪等暴力犯罪一样配置死刑，显然有违罪责刑相适应的刑法基本原则，亦不符合刑罚等价性之要求，背离了合理配置死刑之价值衡量原则，也有悖于中国当前"少杀、慎杀"之死刑政策[1]。

（五）死刑对毒品犯罪的遏制作用有限

如前所述，我国1979年《刑法》对于制造、贩卖、运输毒品罪所配置的最高法定刑只有15年有期徒刑；而我国1987年《海关法》第47条则将走私毒品视为走私罪之行为之一，其最高法定刑甚至只有10年有期徒刑。及至1982年的《关于严惩

---

[1] 赵秉志："论中国非暴力犯罪死刑的逐步废止"，载《政法论坛》2005年第1期。

严重破坏经济的罪犯的决定》（已废止）和 1988 年的《关于惩治走私罪的补充规定》才分别将制造、贩卖、运输毒品行为和走私毒品行为的最高法定刑提高至死刑。自此之后，国家对于毒品犯罪一直持严打高压之态。毒品犯罪的死刑适用比例亦始终高居非暴力犯罪之首，甚至长期高居所有犯罪之前列。[1]然而，中国毒品违法犯罪在 1991 年至 1998 年间却呈现持续快速上升之势，此后其增速虽有所放缓，但整体上所呈上升态势仍未有改观。可见，上述两个单行刑法为毒品犯罪配置死刑，并未能遏制毒品犯罪激增之态势。

（六）对毒品犯罪配置死刑与国际人权公约的基本要求不符

国际人权公约并未完全禁止使用死刑，但死刑的适用在国际公约中却日益受到严格限制，死刑的废止已经成为不可阻挡的全球性潮流和趋势。[2]1966 年签订并于 1976 年生效的联合国《公民权利和政治权利国际公约》（以下简称《公约》）第 6 条在坚持"不得任意剥夺任何人的生命"之前提下对于死刑的适用明确规定："在未废除死刑的国家，判处死刑只能是作为对最严重的罪行的惩罚。"对于何谓"最严重的罪行"，该《公约》并未明示。在该《公约》颁布后的二十多年间，联合国人权机构对其含义解释采取的是明显限制犯罪数量和类型的方式。1984 年，联合国经济及社会理事会以决议的形式通过了《保护面临死刑者权利的保障措施》，并在其中指出：对"最严重的罪行"的理解"不应超出导致死亡或其他特别严重结果之故意犯罪"。这一意见后被联合国大会所采纳。联合国人权委员会也指

出，"最严重的罪行"之规定意味着死刑是一种特别例外之刑罚，故政治犯、没有导致死亡的犯罪、一般公务员与军人共同预谋犯罪、贪污罪、经济犯罪、暴力抢夺犯罪、叛乱罪、间谍罪及拒绝公布过去政治活动等犯罪，均不属于"最严重的罪行"，应依·《公约》的上述规定排除死刑的适用。[1]如今，国际社会就"最严重的罪行"的含义已形成如下共识：一是应尽可能以最受限制、最例外之方式来解释所谓"最严重的罪行"；二是死刑只应适用于故意且造成致命或极其严重后果的案件；三是国家立法应当废除对经济犯罪、非暴力犯罪或无被害人犯罪之死刑。具体到毒品犯罪而言，虽然仍有少数国家坚持认为，毒品犯罪属于"最严重的罪行"的范畴，但这显然并不符合联合国人权委员会和联合国特别报告员[2]的基本立场。联合国人权委员会的解释已明确将毒品犯罪排除在"最严重的罪行"之外。

---

〔1〕　何荣功："毒品犯罪死刑适用的国际考察及其对中国的启示"，载赵秉志主编：《刑法论丛》（总第26卷），法律出版社2011年版，第286页。

〔2〕　UN Special Rapporteur on Extrajudicial, Summary Arbitary Executions.

第二章

毒品犯罪的刑法适用

第一节　论毒品共同犯罪人的区分[*]

在共同犯罪中，尤其是集团犯罪中，犯罪人形成一个群体，使共犯人胆大妄为，有着不同于一般个人的品质，可以实施孤立的个人难以实施的行为，而且经常可以达到使行为人慷慨赴死的地步。[1]因此，刑法对于共同犯罪采取较为严厉的态度。共同犯罪是毒品犯罪的常见形式和重要特征，基于刑罚的预防功能，应当对毒品共同犯罪进行严厉制裁。但是，司法实践中存在对毒品共同犯罪过度打击的现象，譬如，2005 福建省某市中级人民法院在审理一起 13 名被告人制造、贩卖冰毒的案件时，曾判处 10 个被告人死刑。[2]在现代刑法限制直至废除死

---

　　[*]　作者简介：苏青，西安交通大学法学院讲师；吴爽，最高人民法院刑五庭助理审判员。

　　[1]　[法]古斯塔夫·勒庞：《乌合之众——大众心理研究》，冯克利译，广西师范大学出版社 2007 年版，第 72 页。

　　[2]　李邦友："惩处毒品犯罪的'宽'与'严'"，载《华中科技大学学报（社会科学版）》2006 年第 6 期。

刑的大背景下，在司法实践中正确区分各行为人在毒品共同犯罪中的角色，对于正确适用法律并在适当的范围内限制死刑适用至关重要。

一、毒品共同犯罪人的一般区分

对毒品共同犯罪人进行区分，是为了明确各共同犯罪人在共同犯罪中所扮演的角色，从而确定相应的刑事责任，实现刑罚对于不同犯罪人的个别化对待。我国刑法"共同犯罪"一节对共同犯罪人规定了主犯、从犯、胁从犯、教唆犯四种。显然，主犯、从犯、协从犯是以共同犯罪人在共同犯罪中所起的作用为标准而作的分类，教唆犯则具有其独立的特征，可以认为是共同犯罪人的另一类型。当然，理论上也可以根据共同犯罪人的作用将其分为主犯、从犯、胁从犯，根据分工分为实行犯、帮助犯与教唆犯。[1]本节基于刑法规定，对毒品共同犯罪人依主犯、从犯、胁从犯、教唆犯进行一般性区分。

（一）主犯

依据《刑法》第 26 条和第 97 条之规定，主犯可以倍定义为在共同犯罪中起主要作用以及在犯罪集团或聚众犯罪中起组织、策划、指挥作用的行为人。由此可见，毒品共同犯罪中的主犯，可以被分为"在一般毒品共同犯罪中起主要作用的主犯"和"毒品犯罪集团中的首要分子和主犯"。在一般毒品共同犯罪中，主犯积极参与实施犯罪构成要件的实行行为，在共同犯罪中地位和作用突出。在毒品犯罪集团中，首要分子组织毒品犯罪集团，领导、指挥其他成员进行毒品犯罪活动。除了首要分子外，毒品犯罪集团中积极参与实施毒品犯罪活动的骨干成员

---

[1]　曲新久：《刑法学》，中国政法大学出版社 2009 年版，第 150～153 页。

是具体犯罪的重要实行犯，也是主犯。依据《刑法》第 26 条第 3、4 款的规定，犯罪集团的首要分子按照集团所犯的全部罪行处罚，其他主犯应当按照其所参与或者组织、指挥的全部犯罪处罚。这意味着，主犯须为其所参与、组织或指挥的全部罪行承担刑事责任，因而在毒品共同犯罪中，主犯被判处死刑的可能性最大。正确界定主犯的概念并在司法实践中正确区分主犯与从犯等，是在毒品共同犯罪中限制适用死刑的重要途径。

（二）从犯

依据《刑法》第 27 条第 1 款的规定，毒品共同犯罪中的从犯包括两种，即帮助犯和次要实行犯。帮助犯是指行为人不直接实施具体毒品犯罪构成要件的实行行为，而是为毒品共同犯罪的实行创造条件，提供有形或者无形的帮助。通常表现为提供毒品犯罪的工具、寻找毒品犯罪的目标、排除犯罪过程中的障碍、居间介绍毒品交易等。次要实行犯，表现为直接实施毒品犯罪构成的实行行为，但是仅起次要的作用。对于从犯，依照刑法应当从轻、减轻或者免除处罚。

（三）胁从犯

英美法系中，被胁迫实施了犯罪行为构成独立的合法抗辩，而大陆法系一般将被胁迫作为紧急避险的一种情形。比较之下，我国《刑法》则将胁从犯作为共同犯罪人的一种。根据《刑法》第 28 条的规定，毒品共同犯罪中的胁从犯即被迫参加毒品犯罪的人。由于"精神强制并不完全丧失意志自由，它不同于意志失去自由的身体强制。有无意志自由与有无责任相对应，意志自由程度与责任的程度相对应，这是近代法律的通则"，[1] 胁从犯也应承担一定的刑事责任，但应当根据其犯罪情节减轻

---

[1] 杨春洗、杨敦先主编：《中国刑法论》，北京大学出版社 2001 年版，第 106 页。

或免除处罚。当然，如果胁从犯在毒品犯罪过程中，由消极转变为积极、由被动转为主动，那就可能转化为从犯甚至主犯了。

（四）教唆犯

故意唆使他人实施犯罪行为的人，是教唆犯。教唆他人犯罪的行为，除非刑法特别规定为独立犯罪的，都不是刑法上的实行行为，因而也不单独构成犯罪，只能作为被教唆之罪的共同犯罪进行处罚。在毒品共同犯罪中，也存在以各种方式引起他人犯意并决议实施毒品犯罪的教唆行为。教唆犯并不直接参与毒品犯罪的实施，但其教唆行为本身也具有社会危害性，应当受到刑事处罚。对于教唆犯，刑法规定应当按照他在共同犯罪中所起的作用处罚，也即教唆犯根据具体情形，可能是主犯也可能是从犯，而教唆犯在一般共同犯罪中通常被认定为主犯。另外，《刑法》规定，教唆不满 18 周岁的犯罪的，应当从重处罚。所以根据案件具体情形，教唆犯在司法实践中可能面临主犯的刑事责任，也即可能会被判处死刑。因此，在认定主犯与从犯时，即应考虑教唆犯在毒品共同犯罪中所起的作用，做到罚当其刑。

二、毒品共同犯罪中主犯与从犯的区分

由于主犯包括"在一般毒品共同犯罪中起主要作用的主犯"和"毒品犯罪集团中的首要分子和主犯"，这里也从简单的毒品共同犯罪与复杂的毒品集团犯罪两方面来探讨毒品共同犯罪中的主犯与从犯的区分问题。

（一）简单毒品共同犯罪中的主从犯区分

较之于毒品犯罪集团，简单的毒品共同犯罪组织比较松散，成员也不太确定，往往是临时起意、临时结伙，完成一次或多

次犯罪行为后即行散伙。在主从犯的认定问题上，简单共同犯罪也较之于集团犯罪更为复杂。根据我国《刑法》规定，对主从犯区分的基本依据是犯罪人在共同犯罪中所起的作用。司法中，认定主犯有一定的难度。有学者对此已有较为全面的指导性论述，认为这些人可能被认定为主犯：犯意的发起者、犯罪的纠集者、犯罪的指挥者、犯罪的主要责任者、犯罪的主要实行者。[1]2008 年《全国部分法院审理毒品犯罪案件工作座谈会纪要》也指出，区分主犯和从犯，应当以各共同犯罪人在毒品共同犯罪中的地位和作用为依据。要从犯意提起、具体行为分工、出资和实际分赃多少以及共犯之间的相互关系等方面，比较各个共同犯罪人在共同犯罪中的地位和作用。在毒品共同犯罪中，主要出资者、毒品所有者或者起意、策划、纠集、组织、雇佣、指使他人参与犯罪以及其他起主要作用的是主犯；起次要或者辅助作用的是从犯。受雇佣、受指使实施毒品犯罪的，应根据其在犯罪中实际发挥的作用具体认定为主犯或者从犯。因此，也可以主要从犯意的发起及对共同犯罪行为的支配、行为分工、出资、获利及分赃情况三个方面来区分简单毒品共同犯罪中的主犯与从犯。

1. 犯意的发起及对共同犯罪行为的支配

在共同犯罪中，犯意的发起者往往会被认定为主犯，在毒品共同犯罪中也不例外。犯意的发起者往往也是共同犯罪的支配者，"起意贩毒者一般都对贩毒有一个大概的策划，如到哪里购买毒品、怎样运送、贩到哪里、贩给谁。因此，在共同犯罪中常表现为实现对他人的拉拢，出谋划策。在实施犯罪时，担任主角，协调其他同案犯的行动，事后策划掩盖罪行，逃避惩

[1] 陈兴良：《共同犯罪论》，中国社会科学出版社 1992 年版，第 191～192页。

罚"。[1]相反，如果行为人在毒品共同犯罪中只是受人指使实施犯罪，对共同犯罪并不起主要的推进与支配作用，则应被认定为从犯而得以从宽处罚。譬如，在"马明清等贩卖毒品案"中，被告人丁福田多次与马明清、宗玉奴斯、马伊洒给联系，通过高十二布进行交易，多次购买大量海洛因并贩卖给吐尔地·卡德尔、阿米娜·拍依都拉夫妇等获利。本案中，马明清、丁福田、高十二布等的行为均构成贩卖毒品罪。其中，高十二布受马明清和宗玉奴斯的指使先后贩卖海洛因 16 次，数量达 4496.1 克，一审判决其在本案中起主要作用，系主犯，被判处死刑，剥夺政治权利终身，并处没收个人全部财产。上诉后，二审法院裁定驳回上诉，维持原判，并报送最高人民法院复核。最高人民法院复核认为：被告人高十二布受他人雇佣和指使贩卖毒品，系从犯，并考虑其归案后有重大立功表现，改判为无期徒刑，剥夺政治权利终身，并处没收个人全部财产。[2]

本案中，被告高十二布涉案毒品数量巨大，但其在共同犯罪中受人指使实施犯罪行为，并非犯意的发起者，在共同犯罪中也不起支配性的作用，因此，最终被认定为从犯而得到减轻处罚。而马明清、田福高等同案犯，在本案中既是犯意的提起者，也是推动整个犯罪过程的实际支配者，因而被认定为主犯并被判处死刑立即执行。可见，在毒品共同犯罪中，是否是犯意的发起者以及是否对毒品共同犯罪的进程起推动与支配作用，是判断行为人是否在共同犯罪中起主要作用进而是否会被认定为主犯的一个重要的考虑因素。

---

[1] 郑蜀饶：《毒品犯罪的法律适用》，人民法院出版社 2001 年版，第 197 页。

[2] 马岩："毒品特殊案件中共同犯罪的认定与处罚"，载《庭审研究》2009 年第 2 期。

2. 行为分工

现今世界大部分国家刑法中对共同犯罪人的分类采取分工分类法。例如，将共同犯罪人分为正犯和从犯两类，从犯又包括教唆从犯与帮助从犯，或者将共同犯罪人分为正犯、教唆犯、帮助犯三类，又或者区分为实行犯、组织犯、教唆犯和帮助犯四类。[1]我国刑法对共同犯罪人没有采取单一的分工分类法，而是根据作用将其分为主犯、从犯、胁从犯，同时依据分工规定了教唆犯。但分工分类法对于解决共同犯罪的问题具有参考意义，共同犯罪中行为人的不同分工本身就足以反映其在共同犯罪中的作用。因此，正如有学者指出的："从解释论的角度说，也完全可以将我国《刑法》第26条规定的主犯解释为正犯，将第27条规定的从犯解释为帮助犯，第28条规定的胁从犯则是帮助犯的亚类型。"[2]

在毒品共同犯罪中，直接参与全部或主要的犯罪行为者，多被认定为主犯。比如，直接实施制造、贩卖毒品的实行行为者，一般会被认为在毒品共同犯罪中起主要作用而被认定为主犯，反之，只是实施帮助行为者，一般被认定为从犯。以"韦武全等贩卖毒品案"为例[3]，被告人韦武全、韦红坚先后多次共同向被告人黄德全购买大量海洛因并贩卖给吸毒人员。从一、二审认定的事实看，被告人黄德全是毒品的卖主，被告人韦武全是毒品的买主，被告人韦红坚只是为韦武全检验毒品质量，并携带购买的海洛因与韦武全一起返回福建省石狮市。因此，就贩卖行为而言，被告人韦红坚并非实行行为者，只是提

---

〔1〕 曲新久：《刑法学》，中国政法大学出版社2009年版，第149页。

〔2〕 张明楷：《刑法学》，法律出版社2011年版，第354页，注〔7〕。

〔3〕 最高人民法院刑事审判第一至五庭编：《〈刑事审判参考〉（1999～2008）分类集成（妨害社会管理秩序罪）》，法律出版社2009年版，第224～225页。

供了帮助行为，应当认定为从犯。但就运输行为而言，其又是实行行为者，且涉案毒品数量巨大，认定为主犯也无可厚非。所以一、二审法院认定韦红坚为贩卖、运输毒品罪的主犯，判决死刑立即执行。但最高人民法院认为，虽然被告人韦红坚在共同犯罪的运输毒品过程中起主要作用，且运输毒品数量大，应依法惩处。但考虑到被告人韦红坚不是毒品货主，只是应购毒人韦武全的邀约为其检验毒品质量，在韦武全的指使下携带从广东购买的毒品与韦武全一起返回福建，归案后认罪态度较好，对其判处死刑，可不立即执行。最终，最高院以贩卖、运输毒品罪改判被告人韦红坚死刑缓期二年执行。

从这个案例可以看出，行为人在共同犯罪中行为的分工是区分主从犯的重要标准。本案最终改判，不仅是因为被告人韦红坚未参与实施贩卖之实行行为，也是因为单纯的运输毒品行为应否独立成罪或者应否视为贩卖毒品行为之帮助行为，也尚存争议。将运输毒品行为与贩卖毒品行为同一视之并科以同等刑罚，显然不合理，因此，认定即使韦坚红构成运输毒品罪之实行犯（主犯），也应与其他贩卖毒品者区别对待。

3. 出资、获利及分赃情况

毒品犯罪的目的在于牟利，因而出资、获利及分赃情况也能反映行为人在毒品共同犯罪中所扮演的角色。一般来说，主要的出资者为获取贩毒利益，往往在毒品共同犯罪中表现得更为积极，也因而起主要作用或者具有较高的地位。因此，虽然不能仅以出资多少来区分行为人在毒品共同犯罪中的作用，但出资往往与其在共同犯罪中的分工相联系，主要出资者即使不是贩毒行为的实行者，也大多是犯意的发起者及犯罪行为的推进与支配者，因而也多被认定为主犯。另外，虽然犯罪利益的分配不是区分主从犯的唯一标准，但是获利及分赃情况能够为区分主从犯提供一个认识上的途径。一般而言，主犯一般是犯罪所得利益的主要获得者，往往占有毒赃的较大比例。而从犯往往没有出资或出资较少，因而也没有分赃或分赃较少。《大连会议纪要》也注意到了主犯在出资方面的特点，指出在毒品共同犯罪中为主出资者、毒品所有者为主犯。

（二）毒品犯罪集团中的主从犯区分

我国《刑法》第26条第2款规定："三人以上为共同实施犯罪而组成的较为固定的犯罪组织，是犯罪集团。"犯罪集团是共同犯罪的特殊形式，较之于简单的共同犯罪，其具有成员的多数性、共同实施犯罪的目的性、较强的组织性及稳固性等特征。集团犯罪的特征决定了从犯罪人的主观恶性到集团犯罪可能造成的客观危害，都较之于简单的共同犯罪更为严重，也即具有更大的社会危害性。对于集团犯罪，如果刑法分则规定为独立罪名的，依照刑法分则的规定处理，如组织、领导、参加黑社会性质组织罪等。如果刑法分则没有特别规定，则依照总则关于共同犯罪的规定来区分集团犯罪中的首要分子，首要分子以外的主犯、从犯、胁从犯。对于毒品犯罪，刑法未规定集团犯罪，因而应当作为共同犯罪来处理。根据我国《刑法》的规定，"组织、领导犯罪集团进行犯罪活动"的，是主犯。因此，在毒品犯罪集团中扮演组织者、领导者角色的首要分子，即为主犯，但主犯并不限于首要分子，还包括首要分子以外对集团犯罪起主要作用的犯罪人。

可见，区分毒品犯罪集团中的主犯与从犯，关键在于如何认定"首要分子"以及如何判断非首要分子在犯罪集团中是否起"主要作用"。首要分子作为犯罪集团的核心，历来都是各国各地区刑法打击的重点。我国《刑法》第97条规定："本法所称首要分子，是指在犯罪集团或聚众犯罪中起组织、策划、指挥作用的犯罪分子。"认定首要分子，主要看行为人是否在毒品犯罪集团中起支配作用。正如有学者所指出的，首要分子的核心特征是对整个犯罪集团的支配力，也即刑法所规定的在犯罪集团中起着组织或者领导的作用。所谓"组织"，是指为首纠集他人组建犯罪集团。"领导"则包括"策划"和"指挥"两个方面的内容。"策划"主要表现为为犯罪集团实施犯罪活动出谋划策，主持制定犯罪集团的活动计划，组织实施犯罪计划等；"指挥"主要表现为在幕后操纵犯罪集团的犯罪活动，以及根据犯罪集团的犯罪计划在现场指使、调配犯罪集团成员直接实施具体的犯罪活动。因此，在司法实践中，认定首要分子，必须考察行为人是否对整个犯罪集团具有支配力。譬如，判断行为人是否起组织作用，应主要考察谁是犯罪集团的发起者、集团成员的网罗者以及犯罪集团成员分工的最终敲定者等因素。对领导地位的判断必须要查清谁是犯罪集团成员的调遣者、犯罪集团犯罪活动的主谋、幕后操纵者以及现场指挥者等。[1]

在毒品犯罪集团中，由于涉案人数多、组织稳定、分工细致，往往实施多次毒品犯罪，而且经常伴随着其他犯罪，如故意杀人、伤害、绑架或者涉枪犯罪等。因此，除了犯罪集团的首要分子，还需要认定其他行为人在毒品集团犯罪中的地位与作用，以区分主从犯，实现罚当其罪。虽然不是首要分子，但是行为人在毒品共同犯罪中起主要作用的，也应当依法认定为主犯。此类主犯的认定可以参考前文对简单共同犯罪主从犯的区分标准，从行为人具体参与的毒品犯罪之犯意的发起与纠集、行为的分工及出资、获利、分赃情况等进行考虑。

---

〔1〕　王俊平："关于犯罪集团首要分子若干疑难问题探析"，载《郑州大学学报》2009 年第 1 期。

三、毒品犯罪集团中首要分子与主犯的区分

由于"走私、贩卖、运输、制造毒品集团的首要分子"是可以适用死刑的情节,因此,在构成毒品犯罪集团的案件中,如何准确区分首要分子和主犯,就成了值得研究的问题。前文毒品集团犯罪主从犯区分部分已探讨如何认定首要分子的问题,即关键在于如何认定首要分子在犯罪集团的支配地位。一般认为,犯罪集团首要分子的行为主要表现为对集团犯罪的组织、策划、指挥等方面,而非首要分子的主犯对整个犯罪集团并不具有支配性地位,但在犯罪集团的具体犯罪活动中依然起主要作用,因而也依主犯认定。以"李陵等贩卖、运输毒品、非法买卖、运输枪支、弹药案"[1]为例,被告人李陵多次安排被告人王君亚等贩卖、运输毒品及运输枪支、弹药,形成了以李陵为首,王君亚、蒋明生、段雪梅、龙化泉等人参加的毒品犯罪集团。一审法院认定,被告人李陵系该毒品犯罪集团的首要分子,且系累犯,依法从重处罚,并数罪并罚,判处死刑立即执行;被告人王君亚多次参加有组织的贩毒活动,实施非法运输枪支、弹药行为,系毒品共同犯罪的主犯,数罪并罚,判决死刑立即执行。二审法院认为,一审法院所认定的二被告非法运输枪支、弹药罪不当。但李陵系组织、领导犯罪集团进行犯罪活动的首要分子,应当按照集团所犯的全部罪行处罚,且系累犯,原审法院以贩卖、运输毒品罪判处其死刑量刑适当。王君亚在共同犯罪中起主要作用,系主犯,虽有自首、坦白情节,但鉴于王君亚贩卖、运输海洛因的数量特别巨大,原审法院以贩卖、运输毒品罪判处其死刑量刑适当。最高人民法院也依法

---

[1] 最高人民法院刑事审判第一至五庭编:《刑事审判参考》(第67集),法律出版社2009年版,第144~149页。

核准了李、王二被告的死刑。从本案可以看出，该毒品犯罪集团的犯罪活动均由李陵组织安排实施，可以说，李陵对整个犯罪集团的犯罪活动起着支配性的作用，因而被认定为毒品犯罪集团的首要分子。被告王君亚虽然是在李陵安排下具体实施贩毒及其他犯罪行为，但对于具体犯罪行为，王君亚均为实行犯，且涉案毒品数量巨大，较之于犯罪集团其他参与者，在实施具体犯罪中起着主要作用，因而被认定为主犯。二被告最终均被判处死刑，符合刑法罪责刑相适应原则。

由于犯罪集团内部分工精密细致，首要分子往往并不直接参与实施具体的犯罪活动，因此，在认定毒品犯罪集团首要分子时，往往存在举证上的困难。正如有论者所指出的，犯罪集团首要分子的行为具有"抽象性"，即其行为在大多情况下不是针对具体犯罪作出的，而是对集团整体做出的，它针对了集团所要实施的全部犯罪，不仅针对了现在要实施的犯罪，而且还针对以后要实施的犯罪。另外，这种行为还具有反复适用性，并不是一经作出其效力就及于某个具体犯罪，而是及于集团的全部犯罪并可以长期反复适用。[1]这意味着，首要分子作为犯罪集团的组织、领导者，对于集团成员的具体犯罪可能只是"概括的同意或许可"，对于具体的犯罪行为并没有明确的参与。在这种情形下，如果证据不足以认定其在犯罪集团中的支配性地位，便也难以认定其为首要分子，使其对集团所犯所有罪行承担刑事责任。譬如，在前述李陵案中，被告人李陵到案后拒不认罪，法庭综合考虑其他证据最终认定其为该毒品犯罪集团的首要分子。例如，同案被告王君亚等供述均证明毒资均系李陵提供，公安机关调取的在几次犯罪实施时间段，李陵与其他

〔1〕　师亮亮："抽象性和支配性：犯罪集团首要分子的行为本质"，载《重庆工商大学学报（西部论坛）》2008 年第 11 期。

犯罪人的通话记录也能间接证明其在幕后组织、指挥毒品犯罪活动。因此，"虽然本案第一被告人李陵归案后拒不供认所犯罪行，但通过以上证据分析能够认定其邀约、遥控指挥其他被告人先后五次贩卖、运输海洛因的犯罪事实，达到定案的证明标准，法院据此对其进行定罪处罚是正确的"。[1]

正确区分毒品犯罪集团中的首要分子与其他主犯，对于正确量刑及限制死刑适用具有重要意义。根据我国刑法规定，首要分子须对集团所犯的全部罪行承担刑事责任，而主犯"应当按照其所参与的或者组织、指挥的全部犯罪处罚"。从字面理解，集团犯罪中非首要分子的主犯承担刑事责任的范围限于其所参与、组织或指挥的犯罪行为，而首要分子则需要对集团成员所实施的所有犯罪承担刑事责任。因此，在集团犯罪中被认定为首要分子还是一般的主犯，直接关系到行为人承担刑事责任的范围，也因而直接影响到行为人所面临的刑罚的轻重。所以实践中，首先，要根据案件具体情形，综合评价行为人在毒品犯罪集团中的地位与作用，慎重认定具有支配性地位的首要分子；其次，在行为人被认定为首要分子后，也要正确理解和适用法律，合理界定其所承担刑事责任的范围。

虽然刑法规定对首要分子"应当根据集团所犯的全部罪行进行处罚"，但对于首要分子的刑事责任归责范围理论上尚在探讨。有学者认为，所谓"集团所犯的罪行"，就是在首要分子总体性、概括性的故意范围之内的（主观责任），属于首要分子总体策划、指挥下的（个人责任）罪行，首要分子对此应当承担刑事责任。据此，首要分子可能不知具体犯罪之详情、未明确指示具体犯罪活动但作出概括的指示或者对事先并不知情但事

_____

[1] 最高人民法院刑事审判第一至五庭编：《刑事审判参考》（第67集），法律出版社2009年版，第150页。

后默许等情形下，也应为犯罪承担刑事责任。[1]也有学者归纳实践中对首要分子的归责情况大致有以下几种：①共同预谋，但未实行意图的犯罪行为时，首要分子被归责；②组织成员为了组织的利益实施犯罪，不知情的首要分子被归责；③组织成员实施犯罪后，事先不知情的首要分子对犯罪行为许可，首要分子被归责；④组织成员实施犯罪过程中，实行行为超出了首要分子的指使犯意时，首要分子对过限犯罪结果承担责任；⑤首要分子在场，但没有授意组织成员实施犯罪，首要分子基于组织成员的犯罪行为被归责；⑥首要分子在场，未授意组织成员实施犯罪行为，组织成员实施数个犯罪行为时，择一重罪追究首要分子的刑事责任；⑦某首要分子主导下实施的犯罪行为，对此不知情或未参与的其他首要分子不被归责；⑧首要分子对组织成员自行实施的犯罪行为不承担刑事责任。[2]司法实践中，司法机关应根据案件具体情形，准确把握毒品犯罪集团的犯罪行为是否在首要分子"概括的故意"之内，避免不当扩大或缩小对首要分子的归责范围。

第二节 非法持有毒品罪与运输毒品罪的区分*

我国《刑法》第 347 条和第 348 条分别规定了运输毒品罪与非法持有毒品罪。二罪从形式上看，都属于简单罪状，其界限比较明确，容易区分，关于两罪具体区分的规定散见于其他

---

〔1〕 张明楷："犯罪集团首要分子的刑事责任"，载《法学》2004 年第 3 期。
〔2〕 于佳佳："论犯罪集团首要分子的刑事责任"，载《中国刑事法杂志》2007 年第 3 期。
* 作者简介：赵林楠，河北经贸大学法学院 2015 级研究生。

司法解释、会议纪要及指导意见中。运输毒品是指将毒品进行空间位置变化的行为，非法持有毒品是指将毒品置于行为人控制之下的行为。然而，运输毒品的行为同时也表现为非法持有毒品，持有包括携带行为，携带便可表现为运输。例如，行为人利用自己的身体、衣服等将毒品从甲地运往乙地，一方面，实施了运输毒品，另一方面，也表现为非法持有的行为。运输毒品中必然存在行为人将毒品置于自己的控制之下，持有毒品是运输毒品的前提或者说运输毒品蕴含着持有毒品。另外，在运输毒品罪中，运输鸦片 1000 克以上，海洛因或甲基苯丙胺 50 克以上，法定最高刑是死刑。而在非法持有毒品罪中，非法持有鸦片 1000 克以上，海洛因或甲基苯丙胺 50 克以上，法定最高刑是无期徒刑。因此，准确区分二罪，不仅关系到"罪刑法定""罪责刑相适应"等刑法的基本原则，更与行为人的实体利益密切相关。区分运输毒品罪与非法持有毒品罪，学界有不同的观点：一部分学者认为，以携带毒品的数量进行区分，如果携带的毒品数量较小，即认定为非法持有毒品罪，就不应认定为运输毒品罪；一部分学者认为，以运输距离的远近来区分运输毒品罪与非法持有毒品罪；一部学者认为，以毒品有无位移进行区分，运输具有动态性，具有位移的持有是运输毒品，无位移的持有是非法持有毒品；等等。[1]这些观点都过于片面而被大多数学者否定。

在司法实践中，对于吸毒者（或代购者）在运输毒品过程中被查获，没有证据证明其实施了其他毒品犯罪行为，是定非法持有毒品罪，还是定运输毒品罪，相关司法性文件中的处理结果也不尽相同。如 2000 年的《南宁会议纪要》规定："吸毒

---

[1] 彭荣、李丽："运输毒品罪与非法持有毒品罪之辨析"，载《法学论坛》2014 年第 9 期。

者在购买、运输、存储毒品过程中被抓获的，如没有证据证明被告人实施了其他毒品犯罪行为，一般不应定罪处罚，但查获的毒品数量较大的，应当以非法持有毒品罪定罪；毒品数量未超过《刑法》第 348 条规定的数量最低标准的，不定罪处罚。"2008 年《大连会议纪要》规定："吸毒者在购买、运输、存储毒品过程中被查获的，如没有证据证明其是为了实施贩卖等其他毒品犯罪行为，毒品数量未超过《刑法》第 348 条规定的最低数量标准的，一般不定罪处罚；查获毒品数量达到较大以上的，应以其实际实施的毒品犯罪行为定罪处罚。"然后，《全国部分法院审理毒品犯罪案件工作座谈会纪要的理解与适用》（以下简称《理解与适用》）认为："如果其被查获毒品数量较大，达到《刑法》第 348 条规定的最低数量标准的，应当以非法持有毒品罪定罪处罚；如果吸毒者在运输毒品过程中被当场查获，毒品数量大，明显超出其个人正常吸食量的，可以运输毒品罪定罪处罚。"从以上的规定中可以发现，《南宁会议纪要》《大连会议纪要》以及《理解与适用》对这种案例的处理结果是不尽相同的。《南宁会议纪要》认为，查获毒品数量较大且没有实施其他毒品犯罪证据的，构成非法持有毒品罪。《大连会议纪要》则认为，查获毒品数量达到较大以上的，可以定运输、非法持有等罪名。《理解与适用》认为，数量较大以上的应定非法持有毒品罪；如果在运输过程中被当场查获，数量大，明显超出其个人正常吸食量的，定运输毒品罪。下面将从具体的方面来分析。

一、行为人的主观意图

根据最高人民法院《关于执行〈全国人民代表大会常务委员会关于禁毒的决定〉的若干问题的解释》的规定，所谓"持有"，是指占有、携有、藏有或者其他方式持有毒品的行为。所谓"运输"，指明知是毒品而采用携带、邮寄、利用他人或者使用交通工具等方法非法运送毒品的行为。

区分非法持有毒品罪和运输毒品罪，不能单单只从法条上来理解，要从具体的犯罪构成来分析。行为人的主观方面是决定其社会危害性的重要方面，也影响其定罪量刑。要想区分非法持有毒品罪和运输毒品罪，应该从行为人的主观目的与动机来区分。

非法持有毒品罪的重点在于持有，也就是说，行为人的主观目的仅仅是持有，不管是静态的持有还是动态的持有，行为人都没有把毒品用于其他目的的意图。比如，一个人自己吸食毒品，从 A 市联系到买家，而他住在 B 市，必须要乘坐公共交通工具才能把毒品从 A 市带回到 B 市来，而他从拿到毒品的那一刻起的整个过程都是处于一种非法持有的状态，那么，他在从 B 市到 A 市的过程是否也属于运输毒品的状态呢？笔者认为，行为人从 B 市携带毒品到 A 市的过程确实是属于运输毒品的状态，但是，不能以运输毒品罪对他进行定罪。虽然动态的持有与运输有其相似性，动态非法持有毒品和运输毒品在客观方面虽然都存在相同的特征，但行为人的主观目的和意图是不尽相同的，不能认为凡是在运输工具上或候车场所内携带毒品都是运输毒品，也不能以起获毒品是否在运输环节来区分。认定运输毒品罪，就必须查明行为人为什么运输毒品、为谁运输毒品、把毒品运到什么地方，给什么人。只有承认运输毒品罪的"运输"具有目的性这一特殊刑法含义，才能有效地解决对于动态持有毒品行为的定性困惑，在不能有效证明行为人没有运输毒品主观故意的情况下，即认定其犯有运输毒品罪，属于有罪推定。刑法对运输毒品罪的规定，是与走私、贩卖、制造毒品罪并列的一种选择性罪名，而且法定最高刑为死刑，立法者之所以这样规定，其目的是运输毒品会使毒品从生产进入流通领域，具有严重的社会危害性，毒品的移动必须具有实现和促进毒品的流通危险，这样才能有认定运输毒品的可能。倘若行为人明知是毒品，但没有使毒品具有流通意义，则不能认定为运输毒品罪。[1]因为，行为人的主观目的就是为了自己吸食而并没有运输毒品的目的，虽然他的行为里面包含了运输的行为，但不能断章取义，要从他的主观目的来分析，所以应定非法持有毒品罪。

二、行为人的主体状态

根据各个会议纪要和司法解释，行为人的主体状态是区分两罪的一个重要方面。也就是说，行为人是否是一名吸毒者，为什么对区分非法持有毒品罪和运输毒品罪很重要呢？因为，如果行为人并不是一名吸毒者，而他在运输的过程中被查获了足以获罪的毒品数量，而现有证据又无法证明其是为了走私或贩卖等其他行为而携带毒品的，那么，可以以运输毒品罪来起诉。

但是在现实的案例中，由于和非法持有的行为有竞合的效果，且运输毒品罪的最高刑为死刑，而非法持有毒品罪的最高刑为无期徒刑，国家对运输毒品的行为比非法持有毒品的行为处罚的要严厉，行为人即使主观目的是为了运输毒品，为了减轻责罚也会辩称毒品是供自己吸食，是一种非法持有的行为。

2000年印发的《南宁会议纪要》和《大连会议纪要》均规定，对于吸毒者实施的毒品犯罪，在认定犯罪事实和确定罪名

---

[1] 吴娟："运输毒品罪之司法界定——兼论与非法持有毒品罪的区分"，载《金田》2013年第6期。

时要慎重。这主要是考虑，在我国吸毒行为本身并不构成犯罪。故对吸毒者以吸食为目的而少量购买、储存及携带毒品进行运输的行为亦不应以犯罪论处。但是，实践中，吸毒者实施毒品犯罪的情况大量存在，若对吸毒者购买、存储、运输毒品的行为一律不作为犯罪处理，无疑会放纵吸毒者实施的毒品犯罪，削弱惩治毒品犯罪的力度。鉴于此，上述两个文件都对吸毒者实施毒品犯罪的认定作出了规定。《南宁会议纪要》规定，吸毒者在购买、运输、存储毒品过程中被抓获的，如没有证据证明被告人实施了其他毒品犯罪行为，查获的毒品数量大的，应当以非法持有毒品罪定罪。由于实践情况较为复杂，在执行上述规定的过程中，出现了吸毒者运输千克以上海洛因，仍按照非法持有毒品罪定罪处罚的案件，引发了一定争议。《大连会议纪要》对此作出修正，规定吸毒者在购买、运输、存储毒品过程中被查获的，如没有证据证明其是为了实施贩卖等其他毒品犯罪行为，查获的毒品数量达到较大以上的，应以其实际实施的毒品犯罪行为定罪处罚。

然而，由于《大连会议纪要》的上述规定过于原则，实践中，对"实际实施的毒品犯罪行为"应当如何理解，一直存在不同意见。一种观点认为：吸毒者在购买、存储等静态持有毒品的过程中被查获的，应当以非法持有毒品罪定罪处罚，在运输毒品过程中被查获的，应当以运输毒品罪定罪处罚。另一种观点认为：吸毒者在购买、运输、存储毒品过程中被查获，毒品数量较大，但尚未超出其个人正常吸食量的，应当以非法持有毒品罪定罪处罚。吸毒者在运输毒品过程中被查获，毒品数量大，明显超出其个人正常吸食量的，应当以运输毒品罪定罪处罚。对此，笔者基本赞同第二种观点。首先，持有毒品的状态并不是区分非法持有毒品罪与运输毒品罪的关键，持有毒品原本就包括静态和动态的持有，不能因为吸毒者在运输毒品过程中被查获就一律以运输毒品罪定罪处罚。其次，尽管理论界多主张运输毒品罪应当包含一定的目的要素，但司法实践中，认定行为人构成运输毒品罪通常并无目的性要求。然而，在我国吸毒行为本身并不构成犯罪，吸毒人员运输毒品的不能完全排除是供自己吸食。实践中，若不考虑该事实，将该情形下吸毒人员运输毒品的行为一概认定为运输毒品罪，则与我国刑法不处罚吸毒的客观事实相违背。[1]因此，若有证据证明吸毒者意图通过运输毒品行为达到保有、吸食毒品的目的的，应当适当考虑其目的，作为例外情形对待。其中，毒品数量是否超过行为人的正常吸食量无疑是一个重要的判断因素。再者，刑法将运输毒品罪与走私、贩卖、制造毒品罪并列规定，并确定了相同的量刑标准和法定刑幅度。因此，作为犯罪的"运输毒品"是具有特定意义和含义的，即它应当与"走私毒品""贩卖毒品"以及"制造毒品"具有同等的社会危害性。[2]而吸毒者以吸食为目的携带毒品进行运输的行为，无疑达不到这样的社会危害性。按照运输毒品罪处罚难以实现罪刑均衡。吸毒者以吸食毒品为目的携带一定毒品进行运输的，与吸毒者以吸食为目的购买、存储毒品的行为在本质上是相同的，对两者应当给予同样的刑事处罚。行为人主体是否为吸毒者，这对其定罪有重要影响，我们在实践过程中应当谨慎对待。

---

〔1〕何荣功："运输毒品认定中的疑难问题再研究"，载《法学评论》2011年第2期。

〔2〕赵秉志、肖中华："论运输毒品罪和非法持有毒品罪之立法旨趣与隐患"，载《法学》2000年第2期。

三、二者在定罪情节中的区分

定罪情节是指对犯罪的成立重罪还是轻罪，此罪还是彼罪起决定作用的情节，即具体犯罪中犯罪构成要件的情节，我们通常所说的犯罪主体状况、犯罪故意或过失情况、危害社会的行为情况，以及犯罪的动机、目的、时间、地点、手段、后果等，都是成立犯罪必须具备的情节，即定罪情节。根据《刑法》第 348 条规定，非法持有鸦片 200 克以上、海洛因或者甲基苯丙胺 10 克以上或者其他毒品数量较大的，构成非法持有毒品罪，没有达到法定数量的，则不予定罪。由此看出，毒品的数量是非法持有毒品罪的构成要件，是重要的定罪情节。非法持有毒品的数量是定罪的重要标准，但不是唯一标准。同样，犯罪的动机、目的、对象、手段等其他情节对定罪也起着重要作用。刑法中的非法持有毒品罪的适用，必须在定罪量刑中予以考虑，毒品犯罪是一种复杂的犯罪现象，犯罪案件的复杂性和情节的多样性决定了一个案件有很多情节，任何情节都不能脱离整个案情和其他情节独立地影响定罪。非法持有毒品的数量是非法持有毒品罪的重要定罪情节，但案件的复杂性及许多特殊和例外情况要求必须综合考虑其他情节，不能只注重非法持有毒品的数量，唯数量论而忽视其他情节。实践中，大量事实证明，在每一件具体毒品犯罪案件中，数量与其他情节总是紧密相连，互相作用，共同规定着该毒品案件的定罪情节。非法持有毒品的数量与行为人持有毒品的动机、目的、来源、去路等情况密切相关。有时行为人非法持有毒品数量达到定罪标准，但行为人持有的毒品是祖辈流传下来而保留的，或者是他人散落而捡拾持有的，或者是当地比较落后为治疗某种疾病而保存的，经教育能主动交出，则应从轻、减轻或者免除处罚。反之，对那些抗拒搜查、态度恶劣、拒不说明来源及用途的，只要达到法定的数量则应从重处罚。[1]在上述诸多定罪量刑情节中，还涉及多次少量非法持有毒品的数量是否累计计算的问题。《刑法》第347条规定，对多次走私、贩卖、运输、制造毒品，未经处理的，毒品数量累计计算。那么，对吸毒人员多次少量个别购买毒品，随买随吸，同期持有量从未达到标准的，能否将每次购买的毒品累计起来，以此衡量是否达到非法持有毒品罪的数量标准？笔者认为是不可以的。首先，虽然多次少量非法持有毒品累计起来也可能达到数量较大的标准，但与一次非法持有数量较大的毒品相比，对社会的危害程度还是有差别的。如果对这种持有进行累计计算，就会导致打击面盲目扩大，从而使得那些吸食、注射毒品已有瘾癖的人大都能以非法持有毒品罪处理，显然与立法原意不符。其次，法律对走私、贩卖、运输、制造毒品与非法持有毒品的着重点不同。前者着重的是犯罪行为本身，多次走私、贩卖、运输、制造毒品数量累计起来反映出社会危害性的大小，后者则着重是毒品持有的状态，毒品持有量反映了持有毒品对社会的潜在威胁的大小。因此，行为人自己曾经多次吸食、注射的毒品不应累计计入非法持有毒品的数量。

而运输毒品罪所要考虑的定罪情节与非法持有毒品罪的定罪情节不同。由于毒品数量与毒品的危害有着直接的关系，毒品数量越多，其危害性就越大，因此，毒品数量与运输毒品罪具有相当重要的关系。毒品数量一般都被用来作为决定刑罚轻重的重要标准。虽然刑法将毒品数量作为量刑的重要标准，但是，数量不是决定刑罚轻重的唯一标准，不能唯数量论。除毒品数量外，还需要结合案件的具体情况，考虑犯罪的事实、犯

---

[1] 罗洪亮："非法持有毒品罪探析"，载《重庆交通大学学报》2012年第1期。

罪的性质、情节以及对社会的危害程度。

还有一种短距离运输毒品的行为，也容易和非法持有毒品罪进行混淆，即构成运输毒品罪是否有距离要求，一直是实践中争议较大的问题。一种观点认为，构成运输毒品罪没有距离要求，无论运输距离长短，只要通过运输行为使毒品发生了空间位移，就应当认定为运输毒品罪。另一种观点认为，构成运输毒品罪应当有距离要求，短距离运输毒品的，如同城运输的，一般不应认定为运输毒品罪，宜认定为非法持有毒品罪。[1]对此，笔者认为，应当综合辩证地看待以上两种观点。首先，运输距离的长短并不是构成运输毒品罪的关键。无论运输毒品距离是长是短，都侵害了国家对毒品的运输管理秩序，无实质性区别。综上，对于被告人短距离运输毒品的行为，应当结合毒品的数量及运输距离、目的、有无牟利性等因素，综合认定是构成运输毒品罪还是非法持有毒品罪。笔者认为，被告人短距离运输毒品，具有下列情形之一的，应当以运输毒品罪定罪处罚：意图长距离运输毒品，刚起运即被查获的；为实现绕关、躲避检查等特定目的而短距离运输毒品的；以牟利为目的专门运输毒品的；以走私、贩卖毒品为目的短距离运输毒品的。

四、区分二者的意义

非法持有毒品罪和运输毒品罪都属于"兜底性"罪名。如何认定非法持有毒品罪，最高人民法院 1994 年《关于执行〈关于禁毒的决定〉的若干问题的解释》（以下简称《解释》）和 2000 年最高人民法院《关于全国法院审理毒品犯罪案件工作座谈会纪要》（以下简称《纪要》）作了原则性的说明。《解释》

---

〔1〕 李静然："非法持有毒品罪的司法疑难问题探析"，载《法律适用》2014 年第 9 期。

规定：根据已查获的证据不能认定非法持有较大数量毒品是为了进行走私、贩卖、运输或者窝藏毒品犯罪的，才构成非法持有毒品罪。如果有证据证明非法持有毒品是为了进行走私、贩卖、运输或者窝藏毒品犯罪的，则应定走私、贩卖、运输或者窝藏毒品罪。《纪要》规定：非法持有毒品达到《刑法》第348条规定的构成犯罪的数量标准，没有证据证明实施了走私、贩卖、运输、制造等犯罪行为的，以非法持有毒品罪定罪。以上两个司法解释的要点在于：如果有证据证明非法持有毒品人已经实施了走私、贩卖、运输、制造等犯罪行为，按相应的罪名定罪。如果尚未或没有证据证明实施了其他犯罪行为，即仅有非法持有毒品的行为，此时，应分析行为人的主观目的，如果有证据证明非法持有毒品的主观目的是为了进行走私、贩卖、运输、窝藏等毒品犯罪，按相应的罪名定罪，如果没有或者不能查证有其他毒品犯罪目的，定非法持有毒品罪。此外，如果正在实施走私、贩卖、运输等犯罪行为，则按相应的罪名定罪。掌握了上述原则之后，非法持有毒品罪的认定问题主要就是证据的分析、事实的认定问题。笔者认为，与其他类型的案件一样，毒品犯罪案件尽管有其自身的特点，但仍要坚持刑事诉讼法规定的基本原则，一是要坚持按证据裁判，对任何事实，任何罪名的认定都要以证据为基础，不能在没有证据的情况下进行纯粹的推论；二是要坚持证明标准，做到犯罪事实清楚，证据确实、充分。证据尚未达到确实、充分程度时不能认定，不能以案件情况特殊为由，随意降低证明标准。

而运输毒品罪也属于一个兜底性罪名，笔者认为，刑法中运输毒品行为与走私、贩卖、制造毒品行为排列规定在一起，供选择适用的罪名，其社会危害性也应当与其他三种行为的危害性相当，因此，处罚才能一致。只有当运输毒品成为走私、贩卖、制造毒品一个必不可少的中间环节时，也就是说，缺少运输毒品就无法实施走私、贩卖、制造毒品时，运输毒品才具有与走私、贩卖、制造毒品相当的危害性，才可以同罚。出于其它目的运输毒品时，比如，出于吸食、窝藏目的而移动毒品，其行为的社会危害性显然要低于走私、贩卖、制造毒品的危害性，不能认定为运输毒品罪。如果将运输范围任意扩大，就会出现将无罪变为有罪，轻罪变成重罪的现象。

我国的毒品犯罪问题层出不穷，实践中会出现各种问题。非法持有毒品罪和运输毒品罪在客观行为方面存在一定程度的竞合，在定罪方面存在一定的困惑，需要我们进一步地进行理解分析，然后指导实践。首先，要以行为人的主观意图为根本，尤其是要区分究竟是持有行为还是运输行为；其次，行为人的主体状态也很重要，吸毒者的身份不能判断就是非法持有毒品罪，还应该综合其他要素；最后，二者在具体的定罪情节也有重要的区别。要在具体的案件中具体地分析，不能脱离案件事实空谈理论。

第三节　吸毒者运输毒品行为的认定[*]

对于吸毒者运输毒品行为的认定，司法实践中，一直存有争议，最高人民法院也多次就此问题做出规定。2008 年最高人民法院关于《全国部分法院审理毒品犯罪案件工作座谈会纪要》（以下简称《大连会议纪要》）和 2015 年最高人民法院关于《全国法院毒品犯罪审判工作座谈会纪要》（以下简称《武汉会议纪要》）都对吸毒者运输毒品行为认定问题作出相关规定。笔

---

[*] 作者简介：张静，河北经贸大学 2015 级研究生。

者先结合刑法理论明确"吸毒者运输毒品行为"这一概念，然后将两个《会议纪要》对此问题做出的规定相比较，并结合理论和实践，谈谈自己对《武汉会议纪要》的理解和思考。

一、吸毒者运输毒品行为的概念

对于吸毒者运输毒品行为的认定难，主要存在以下几个方面原因。第一，在我国，吸毒行为违反《中华人民共和国治安管理处罚法》，属于违法行为，但我国刑法并未将其规定为犯罪。因此，在吸毒者运输毒品行为中要考虑吸毒者用于个人吸食的情节。第二，我国刑法上，运输毒品罪的犯罪主体为一般主体，任何人从事毒品运输的，在无证据证明是为了实施其他犯罪的情况下，原则上都应认定为构成运输毒品罪。[1]当然，我们这里所指"任何人"是已满16周岁的具有完全刑事责任能力的人。而且，构成运输毒品罪时，毒品数量没有要求，无论走私、贩卖、运输、制造了多少毒品都构成犯罪。[2]第三，《武汉会议纪要》规定："吸毒者在运输毒品过程中被查获，没有证据证明其是为了实施贩卖毒品等其他犯罪，毒品数量达到较大以上的，以运输毒品罪定罪处罚。"如果运输毒品的行为人是"吸毒者"，那么，就可能不被认定为是犯罪，或者只有数量达到一定标准，才被认定为是运输毒品罪。由此可见，处理行为人在运输毒品过程中被查获的案件，确认行为人是否为"吸毒者"便成了区分罪与非罪、此罪与彼罪的首要问题。[3]

---

[1]　何荣功："运输毒品认定中的疑难问题再研究"，载《法学评论》2011年第2期。

[2]　贾宇主编：《刑法学》，中国政法大学出版社2011年版，第494页。

[3]　顾军伟："吸毒者运输毒品行为定罪处罚若干实务问题研究"，载《铁路司法理论与实践》2010年1月29日。

"吸毒者"的概念，从字面意思理解，即为吸食、注射毒品的人员。根据《禁毒法》的规定，吸食、注射毒品人员又可以被划分为吸毒未成瘾和成瘾两类人。笔者理解《武汉会议纪要》规定的"吸毒者"应当是指成瘾一类。吸毒成瘾者，由于对毒品的严重依赖，会不可自控、不择手段地获取毒品，其购买、存储、运输毒品行为，没有选择余地。因此，刑法上要适当考虑其特殊性，《武汉会议纪要》才会对其作出特殊规定。相反，吸毒未成瘾的人，应该有一定自控能力，其行为有选择自由性，因此，要对自己行为承担相应责任。

运输毒品，是指明知是毒品而非法运输的行为。根据不同标准，可以对"运输毒品"行为做出不同分类。以运输地域为标准，分为境内运输和跨境运输；以运输目的为标准，分为为贩卖而运输、为转移而运输和为吸食而运输。[1]运输是指采取携带、邮寄、利用他人或者使用交通工具将毒品从一地运往彼地的行为。综上，笔者认为，吸毒者运输毒品行为，就是指吸食、注射毒品成瘾的人员在我国境内为转移和吸食毒品，而非法携带、邮寄、利用他人或者使用交通工具将毒品从一地运往彼地的行为。

二、最高人民法院两个纪要的规定

由于对吸毒者运输毒品行为的认定难，最高人民法院也多次就此问题做出规定。2000年4月，《最高人民法院全国法院毒品犯罪审判工作座谈会纪要》（以下简称《南宁会议纪要》）规定："吸毒者在购买、运输、存储毒品过程中被抓获的，如果没有证据证明被告人实施了其他毒品犯罪行为的，一般不应定罪处罚，但查获的毒品数量大的，应当以非法持有毒品罪定罪。"

---

〔1〕 张伟良："运输毒品行为研究"，湘潭大学2008年学位论文。

（由于这一规定在今天已不再适用，所以不在此展开讨论）。2008 年 12 月，最高人民法院《大连会议纪要》指出："对于吸毒者实施的毒品犯罪，在认定犯罪事实和确定罪名时要慎重。吸毒者在购买、运输、存储毒品过程中被查获，如没有证据证明其是为了实施贩卖等其他毒品犯罪行为，毒品数量未超过《刑法》第 348 条规定的最低数量标准的，一般不定罪处罚；查获数量达到较大以上的，应以其实际实施的毒品犯罪行为定罪处罚。"2015 年 5 月，最高人民法院《武汉会议纪要》再次强调："吸毒者在购买、存储毒品过程中被查获，没有证据证明其是为了实施贩卖毒品等其他犯罪，毒品数量达到《刑法》第 348 条规定的最低数量标准的，以非法持有毒品罪定罪处罚。吸毒者在运输毒品过程中被查获，没有证据证明其是为了实施贩卖毒品等其他犯罪，毒品数量达到较大以上的，以运输毒品罪定罪处罚。"

　　根据以上两个会议纪要，我们可以得出下表，以便我们更清晰直观地认识和理解两个会议纪要针对吸毒者在运输毒品过程中被查获案件，对吸毒者行为的认定的相关规定。

表 2－1　两个纪要对吸毒者行为的认定的相关规定

会议纪要名称	有证据证明吸毒者是为了实施贩卖等其他毒品犯罪	没有证据证明吸毒者是为了实施贩卖等其他毒品犯罪		
		数量大（鸦片 1000 克以上，海洛因或者甲基苯丙胺 50 克以上或者其他毒品数量大的）	数量达到较大（鸦片 200 克以上不满 1000 克，海洛因或者甲基苯内胺 10 克以上不满 50 克或者其他毒品数量较大的）	未超过《刑法》第 348 条规定的最低数量标准（鸦片不满 200 克，海洛因或者甲基苯丙胺不满 10 克或者其他少量毒品的）

续表

大连会议纪要	以其实施走私、贩卖毒品等其他毒品犯罪定罪	以实际实施的毒品犯罪行为定罪处罚	一般不定罪
武汉会议纪要		处于运输状态认定为运输毒品罪	

在司法实践中，对吸毒者运输毒品行为的认定，有两点的认识基本一致：第一，对于有证据证明吸毒者运输毒品是为实施贩卖等其他毒品犯罪的，以贩卖毒品罪等其他毒品犯罪定罪处罚。第二，没有证据证明吸毒者运输毒品是为了实施贩卖等其他毒品犯罪的，并且被查获的毒品数量未超过《刑法》第348条规定的最低数量标准的（鸦片不满200克，海洛因或者甲基苯丙胺不满10克或者其他少量毒品的），一般不定罪处罚。

对于吸毒者运输毒品行为，没有证据证明是为了实施走私、贩卖等其他毒品犯罪，并且查获毒品数量达到较大（鸦片200克以上不满1000克，海洛因或者甲基苯丙胺10克以上不满50克或者其他毒品数量较大的）的，应该如何定性和处理，两个会议纪要的规定是不同的，在司法实践中，也是争议较大的问题。《大连会议纪要》认为数量达到较大应"以实际实施的毒品犯罪行为定罪处罚"。《武汉会议纪要》又提出数量达到较大应"处于运输状态就应认定为运输毒品罪"。

三、学者对吸毒者运输毒品行为定性的争论

对于两个会议纪要中"对吸毒者运输毒品行为的认定"的规定，学者们持不同意见。有的人认为《大连会议纪要》规定："查获毒品数量达到较大以上的，应以实际实施的毒品犯罪行为定罪处罚。"这一规定过于笼统，不便于实践中具体适用。尽管最高人民法院对《大连会议纪要》做出了解读："吸毒者确实是

在购买、运输、存储用于自己吸食的毒品过程中被查获，没有证据证明其实施了其他毒品犯罪行为，且毒品数量较大的，应当以非法持有毒品罪定罪处罚，如果其在运输毒品过程中被当场查获，毒品数量大，明显超出其个人正常吸食量的，可以运输毒品罪定罪处罚。"但是在实践中，仍然会出现执法尺度不统一的可能。

有的人认为，《武汉会议纪要》"吸毒者在运输毒品过程中被查获，没有证据证明其是为了实施贩卖毒品等其他犯罪，毒品数量达到较大以上的，以运输毒品罪定罪处罚"的规定直接以数量较大为标准作为区分罪与非罪的界限，降低了将吸毒者运输毒品行为认定为运输毒品罪的门槛，有唯数量论之嫌。也有人认为，《武汉会议纪要》对处于购买、存储状态的认定为非法持有毒品罪，处于运输状态的认定为运输毒品罪，对于处于运输状态的认定相对严苛，相对于处于购买、存储状态的行为认定，有量刑过重之嫌。

四、笔者观点

对"吸毒者运输毒品行为认定问题"的分析，既要考虑查获毒品的数量，又要结合我国刑法对走私、贩卖毒品罪和运输毒品罪的不同规定。因此，笔者认为，正确理解和适用《武汉会议纪要》中对吸毒者运输毒品行为的认定，应该从以下几个方面去把握：

首先，如果有证据证明吸毒者运输毒品是为了实施贩卖等其他毒品犯罪，就应当以其实际实施的毒品犯罪定罪处罚。此情形下，运输行为无疑只成为走私、贩卖、制造毒品罪的前提、中间、后续环节上的行为，其法律属性从属于走私、贩卖、制造毒品罪而无自己独立的法律属性可言。[1]此时，应该以走私、贩卖、制造毒品罪定罪处罚。

其次，如果没有证据证明吸毒者是为实施贩卖等其他毒品犯罪，且查获毒品数量达到较大，处于运输状态的，应当以运输毒品罪定罪处罚。第一，吸毒者运输毒品行为具有法益侵害，符合毒品运输罪的客体要件。运输毒品罪的客体是国家对毒品运输的特别管理制度和法律。截至 2014 年底，我国累计登记吸毒人员 295.5 万名，估计实际人数超过 1400 万。吸毒人员数量庞大，巨大的毒品量需求也成了毒品犯罪的重要诱因，非法运输毒品的行为是毒品交易得以实现的重要条件，具有较大社会危害性。第二，以往在定罪量刑时，在数量较大标准之上设定更高的合理吸食量标准，虽然有一定合理性，但也可能放纵吸毒者实施的毒品犯罪。因为，合理吸食量难以被准确界定，实践中，司法机关要结合个案的具体情况，如被告人的经济状况、日常吸食量、以往购买毒品的情况以及当地毒品犯罪的实际情况等综合考虑。[2]直接以毒品数量较大作为区分标准便于统一执法尺度和实践操作。第三，非法持有毒品罪作为毒品犯罪的兜底性罪名，吸毒者在购买、存储状态下被抓获，在刑法对此没有特殊规定的前提下，只有以非法持有毒品罪来定罪处罚。刑法设置非法持有毒品罪的定罪标准时，实际考虑了吸毒者合理吸食量的因素，故可以把数量较大视为合理吸食量的界限，超过数量较大标准的应视为超出了合理吸食量。[3]吸毒者在运

〔1〕 林亚刚："运输毒品罪的若干问题研究"，载《法学评论》2011 年第 3 期。

〔2〕 高贵君、竹莹莹："吸毒人员在运输毒品过程中被查获的应如何定罪"，载《人民司法》2008 年第 11 期。

〔3〕 "最高法负责人就《全国法院毒品犯罪审判工作座谈会纪要》答记者问"，载新华网：http://news.xinhuanet.com/Legal/2015－05/27/C_ 127848943.htm，访问日日期 2015 年 5 月 27 日。

输毒品中被抓获，毒品数量达到较大以上的，表明其并非单纯
以吸食为目的地运输毒品，如没有证据证明其是为了实施贩卖
毒品等其他犯罪，可以根据其客观行为状态认定为运输毒品罪。

最后，如果没有证据证明吸毒者是为实施贩卖等其他毒品
犯罪，且被查获的毒品数量未超过《刑法》第 348 条规定的最
低数量标准，一般不予定罪处罚。由于吸毒行为在我国刑法中
并不构成犯罪，在没有证据证明吸毒者实施了其他毒品犯罪时，
只能推定其携带的少量毒品是用于个人吸食，因此，对查获的
毒品数量较小的，一般不定罪处罚。

但是，此行为应该由行政法调整，给予治安处罚。依据
《中华人民共和国治安管理处罚法》第 72 条，下列行为之一的，
处 10 日以上 15 日以下拘留，可以并处 2000 元以下罚款；情节
较轻的，处 5 日以下拘留或者 500 元以下罚款：①非法持有鸦片
不满 200 克，海洛因或者甲基苯丙胺不满 10 克或者其他少量毒
品的；②吸食、注射毒品的。对于运输行为中非法持有毒品数
量未超过《刑法》第 348 条规定的最低数量标准的，应给予行
政处罚。

综上所述，对于吸毒人员在运输毒品过程中被查获，又没
有证据证明行为人实施了其他毒品犯罪行为的定性问题，关键
在于被查获毒品的数量。[1] 以数量来区分罪与非罪、此罪与彼
罪，具有客观性，有利于统一执法尺度，便于实践操作。较大
数量的标准，已经考虑了吸毒者的合理吸食量的因素，吸毒者
运输毒品超过较大数量可认定为超过其合理吸食量。同时，刑
法不仅仅是犯罪人的大宪章，法益保护更应当是刑法的主要任
务。吸毒者运输毒品行为具有法益侵害性，我们不应当以牺牲

---

[1]　高贵君、竹莹莹："吸毒人员在运输毒品过程中被查获的应如何定罪"，
载《人民司法》2008 年第 11 期。

公众健康为代价来保护犯罪嫌疑人的个人权利[1]。因此，笔者认为，对于吸毒者运输毒品被查获案件，以查获毒品数量达到较大为标准，来认定吸毒者运输毒品行为具有其合理性和必要性。

第四节　贩卖毒品罪中贩卖行为问题研究*

一、国内外贩卖毒品罪中贩卖行为的争议分析

（一）贩卖毒品罪中贩卖行为的国外立法观点争议

1. 美国刑法体系中的观点

美国毒品立法中将贩卖毒品行为根据接受者的不同区分为两类，即分销（Distribution）和零售（Dispensing）。前者主要包括四种情形：将毒品从一个制造商转让到另一个制造商；从制造商转让给批发商；从进口商转让给批发商；由批发商转让给零售商的行为。后者则特指零售商将毒品转让给最终消费者的行为。[2]

但是，在理论著作甚至是判例中，分销（Distribution）和零售（Dispensing）二词的区别并不够严格，两词有时可以换用。

2. 英国刑法体系中的观点

英国 1971 年《毒品滥用法》用"提供"（Supply）作为与制造（Production）、不法进出口（Unlawful Import and Export）

---

〔1〕 杨亚东："吸毒者运输毒品行为的可罚性问题研究"，载《学理论》2012年第 20 期。

* 作者简介：申进娜（1990 年～），女，汉族，河南平顶山人，河北经贸大学在读研究生，研究方向：刑法学。

〔2〕 ［美］史密斯：《法庭毒品分析手册》，张绍雨译，中国人民公安大学出版社 2011 年版，第 136 页。

相并列的毒品犯罪具体行为之一。同时，论理上的解释则用贩卖（Trafficking）作为类概念以包容上述三类行为，只是贩卖（Trafficking）没有具体犯罪成立意义上的功能。该法第 4 条第 3 款规定："一个人不法提供毒品给另一个人，或者参与提供毒品给另一个人，或者要约提供毒品给另一人，再或者参与要约提供毒品给另一人的行为是一种犯罪。"[1]就毒品的提供（Supply）而言，在英国不同的司法区有不同的解释。如一个巡回审判区的法官会认为，"提供"指的是一般的含义，即毒品由一个人占有转为另一个人占有。那么，某人把带有大麻的香烟递给另一个人，而后者只吸了一口。这种情形并不成立"提供"，因为，接受者控制毒品的程度还不足以使占有权发生转移。但是，相同的情形在另一个巡回区的法官看来，已构成"提供"，因为，所谓的"提供"只要求转移了毒品的控制即为充足，无需考虑受让者控制毒品的程度。也有学者认为："'提供'（Supply）一词并不仅指从一个人到另一个人的身体控制的转移，它的含义为以使他人能自愿使用毒品为目的而供给（Furnish）他人毒品的行为。"[2]具体而言，立法者一般将提供毒品行为人视为中间人（Pusher），即充当毒品生产者与吸食者之间桥梁的人。那么，一个人归还本属于他人的毒品，以至于后者能够吸食的行为则是提供。甚至，一个人将瑞弗尔（Reefer）递给他人吸食两口的行为也是提供。当然，一个人在受到威胁的情况下，提供毒品给他人以求自保的行为并非刑法意义上的提供。另外，一个人使用已为他人控制的毒品，帮助他人注射的行为也不属于提供。从上述英国关于提供行为的争论可以发现，争论主要

---

[1]　彭凤莲：《毒品犯罪：专题整理》，中国人民公安大学出版社 2007 年版，第 56 页。

[2]　张洪成：《毒品犯罪争议性问题研究》，法律出版社 2011 年版，第 76 页。

集中于提供行为是否需要具有严格意义上的毒品占有权的转移，其实质在于对"转移"理解的不同。倘若从一般人的角度来认识转移的话，则短暂的转移如将含有大麻的香烟借给别人抽两口的行为因与社会大众所理解的转移不符，自然无法被视为是提供行为。而要宽泛地把转移理解为毒品控制主体的身体支配的转移，则无疑只要是毒品在物理意义上改变了支配主体即成立提供行为。还有一种最为严格限制提供成立范围的观点，认为除了毒品的支配转移外，还需要毒品接受者通过吸食行为获取了其需要的利益方可成立提供行为。很明显，最后这种观点过于限缩了提供行为的范围，且与社会一般认识及法律用语不够融贯，存在不足。但对于转移理解不同而形成激烈争论的对立观点，在英国司法界轩轾难分。

3. 俄罗斯刑法体系中的观点

《俄罗斯刑法典》第 228 条第 2 款规定："以销售为目的而非法获得或保存麻醉品或精神药物，以及制造、加工、运送、寄送或销售这些药品的，处 3 年以上 7 年以下的剥夺自由，并处或不并处没收财产。"[1]俄罗斯司法界一般视非法销售为最危险的一种传播毒品的方式。认为"销售"指以任何方式传播（出售、赠与、交换、抵债、出借、给他人注射等等），与此相对的接受者则因为上述行为而成为毒品的持有人。毒品交付的具体形式不影响销售行为的成立，同样，交付行为的有偿或无偿也不影响销售行为的成立。

4. 日本刑法体系中的观点

《日本刑法典》第 136 条规定有贩卖鸦片行为。大谷实指出："所谓贩卖，即出于反复的意思而反复转让。"大冢仁则认

---

〔1〕 王作富：《刑法分则实务研究》，中国方正出版社 2007 年版，第 146 页。

为：“所谓进行‘贩卖’，是指有偿地转让给不特定或者多数人。”[1]基于该意思，并不需要反复实施，而且不论利益的有无。这两种观点大相径庭，且均较为模糊抽象。因为在现代社会，鸦片贩卖行为已不多见。所以，《日本刑法典》中的仅以鸦片为指向的条款鲜有适用，在毒品犯罪领域主要适用的为二战后陆续颁布的一系列特别刑法，即《麻醉药品取缔法》《鸦片法》《大麻取缔法》《兴奋剂取缔法》。而这四部特别刑法中对于贩卖的规定趋于具体化，如麻醉药品取缔法就未使用贩卖一语，而是将其分解为转让、交付等更为明确的表述。

纵观上述国家立法及实务界的规定或界定，不难看出，虽然，国外的立法中一般对于贩卖的相近表述包括交易、转让、销售、交付、提供等，但从其指向和涵盖的行为类型来看，与我国刑法中的贩卖基本接近。另外，国外对于贩卖行为的具体构造仍存在较大的争议。如是否有形式上的限制？英国判例中并不视帮助他人注射为提供毒品行为，而俄罗斯则把这种行为理解成销售毒品行为。这些争议的存在既与不同法系法解释理念的不同有关，也与不同学者价值观的分歧有着内在的联系。

（二）我国对贩卖毒品罪中贩毒行为的不同观点

我国刑法界对于贩卖毒品行为界定的争论，可以分为两个时期。即以1994年最高人民法院出台的《关于执行〈全国人民代表大会常务委员会关于禁毒的决定〉的若干问题的解释》为分界点。司法解释出台前理论界关于贩卖的界定，各种学说争议颇大。如有学者认为，所谓贩卖，其实质是有偿转让，包括买卖与交换，不管是先买后卖，还是先卖后买，也不论批发，还是零售。另有学者认为，贩卖毒品表现为非法倒卖毒品或自

---

〔1〕 ［日］大塚仁：《刑法概说（各论）》，冯军译，中国人民大学出版社2003年版，第78页。

制自销毒品。还有学者认为，贩卖毒品的行为是违反工商管理法规，非法销售毒品，包括批发、零售的行为。也有学者指出，贩卖是指非法地有偿转让，包括买卖与交换、批发和零售。不论是先买后卖还是自制自销，只要行为人是以牟利为目的，将毒品买入或卖出，皆属贩卖毒品。1994年司法解释出台后，我国理论界的观点出现了一种向司法解释靠拢的趋势。该司法解释规定："贩卖毒品，是指明知是毒品而非法销售或者以贩卖为目的而非法收买毒品的行为。"大多数学者在司法解释颁布后均采用了司法解释对于贩卖行为的界定。但也有学者在司法解释的基础上予以修正或具体，并提出了不同于司法解释的观点。如有学者认为："贩卖毒品是以牟利为目的，实施卖出或买卖毒品的行为。"还有学者不仅指出了贩卖行为的基本含义，还对之进行了具体的分析。他认为，应该将贩卖理解为一种有偿转让。将毒品买入后又转手卖出，从中牟利，即转手倒卖是典型的贩卖毒品形式。只买不卖且仅供自己吸食的并不属于贩卖。将家中祖传的鸦片等毒品卖出牟利也是贩卖行为。此外，自己制造毒品后又自行销售的、以毒品易货的或以毒品支付劳务费或偿还债务的，都属于贩卖毒品行为。另外，还有学者在司法解释的基础上将司法解释中的"非法销售"理解为"有偿转让毒品"，并就此展开分析。他认为："贩卖毒品是指有偿转让毒品或者以贩卖为目的而非法收购毒品。有偿转让毒品，即行为人将毒品交付给对方，并从对方获取物质利益。贩卖方式既可能是公开的，也可能是秘密的……贩卖是有偿转让，但行为人交付毒品既可能是获取金钱，也可能是获取其他物质利益……如果是无偿转让毒品，如赠与等，则不属于贩卖毒品。毒品的来源既可能是自己制造的毒品，也可能是自己购买的毒品，还可能是通过其他方法取得的毒品。贩卖的对方没有限制，即不问对方是否达到法定年龄、是否具有辨认控制能力，是否与贩卖人具有某种关系。出于贩卖目的而非法收买毒品的，也应认定为贩卖毒品。"[1]

二、贩卖毒品罪中贩卖行为的理论认定

（一）贩卖行为的概念要点分析

该概念包含以下几个内容：第一，在主观上，要求行为人"明知"所贩卖的对象是国家法律规定管制的让人形成麻醉和瘾癖的精神药品或麻醉药品。在内容上，要求行为人明知是让人产生依赖的毒品，对具体是何种毒品，毒品的毒性等相关事项并没有明确的要求。在司法实践中，对行为人主观明知的认定不能仅仅考察行为人的供述，而应当全面考量行为人实施毒品犯罪的整个过程。包括行为人行为的方式、毒品藏放的地点、行为人的经历等多种情况进行综合评价和判断。第二，行为的对象是毒品，即指"甲基苯丙胺（冰毒）、吗啡、鸦片、海洛因、大麻、可卡因以及国家法律法规所规定的管制其他能够让人上瘾的精神药品和麻醉药品"。笔者将在下一章节对行为的对象作专门的论述。第三，贩卖毒品行为的表现形式包括一般性的贩卖毒品行为和特殊贩卖毒品行为。一般贩卖毒品行为是指行为人实施了非法销售毒品的行为，但我国司法解释将代购毒品行为和居间介绍买卖毒品行为及"以贩养吸"中非法持有毒品行为都当成贩卖毒品行为的特殊表现形式。

（二）贩卖行为的性质分析

贩卖毒品行为的性质即探讨贩卖毒品行为是实害犯还是危险犯的问题。笔者认为，贩卖毒品行为系抽象危险犯，在下文

---

〔1〕 邓立军：《程序与方法：毒品犯罪侦查与二维考察》，中国社会科学出版社2010年版，第77页。

中将剖析抽象危险犯理论特点并试图论证贩卖毒品行为作为抽象危险犯在立法上的正当性。

以德日刑法为代表，各国对抽象危险犯的界定存在较大差异，这主要体现在抽象危险犯与具体危险犯的界分上。危险犯表现为具体危险犯和抽象危险犯两种形式。具体危险犯指行为人的犯罪行为导致正当权益遭到侵犯的可能，并且达到转化为现实的迫切性。抽象危险犯则指"将在社会一般观念上认为具有侵害法益危险的行为类型化之后所规定的犯罪"。

在这里的危险是法律上拟制，它是立法者根据生活经验、司法实践对某种不法行为拟制为法律上的危险状态。只要该行为发生，即认为刑法上所保护法益达到危险可能。在此，并不过问该种危险是否真正发生或有发生可能性。两者的区别表现在：首先，危险是否为必要的构成要件。具体危险犯必须证明危险的可能性，现实的危险是具体危险犯的必要构成要件。而抽象危险犯的危险仅仅为证明抽象危险犯存在的依据。其次，认定危险发生的标准不一样。具体危险犯是结合具体个案有发生危险的可能性。而抽象危险犯是将社会上一般观念上认为存在危险发生的可能性即可构成抽象危险犯。最后，两者定性不同。具体危险犯的危险已发生并引起了法律所保护的客体遭到损害的危险，实际上为结果犯。而抽象危险犯，其可罚的行为，是其行为引起了社会一般习惯已产生的危险。故通说认为，危险犯为行为犯。

通过以上比较可得出，抽象危险犯存在三个特点：第一，抽象危险犯一般为行为犯。立法者对抽象危险犯的认定源于行为本身所具有的一般性的危险，其行为客观上产生的危险为立法者的拟制，即抽象危险犯可罚的是其本身行为。第二，抽象危险犯的构成要件为行为。其行为引起的结果并非抽象危险犯的必要构成要件。第三，抽象危险犯危险的发生，是立法者根据一般社会经验、司法实践分析归纳而来的。一旦适用刑法具体的罪名，则不再需司法者对危险的发生予以证明。基于抽象危险犯三个特点，笔者认为，贩卖毒品行为符合抽象危险犯的基本特征，系抽象危险犯。具体理由如下：被告人在实施贩卖毒品行为时通常按照以下路径来实施：首先，贩卖毒品行为人主观上明知贩卖的是毒品，且对毒品（包括传统毒品鸦片、海洛因、新型毒品 K 粉、摇头丸、麻古）的危险性有一定了解。其次，贩卖毒品行为人客观上将以贩卖为目的收买、自制或祖传下来的毒品贩卖给他人。最后，贩卖毒品行为人知道或应当知道其贩卖出的毒品流入他人手中，被他人吸食，最终损害他人的身体健康。以上路径的核心为毒品的贩卖，而刑法对贩卖毒品罪可罚的依据也为贩卖行为。但这种贩卖行为本身并不产生实际的危害性。贩卖毒品行为侵害的一个重要法益为人们的身心健康，且为不特定多数人的身心健康。而对不特定多数人身心健康的损坏，并不能单纯通过贩卖行为所达到，它必须由吸毒者购买毒品并吸食毒品才会实现。那么，贩卖毒品行为实施过程中并无具体危险产生，也没有侵害到吸毒者身心健康。因此，贩卖毒品行为所侵害的法益是立法者根据司法实践、社会习惯所拟制。贩卖毒品罪的成立也不以危害结果的出现为构成要件。贩卖毒品行为作为承担刑事责任的基础，其实也是刑法的防卫线前移，因为刑法的功能除了改造、惩罚，还包括预防，并且预防功能应以积极主动的行为出击。若将所有刑法处罚都限定在实害犯与具体危险犯中，则对刑法保护的法益将处于极其不利状态，且一旦造成危害后果的话将难以复原，因而，在实害尚未出现前给予截堵处罚很有必要。正如学者莱祖格所说："刑法不再苦苦等待社会危害结果的出现，更着重于行为的是非价值判断，从而以威慑手段恫吓那些对社会带来风险的行为。"[1] 就贩卖毒品行为而言，此种不待危害结果发生而提前一步的举措，可以为社会稳步发展提供保障。其次，立法者根据司法实践、社会习惯，将贩卖毒品行为这一代表性危险行为加以严重惩治，对社会上那些蠢蠢欲动的犯罪分子起着警示作用，可以更好地对人们行为加以引导、指向。最后，将贩卖毒品行为设定为抽象危险犯，也基于人们自我保护判断能力有限性。个人原本是独立自由而散漫的个体，但个人绝对的自由，会侵犯到他人的自由，从而导致他人的不自由。为了有效地遏止这类现象的发生，人民将自己手中的部分权力让渡出来，形成一个公共的组织即政府，来行使这部分公共的权力，从而保障人民权利不受侵犯。将贩卖毒品行为设定为抽象危险犯也体现了公共权力对私权利的保护。在此，贩卖毒品行为所带来的抽象危险，便在国家立法机关研究之列，成为法律上拟制后果，贩卖毒品行为被归类为抽象危险犯，也符合国家在当代风险社会扮演积极角色的定位。

三、贩卖毒品罪中贩卖行为的实践形式分析

要理解贩卖毒品罪中贩卖行为的内涵，必须要从实践和理论两个方面来看，那么，从实践角度分析贩卖毒品行为的表现形式对分析贩卖一词具体内涵便具有重要的指引意义。

（一）一般类型的贩卖行为表现

目前，国内外学者对贩卖毒品行为贩卖方式的理解主要存在以下两个争议：①贩卖毒品的行为是否以牟利为目的；②以贩卖为目的收买毒品行为是否构成贩卖毒品行为。

---

[1] 崔敏："查处毒品犯罪中的疑难问题与解决问题的思路"，载《中国人民公安大学学报》2004年2月19日。

1. 贩卖行为要求以牟利为目的

笔者认为，贩卖毒品必须以牟利为目的，理由有以下几点：

（1）"牟利"应为"贩卖"一词的应有之意。从词义的解释来看，《史记·秦本纪》中记载"郑贩卖贾人弦高，持十二牛将卖之周"。《三束记闻》记载"私载盐鱼于上流贩卖，及县中官钱有出入不明者，摄固下狱治之"。据此可知，"贩卖"一词在我国古代理解为商人买进货物再加价的行为。在《现代汉语词典》中"贩卖"指"买进货物再卖出以获取利润"。可见，无论古今，我国对"贩卖"一词的解释均指买卖货物并从中牟取利润的行为。[1]这亦不同于单纯的"买卖"两字，"买卖"一词是并列结构，"买"与"卖"不分轻重。而"贩卖"一词中"卖"是"贩"的前置行为，"贩"是"卖"的终极目的，贩卖出去则是为获取利润，刑法条文中未使用买卖毒品罪也就是体现两者的差别，贩卖毒品行为理应包含牟取利润的目的。

（2）"利益"表现形式的多样化。前文论述贩卖毒品罪以牟取利益为必要的构成要件，而此处的利益，笔者认为，不仅仅为实实在在的金钱收益，还可包括各种劳务、实物等多种多样形式的利益，以及可期待利益，即双方对毒品交易达成合意时所约定将获得的利润。

（3）罪刑法定原则的限定。我国 1997 年《刑法》以法律的形式规定了罪刑法定原则，该原则的设定是我国建设社会主义法治国家的必然需要，它要求司法机关有法必依、违法必究，对法律无明文规定的不定罪，从而起到保护人权、维护司法公信力的作用。目前，我国司法实践对贩卖毒品行为的界定普遍采用的是 1994 年最高人民法院出台的司法解释即"贩卖毒品是指

---

[1]　蔡枢衡：《中国刑法史》，中国法制出版社 2005 年版，第 165 页。

明知是毒品而非法销售的或者以贩卖为目的而非法收买毒品的行为"，该解释并未指明销售或收买后贩卖毒品是否应以牟利为目的。但从其它相关法条的规定可看出，立法机关的立法意图仍是以牟利为目的来作为贩卖毒品行为的必要构成要件。例如，《全国部分法院审理毒品犯罪案件工作座谈会议纪要》中规定对未牟利的代购者，若持有毒品数量达到非法持有毒品罪的构罪标准即按非法持有毒品罪定罪处罚，若代购者从中牟利则按贩卖毒品罪定罪处罚。从该解释可以明确看出，立法机关对代购毒品者在非法持有毒品罪和贩卖毒品罪之间选择罪名适用，而区分两罪的标准就是代购者是否以牟利为目的。对此，有些人可能会提出疑问，紧跟这条司法解释的另一条解释规定：为实施毒品犯罪的人居间介绍，无论是否牟取利益，都应当以毒品犯罪共犯论处。这条解释规定与前条解释迥然不同，只要知道对方实施毒品犯罪而居间介绍者，无论是否牟利都构成毒品犯罪。但仔细分析不难发现，这条解释对居间介绍者隐含了前置条件，即居间介绍者必须主观明知他人从事的是毒品犯罪，以毒品犯罪共犯论。因此，该条解释实际为法律上的注意而非法律上的拟制。按共同犯罪学说理论解释居间介绍者知道或应当知道他人从事毒品犯罪而为其提供帮助，成为毒品犯罪的共犯。居间介绍者虽没有牟取利益但其共同犯罪的其它同伴获取了利益。作为一个利益的共同体，行为评价相互影响，那么，未直接牟利的居间介绍者也包含牟取利益的主观目的。

（4）刑法谦抑性原则的体现。费尔巴哈著名断言：即便违法行为中蕴含着某种痛苦，已具有违法精神动向的人就不得不在违法行为可能带来的苦和乐之间进行细致的权衡，当违法行为所蕴含的苦大于甘乐的时候，主体便会基于舍小求大的本能，回避大于不违法之苦的苦，而追求大于违法之乐的乐，自我抑制违法的精神动向，使之不发展成为犯罪行为。

毒品犯罪之所以在 21 世纪后成为十分猖獗的一种犯罪活动，并非是因为国家未对其采取高压态势。相反，国家在打击该项犯罪上投入大量人力、物力，但仍屡禁不止。究其原因，就是隐藏在其背后巨额的经济利益。毒品犯罪集团内部上下线往往采取单线接触、暗号代码的方式联系，一旦一方出现问题，另一方马上中断所有信号，犯罪手法极其隐蔽。且毒品交易市场四通八达，一条进毒途径封闭马上搭建另一条，上下线之间层层相连，每层线上又细分成若干支线，而支撑整个庞大的毒品交易网络体系的就是巨大毒品交易利润。在司法实践中，从事毒品犯罪的被告人大多数文化水平低、家境贫寒、自身条件差，又急于改变自己的命运，便走上贩毒的道路。在贩毒过程中，行为人往往会染上毒瘾，最终只能"以贩养吸"，导致恶性的循环。刑法的谦抑性原则决定刑法作为最后的法律手段起到的是补救功能，具有收缩性，只有在穷尽其它惩罚手段无法遏制犯罪活动时，才对其给予最后的刑事处罚。在司法实践中，刺激毒品交易市场如此活跃的是毒品交易巨大的利润。打击以牟利为目的的贩卖毒品行为可以切断该类犯罪的源泉，有效制止该类犯罪的发生。而那些不以牟利为目的的贩卖毒品行为，非毒品犯罪主流且往往掺杂其它原因。相比之下，不以牟利为目的贩卖毒品行为人主观恶性小，可以不以贩卖毒品罪予以惩戒，而适用其它罪行较轻的罪名，更符合刑法谦抑性原则。

（5）刑法主客观相统一原则的要求。主客观相统一的原则是支撑我国刑法的"阿基米德支点"，它要求司法机关对行为人追究刑事责任需要达到主客观统一两个方面。不仅要求行为人具有实施刑法规定的构成要件中的客观行为，还要求主观上达到一定程度的主观恶性。结合贩卖毒品行为来看，若缺乏牟利的主观要件，行为人的主观恶性便相对较小，没有达到刑法所惩罚的程度，则不能构成刑法意义上的贩卖毒品行为。

2. 以贩卖为目的收买毒品行为系贩卖毒品罪的预备形态

在第二个争议的问题上，笔者认为，以贩卖为目的收买毒品行为系贩卖毒品罪的预备形态。1994 年，《最高人民法院关于适用〈全国人民代表大会常务委员会关于禁毒的决定〉的若干问题解释》对贩卖毒品罪作出了以下定义："明知是毒品而非法销售，或以贩卖为目的而非法收买毒品的行为。"2000 年最高人民法院《全国人民法院审理毒品犯罪案件工作座谈会纪要》指出："对查获的毒品，有证据证明行为人实施走私、贩卖、运输、制造等具体犯罪行为的，应依其行为定罪量刑，不能认定为非法持有毒品罪。"从上述司法解释与文件可看出，我国将以贩卖为目的的收买毒品的行为和在实施贩卖毒品过程中持有毒品的行为都认定为贩卖毒品罪的实行行为。但笔者认为，这样认定存在不妥，其理由如下：

（1）根据大陆法系理论，区分犯罪完成与未完成形态应以侵犯国家法律所保护的各种法益来衡量。从贩卖毒品罪设置在我国《刑法》妨碍社会管理秩序罪一章节中可以看出，其侵害的主要客体应为社会管理秩序。犯罪分子违反国务院颁布的《麻醉药品和精神药品管理条例》侵害了国家对毒品的正常管制，使麻醉药品与精神药品在社会上肆意扩散，从而损坏了民众的身心健康。而为贩卖而购买毒品的行为仅仅使精神药品与麻醉药品的扩散和人们身心健康的损坏存在一种可能性，并没有达到侵害社会管理秩序的程度。因此，以贩卖为目的的收买毒品行为是贩卖行为的预备阶段，并不构成贩卖毒品行为的实行阶段。

（2）从词义学上来看，在论述贩卖毒品行为是否以牟利为目的的章节中，我们已具体阐述贩卖毒品行为的成立必须以牟利为目的。贩卖一词不同于买卖两字，买卖系并列结构，而贩卖两字系偏正结构，"贩卖"的目的是为了"卖"，"贩"字在我国古书中记载亦是买货来卖，以贩修辞卖更加注重卖的成分。由此可见，立法本义以贩卖为目的购买也是为卖作准备，并没有实现牟利的目的，即没有达到贩卖毒品的实行阶段，不属于贩卖毒品的实行行为。[1]

综上，笔者认为，上述司法解释与司法文件对贩卖毒品行为的定义过宽，不利于毒品犯罪的打击。认定贩卖毒品需以牟利为目的，且行为的着手从行为人"出卖毒品"计算更为妥当。而以出卖为目的收买毒品的行为可将其以贩卖毒品罪的预备阶段予以处罚，使其罪当其责。

（二）特殊贩卖毒品行为

1. 居间介绍买卖毒品行为

根据我国《刑法》第 341 条的立法精神，对贩卖、走私、制造、运输毒品，无论数量多少都须追究刑事责任，给予刑事处罚。而居间介绍并非是与贩卖、走私、制造、运输毒品相并列的行为，在司法审判过程中，对居间介绍、买卖毒品行为的定性，按《最高人民法院关于适用〈全国人民代表大会常务委员会关于禁毒的决定〉的若干问题的解释》"行为人居间介绍买卖毒品的，无论从中是否获取利益，均按贩卖毒品罪的共犯论处"的精神，应以贩卖毒品罪共犯论处。在这里，笔者强调一点，司法解释将居间介绍买卖毒品行为按贩卖毒品罪共犯论处是法律上的注意性规定，它是我国刑法总论中共同犯罪理论在此处的应用，该解释的意图是提醒司法工作人员注意，并没有

---

[1]　戴有举："如何理解贩卖毒品罪中的'贩卖'"，载《人民检察》2006 年 9 月 15 日。

作扩充性立法。在此，笔者用刑法总论的共同犯罪理论对居间介绍买卖毒品行为的几种情况进行分析，推敲司法解释对司法实践中居间介绍买卖毒品行为一概以贩卖毒品罪共犯论处的合理性。司法实践中，居间介绍买卖毒品行为通常存在以下几种情况：

（1）吸毒人员主动找到居间人，让其为自己寻求毒品来源，居间人再联系毒品所有方，双方牵线搭桥，促成毒品交易。

（2）居间人知道吸毒人员需要毒品吸食，便将掌握的毒品相关信息告知吸毒人员，促成毒品交易。

（3）以贩卖为目的，买毒人让居间人为其联系毒品来源，居间人知道或应当知道买毒人的购毒目的，并为毒品交易双方牵线搭桥。

（4）贩卖毒品人员委托居间人为其寻找购毒者，居间人从中介绍促成毒品交易。

以上四种情形，若按照司法解释的规定，居间介绍买卖毒品行为，无论是否牟利均构成贩卖毒品罪。但笔者认为，司法解释这种一概而论的规定存在缺陷。刑法总论对共同犯罪理论作出了这样的规定："共同犯罪是指二人以上共同故意犯罪。"居间人与贩卖毒品行为人是否构成共同犯罪，应根据居间人的主观故意、客观行为及行为的危害后果等诸多因素综合考量。以上第一种和第二种情形，虽然居间人客观上促成了毒品交易的完成，产生了一定社会危害性，符合贩卖毒品罪的客观方面要件。但在主观故意上，居间人或受吸毒人员之托，或主动提供帮助均是帮助吸毒人员获得毒品来源，并无贩卖毒品的主观故意，则不符合共同犯罪理论中二人以上有共同犯罪的故意。在这两种情形中，应认定居间人构成贩卖毒品罪不符合主客观相统一原则。在第三种情形中，因居间人知道对方买入毒品是为了贩卖。按照通说，贩卖毒品行为包括以贩卖为目的买入与出卖两种情况，即使按照上文笔者所论述的以贩卖为目的买入毒品行为，也成立贩卖毒品罪的预备，则居间人系明知对方买入毒品目的是为了贩卖并为其提供毒源信息，其与购毒者构成贩卖毒品罪共犯。在第四种情形中，贩卖毒品人与居间人达成共同贩卖毒品的故意，居间人积极为对方牵线搭桥，从而实现贩卖毒品意图。该种情形是居间介绍买卖毒品行为构成贩卖毒品罪最为典型形式。综合以上分析可以看出，第一种和第二种情形的实质是居间介绍者与吸毒者达成共同的故意。按照我国《刑法》规定，吸食毒品者受到治安处罚，只有达到数量较大才以非法持有毒品罪论罪处罚。而居间介绍买卖毒品者，其定罪量刑的依据理应比照吸毒者定罪量刑并加以处罚。而司法实践中却比对贩毒者加以评价，这实质上超出了居间人理应受到的处罚。随着我国经济社会不断发展，新型毒品层出不穷，毒品犯罪的数量以迅猛的势头递增，加上毒品犯罪衍生的其它问题，严重威胁正常的社会经济秩序。毒品犯罪网络犹如一张庞大而精密的蜘蛛网，由一层层"居间人"牵线搭桥而成，居间人的作用不可小视。这或许是立法者对居间人无论何种情形、无论是否牟利均按贩卖毒品罪共犯论处的缘故。而非法持有毒品罪量刑起点为非法持有鸦片 200 克以上，海洛因 10 克以上。若居间介绍者按非法持有毒品罪定罪处罚，则势必会削弱国家对居间介绍买卖毒品行为的打击力度，也不符合立法初衷，但若上述第一、二种居间介绍情形均按贩卖毒品罪定罪则明显属于罪责刑不相适应。[1]权衡两者利弊，可采用折中方法。纵观我国现行刑法条文及相关司法解释，对居间介绍行为通常的处理办法为

[1]　丁有勤："关于毒品犯罪立法完善的几点思考"，载《湖北行政学院学报》2005 年 5 月 20 日。

根据其特殊地位,将其单独设立一个罪名,如介绍卖淫罪、介绍贿赂等。针对上述第一、二种情形可增设介绍买卖毒品罪加以处罚。以贩卖毒品罪、非法持有毒品罪的毒品数量为参考,设定折中的量刑幅度。这样一来,既体现罪责刑相适应原则,也符合共同犯罪理论,更可使得毒品犯罪呈现出"从贩卖到居间介绍再到非法持有"这样一个相对完善的法律体系。

2. 代购毒品行为

最高人民法院在《全国部分法院审理毒品犯罪案件工作座谈会纪要》的通知中,按行为人是否牟利对代购毒品行为的认定作了区分对待。从规定中可以看出,针对代购行为的具体情况,对代购行为的定性也可作以下归类:①代购者代购为他人吸食的毒品,并未从中牟利的,代购毒品数量亦没有达到非法持有毒品罪规定的数量,不以犯罪论处;②为他人代购毒品仅用于他人的吸食,代购者亦不从中谋取利益,代购的毒品数量若达到《刑法》第348条规定的数量标准,则代购者和购买毒品者均构成非法持有毒品罪;③无论代购者是否知道购毒者购买毒品的目的,变相加价出卖毒品从中牟利,对代购者应以贩卖毒品罪定罪处罚;④无论代购者是否牟利,只要其明知他人购买毒品的目的是为了实施毒品犯罪,都按照购毒者所实施的毒品犯罪的共犯论处。之所以做出如此细致的划分,源于代购者的主观故意的不同。从字面上理解代购指代替他人购买毒品。若代购者并未从中谋取利益,则其主观上具有购买毒品的故意而不具有贩卖毒品的故意。贩卖毒品和购买毒品是对向行为,我国《刑法》仅对贩卖毒品者处以贩卖毒品罪,对购买者只有购毒数额达到《刑法》第348条规定的数量才以非法持有毒品罪论处,而并不按照贩卖毒品的共犯定罪处罚。而在客观方面,代购者未从中获利,其所扮演的仅仅是毒品传递者的身份,其手中掌握的毒品是非法持有的状态；从社会危害性上看，代购者实施代购行为是源于托购者的委托，毒品最终也是流向托购者，这与贩卖毒品罪中毒品流向不特定人群有着明显区别，其社会危害性亦控制在较小的范围。而与之相反，代购毒品并从中牟利的行为则应以贩卖毒品罪的共犯论处。首先，行为人在代购毒品过程中谋取利益，无论是赚取少量的介绍费还是获得少量毒品吸食，实际上都相当于变相加价予以出售；其次，按照我国《刑法》第 355 条第 2 款的规定：为了牟取利益，向注射、吸食毒品的人提供国家加以管制的能够让人产生依赖的麻醉药品、精神药品的，按照第 347 条规定定罪处罚。因此，以牟利为目的代购毒品，实际上，主观上已具有贩卖的故意，客观上有帮助提供毒品行为，应以贩卖毒品罪论处。

3. "以贩养吸"中贩卖毒品行为

根据 2000 年《全国法院审理毒品犯罪案件工作座谈会纪要》的立法精神，即有证据证明行为人是以贩养吸的，那么，从其手中缴获的毒品数量均应计入其贩卖毒品的数量中，其持有毒品的行为应被视为是贩卖毒品的行为，仅仅在量刑时考虑行为人吸食毒品的数量。

第一，该《会议纪要》分析了当前我国毒品犯罪的严峻形势，根据 1999 年国家禁毒委员会在包头市召开的全国禁毒工作会议精神，对毒枭、职业毒犯、累犯、惯犯、再犯等主观恶性大、危害严重以及那些具有将毒品走私入境，多次、大量贩出，向多人贩出，诱使多人吸毒，武装押运毒品，暴力拒捕等情节的毒品犯罪分子，要进行重点打击。[1]即对于以贩养吸的毒犯，系重点打击对象，是符合我国当前毒品犯罪斗争发展趋势的需

---

〔1〕 梅咏明："试论贩卖毒品罪的若干法律问题"，载《武汉科技大学学报（社会科学版）》2002 年 3 月 15 日。

要，但对于我国今后毒品犯罪斗争形势是否需要应另当别论。

第二，对于"应认定为其犯罪"的理解。"以贩养吸"的毒犯，行为由贩卖毒品和自己吸食毒品两个基本行为构成。以贩养吸的毒犯持有毒品，其主观目的是为了贩卖毒品和自己吸食毒品，但目前我国对自己吸食毒品而持有毒品未达一定数量，是不定罪处罚的。对主观目的是为了贩卖毒品和自己吸食毒品的"以贩养吸"的毒犯正在持有的毒品的行为，不能以非法持有毒品定罪。而主观目的是为了贩卖毒品正在持有毒品的行为，可以以贩卖毒品罪定罪处罚。所以，对于"应认定为其犯罪"应理解为认定其犯贩卖毒品罪。[1]

第三，对于被查获的毒品的状态的理解。该状态系正在持有的可能用于贩卖，也可能用于自己吸食的状态，即该状态是处于一种不确定的状态。如贩毒案件中，对已查实犯罪嫌疑人购买了一定数量的毒品，犯罪嫌疑人自己吸食一部分毒品，贩卖一部分毒品，但无法查明吸食和贩卖的具体数量时，对查实购买了一定数量的毒品在未进行吸食和贩卖前是处于一种不确定的状态，但犯罪嫌疑人自己吸食一部分毒品、贩卖一部分毒品后，处于一种确定的状态，对犯罪嫌疑人自己吸食毒品是不可能再用于贩卖的，即此时不能以查实的购买数量来认定。所以，对于被查获的毒品的状态的理解为只能处于案发时的一种不确定的状态。

第四，对于"被查获的毒品数量"的理解。有学者认为应理解为：公安机关查证属实的，已经查清的被告人购买毒品的数量，而不是公安机关实际提取扣押的数量。对此，笔者有不同的看法："被查获"与被查明的汉语表达意思不同；被查明的

---

〔1〕 穆书芹："贩卖毒品罪量刑应注意的几个法律问题"，载《律师世界》
2002 年 3 月 21 日。

购买毒品的数量在案发时可能不属于处于一种不确定的状态，即对于自己已吸食的毒品是一种确定状态，是不可能再进行贩卖的，因此，对不能贩卖已吸食部分，不应该以贩卖毒品定罪。所以，对于被查获的毒品数量的理解应为公安机关实际提取扣押的数量。

第五，对《关于办理毒品刑事案件适用法律几个问题的答复》（以下简称《答复》）（法函〔1995〕140号）第2条的理解。广东省高级人民法院的请示：已查实被告人购买了一定数量的毒品，但只查实其贩卖了其中一部分，其余的，被告人交代称自己吸食了。最高人民法院答复：对被告人购买了一定数量的毒品，但只查明其贩卖了其中一部分，其余部分已由被告人吸食的，应当按已查明的销售数额确定其贩毒的数量。该答复与会议纪要并不矛盾，是分别从案发时毒品状态确定与否的两个角度来认定。对已查实被告人购买了一定数量的毒品，在案发时，该购买毒品已处于状态确定下，即一部分吸食、一部分贩卖，对已吸食部分不应定罪，所以，应以销售数额确定其贩毒的数量。

综合以上观点，笔者认为，对"以贩养吸"的犯罪嫌疑人，被公安机关实际提取扣押的数量才能认定为其贩卖毒品罪的数量，而犯罪嫌疑人已吸食毒品部分不能被认定为是其贩卖毒品罪的数量。

第五节　毒品交易中代买行为的法律认定 *

近年来，由于国际毒品犯罪日益严重，打击毒品犯罪已成

* 作者简介：武大伟，西南科技大学法学院辅导员。

了各国刑事司法的重要任务。在同一毒品犯罪中，司法人员面临的最大问题就是多重复杂的毒品交易环节的犯罪认定这一问题。目前，有关部门对此类问题的研究还不够深入。笔者根据一些真实的案例，对毒品犯罪的性质进行了简要的分析。

一、典型案例

案例 1：A 市的吸毒人员甲让乙为其向 B 市的丙代买 5000元的毒品海洛因供甲自己吸食，同时，他把 5000 元钱打到了乙的银行卡上。后乙从卡上取出甲打过来的 5000 元钱购买了 10克海洛因，从 B 市乘火车携带至 A 市，当乙下车后被抓获。

案例 2：甲为吸食毒品找到乙，给乙 230 元人民币，让乙帮其向丙购买半克毒品海洛因，并许诺过后会分些给乙吸食。乙同意后，用甲给的 230 元向丙购买了半克毒品海洛因。在拿毒品给甲的路途中，乙被公安机关抓获。

案例 3：甲吸毒，但一时找不到卖家，但其知道乙有获取毒品的渠道，即叫乙帮忙购买 100 元的毒品海洛因，乙找到自己认识的贩毒人员丙，向丙以 100 元购买了 0.2 克毒品海洛因。后乙将 0.2 克毒品海洛因交付甲，甲给乙人民币 100 元，乙被公安机关抓获。

案例 4：甲是吸毒人员，找到认识的乙，给乙 500 元人民币，让乙帮忙向丙购买 1 克毒品海洛因，乙随即同意，用甲给的 500 元人民币向丙买了 1 克毒品海洛因，乙在将毒品交付给甲时被公安机关抓获。在审讯中，乙供述：听说甲曾戒过毒，但不清楚甲是否又在复吸，其答应帮甲买毒品时，没有考虑甲买回毒品是作什么用途的。

二、涉及的关键问题及争议

上述四个案例中，乙的行为应如何认定，涉及的关键问题其实就在于：最高人民法院印发的《全国法院审理毒品犯罪案件工作座谈会纪要》（以下简称《纪要》）中规定："有证据证明行为人不是以营利为目的，为他人代买仅用于吸食的毒品，毒品数量超过《刑法》第 348 条规定数量最低标准，构成犯罪的，托购者、代购者均构成非法持有毒品罪。"该规定应如何进行司法适用。

争议的焦点主要体现在如下三个方面：①何谓"以营利为目的"；②如何界定"为他人代买"；③"仅用于吸食的毒品"在该规定中的涵义。

最高人民法院《纪要》中关于"代购毒品"的规定，明确了毒品犯罪中，代购毒品行为作为一种特殊的行为形式，在打击毒品犯罪工作中应和一般的毒品犯罪行为有所区别。笔者认为，根据刑法"罪责刑相适应"的基本原则，《纪要》实际认定了"有证据证明行为人不是以营利为目的，为他人购买仅用于吸食的毒品的"，排除贩毒、运输毒品等重罪。因此，案例 1 中，有些人主张乙的行为可以构成运输毒品罪，笔者对此持保留的意见。

当然，代购毒品的行为作为毒品向社会扩散的一种方式，仍具有的严重社会危害性。司法实践中，应严格控制《纪要》中"代购毒品"行为的"准入条件"，以确保对毒品犯罪的打击力度。笔者认为：

（一）"以营利为目的"的内涵

《纪要》首先就明确了该条解释中的"代购毒品"行为以"不是以营利为目的"为前提条件。但由于刑法以及相关司法解释中并未明确此处"营利"的内涵，尤其是该"利"是否仅限于单纯的金钱利益？或者是还包含其他财产性利益，甚至非财产性利益？司法实践中，对此存在较大的争议。结合上述《纪要》精神和我国惩治预防毒品犯罪的具体实际，笔者认为，正确界定这一问题，实现刑事司法的法律效果与社会效果的有机统一，还是要从贩卖毒品的本质属性、行为人的主观恶性和社会危害性的角度来综合考量，在从严的基础上遵循主客观一致的原则。具体而言，为他人代购毒品的主观目的可分为三种情形：第一种是纯粹出于同情，不忍见吸毒者瘾发时痛苦的惨状而代购毒品，帮助这些瘾君子解一时痛苦的行为，常见于吸毒者的家属、朋友，代购人自己并未从中获取任何利益；第二种是代购者追求直接的金钱利益，帮托购者购买毒品以从中获取利润；第三种就是案例 2 中的情形，代购者并不追求直接的金钱利润，但为托购者代购毒品却存在一定的条件，即寻求诸如免费吸食托购人购买的部分毒品、获得其他财物、进行性交易、获得逃避处罚或升职、调动、晋级机会等非金钱利益。三种情形中，第一种情形"不是以营利为目的"，第二种情形"以营利为目的"，在理论上和实践中不会存在太大争议。关键是对第三种情形的认定，有人认为，第三种情形虽然代购者在代购行为中确实获取了利益，但是这种利益并不是经济学概念中的营利，不能被认定为"以营利为目的"。而笔者在此持不同的观点：第二种情形和第三种情形无论是在行为动机上还是在对社会的危害后果方面，其本质都是一致的，社会危害性也是等同的。即代购者受到利益的驱使，不顾托购人员亲疏多寡，积极主动地去代购毒品，客观上促成了毒品的买卖交易，造成了毒品的扩散和流转，其行为具有严重的社会危害性。这与第一种情形中代购者并不获得任何利益，对代购毒品行为并不会积极主动追求，毒品也不会扩散到除托购者以外的其他社会成员的行为是根本不同的。因此，笔者认为，《纪要》的"营利"，应非仅限于金钱利益，还包含其他财产性利益，甚至非财产性利益。故案例 2 中，乙的行为应被认定为是贩毒。

（二）"为他人代买"的认定

"为他人代买"是《纪要》中代购毒品的行为要件。实践中，"居间介绍"与代购毒品容易混淆。根据《最高人民法院关于执行〈全国人民代表大会常务委员会关于禁毒的决定〉的若干问题的解释》（以下简称《解释》）的规定："居间介绍买卖毒品的，无论是否获利，均以贩卖毒品的共犯论处。"可见"居间介绍"同为帮助购毒之行为，"居间"者同样可以未从中获利，但在法律定性上与代购毒品存在明显的差异。因此，只有正确把握和认定上述两种帮助购毒行为的性质，才能有助于公正司法，准确惩处毒品犯罪行为。那么，"为他人代买"毒品的行为应作什么样的理解呢？从司法实践中的案例来看，"为他人代买"毒品往往可被分为两种情况：第一种情况是，吸毒者明知某地某人有毒品，而让他人到指定地点去把少量的毒买回来，代购人仅起跑腿作用；另一种情况是，吸毒者不知购毒渠道，但知道代购人有毒品来源，请代购人代为购买少量毒品。上述两种情况，第一种情况，实质上托购者与卖毒品方已有直接或间接的联系，仅仅是因为时间、地点及身体等方面的原因，委托代购人向托购人知悉的贩毒人代为购买指定数量、品种的毒品，代购人主要起"跑腿"的作用。这种情况是典型的"为他人代买"毒品行为。

在第二种情况中，虽然代购人未将毒品买卖双方介绍到一起，看似一种"为他人代买"的行为。但此时，代购人通过自己认识和熟悉贩毒者，在得知托购人购毒需求后，通过自己的撮合让托购人实现了自己的需求，也帮助贩毒者顺利找到了买家，其行为主观上带有"居间"的故意，客观上扩大了毒品的社会流转面，具有严重的社会危害性。因此，笔者认为，该种情况不宜被认定为代购毒品中的"为他人代买"行为，而应属于《解释》中的"居间介绍"，以贩毒罪论处，故案例3中乙的行为宜倍认定为是贩毒。

这里，还涉及一个"为他人代买"应由谁先垫资的问题，笔者认为，由谁先垫资并不是认定"为他人代买"的关键，即无论是托购人先出资，还有由代购人先垫资，都不会影响托购人、代购人、贩毒人之间的实质关系，也不会影响"为他人代买"的行为本质，因此，谁先垫资的问题并不构成认定"为他人代买"行为的必要条件。

（三）"仅用于吸食的毒品"的界定

司法实践中，对"代购毒品"行为的研究与适用一般多侧重于对"以营利为目的"及"为他人代买"的认定，往往忽视了对"仅用于吸食的毒品"这一行为人行为对象的界定。但在具体案例的法律适用上，代购人对行为对象是"仅用于吸食的毒品"，在主观形态上的认知程度应如何把握，仍会存在一定的争议。笔者认为，《纪要》对"代购毒品"行为法律定性的规定是一条排除重罪的条款。即是因为司法实践中，考虑到《纪要》中规定的"代购毒品"行为的社会危害性确实比一般的毒品犯罪行为的社会危害性小，而以纪要的形式排除了对该种行为以贩毒等重罪进行认定。法理上，无论代购人的代购毒品行为最终是否入罪，但至少其代购毒品的行为是不合法的。行为人实施不合法的行为，对其行为产生的社会后果应当承担防止社会危害性恶化的作为义务，就理应在主观上对其行为对象有更清楚的认识，这也是对代购人适用轻罪的法律条件。因此，《纪要》中规定的"仅用于吸食的毒品"应严格控制在以下两方面：一是托购人明确告诉了代购人购买的毒品是"仅用于吸食的毒品"或者托购人虽然未明说，但其言语或行为明确表达了托购的毒品是"仅用于吸食的毒品"。如托购人告诉代购人"毒瘾发作特别难受"、代购人看见托购人毒瘾发作在苦苦挣扎等。二是代购人内心确定托购人托购的毒品是"仅用于吸食的毒品"。这两方面缺一不可。故案例 4 中，乙对甲托购毒品的用途持一种放任的态度，则不能适用重罪的排除性条款，乙的行为仍应被定性为贩毒。当然，至于代购人在为托购人代购了"仅用于吸食的毒品"，并将毒品交付托购人，后托购人并未将该毒品"仅用于吸食"，不应影响对代购人适用轻罪的认定，否则就有客观归罪之嫌。

第六节　吸毒人员运输毒品行为探析[*]

毒品犯罪一直以来都是我国严厉禁止的行为，禁毒工作关系到国家安危、民族兴衰和人民福祉。近年来，在党中央的高度重视和坚强领导下，禁毒工作取得了显著成效。即便如此，彻底解决毒品犯罪的问题依然是一个漫长的过程。为了进一步提高禁毒工作质量，遏制毒品犯罪行为，最高人民法院于 2014 年 12 月 11 日至 12 日在湖北省武汉市召开了全国法院毒品犯罪审判工作座谈会并形成了《武汉会议纪要》，虽然《武汉会议纪要》对目前司法机关认定处理毒品犯罪案件中遇到的难题提出了相应的解决方式。例如，贩毒人员被抓获后，对于从其住所、车辆等处查获的毒品，一般均认定为其贩卖的毒品。确有证据证明查获的毒品并非贩毒人员用于贩卖，其行为另构成非法持有毒品罪、窝藏毒品罪等其他犯罪的，依法定罪处罚。这样的

＊ 作者简介：李莎莎，西南科技大学 2015 级刑法学研究生。

处理方式在当前社会形势下看来的确会发挥积极作用，但是，从另外一个角度来看，这也赋予了执法机关更大的权力，同时使得毒品犯罪的打击范围逐渐扩大。此时，我们不得不关注权力与权利的对抗问题。尽管我国正在不断地向限制公权力保障私权利的道路迈进，但国家公权力和公民私权利的对抗过程依然呈现出你强我弱的局面。

针对上述问题，笔者将从吸毒人员运输毒品行为认定的角度进行分析并表达笔者的观点，以期为司法实践提供助益。

一、运输毒品罪概述

运输毒品罪被规定在《中华人民共和国刑法》第 347 条，与走私、贩卖、制造毒品罪并列构成一个选择性罪名。运输毒品是指，明知是毒品而采取携带、邮寄、利用他人或者使用交通工具等方法非法将毒品从一个地方运送到另一个地方的行为。[1]构成本罪的要件包括如下内容：本罪的客体是国家对毒品的管理制度；犯罪对象是毒品；客观方面表现为行为人实施了运输毒品的行为；主体是已满 16 周岁且具有刑事责任能力的自然人和单位；主观方面是故意，也就是明知是毒品而故意运输。从以上犯罪构成要件来看，认定运输毒品罪的主要切入点即行为人客观方面的行为，对主观方面只是以"明知"作一般性概述。而司法实践中出现的问题总是千差万别，以这种"一刀切"的方式解决实际问题并不能实现具体案件的公平公正。实际上，行为人基于不同的目的实施的运输毒品的行为在性质上也是不同的，例如，对于吸毒人员运输毒品这一类情形，司法实践中都有不同的罪名认定结果。这种情形的出现，恰恰证明了刑法

---

〔1〕 马克昌：《刑法学》，高等教育出版社 2010 年版，第 542 页。

规定在毒品犯罪上的短板，当然，这也就造成现如今实务工作的操作困难。

二、司法认定中的疑难问题

司法实践中，运输毒品案件在毒品犯罪中占据了相当大的比重，不仅如此，其他类型的毒品犯罪常常与运输毒品这一行为具有直接联系。当各类型毒品犯罪行为出现在一个案件中时，对犯罪行为性质的认定会直接影响最后判决结果的公正性。例如，贩毒人员在运输毒品的过程中被查获，在证据难以查清的情况下，究竟应定贩卖毒品罪抑或运输毒品罪。除此之外，上文提到，实务中认定运输毒品罪主要依靠行为人的客观行为，而在主观上并未过多关注。刑法规定，实施毒品运输行为的行为人必须"明知"其运输物品为毒品，然而，这只提及了主体的认识因素，并不涉及意志因素。在笔者看来，运输毒品罪与其他罪名相区别的关键就在于行为人的意志，也就是说，只有行为人在明知自己运输的物品是毒品时，仍抱着将毒品向社会流通的目的而积极做出运输毒品的行为。虽然我国已有相关规定对运输毒品罪如何处理作出了规定，但在实践中，还是存在诸多值得探讨的内容。现如今，大量的实际案件表明，运输毒品的行为人主要包括以下几类：吸毒人员、贩毒人员、其他代购人员等。本节在此主要针对吸毒人员运输毒品行为进行分析研究。

（一）吸毒人员运输毒品行为认定

2000 年出台的《全国法院审理毒品犯罪案件工作座谈会纪要》（以下简称《南宁会议纪要》）规定，吸毒者在购买、运输、存储毒品过程中被抓获的，如没有证据证明被告人实施了其他毒品犯罪行为的，一般不应定罪处罚，但查获的毒品数量大的，应当以非法持有毒品罪定罪。该规定在实践中产生的疑难问题表现为对运输毒品罪和非法持有毒品罪的区分。非法持有毒品罪不仅仅表现为行为人静态持有毒品的状态，同时也包括了移动状态下的非法持有毒品罪。吸毒人员运输毒品的目的有多种，其一是为了实施其他毒品犯罪，其二是为了供个人吸食。在我国，吸毒人员的吸毒行为本身欠缺值得保护的法益，[1]因此，刑法并未将其规定为犯罪。吸毒人员在为了吸食而携带或者使用交通工具等方法运输毒品的过程中被执法机关查获，只有在有证据证明其有运输毒品的故意时，才能够定运输毒品罪，否则，只能以非法持有毒品罪对犯罪行为人进行规制。可想而知，在这样的情况下，要收集到能够证明行为人具有运输毒品故意的证据是非常困难的，这也就引发了执行过程中的争议，吸毒人员如果辩称所运输毒品系供个人吸食，那么，即使毒品数量再大，也有可能只能按照非法持有毒品罪对其定罪量刑。

为了解决这一问题，2008 年又出台了《大连会议纪要》。该纪要规定，吸毒者在购买、运输、存储毒品的过程中被查获的，如没有证据证明其是为了实施贩卖等其他毒品犯罪行为，毒品数量未超过《刑法》第 348 条规定的最低数量标准的，一般不定罪处罚；查获数量达到较大以上的，应以其实际实施的毒品犯罪行为定罪处罚。虽然大连会议纪要并未将上述行为直接归结为非法持有毒品罪，但对具体罪名的认定也没有进行明确界定，在司法实践中，审判人员对此行为究竟认定为非法持有毒品罪还是运输毒品罪存在分歧。一种观点认为，吸毒人员在运输毒品的过程中被查获，如果所查获的毒品数量已达到

---

〔1〕 何荣功："运输毒品认定的疑难问题研究"，载《法学评论》2011 年第 2 期。

《刑法》第348条规定的最低数量但仍在其合理吸食范围内的，以非法持有毒品罪定罪处罚；只有数量明显超过其合理吸食范围时，才认定为运输毒品罪。另一观点则认为，只要查获的毒品数量达到较大程度，那么，处于购买、存储状态的就认定为非法持有毒品罪，处于运输状态的就认定为运输毒品罪。在笔者看来，在没有证据证明行为人是为了实施其他毒品犯罪的情况下，两者的区别在于是否界定吸毒人员的合理吸食范围。但由于毒品的种类、纯度以及吸毒人员对毒品的依赖程度和耐受程度各有不同，要想合理界定吸食范围也是实践操作上的一大难题。

基于此，2015年出台的《武汉会议纪要》作出了统一规定，吸毒者在运输毒品过程中被查获，没有证据证明是为了实施贩卖毒品等其他犯罪，毒品数量达到较大以上的，以运输毒品罪定罪处罚。该纪要采取前文所述第二种观点，直接将吸毒者运输数量较大以上毒品的行为推定为运输毒品罪。该规定以数量较大作为区分罪与非罪的标准，同时，对吸毒者运输毒品的行为直接以数量较大作为区分非法持有毒品罪和运输毒品罪的界限，不再另行设置合理吸食量的标准。虽然《武汉会议纪要》的规定对于目前的禁毒形势更为有利，并且减少了司法实践中认定此类案件的难度，加大了惩罚毒品犯罪的力度。然而，这样的规定同样也在挑战着刑法罪刑法定、疑罪从无的铁则。

（二）基于《武汉会议纪要》对吸毒人员运输毒品行为认
　　　定的思考

（1）《武汉会议纪要》的规定显然具有对疑罪从无原则的挑战。顾名思义，罪刑法定即是只有对刑法规定的犯罪行为才能科处刑罚，并且只能科处法律明确规定的刑罚；[1]而疑罪从

---

〔1〕 马克昌、莫洪宪：《近代西方刑法学说史》，中国人民公安大学出版社2008年版，第3页。

无则是指在既不能证明被告人有罪又不能证明被告人无罪的情况下，推定被告人无罪，是无罪推定的具体内容之一。在笔者看来，我国刑法关于运输毒品罪的规定是有缺陷的，运输毒品罪中规定，行为人只要明知运输的是毒品就可以构成本罪。然而，有的吸毒人员运输毒品就是为了供自己吸食。因此，笼统地将吸毒者运输数量较大毒品的行为推定为运输毒品罪是不合适的。刑法严厉打击运输毒品这一行为，是基于行为人通过在境内运输毒品进而传播毒品从而给他人和社会造成严重危害性这一原因，也就是说，运输毒品的本质在于使毒品在社会上流通。只有在有证据能够证明行为人确有以流通毒品为目的而运输毒品的故意时，才能够保证刑法打击犯罪的准确性和有效性。

然而，司法实践中，认定行为人构成运输毒品罪通常并无目的性要求。[1] 产生这个现象的原因之一就是由于我国目前对犯罪行为的成立采取四要件说，即一个犯罪行为只要符合了刑法规定的四个构成要件，即可定罪。而四要件说的主观要件在大多数情况下只是原则性地规定了故意或者过失，并没有对毒品犯罪行为人做出犯罪行为的目的进行更深层次的探究，这就导致了司法实践中运输毒品罪的认定疑难问题。犯罪构成要件作为我国刑法学界的理论通说，当然具有其存在的意义，我国刑法也正是在该理论的指导下完成了对犯罪强有力的打击。但当我们遇到上述问题时，仍然只以四要件说指导实践工作就会出现诸多困难。

上文提到，运输毒品只有在具有流通毒品的故意的前提下才应定罪，也就表明刑法打击的是这一行为凸显出来的对社会的危害性。正因为行为人运输毒品的行为随时都可能造成毒品

---

[1] 李静然："非法持有毒品罪的司法疑难问题探析"，载《法律适用》2014年第 9 期。

流入社会的可能性，对刑法保护的法益产生了现实的危险，那么，刑法对这样的行为就具有了非难的可能性。如此看来，行为人主观上是否具有流通毒品的故意就成了该罪名认定的关键。但在实际操作中，为了避免主观归罪，证据的收集就成了解决这个问题的重点，而证据收集的困难性就逐步造就了《武汉会议纪要》的内容。

（2）吸毒人员运输毒品行为的证据问题极大程度地影响了犯罪定性。毒品犯罪案件的证据往往只有犯罪嫌疑人的供述和查获的部分毒品，而除了在犯罪现场，例如，贩卖毒品的场合当场抓获的情况下能够以贩卖毒品罪定罪，在其他大多数情形下，毒品本身只能证明行为人的非法持有状态。毒品犯罪嫌疑人也正是抓住这一点并进行狡辩，尤其是吸毒人员，以至于公安司法机关在打击毒品犯罪时显得力不从心。为了解决这一问题，《武汉会议纪要》作出了"吸毒者在购买、运输、存储毒品的过程中被查获，毒品数量未达到数量较大标准的，不作为犯罪处理；毒品数量达到较大以上的，根据其具体的行为状态定罪，处于购买、存储状态的认定为非法持有毒品罪，处于运输状态且没有证据证明其是为了实施其他毒品犯罪的，认定为运输毒品罪"。这一有利于惩罚毒品犯罪行为的规定。上述规定在一定程度上提高了定罪量刑的证明标准，但在笔者看来，这实际上是提高了行为人的证明标准。在我国，吸毒人员的吸毒行为不属于犯罪，如果说以前吸毒人员在购买、存储、运输毒品的过程中被公安机关查获还能够以自己吸食为由进行狡辩甚至最终不被刑法责难，那么，现在仅凭这一理由已经不能再使自身逃脱法律的制裁。为了使自己免受责罚，行为人必须提出更多的证据以证明自己没有进行其他的毒品犯罪。在笔者看来，这不仅仅是提高了案件的证明标准，甚至有转移证明责任的嫌疑。很显然，《武汉会议纪要》的内容显现出了刑法严惩犯罪和保障人权原则之间的矛盾。在严惩毒品犯罪和保障人权之间，出现了选择性难题。惩罚犯罪和保障人权都是刑法的目的，在这样的情况下，究竟哪一个才是更高原则？

当然，我们也可以认为，上述规定是一种事实推定。事实推定是指根据已知的基础事实，依据经验法则和常识，推断未知的事实存在，并允许当事人提出反证加以推翻的证明方法。[1]司法实践中，运用事实推定应具备如下条件：第一，只有在案证据无法证明待证事实时才能运用推定。第二，用于推定待证事实的基础事实必须有具有高度证明力的证据予以证明。第三，推定的事实允许当事人提出证据予以推翻。根据这几个条件，我们可以发现，如果依照《武汉会议纪要》的规定，查获吸毒人员运输数量较大毒品的行为后，没有其他证据证明其是为了实施贩卖毒品等其他犯罪，则推定该吸毒者构成运输毒品罪。这里面的基础事实就包括查获的处于运输状态中数量较大的毒品、行为人属于吸毒人员。实际上，毒品犯罪证据收集的困难性一直存在，从2000年开始，用以确定毒品犯罪的证据几乎都是上述内容。但在《南宁会议纪要》和《大连会议纪要》中均没有直接将吸毒人员运输数量较大毒品的行为直接归结为运输毒品罪。在笔者看来，这表明能够用于推定待证事实的经过确凿证据证明的基础事实并不符合刑法上事实推定的要求。既然如此，要准确定罪，必然要收集更多的证据来证明基础事实。归根结底，无论最终提出证据的是行为人还是公安机关，证明吸毒人员运输毒品行为确系运输毒品罪的落脚点依然在于证据。

既然如此，为何不在秉承着无罪推定原则的情况下保护吸

---

[1] 李静然："非法持有毒品罪的司法疑难问题探讨"，载《法律适用》2014年第9期。

毒人员的利益呢？法治的刑法规制的永远是权力，刑法应当把犯罪人看作侵害了个人法益的公民，而不是危害了国家利益的敌人。综上所述，笔者认为，除非有确实、充分的证据能够证明吸毒者运输毒品的行为确实是其为了将毒品向社会流通这一目的才能认定运输毒品罪，在其他情况下，对于该罪名的认定应该随时保持谨慎的态度。而对于该情形的证据收集，除了查实运输的毒品及行为人的吸毒行为外，还应该调查该吸毒人员的社会生活环境、人际关系网、过往交易史等各方面的情况进而充分证明其主观上的目的，才能真正有效地打击毒品犯罪。

第七节　毒品代购与贩卖行为的界定*

一、法理分析毒品代购行为

（一）理论中毒品代购行为的认定

代购一词通常出现在民事领域中，但刑法中的毒品代购是指，代购者接受委托者的委托，为其购买指定的毒品种类、数量，并按照委托者的要求的价格与相对人进行交易的过程。2008 年 12 月 1 日，最高人民法院出台的《全国部分法院审理毒品犯罪案件工作座谈会纪要》（以下简称《纪要》）规定：有证据证明行为人不以牟利为目的，为他人代购仅用于吸食的毒品，毒品数量超过《刑法》第 348 条规定的最低数量标准的，对托购者、代购者应以非法持有毒品罪定罪，代购者从中牟利，变相加价购买毒品的，对代购者应以贩卖毒品罪定罪，明知他人实施毒品犯罪而为其居间介绍，代购代买的，无论是否牟利都

＊　作者简介：侯晓梅，河北经贸大学 2015 级刑法学研究生。

应以相关毒品犯罪的共犯论处。

《纪要》指出，毒品代购者为托购者购买用于吸食的毒品，只要代购者未从中牟利，只是为托购者代买代购，其数量未超过刑法规定的标准，则对代购者不以犯罪论处，超过刑法规定的数量，则不论是托购者还是代购者，都应以非法持有毒品罪论处，实践当中，也是按照《纪要》的精神来处理的。当然，在没有完整的毒品犯罪修正理论之前，刑事司法实务者按照《纪要》的精神来处理当然是坚持了罪刑法定的精神，但是实践当中也有很多案例，其复杂与困惑，仅仅按照《刑法》的规定和《纪要》的精神来处理，已经不能完全解决问题，同时，还衍生出了更多的问题。举个例子，甲吸食毒品，但没有贩卖的意图，想要找乙代购，乙按照甲的委托找到了上线丙，并按照甲指定的要求购买了毒品，乙并未从中牟利，则乙是甲、丙之间的"指定的交付者"，乙完全是甲购买毒品的犯罪工具，这里的乙完全可以换成丁、戊、己，乙在这桩毒品交易中具有可替代性，没有乙，甲还可以找到其他人完成毒品交易的行为，这里认定乙为毒品代购者没有争议，符合《纪要》中规定的为他人代购仅用于吸食的毒品。但是，如果上述案例当中的甲自己本身没有毒品的上家信息，与乙同样都是吸食毒品，且甲知道乙经常吸毒，可能有毒品的来源，于是让乙为其代购毒品用于吸食，乙自己积极为甲寻找毒品上家丙购买毒品并全部交给甲，乙并未从中牟利，在这个案例中，乙的行为到底只是代购行为还是贩卖行为呢？我想大家的认识可能不一样，大多数学者，包括司法实务中司法人员都是按照《纪要》的精神来认定乙行为的性质，乙并没有从中谋取利益，只是代购代买，应当认定为是毒品代购，如果没有超过刑法规定的数额，则对乙不以犯罪论处。

但是，在这个案件当中有一个最大的问题就是，乙的积极为甲寻找买家的行为是否还是单纯的"指定交付"？毒品犯罪本就是隐秘性极强的犯罪类型，一般在实践当中，毒品代购的数量通常不会超过委托者指定的数量，乙的行为对甲来说构成代购没有问题，但是，乙的行为对丙而言却不仅仅只是"代买"行为。因为，丙作为贩卖毒品的卖家，其目的就是要寻找买家用来"销货"，乙的行为客观上帮助丙完成了"商品"的交易，乙的"代买"行为在丙贩卖毒品的过程中是必不可少的环节，乙不是用来吸食毒品，自然不能按照《纪要》的精神：未超过刑法规定的标准，对乙不以犯罪论处。乙的购买行为既然不是为了自己吸食毒品，那么，乙、丙之间的交易就是毒品买卖的行为，因此按照贩卖毒品罪的应有之意，乙的行为就是贩卖毒品。我国刑事实务中，通常针对乙的行为就是按照《纪要》的精神对之不追究刑事责任。但是，这种解决刑事案件的方式却已经在无形当中促使了贩卖毒品罪的滋长。毒品犯罪毕竟是一种隐蔽性极强的犯罪，如果不对这样类型的积极"代购"者处以刑罚，这样的积极"代购"者势必会更加肆无忌惮地去帮助买卖毒品，不仅将卖家的毒品销售殆尽，而且还会打着《纪要》的精神免受处罚从而让刑事法律成为一纸空文。

（二）代购毒品与居间介绍毒品行为的区别

关于毒品犯罪中居间行为的认定以及法律的规定经历了一系列的演变。1988年8月12日出台的《关于向他人出卖父辈、祖辈遗留下来的鸦片以及其他毒品如何适用法律的批复》指出："帮助出卖的中介人，以共犯论处"，也就是最初的都是按照贩卖毒品罪进行处理。但是1994年12月20日《最高人民法院关于适用〈全国人大常委会关于禁毒的决定〉的若干问题的解释》第2条第4款规定居间介绍买卖毒品的，无论是否获利，均以贩卖毒品罪的共犯论处。随后，最高人民法院在 2000 年出台的《全国法院审理毒品犯罪工作座谈会纪要》对此又作出了具体规定，有证据证明行为人不以营利为目的，为他人代购仅用于吸食的毒品，毒品数量超过《刑法》第 348 条规定的最低标准，构成犯罪的，托购者和代购者均构成非法持有毒品罪，因为，这种居间行为人与贩卖毒品行为人在贩卖的故意上缺乏必要的联系和沟通，不应属于居间介绍买卖毒品，当然就不能以贩卖毒品罪论处，但对于行为人为他人代购仅用于吸食的毒品且从中牟利的情况，没有做出明确的规定，使得司法实践中存在分歧。

鉴于此，最高人民法院在 2008 年出台了《全国部分法院审理毒品犯罪案件工作座谈会纪要》新增规定，对代购者为吸毒人员代买毒品并牟利的，应以贩卖毒品罪定罪，并且明确规定了明知他人实施毒品犯罪而为其居间介绍、代购代卖的，无论是否牟利，都应以相关的共犯论处。

通过对相关法律规定的梳理可以发现，对于居间介绍买卖毒品行为类型更加明细，首先，居间行为首先要考虑居间行为人是否牟利，根据牟利与否区分定罪。其次，是对于为毒品卖家积极寻找买主的行为，居间行为人明知贩卖毒品者在销售"货物"，主动联系买家，即使没有从中牟利，也应按照贩卖毒品罪定罪处罚，因为，这种居间行为实际上就是贩卖毒品的帮助犯，在整个毒品交易的环节，其作用不容小觑。最后，是目前规定中对于纯粹的居间介绍买卖行为并未进行直接的明确规定，"以相关毒品犯罪的共犯论处"，未免太过于原则化，太过于模糊。我们在现实生活中这样纯粹的、无偿的居间介绍行为比比皆是，通常，我们的断案者都是按照无罪进行处理，使那些投机者存着侥幸心理去帮助吸毒者寻找买家、上家。

我们这里关键的是要讨论一下为购毒者积极联系买家未从中牟利、纯粹的居间介绍行为，代购与纯粹的无偿的居间介绍毒品的主要区别就是就是是否有关于购毒者对卖毒者的具体的、详细的指定委托，居间人的行为是可替代的行为还是可以任由其发挥主动性的行为。

二者的区别是：①代购毒品行为是按照托购者指定的卖家、指定的毒品种类、数量、价格与买家进行交易，而纯粹的居间介绍行为是只接受买家的委托，并拿买家交给的金钱去购买毒品，但是找谁买，怎么找，却完全是居间人自己发挥能力的过程；②毒品代购中卖家是特定的某个人或者是某类人，但是在居间行为当中，卖家是不特定的，需要居间人积极主动地寻找卖主，这个寻找的过程，难易程度也是不一样的。

在毒品代购行为当中，代购者完全成了一种工具，就像一个交换的机器，负责把卖家家手里的"钱"递到卖家手中，把卖家手里的"货"交到买家兜里。但对于纯粹的毒品居间介绍人来说，性质就大相径庭了，居间人站在购货者和买货者中间，这个购货者特定，但另一边却可能只是一个单纯的卖毒者，也可能是一个巨大的贩毒团伙，这样的话，居间人的行为性质就不能一概而论了。

（三）贩卖毒品罪中牟利的认定

贩卖毒品罪的客观方面表现为有偿转让毒品或者是以贩卖为目的而非法收购毒品的行为，有偿转让毒品的过程通常也是行为人毒品牟利的过程。[1]

2008 年《纪要》中规定有证据证明行为人不以牟利为目的，为他人购买仅用于吸食的毒品，毒品数量超过刑法规定的

---

〔1〕　刘建宏：《新禁毒全书》，人民出版社 2014 年版，第 116 页。

数额的，对代购者和托购者都以非法持有毒品罪定罪，代购者从中牟利，变相加价贩卖毒品的，对代购者应以贩卖毒品罪定罪。众所周知，牟利在传统意义上都是金钱受益的代名词，在毒品犯罪中也不例外，由于吸毒者本身对毒品就有天然的依赖性以及毒品自身的消耗性，再加上毒品属于市场上禁止流通的物品，因此，造成毒品在地下市场流通就有了可重复加价，任意加价的可能性，也给了一些犯罪分子牟利的机会。当然，我们在认定是否牟利时，一般通常通过询问购买者和卖者看是否具有差价从而来认定是否牟利，但是实践当中，中间人的交易形态千差万别，下面笔者将举几个例子，通过案例，我们一起讨论是否有必要将牟利扩大理解。

案例1：甲给了乙300元钱让其帮助购买毒品，乙从丙处花了200元买了毒品并交给了甲，自己截留了其中的100元。案例2：甲给了乙300元钱让其帮助购买毒品，乙从丙处花了300元买了毒品，并从中截留了一小部分，其余的交给了甲。案例3：甲给乙300元钱让其帮助购买毒品并承诺乙买来共同吸食，乙从丙那里购买毒品与甲等一同吸食，或者是甲给了乙一部分让乙带回去自己吸食。案例1中乙的行为是牟利毋庸置疑，我们现在讨论的重点是案例2和案例3。司法实践中，大多数观点均不认为其是牟利，其实不尽然，代购的目的不仅仅只是获得好处。"共同吸食或者是截取其中的一小部分吸食"是瘾君子之间调货的潜规则，虽然毒品是违禁物，但是，实际上也存在着市场价格，可以兑换成相应数额的金钱（盗窃毒品的按照盗窃罪处理也认可其财产犯罪的性质）[1]，乙帮助甲购买毒品后，甲

---

[1]　靖波、来宝彦："代购毒品适用法律之困惑"，载《中国检察官》2015年第228期。

给乙一部分毒品，与甲给乙一定数额的金钱没有本质差异，是给乙一部分毒品单独吸食还是与乙共同吸食是有本质差异的。

因此，牟利不仅仅只是理解为好处，只要存在类似牟利的行为，无论牟利多少都不影响对于贩卖毒品的认定。在刑法规定的受贿行贿类型的犯罪中，这些罪名通常都是按照具体的数额定罪量刑的，如果这些罪名没有办法计算数额，实践当中，就不具有可操作性，但是贩卖毒品罪中，无论牟利多少都是不计算具体数额的，均以贩卖毒品罪论处。

二、司法实务中代购与贩卖行为的法律困惑

（一）法理分析二者的证明标准

从解决刑事案件，打击毒品犯罪的角度区分一个毒品犯罪行为是毒品代购还是贩卖行为，重要的就是如何区分二者的行为性质，而关键的环节就是要找出中间人在毒品的链条中是否有牟利的行为，是否只是充当了纯粹中间人的角色。假如有证据认定了其牟利，毫无疑问，对行为人就应当以贩卖毒品罪定罪处罚，但是如果只是单纯的中间人，并没有上蹿下跳地为吸食者多次寻找毒品上线，其行为性质自然是要从轻处理。

2008 年《全国部分法院审理毒品犯罪案件工作座谈会纪要》指出：有证据证明行为人不以牟利为目的，为他人代购仅用于吸食的毒品，毒品数量超过《刑法》第348 条规定的最低数量标准的，对托购者、代购者应以非法持有毒品罪定罪，代购者从中牟利，变相加价购买毒品的，对代购者应以贩卖毒品罪定罪，明知他人实施毒品犯罪而为其居间介绍，代购代买的，无论是否牟利都应以相关毒品犯罪的共犯论处。《纪要》中"有证据证明行为人不以牟利为目的"的不以牟利为目的如何认定呢？

举个案例，甲通过微信或者是 QQ 聊天工具结识了网友乙，

通过交流甲发现乙有吸毒的习惯，于是托乙购买毒品，但乙其实并没有真正固定的"货源"，乙找到丙购买了毒品交给甲，之后，甲多次托乙通过网络进行毒品的交易。随后，乙被公安机关立案侦查。侦查中，甲供述自己购买毒品用于自吸，每次的毒品价格为人民币 500 元，乙也供述其从丙处购买的毒品每次的交易价格为人民币 500 元，即其并未从中牟利，而现在丙并未被查找到案。检察机关以贩卖毒品罪定罪，法院也以相应的罪名处罚，但是二审法院提出抗诉，认为对乙以贩卖毒品罪定罪的证据过于单薄、偏软，因为，在案件当中甲陈述毒品交易的价格为人民币 500 元，乙自己也供述其代买的毒品交易价格为人民币 500 元。但是，因为丙并没有被查找到案，其证言无法得到印证，无法证明乙在交易当中有牟利行为，以贩卖毒品罪定罪处罚确实有些牵强。另一方面，检察院以贩卖毒品罪提出控诉却也有其合理性，理由在于《纪要》规定必须"有证据证明行为人不是以营利为目的"才能以非法持有毒品罪或者是无罪处理，既然丙并没有被查找到案，也就无法证实乙不是以营利为目的，没有谋取利益，那么，对乙就应当以贩卖毒品罪定罪处罚。

在对贩卖毒品罪的证明标准的认定上，刑法规定的是有偿行为，获取好处和谋取利益的行为，或者是明知是贩卖毒品行为而从事的，只要有了证据说明行为人获取好处，我们就可以以贩卖毒品罪定罪处罚，但是《纪要》中规定的是有证据证明其没有营利行为就以非法持有毒品罪论处。

如何确定牟利、营利的证明标准，是有确实充分的证据证明没有牟利，还是只要有优势的证据证明没有牟利，还是只要有一定的证据证明可能没有牟利，就从轻处罚呢？[1]

---

〔1〕 靖波、来宝彦："代购毒品适用法律之困惑"，载《中国检察官》2015 年第 228 期。

综上以上分析，我们可以看到，这二者在对于一个毒品犯罪行为是否是贩卖、营利行为的证明标准的要求上，确实有一致的地方，但也有极大的弹性和模糊性，从而也造成了我们不同地域的司法工作者可能在面对相同案件。类似案件的时候，因所依据的法律内容不同，造成裁量的案件结果也千差万别。

另一方面，有居间牟利行为的贩卖毒品与纯粹的代购行为有一个相同点就是这二者都存在第三方，即代购行为中的代购者和居间贩卖毒品者。当二者的卖方、毒品交易的上线无法到案或者是只有一个代号而不存在其人时，仅仅依靠代购者和居间者的口供和供述，没有卖家的口供印证，就能对代购者无罪处理么？或者就能对居间人定贩卖毒品罪吗？当然，司法工作者在侦查中可能会依靠刑事侦查技术找到其他的证据进行佐证，可是，我们都知道，吸食毒品瘾君子之间包括贩卖毒品交易者之间，除非大型的团伙，他们之间的"生意"都是相当隐蔽的，就连我们的技术人员有时也难以从中找出破绽，甚至找到足够的证据证明行为人的行为没有牟利或者是证明其有牟利行为。

（二）证明责任如何分配

贩卖毒品罪中的证明要求是，有证据证明行为人有有偿行为或者是从主观上明知是贩卖毒品犯罪行为，在刑事罪名当中，除了巨额财产来源不明罪和一些不作为犯罪的证明责任是犯罪人承担以外，其他的证明责任都是由控诉机关承担，当然，贩卖毒品罪也不例外，控诉机关需要证明其有获取好处的行为。但《纪要》规定"有证据证明行为人不以牟利为目的"，且犯罪的数量没有超过刑法规定的最低数额标准的按无罪处理，代购行为符合《纪要》中规定的行为。既然控诉机关的职能就是打击犯罪，维护法律的权威，检察机关在面对一个刑事犯罪嫌疑人时，就要找到足够有利的证据对行为人进行追诉，从而维护被害人的权益和国家、社会等公共的法益和秩序。那么，在面对一个毒品犯罪行为是毒品代购行为还是毒品贩卖行为时，该证明责任是由犯罪行为人证明其没有牟利，还是由控诉机关无法证明行为人牟利呢？

当一方无法承担证明责任时其就要承担不利的后果，因此，证明责任如何更好地被应用在打击毒品犯罪行为当中至关重要。我们既然贯彻罪刑法定的刑事原则，就应该按照法律规定的内容打击刑事犯罪，一旦其中某一个环节出现了断层或者是裂缝，无论是对于国家利益、人民利益还是犯罪人的利益来说都是一种伤害。这种伤害一旦形成，就难以恢复。因此，一个行为是贩卖还是毒品代购，证明责任的不确定和摇摆性就会让整个案件偏离法律的轨道，同时，也会动摇我国的法治权威。

结　语

本节本着对毒品贩卖和毒品代购行为规范化、细致化的态度，从代购的性质、与居间贩卖毒品的区别，以及对牟利的认定和从实务操作上的证明标准及证明责任所带来的困惑上，分析了代购和贩卖的实质区别。结合当今社会毒品买卖的泛滥和毒品交易形式多样化的特点，严格区分毒品代购行为和毒品贩卖行为无论是从理论还是从实践的角度都有着重要的意义和作用。

作为一个法律人士，我们不仅应该从刑事理论解决好二者的关系，还应该着眼于实务案件，从一个细小的入口找到根本的解决路径，从而平衡理论和案件带来的困惑和尴尬。当然，本节在撰写的角度和技巧上，也还会有其他的漏洞和不足，我希望有更多的学者能够提出意见和建议，以期能够对司法实践有所裨益。

第八节　论运输毒品罪死刑的限制适用 [*]

2014 年 12 月 11 日至 12 日，最高人民法院在湖北省武汉市召开了全国法院毒品犯罪审判工作座谈会，并于 2015 年 5 月 18 日发布了《全国法院毒品犯罪审判工作座谈会纪要》（以下简称《武汉会议纪要》）。从《武汉会议纪要》中可以看出，虽然最高人民法院以"少杀慎杀"的态度对毒品犯罪的死刑适用进行严格审视，但在本质上仍然是"严"字当头。这无疑是对毒品犯罪的预防超越对毒品犯罪的报应，是明显不合理的。尤其是对运输毒品罪的死刑适用，存在诸多不合理之处。实务中，运输毒品罪的案发率相当高，典型的如我国云南地区，运输毒品罪的案发率高达 80％ 左右。[1] 于此，本节以限制乃至逐步废除运输毒品罪为宗旨，就《武汉会议纪要》中关于运输毒品罪死刑适用的相关问题进行探讨。需要说明的是，本节所指的运输毒品罪的死刑适用是指运输毒品罪死刑立即执行的适用。

一、运输毒品罪的司法认定

（一）《武汉会议纪要》没有明确运输毒品罪的概念

从条文表述上看，《刑法》第 347 条属于简单罪状，并没有对运输毒品罪进行明确定义；从相关司法解释以及《全国法院审理毒品犯罪案件工作座谈会纪要》（以下简称《南宁会议纪

　＊　作者简介：贾银生，西南政法大学刑法学博士研究生，主要研究方向：刑事法方向。

　〔1〕　周道鸾："毒品犯罪的刑事政策和法律适用——云南省毒品犯罪调查"，载赵秉志主编：《刑法评论》（2006 年第 2 期），法律出版社 2006 年版，第 285 页。

要》）和《全国部分法院审理毒品犯罪案件工作座谈会纪要》（以下简称《大连会议纪要》）的规定来看，也没有对运输毒品罪的概念进行明确界定。而运输毒品罪的概念与以下问题的处理紧密相关，如果不准确界定，将会造成诸多难以处理的问题：

第一，虽然认为《刑法》第 347 条属于选择性罪名，当行为人的行为符合走私、贩卖、制造、运输毒品罪的构成要件时，按照主要行为定罪即可。但如果不准确认定运输毒品罪，当行为人明知其头目是走私、贩卖或制造毒品者而帮助其运输时，在查明其头目的证据有疑问的情形下，则会出现如下问题：一是其行为的法律属性是什么，是走私、贩卖、制造毒品罪的帮助犯还是单纯的运输毒品行为，难以认定。《武汉会议纪要》的态度是仅认定为单纯的运输毒品行为。二是是以走私、贩卖或制造毒品罪来定罪还是仅仅以运输毒品罪来定罪，难以把握。《武汉会议纪要》的态度是定运输毒品罪。三是对这样的行为，如果认定为运输毒品罪应当如何处罚，难以量刑。如果数量刚好达到死刑的适用标准，进而认定为运输毒品罪明显违背了"存疑有利于被告"的原则；如果认定为走私、贩卖、制造毒品的帮助犯，虽然可以不适用死刑，但对运输毒品行为的责任性情节又是明显忽略了。

第二，虽然运输毒品罪有存在的道理，但从法益侵害程度来看，运输毒品行为的法益侵害程度明显低于走私毒品、贩卖毒品行为的法益侵犯程度。[1]从毒品犯罪限制乃至逐步废除死刑的角度来说，学界早已呼吁限制和废除运输毒品罪的死刑，[2]如

---

[1] 李云才：《毒品犯罪的死刑限制与废止》，中国人民公安大学出版社 2013 年版，第 83 页。

[2] 肖洪："运输毒品罪概念及不同行为类型的分析"，载《西南政法大学学报》2006 年第 3 期。

果不准确界定运输毒品罪的概念，则会成为毒品犯罪死刑废除的一大阻力。

第三，运输毒品罪与持有毒品罪存在紧密联系。一方面，运输毒品的过程必然持有毒品，持有毒品的行为也可以有动态运输的表现方式。另一方面，两者其实都是在难以查清证据的情形下不得已的适用。由于运输毒品罪的法定刑更重，因而，实务中常以行为人对毒品控制量的大小来处理，将毒品控制量大的行为认定为运输毒品罪，将毒品控制量小的行为认定为持有毒品罪。[1]这是明显错误的。持有毒品罪的最高刑期为无期徒刑，运输毒品罪的最高刑期为死刑，在严打毒品犯罪的势态下，如果不准确界定运输毒品罪的概念，无疑会扩大处罚范围。

《武汉会议纪要》是关于毒品犯罪司法适用的最新规定，在对运输毒品罪的死刑问题上表现出了谨慎的一面。但《武汉会议纪要》只是规定了运输毒品罪的罪名认定、数量认定以及刑罚适用问题，仍然没有对运输毒品罪的概念进行界定。明显不利于解决上述三大问题，明显不利于指导司法实践。这不得不说是《武汉会议纪要》的一大缺陷。

（二）《武汉会议纪要》对运输毒品罪认定过宽

（1）"吸毒者在运输毒品过程中被查获，没有证据证明其是为了实施贩卖毒品等其他犯罪"的情形不应单纯认定为运输毒品罪。

回顾《南宁会议纪要》与《大连会议纪要》，对吸毒者在运输毒品过程中被查获，没有证据证明其是为了实施贩卖毒品等其他犯罪，毒品数量达到较大以上的情形，都存在不同的态度处理：《南宁会议纪要》认为此种情形应当以持有毒品罪论处；《大连会议纪要》以"实际实施的毒品犯罪行为定罪处罚"这一模糊用语

---

[1] 刘一亮、伍凌："论铁路运输领域非法持有毒品罪与运输毒品罪的认定难点"，载《中国刑事法杂志》2014 年第 5 期。

来处理。而《武汉会议纪要》却对此种情形直接以运输毒品罪定罪处罚。虽然《南宁会议纪要》与《大连会议纪要》对此种情形的笼统处理也有失偏颇，但至少不会轻易认定为运输毒品罪。《武汉会议纪要》对此种情形的处理方式，在事实上是不合理的。

一般而言，吸毒者运输毒品且没有证据证明其是为了实施贩卖毒品等其他犯罪，可能会存在如下四种情形：第一种，吸毒者本身就是走私、贩卖、制造毒品者，只不过在走私到境内途中或在贩卖途中被抓获，同时又无法查证吸毒者的根本目的是走私毒品或贩卖毒品。第二种，吸毒者明知上家是走私、贩卖、运输、制造毒品者，在帮助上家运输的途中被抓获，同时无法查证上家是谁。第三种，吸毒者受走私、贩卖或运输毒品的上家胁迫（达到间接正犯的程度），但也无法查证上家是谁。第四种，吸毒者购买毒品虽然数量大，但只是为了储存以便吸食，购买毒品后在运输途中被抓获。对于第一种情形，如果有证据证明吸毒者确实本身也是走私、贩卖、制造毒品者，但又证据不足时，原则上可以以运输毒品罪处理。对于第二种情形，前文已经论述，如果以运输毒品罪论处，在事实上会导致运输毒品行为的属性混乱、导致处罚范围不当扩大。对于第三种情形，如果上家被查获，则上家属于间接正犯，根据犯罪事实支配理论，吸毒者只是被上家支配的工具，即使运输毒品也不构成犯罪。如果上家没有被查获，或者说指控上家的证据不足，那么，按照存疑有利于被告的原则，吸毒者或许有可能构成转移毒品罪[1]，但至少不构成运输毒品罪。对第四种情形，我国刑法并无明文规定单纯处罚吸食毒品的行为，虽然行为人存在运输毒品的行为，但其运输毒品的目的是用于吸食而不是为了

---

[1] 彭荣、李丽："运输毒品罪与非法持有毒品罪之辨析"，载《云南大学学报法学版》2014 年第 5 期。

单纯运输。该种情形如果以运输毒品罪论处，无疑奉行积极的责任主义原理和纯粹的客观归罪主义。然而，大陆法系刑法理论早已证明，对犯罪人进行非难谴责应当采用消极的责任主义原理，同时，要考虑犯罪人的主观因素，不能客观归罪。[1]现在学界的有力观点认为："只有与走私、贩卖、制造有关联的行为，才宜认定为运输毒品罪。"[2]这样的观点是合理的，符合存疑有利于被告原则。

（2）"为吸毒者代购毒品，在运输过程中被查获，没有证据证明托购者、代购者是为了实施贩卖毒品等其他犯罪"的情形也不应单纯认定为运输毒品罪的共犯。

《武汉会议纪要》指出："行为人为吸毒者代购毒品，在运输过程中被查获，没有证据证明托购者、代购者是为了实施贩卖毒品等其他犯罪，毒品数量达到较大以上的，对托购者、代购者以运输毒品罪的共犯论处。"这不但违背了共犯的本质，还违背了共犯的处罚根据。

在共犯的本质上，虽然日本刑法学理论的主流观点是行为共同说，但至少有立法上的支持。[3]我国刑法对共同犯罪的责任形式已经作了明确的统领性规定——共犯人之间的责任形式必须为故意。我国不少学者在共犯的本质性问题上主张行为共同说[4]，这是明显与立法的趣旨相违背的。从规范刑法学的角

---

〔1〕 贾济东：《外国刑法学原理（大陆法系）》，科学出版社2013年版，第82～84页。

〔2〕 张明楷：《刑法学》，法律出版社2011年版，第1015页。

〔3〕 《日本刑法》第60条规定，"二人以上共同实施犯罪的都是正犯"；第61条规定，"教唆他人实施犯罪的判处正犯的刑罚"。日本刑法学者主张行为共同至少有立法上的依据，不会违背罪刑法定原则和责任主义原理。

〔4〕 张明楷：《刑法学》，法律出版社2011年版，第358页；黎宏："共同犯罪行为共同说的合理性及其应用"，载《法学》2012年第11期；钱叶六：《共犯论的基础及其展开》，中国政法大学出版社2014年版，第209页。

度,我国目前只能采取部分犯罪共同说,即要求共犯人在违法构成要件和责任形式方面有重合的范围。[1]

行为人为吸毒者代购毒品,在运输过程中被查获,没有证据证明托购者或代购者是为了实施贩卖毒品等其他犯罪,毒品数量达到较大以上的情形,首先要考虑托购者、代购者的行为和行为人的行为是否都违法,然后要考虑两者之间是否具有(部分)共同的违法故意。一般而言,单纯购买毒品的行为,如果数量较小,原则上并不可罚;如果数量较大,可以以持有毒品罪论处。[2]如果购买毒品后在运输途中被抓获,前文已述,应当以持有毒品罪论处。如果托购者、代购者教唆或让行为人帮助其代购毒品,虽然行为人的行为符合运输毒品罪的构成要件,但行为人在持有毒品的范围内和托购者、代购者才有罪质的重合,两者应当在持有毒品罪的范围内成立共同犯罪,而并非在运输毒品罪的范围内成立共同犯罪。

对于共犯的处罚根据,随着责任共犯论的式微与违法共犯论的衰退,现在的通说是因果共犯论内部的混合惹起说。[3]根据混合惹起说的观点,在能够肯定正犯的行为具备构成要件该当性和违法性的场合,就可以肯定共犯的构成要件该当性,只要是不能肯定共犯具有违法阻却事由或责任阻却事由,共犯就成立。行为人为吸毒者代购毒品,在运输过程中被查获,没有

---

〔1〕 贾银生、何显兵:"危险驾驶罪的教唆犯研究",载《西南石油大学学报(社会科学版)》2015年第6期。

〔2〕 周光权:《刑法各论》,中国人民大学出版社2011年版,第384页。

〔3〕 [日]高桥则夫:《共犯体系和共犯理论》,冯军、毛乃纯译,中国人民大学出版社2010年版,第129~130页;[德]克劳斯·罗克辛:《德国刑法中的共犯理论》,劳东燕、王钢译,载陈兴良主编:《刑事法评论》(第27卷),北京大学出版社2010年版,第75页;[日]山口厚:《刑法总论》,付立庆译,中国人民大学出版社2011年版,第302页;张明楷:《刑法学》,法律出版社2011年版,第372页;周光权:《刑法总论》,中国人民大学出版社2011年版,第227页。

证据证明托购者、代购者是为了实施贩卖毒品等其他犯罪，毒品数量达到较大以上的情形，对于正犯与共犯只在持有毒品罪的层面成立共同犯罪。对于运输毒品的违法行为，托购者、代购者并没有参与，明显具有违法阻却事由和责任阻却事由。此时，以运输毒品罪的共犯论处明显违背共犯的处罚根据。

一、运输毒品犯罪死刑适用

（一）《武汉会议纪要》延续《大连会议纪要》精神，不符合宽严相济的刑事政策

宽严相济的刑事政策是对惩办与宽大相结合刑事政策的继承和发展，其不仅是刑事立法的指导政策，也是刑事司法的指导政策。就宽严相济刑事政策的精神实质而言：一方面，其并非以"严"为基调，而是以"宽"为基调；另一方面，对"严"的理解，应当是"严密刑事法网"和"严密防范"，而并非"严打"。[1]对于毒品犯罪，如有学者所言，其"属于无被害人的犯罪、社会危害性小"。[2]严打毒品犯罪尤其是以最严厉的刑罚——死刑来预防和打击犯罪，只会造成诸多负面影响。这早已为实证研究者所证实。[3]

对毒品犯罪死刑的适用，《武汉会议纪要》指出："应当全面、准确贯彻宽严相济刑事政策，体现区别对待，做到罚当其罪，量刑时综合考虑毒品数量、犯罪性质、情节、危害后果、

---

〔1〕 储槐植、赵合理："国际视野下的宽严相济刑事政策"，载《法学论坛》2007年第3期；贾银生："论反恐的刑法困境与出路"，载《绵阳师范学院学报》2015年第4期。

〔2〕 赵秉志、阴建峰："论中国毒品犯罪死刑的逐步废止"，载《法学杂志》2013年第5期。

〔3〕 刘娜："刑罚的威慑效能实证研究"，武汉大学2014年博士学位论文，第102页。

被告人的主观恶性、人身危险性及当地的禁毒形势等因素，严格审慎地决定死刑适用，确保死刑只适用于极少数罪行极其严重的犯罪分子。"可见，《武汉会议纪要》对宽严相济刑事政策精神的理解与学界基本一致，即宽严相济的本质不在"严"，而在"宽"。

然而，《武汉会议纪要》对运输毒品罪死刑的适用却违背了宽严相济刑事政策的指导精神。具体说来：①《武汉会议纪要》指出，对于运输毒品犯罪，应当继续按照《大连会议纪要》的有关精神，重点打击运输毒品犯罪集团的首要分子等。而《大连会议纪要》一方面是典型的"严"字当头；另一方面，即使强调"严"字当头，但也没有特别强调，要对符合运输毒品罪构成要件的犯罪集团的首要分子等进行严厉打击。②《武汉会议纪要》指出，"对其中依法应当判处死刑的，坚决依法判处"，不折不扣地继承了《大连会议纪要》的精神。而何为"应当判处死刑"直接关系到对《刑法》第48条第1款"死刑只适用于罪行极其严重的犯罪分子"的理解。或者说对"应当判处死刑"的理解需要明白何为"罪行极其严重"。然而，"罪行极其严重"的含义不但极为抽象，其适用对象也极为模糊。同时，"罪行极其严重"也只是犯罪人的有责违法行为进入死刑体系的基本底线，并非死刑立即执行的条件。[1]现在学界的主流观点认为，从报应的角度来说，死刑立即执行只适用于有预谋的被害人毫无过错的故意杀人案中。[2]对于本质上属于非暴力犯罪的运输毒品行为适用死刑，明显不符合宽严相济的刑事政策。③《武汉会议纪要》没有进一步探讨针对运输毒品行为进行有效规制

---

[1] 劳东燕："死刑适用标准的体系化构造"，载《法学研究》2015年第1期。

[2] 何显兵：《死缓制度研究》，中国政法大学出版社2013年版，第81页。

的刑事法网，没有进一步探讨如何严密防范运输毒品犯罪行为，而是以"厉而不严"的态度探讨运输毒品罪的死刑适用，也违背了宽严相济之"严"的精神实质。

（二）《武汉会议纪要》对受雇参与运输毒品的行为人适用死刑仍然过重

《武汉会议纪要》对受雇运输毒品的行为人是否适用死刑主要有以下四点表示：第一，原则上对受雇运输毒品的行为人慎重适用死刑，是否适用死刑不但需要综合考虑毒品数量、犯罪次数、犯罪的主动性和独立性、在共同犯罪中的地位作用等影响责任刑的情节，还要综合考虑主观恶性、人身危险性等影响预防刑的情节。第二，对有证据证明行为人系受人指使、雇用而运输毒品，同时又系初犯、偶犯的情形，即使毒品数量超过实际掌握的死刑数量标准，也可以不判处死刑。尤其是对于其中被动参与犯罪，从属性、辅助性较强，获利程度较低的行为人。第三，对于不能排除行为人系受人指使、雇用，初次运输毒品的情形，毒品数量超过实际掌握的死刑数量标准，但尚不属数量巨大的，一般也可以不判处死刑。第四，一案中有多人系受雇运输毒品的情形，同时判处两人以上死刑要特别慎重。

从以上四点可以看出，《武汉会议纪要》对受雇运输毒品的情形是否适用死刑，存在"仁慈"的一面，体现了刑罚的人道精神。这主要表现在：一方面，《武汉会议纪要》对运输毒品罪是否适用死刑，不再单纯以数量为标准，而要综合考量运输毒品过程中所有的责任刑和预防刑情节。另一方面，《武汉会议纪要》也表现出对受雇运输毒品的情形是否适用死刑更加慎重的态度。

《武汉会议纪要》对受雇运输毒品的情形是否适用死刑的态度是好的，但明显不能让人满意。具体说来，理由有三：其一，受雇运输毒品的行为属于帮助犯，在共同犯罪中只起辅助作用，只能作为从犯。根据《刑法》第27条第2款，对受雇者就应当从轻、减轻或者免除处罚。死刑是最严厉的刑罚，如果作为主犯的雇主被判处死刑，那么，作为从犯的受雇者就应当在死刑以下量刑才符合罪刑相当原则。其二，作为从犯的受雇者，也有被胁迫运输毒品的情形。如果只是一般性的胁迫，根据《刑法》第28条，对受雇者至少应当减轻处罚，在刑罚裁量上更应该在死刑以下量刑，而不存在"慎用死刑"的说法。其三，按照《武汉会议纪要》的态度，一案中有多人系受雇运输毒品的情形，存在同时判处两人以上死刑的可能。这主要是在责任刑和预防刑之外，基于宣告刑而整体考虑共同犯罪罪刑均衡的问题。然而，共同犯罪中罪刑的均衡主要是考量主犯和从犯在责任刑上的均衡，而非预防刑上的均衡。[1]换句话说，预防刑是对犯罪人再犯可能性的考量，需要从犯罪人个体因素出发进行考察。既然作为从犯的受雇者都不应当被判处死刑，就更不可能有判处两人以上死刑的可能。其四，如果受雇者运输毒品完全是基于被胁迫的意志支配、基于错误的意志支配或者基于权力组织性的意志支配[2]，那么，其只属于"犯罪工具"，其运输毒品的犯罪行为并不具有期待可能性。这样的情形完全阻却违法，根本不构成犯罪，更谈不上死刑的适用问题。在此说来，

---

〔1〕 张明楷：《责任刑与预防刑》，北京大学出版社2015年版，第386页。

〔2〕 对于间接正犯，现在通说的是犯罪事实支配理论。罗克辛教授将作为意志支配的间接正犯具体划分为"基于胁迫的意志支配，基于错误的意志支配和基于权力组织性的意志支配"三大类型，现在得到广泛的采用。详见〔德〕克劳斯·罗克辛：《德国刑法中的共犯理论》，劳东燕译，载陈兴良主编：《刑事法评论》（第25卷），北京大学出版社2009年版，第11页；〔日〕山口厚：《刑法总论》，付立庆译，中国人民大学出版社2011年版，第325～326页；〔日〕西田典之：《日本刑法总论》，王昭武、刘明祥译，法律出版社2013年版，第294页；张明楷：《刑法学》，法律出版社2011年版，第367页。

对受雇运输毒品的行为，至少是"应当不判处死刑"，而非《武汉会议纪要》所说的"可以不判处死刑"或"一般可以不判处死刑"。

（三）《武汉会议纪要》对运输新类型、混合型毒品的情形
　　　　适用死刑，违背了罪刑法定原则中的刑法明确性原则

我国《刑法》第 3 条明文规定了罪刑法定原则："法律明文规定为犯罪行为的，依照法律定罪处刑；法律没有明文规定为犯罪行为的，不得定罪处刑。"罪刑法定原则不但是刑事立法的基本准则，同时也是刑事司法的基本准则。根据该条文，刑法的"明文规定"其实就是刑法的明确要求。虽然"明确"和"模糊"难以划分，但如有学者所言，法律上的明确性和模糊性其实是可以划分的，哪怕是相对明确也是明确。[1]作为刑法的明确要求，不但涉及刑事立法中所要求的明确性规定，更涉及在司法上所要求的明确性规定和明确性适用。[2]同时，如罗克辛教授认为，刑法的明确性原则一方面要求按照人们熟悉的日常事物标准来解释某一价值概念；另一方面要求一个刑事法规有很明确的保护目标，并且不能够被随便解释。[3]

我国《刑法》第 347 条对毒品的种类并没有明文规定，在事实上有悖刑法的明确性原则。然而，作为我国的特色，当立法规定过于抽象或模糊时，通常由司法解释来明细和界定。《武

---

〔1〕　陈兴良："中国刑法中的明确性问题"，载梁根林、〔德〕埃里克·希尔跟多夫主编：《中德刑法学者的对话——罪刑法定与刑法解释》，北京大学出版社 2013 年版，第 14 页。

〔2〕　张明楷：《罪刑法定与刑法解释》，北京大学出版社 2010 年版，第 50～51 页。

〔3〕　〔德〕克劳斯·罗克辛：《德国刑法中的明确性原则》，黄笑岩译，载梁根林、〔德〕埃里克·希尔跟多夫主编：《中德刑法学者的对话——罪刑法定与刑法解释》，北京大学出版社 2013 年版，第 47～48 页。

汉会议纪要》虽然不是司法解释，但却属于司法性文件，在实践中几乎与司法解释具有同等效力。作为一种指导司法实践的司法性文件，其也应当以罪刑法定原则为根本、以刑法的明确性原则为前提，否则，将导致司法适用的严重混乱。

随着科技的发展，新类型、混合型毒品越来越多，刑法条文、最高人民法院相关司法解释和通知又没有完全将其列举在内。对运输新类型、混合型毒品的情形如何处理、是否适用死刑，就成了难题。《武汉会议纪要》在"新类型、混合型毒品犯罪的死刑适用"上指出了以下情形：①如果行为人运输甲基苯丙胺片剂，在判处死刑的数量标准上，一般可以按照甲基苯丙胺（冰毒）的2倍左右掌握，并且可以根据当地的毒品犯罪形势和涉案毒品含量等因素确定。②如果行为人运输的毒品属于其他滥用范围和危害性相对较小的新类型、混合型毒品，一般不宜判处被告人死刑，但保留了死刑适用的余地。笔者认为，《武汉会议纪要》在运输"新类型、混合型毒品犯罪的死刑适用"中所指出的两种死刑适用情形，违背了罪刑法定主义所要求的刑法明确性原则。

首先，对于运输甲基苯丙胺片剂且在数量上达到死刑适用标准的情形，是否适用死刑，可以根据"当地的毒品犯罪形势"来决定，是明显违背刑法的明确性原则的。详言之，"当地的毒品犯罪形势"是否严峻，是个难以明确的问题，就连犯罪地的法官、检察官、公安侦查人员也会得出不同的意见。"当地的毒品犯罪形势"严峻与否的衡量标准也是个难以捉摸的卡尺。公安部公布的毒品犯罪重灾区有云南、广西和新疆三个地区[1]，

---

〔1〕 公安部："云南、广西、新疆是我国毒品犯罪重灾区"，载新华网：http://news. xinhuanet. com/legal/2012－06/25/c＿ 112286841. htm，访问时间：2015年10月28日。

但这只是一个广义的定论。云南、广西和新疆三地区内部究竟是哪一个市县或兵团的毒品犯罪更严重却没有公布；另一方面，是否国内其他省份、自治区和直辖市的毒品犯罪就不严重，也是值得考察的。

其次，对于运输其他滥用范围和危害性相对较小的新类型、混合型毒品，如果数量达到死刑标准，就存在死刑的适用余地，也是违背刑法的明确性原则的。就新型毒品和混合型毒品而言，是否属于麻醉药品和精神药品，以及使用后对人体产生的依赖性等副作用到底有多大，要通过科学研究予以证明，或者至少要以食品药品监督管理局、公安部、卫生部所公布的《麻醉药品品种目录》和《精神药品品种目录》来认定，才具有明确性。比如，大麻类毒品，美国学者早已指出："已有有效的科学证据充分表明了大麻比酒精的害处更少，甚至可能比普通香烟的害处还少这样一个事实。"[1]如果行为人运输该类毒品，因为数量达到死刑标准等原因而被判处死刑，不但违反罪刑相当原则，更加违反罪刑法定原则中的明确性原则。

二、运输毒品犯罪死刑的限制适用路径

从《武汉会议纪要》对运输毒品罪相关问题的态度来看，运输毒品罪的死刑有过度适用的嫌疑。运输毒品罪不但属于典型的非暴力犯罪，更属于"无被害人的犯罪"，因而，学界废除运输毒品罪的呼声一直不断。[2]但死刑的存废在本质上属于政

---

〔1〕〔美〕哈伯特·L.帕克：《刑事制裁的界限》，梁根林等译，法律出版社2008年版，第335页。

〔2〕肖洪："运输毒品罪概念及不同行为类型的分析"，载《西南政法大学学报》2006年第3期；李云才：《毒品犯罪的死刑限制与废止》，中国人民公安大学出版社2013年版，第79页；赵秉志、阴建峰："论中国毒品犯罪死刑的逐步废止"，载《法学杂志》2013年第5期。

治性决策的问题，运输毒品罪死刑适用的存废也是如此。基于目前国家对死刑存废的态度，同时基于刑罚正义性、人道性和效益性价值的衡量，对运输毒品罪死刑的适用只能先在司法上严格限制乃至逐步废除，才能在立法上探讨运输毒品罪死刑的废除。

（一）准确认定运输毒品罪

限制运输毒品罪的死刑适用，首先要准确认定运输毒品罪。而准确认定运输毒品罪，不但要明确运输毒品的概念，还要明确运输毒品与非法持有毒品的区分。具体说来如下：

对于，运输毒品的概念，学界主要有两种观点。第一种观点认为运输毒品不应当限定空间范围。如有学者认为，运输毒品指的是，明知是毒品而采用携带、邮寄、利用他人或者使用交通工具等方法非法运送毒品的行为。[1]第二种观点认为，运输毒品应当有空间限制，空间范围只能限定在境内。如有学者认为，运输毒品罪即是携带、邮寄、利用他人或使用交通工具等方法，在我国境内运输毒品的行为。[2]如果仅从"运输"的含义来看，就不应当限定空间范围，第一种观点有存在的道理；如果一定要把运输毒品罪和走私毒品罪相区分，那么，第二种观点是合理的。但是，通过以下两方面的考虑，第一种观点是更适合的。

一方面，从毒品犯罪在境内的违法过程来看，无论是制造毒品还是运输毒品，最终的结果都是要贩卖毒品，只有通过贩卖毒品才能侵犯毒品犯罪所保护的社会公众健康的法益。运输毒品只是贩卖毒品罪的一个过程而已，原则上没有必要单独处

---

[1] 何荣功："运输毒品认定中的疑难问题再研究"，载《法学评论》2011年第2期。

[2] 高铭暄、马克昌主编：《刑法学》，北京大学出版社、高等教育出版社2011年版，第589页。

理。另一方面，从毒品犯罪在境内外的违法过程来看，走私毒品的行为不但侵犯了国家海关管理秩序，同时必然涉及运输，走私毒品的过程在事实上也就吸收了运输毒品的过程，也完全没有必要单独予以区分。考虑到运输毒品罪的刑罚后果和走私毒品罪的刑罚后果完全一样，而事实上运输毒品罪的法益侵犯性又明显低于走私毒品罪，如果将两者进行明确区分，在事实上无疑加重了运输毒品罪的处罚范围，有导致运输毒品罪死刑滥用的嫌疑。

运输毒品与非法持有毒品的区分，一直以来是困扰学界和实务界的一大难题。有学者从物理意义上来区分，[1]有学者从刑法的规范目的上来区分，[2]还有学者从社会意义上来区分。[3]

从物理意义上区分的主要依据是，"运输"与"持有"二者属于一动一静的关系，运输毒品的行为有空间移动而持有毒品的行为没有空间移动。[4]在我们看来，这是明显站不住脚的。前文已述，运输毒品和持有毒品都会存在空间的动态位移，并非动态与静态的关系。如行为人毒瘾很大，购买了较大数量的冰毒之后，用矿泉水瓶制作的冰壶装着，很大胆地一边开车一边吸，结果被抓获。即使数量再大，都不应当将其认定为运输毒品罪。

从刑法的规范目的来区分的主要依据是，毒品犯罪严重侵犯国家对毒品的管理秩序、严重危及人体身心健康，且具有很

〔1〕 林亚刚："运输毒品罪的若干问题研究"，载《法学评论》2011 年第 3 期。

〔2〕 古加锦："运输毒品罪疑难问题辨析"，载《海峡法学》2012 年第 2 期。

〔3〕 刘凌梅："运输毒品罪司法适用争议问题探讨"，载《法律适用》2015 年第 7 期。

〔4〕 林亚刚："运输毒品罪的若干问题研究"，载《法学评论》2011 年第 3 期。

强的隐蔽性，而运输毒品正好是毒品犯罪中最易被发现的环节。为了严厉打击毒品犯罪，只要查明行为人主观上主要是为了使毒品流通，客观上又有空间位移，不管数量大小，原则上就应当认定为运输毒品。[1]这样的论证，一方面，过于重视主观目的，有主观归罪的嫌疑；另一方面，当主观目的无法通过证据查明时，对运输毒品与持有毒品的区分和基本和"从物理意义上进行区分"的观点无异。因而，我们不予赞同。比如，行为人在体内（如肛门内或阴道内）藏有大量毒品，乘坐大巴，在过高速公路收费站时被收费站人员察觉，后被抓获。在讯问过程中，行为人只说是帮人带货，但始终不供述其头目和收货方，侦查人员也不能查证其头目和收货方，虽然有空间位移，但也不能认定为运输毒品罪。

从社会意义上区分的主要依据是，运输的最终目的是要让毒品流通到社会领域，如果不能查证行为人运输毒品的最终目的是为了让毒品流通到社会，就应认定为持有毒品。[2]我们原则上支持这样的观点。但需要说明的是，如果行为人将毒品流通到社会，并非用于销售而是为了帮助他人逃避处罚，且事前并没有通谋，只要有部分证据证明这样的事实，从存疑有利于被告的原则出发，不能认定为运输毒品行为，只能认定为转移毒品行为。

（二）明确运输毒品罪死刑的适用对象

通过前文的分析，《武汉会议纪要》在运输毒品罪死刑的适用对象上呈现出相对扩张的态势。为了严格限制运输毒品罪的死刑适用，我们必须明确运输毒品罪死刑的适用对象。

---

[1] 古加锦："运输毒品罪疑难问题辨析"，载《海峡法学》2012年第2期。
[2] 刘凌梅："运输毒品罪司法适用争议问题探讨"，载《法律适用》2015年第7期。

　　首先，对于单纯受雇运输毒品的犯罪人，无论其运输毒品的数量有多大，无论其是否主动运输毒品，无论其是否多次运输或以运输毒品为业，无论其是否是累犯或再犯，都不应当适用死刑。死刑不但属于刑罚的执行措施，也属于刑罚的裁量制度。按照量刑原理，在对死刑的裁量上，必须以责任刑为根本，同时在责任刑之下考虑预防刑，进而确立宣告刑。[1]如果责任刑达到死刑立即执行的程度，在没有任何减轻的预防刑情节的情况下，才可以判处死刑立即执行。如前文所述，运输毒品只是毒品犯罪的一个中间环节，在法益侵害性上远不及走私毒品罪、制造毒品罪与贩卖毒品罪，受雇运输毒品的犯罪人在毒品犯罪中只起帮助作用，在有责的违法性程度上不及雇主的有责违法性重。即使雇主可以被判处死刑，根据受雇者的有责违法情节，也不可以判处死刑。如果判处受雇者死刑，就明显违背了责任报应观念。

　　其次，对于运输毒品犯罪集团首要分子，组织、指使、雇用他人运输毒品的主犯或者毒枭等，当其责任刑情节达到值得判处死刑的程度时，要重点考查其预防刑情节，才能确定是否适用死刑。①如果不但没有"累犯""再犯"等加重预防刑的情节，同时还有"不抗拒抓捕""认罪悔罪""自首""坦白"等减轻预防刑的情节，就不应当判处死刑。毕竟对预防刑的裁量要在责任刑之下进行，如果预防刑减轻，那么，宣告刑自然低于责任刑。②如果具有"累犯""再犯""抗拒抓捕"等加重预防刑情节，在归案后又有"坦白"等减轻预防刑情节时，是否判处死刑，就需要根据先重后轻的原则，准确裁量预防刑，进而确定是否适用死刑。如果犯罪人系累犯或再犯，虽然应当

──────────

　　[1]　张明楷：《责任刑与预防刑》，北京大学出版社2015年版，第375页。

从重，但从重的程度还需要看其前后的犯罪性质。当前后犯罪性质一样，且罪刑都极其严重时，即使有坦白或立功也不能降低预防刑，就可以判处死刑。当前罪的犯罪情节较轻时，再加之现有的减轻预防刑情节，原则上可以不判处死刑。

最后，对运输新类型、混合型毒品，数量完全达到死刑标准的犯罪集团首要分子，组织、指使、雇用他人运输毒品的主犯或者毒枭等，原则上不适用死刑。一方面，不少新类型毒品、混合型毒品对人体的成瘾性、依赖性到底有多大，目前并没有准确的定论。另一方面，新类型毒品、混合型毒品对社会的危害性到底有多大，也没有实证考察。同时，社会危害性到底是指什么、如何衡量，学界和实务界都没有准确的定论。此外，在新类型毒品、混合型毒品对人体和社会的危害性无法考证的情形下，更不能以"当地毒品犯罪形势严重"为由而判处死刑，毕竟每个地方的毒品犯罪形势是否严重，更多的是一种主观的推断，而不是客观的调研结果。如果不考虑这些因素而对毒品犯罪集团首要分子、大毒枭等适用死刑，就明显违反了罪刑法定原则中的刑法明确性原则。

（三）用死刑的替代措施分担运输毒品罪的死刑

死刑的替代措施，简单地说就是站在限制死刑、最终废除死刑的立场上，为当下限制死刑的适用和有条件废除死刑后，代替死刑作为最严厉刑罚的措施。就其适用前提而言，关键有三点：一是针对死刑立即执行；二是针对刑法中既有的死刑罪名；三是针对可以判处死刑的犯罪人的责任刑情节和预防刑情节。在死刑替代措施的本质上，有学者认为，其属于在司法上逐渐替代死刑的措施[1]；也有学者认为，其属于在立法上废除

---

[1] 高铭暄："略论中国刑法中的死刑替代措施"，载《河北法学》2008年第2期。

死刑后代替死刑的措施。笔者持折中的立场[1]，认为死刑的替代措施在本质上属于立法兼顾司法上限制、废除死刑的替代性措施。

就死刑替代措施的内容而言，一般认为，无期徒刑、死缓、死缓限制减刑、死缓终身监禁，都属于死刑的替代措施。囿于死缓终身监禁只针对可能被判处死刑的贪污受贿犯罪人，故而，在此不予讨论。其中，无期徒刑、死缓一方面没有限定犯罪行为类型；另一方面，自《刑法修正案（八）》以后，无期徒刑犯罪人和死缓犯罪人在监狱里的平均服刑期可能就 16 年或 18 年[2]，正好达到生刑的极限，可以在严格限制运输毒品死刑适用的情形下，作为代替死刑的最严厉的刑罚予以适用。尤其是在①贩卖、运输毒品犯罪集团中，可能判处两人以上死刑的情形下；②贩卖、运输毒品犯罪中，上家和下家的积极联络性、毒品数量标准完全达到死刑适用标准，以及其他从重情节，可能判处死刑的情形下；③指使、雇佣他人运输毒品的共同犯罪中，两名或多名主犯的罪责均很突出，且均具有法定从重处罚情节的情形下；④全家都贩卖、运输毒品，贩卖、运输毒品数量完全超过死刑标准，且没有任何减轻预防刑的情形下，尽量只对罪行最重的 1 人判处死刑，其余的判处死缓或无期徒刑。

值得说明的是，如果是运输毒品罪的累犯，完全有适用死缓限制减刑这一死刑替代措施的可能。在上述 4 种情形中，如果有两名以上犯罪人都有累犯情节，且值得判处死刑，可以考虑只判处 1 人死刑，对其他违法性仅次于判处死刑的犯罪人，

〔1〕 李希慧："论死刑的替代措施——以我国刑法立法为基点"，载《河北法学》2008 年第 2 期。

〔2〕 陈兴良："死刑适用的司法控制——以首批刑事指导案例为视角"，载《法学》2013 年第 2 期。

可以考虑宣告死缓限制减刑。但是，对于可能被宣告死缓限制减刑的犯罪人，也必须限制适用。因为让犯罪人在监狱里服刑至少 22 年或 27 年，已经超过生刑的极限，完全可以实现刑罚的特殊预防目的。正如国外实证研究所得出的结论："经过 20 年的关押后，犯人的人格通常遭到破坏，既无气力，也无感情，成为机器和废人。"[1]如果以限制运输毒品犯罪死刑适用的态度，对可以判处死刑的运输毒品罪的累犯适用死缓限制减刑，必须死缓限制减刑这一种死刑替代措施可能带来的一系列负面效果，毕竟我国刑法目前"生刑过轻是个伪命题"。[2]

死刑的适用基本没有刑罚的人道性和效益性价值可言，除了永久性地剥夺犯罪人的犯罪能力，满足千百年来"杀人偿命"的狭隘正义观和重刑主义观念以外，死刑的存在可以说是毫无益处。虽然我国刑法所规定的毒品犯罪中，只对走私、贩卖、制造、运输毒品罪规定了死刑，但其死刑的适用率之高，尤其是对运输毒品罪的死刑适用率之高，早已为学界所批判。《武汉会议纪要》对运输毒品罪死刑适用的态度存在诸多疑问，如果保留死刑的政策性因素进一步放宽，在毒品犯罪的死刑问题上，笔者建议，应当首先在司法上排除运输毒品罪的死刑适用，然后在立法上废除运输毒品罪的死刑。

---

〔1〕 刘仁文：《死刑的温度》，生活·读书·新知三联书店 2014 年版，第 105～106 页。

〔2〕 刘宪权："限制或废除死刑与提高生刑期限关系论"，载《政法论坛》2012 年第 3 期。

第三章

毒品犯罪刑事诉讼程序

第一节 新《刑事诉讼法》视角下毒品犯罪证据制度的完善[*]

毒品犯罪是危害甚广的犯罪类型，其存在和泛滥既对国家的社会管理秩序构成威胁，又严重侵害了国民的生命和财产安全，同时还直接诱发了多种较为恶劣的违法行为和刑事犯罪。鉴于此，世界各国对于毒品犯罪都构筑了较为严密的法网，同时也设置了较重的法定刑。在保留死刑的国家当中，大多数都为毒品犯罪设置了死刑。[1]正因为毒品犯罪刑罚较重，使得犯罪人采取多种方式来逃避司法制裁。犯罪人或将毒品犯罪的过程隐秘化，或将毒品流转的时间空间紧密化，甚至使用对抗的

---

[*] 作者简介：包涵，中国人民公安大学侦查系讲师，法学博士；张黎，中国人民公安大学侦查系副教授，法学博士；赵剑，云南省高级人民法院刑三庭法官，法学博士。

[1] 主要集中在毒品泛滥、毒品犯罪猖獗的东亚和东南亚国家，例如，中国、韩国、马来西亚、越南等。见李世清："毒品犯罪的刑罚问题研究"，吉林大学2007年博士学位论文，第五章。

手段，力图隐藏和掩盖犯罪的事实，消灭犯罪的证据。因此，毒品犯罪的证据极难搜集和固定，或者在形式上不符合法律对于证据的规范要求而难于转化为合法的证据。在实践工作中，由于证据的瑕疵导致案件不能得到公正的处理时有发生。《刑事诉讼法》于2012年3月14日获得立法机关的通过，由于在立法理念和实践操作中有较大的变动，这些变化对于毒品犯罪的证据制度既提出了更高的要求，同时也为在司法机关实践工作中解决目前毒品犯罪的证据问题提供了契机。

一、毒品犯罪的特点及证据问题

毒品犯罪案件具有其自身的特点，与一般的刑事案件不同，毒品犯罪一般没有传统意义上的犯罪现场，也没有典型的被害人，毒品的交易迅速而隐蔽，犯罪人一般较易形成固定的团伙或犯罪集团。这些特点对于毒品犯罪案件的证据搜集和固定带来了很多困难，因此，对于毒品犯罪案件中的证据问题，应当从毒品犯罪的特点入手，结合当下案件侦查中的具体问题进行分析。

（一）毒品犯罪案件的特点

从刑法的层面来看，毒品犯罪是触犯了《刑法》第六章第七节所规定的犯罪事实并需要追究刑事责任的犯罪行为。传统意义上的毒品犯罪，仅仅是围绕毒品的交易和流转而衍生的毒品的生产、制造、运输、买卖等出于经营和牟利的行为。由于社会管理秩序的需要和刑事法网严密的诉求，在现在的刑法中，对于毒品犯罪，除了上述经营牟利的类型之外，还有非法持有型、妨害司法机关禁毒活动型以及帮助他人毒品消费型的毒品犯罪类型。毒品犯罪的经济成本和收益对比悬殊，而刑罚较为严厉，导致犯罪人在行为手段上不断更新，使得毒品犯罪呈现出与其他犯罪类型相当大的差异。

1. 毒品犯罪案件没有特定的受害人和证人

其他类型刑事案件的成立，往往是犯罪行为已经发生，危害结果已经出现，对于犯罪行为，一般也都有确定的受害人或者相关的证人。然而，毒品案件大多数则没有受害人或者证人，特别是贩毒案件是以毒品的买卖来达到牟利的目的，在犯罪行为的实施过程中没有行为人与受害人的对抗。从刑法理论上看，贩卖毒品是对偶犯，即犯罪行为所涉及的主体都是触犯了法律，贩卖者与收买者都是犯罪行为的受益人，他们显然不会为毒品案件的侦查活动主动提供犯罪的证据。即使是吸毒者，也会刻意隐瞒自己的行为，力图隐瞒自己的身份。

2. 毒品犯罪案件没有传统意义上的发案现场

一般的刑事案件，都会存在外观显著的发案现场，发案现场会为刑事侦查和诉讼活动提供较为丰富的证据支撑。例如，现场勘验和鉴定结论，通过现场的遗留线索发现的证据等。而毒品犯罪环节众多，在不同的犯罪过程中组成人员、行为方式都相对保密，即使存在交易现场，也转瞬即逝。目前，在大量的毒品犯罪案件中，犯罪人通常采用物流寄递等手段实现人货分离或者利用特殊人群进行毒品犯罪，甚至利用网络进行毒品的走私和贩卖。[1]因此，毒品犯罪的过程保密性高、流动性强、

---

〔1〕　实际上，利用网络进行毒品犯罪已经非常泛滥。2011年9月2日，全国31个省区市公安禁毒、网安等部门在公安部统一指挥下，开展侦破"8·31"特大网络吸、贩毒案件的统一行动。历经56天连续艰苦奋战，截至10月27日，全案查获涉毒违法犯罪嫌疑人员12 125名（其中吸毒人员6112名），破获制贩毒案件496起，打掉贩毒团伙144个、吸毒窝点340个、制毒工厂（点）22个，缴获毒品308千克。参见"多警种联合作战　成功侦破特大网络吸贩毒案件"，载人民网：http://society.people.com.cn/GB/223276/203009/236933/16656946.html，访问日期：2011年12月20日。

区域跨度大，传统意义上的犯罪现场形成存在时间极短，不利于证据的搜寻和固定。

3. 毒品犯罪案件具有不确定性

一般的刑事案件都有确定的犯罪人、犯罪行为和社会影响，在犯罪行为发生之后，这些客观事实不会产生任何的改变。因此，一般的刑事案件的侦查，都是对已然发生的事实进行还原的过程。而大多数毒品犯罪案件在犯罪行为、犯罪人的数量以及社会影响等方面都有不确定性。由于毒品犯罪的高度集团化和组织化，导致犯罪分工严密，同时，大多数毒品犯罪跨国跨区域，隐蔽性较强，因此，很难对犯罪组织的所有成员一网打尽，同时，也很难查获所有的犯罪事实。对于毒品犯罪的侦查，实践部门一直强调"经营"和"适时破案"，即毒品案件的侦查，是对正在发生的案件进行侦查，破案也没有固定的标准，而是侦查机关基于多方面的考虑得出的主观标准。

（二）毒品犯罪中的证据问题

通过对于毒品犯罪不同于普通刑事案件特点的分析，可以看出，毒品犯罪具有的这些特点增大了证据搜集和固定的难度。由于没有受害人和证人，造成了取得线索和证人证言的困难；由于毒品犯罪组织分工明确，单线联系，缺乏证据支撑，造成了单一的犯罪人难以承担法律责任或者不能确认其系"明知"毒品犯罪行为，从而对打击毒品犯罪造成了不利影响；由于很难全案侦破，造成案件证据的缺乏，导致不能公正裁量犯罪人的罪责。有鉴于此，毒品犯罪案件的证据形成了与一般刑事案件相区别的较为特殊的制度。

1. 诱惑侦查和控制下交付的界定问题

诱惑侦查一般被理解为"侦查人员为了侦破某些极具隐蔽性的特殊案件，特意设计某种诱发犯罪的情境，或者提供其实施犯罪的条件或机会，待其实施犯罪或自我暴露时当场将其人赃俱获的一种特殊侦查手段"。[1]在中国的语境中，"诱惑侦查"是中性，是侦查的合理方法。而在英美法中的概念，"诱惑侦查"被严格定义为"警察为了有效执法，法律允许警察以秘密手段侦破犯罪。警察可以采取包括化装成犯罪分子，打入犯罪集团内部等手段侦破犯罪。但在进行秘密侦查时，警察可以鼓励他人犯罪，但不能诱惑他人犯罪"。[2]法律允许警察实施"鼓励他人犯罪"（Encouragement），但不允许"诱惑他人犯罪"（Entrapment）[3]，如果采用后者搜集到的证据，将作为非法证据予以排除。显然，在我国的法律规定中，并未对诱惑侦查的手段和内容作出详细的界分，而司法实践往往依赖诱惑侦查对毒品犯罪进行侦查，例如，广西桂林市某检察院统计，该院自1998年至1999年6月受理毒品犯罪和假币犯罪案件共94宗，合计13人，其中80.85%的案件是运用诱惑侦查破案的。[4]

而控制下交付，其被描述为"禁毒侦查部门发现有关毒品贩运线索或查获毒品并在保密的前提下，将毒品置于警方的严密监视、控制下，按照犯罪人事先计划或约定的贩毒路线、方向、地点和方式，顺其自然，将毒品最终交付给接货人，使禁毒侦查部门控制毒品贩运的全过程，并以此发现和将涉及的所

---

〔1〕 马红平："诱惑侦查的司法控制"，载《社会纵横》2010年第2期。

〔2〕 马跃：《美国刑事司法制度》，中国政法大学出版社2004年版，第139页。

〔3〕 在美国的司法制度中，判断是否构成"警察圈套"较为复杂，甚至不同的司法区有不同的判断标准，实际上，在我国的刑法理论中也有类似的讨论。即一般认为，主动促成他人犯意的诱惑是不正当的，而仅仅陈述犯罪事实、收益等鼓励他人犯罪，是合法的诱惑。

〔4〕 马滔："诱惑侦查之合法性分析"，载《中国刑事法杂志》2000年第5期。

有的贩毒人员一网打尽的侦查措施"。[1]可以看出，"控制下交付"实际上是诱惑侦查在毒品犯罪的侦查活动中的下位概念。[2]其具有诱惑侦查的内质，只是在毒品犯罪中展开运用，并被赋予了新的含义。控制下交付需要将犯罪过程纳入侦查部门的监视和掌握之下，往往要求侦查人员打入毒品犯罪团伙押运毒品或者化装成买家与毒贩进行交易，在这一过程中，侦查人员对于毒品犯罪人的犯罪行为具有"鼓励"和"促成"的作用。但与诱惑侦查所引起的争议不同，控制下交付是对于毒品犯罪良好的遏制手段。在1988年《联合国禁止非法贩运麻醉药品和精神药物公约》中，确认控制下交付是"有效提高跨国跨地区毒品走私犯罪侦破效率和效益的一种侦查方法"。

显然，控制下交付对于毒品犯罪的侦查是必要的。由于毒品犯罪往往都有固定的组织和人员，犯罪行为和手段都经过严密的策划和周密的安排，常见的侦查手段较难掌握毒品犯罪的证据。例如，贩运毒品时，常有"人货分离""幕后操纵、雇佣马仔"等犯罪手段，如果不采用诱惑侦查和控制下交付，一般只能查获货物或者被雇佣的人员，或者次要的参与者，对于整个毒品犯罪组织的核心几乎没有打击。同时，控制下交付可以使毒品犯罪活动在侦查机关的控制下进行，可以合理选择破案时机，达到"人赃俱获"的效果，取得诉讼活动所需的证据。

然而，问题也就随之而生。由于没有界定控制下交付的内容，在司法实践中，很难区分控制下交付的合法界限。例如，

---

〔1〕 肇恒伟、关纯兴主编：《禁毒学教程》，东北大学出版社2003年版，第299页。

〔2〕 邓立军、吴良培："控制下交付论纲"，载《福建公安高等专科学校学报》2004年第4期。当然，对于这一论断在理论上是有争议的。诱惑侦查往往被归结于不合法的侦查行为，而控制下交付被认为是毒品犯罪侦查所必需的合法正当的侦查行为。

毒品犯罪团伙为了试探运毒路线的安全与否，往往采用投石问路的方式，先小批量散货运输，待时机成熟确认安全后再进行大宗的毒品贩运。而零散的毒品犯罪对于侦查机关来说，既费时费力也浪费宝贵的司法资源。因此，侦查机关为了促使犯罪人尽快实施大宗毒品交易，以便破获大案，往往故意放松查缉，营造宽松的运输渠道，利用化装买主的侦查人员制造可以大量运输毒品的信息，诱使犯罪人进行大宗毒品交易。在这一过程中，很难区分犯罪人的犯意是否由侦查机关的诱惑而生成，在这一过程中搜集的证据是否为非法证据，在法院裁判时难以认定。同时，作为犯罪人在进行辩护时，一般会将控制下交付的毒品案件归结为未遂，因为从客观上看，控制下交付的毒品犯罪是没有既遂可能的，而侦查人员的控制反倒成了对犯罪人有利的证据。由于侦查人员的介入，反而导致犯罪人有轻缓处理的条件，这需要引起我们的思考。

2. 口供的作用和认定问题

在我国的侦查活动中，口供的作用一直都是比较重要的。在现有的侦查模式中，由于"由供到证"思维的长期存在，造成口供在某种程度上被誉为"证据之王"，作为最为重要的证据形式存在。在毒品犯罪中，由于犯罪行为隐蔽，缺乏证人，口供就成了侦查机关发现犯罪线索，认定案件证据的关键。例如，在以物流寄递渠道进行走私毒品的案件中，往往只有实施邮寄行为的犯罪嫌疑人供述幕后指使的主要犯罪嫌疑人的基本情况，侦查人员才能开展下一步的侦查工作。而且，毒品犯罪涉及犯罪人众多且分工不同，一般也需要犯罪人的供述确定其他犯罪人的行为是否属于毒品犯罪行为的组成部分，才能确定行为人的犯罪事实。同时，在某些毒品犯罪中，"明知"的主观认识是认定犯罪成立的关键，除了根据司法解释推定"明知"之外，一般也只能通过口供来认定主观明知。[1]

然而，由于毒品犯罪刑罚设置严厉，犯罪人的供述，在刑罚裁量上也很有可能得不到宽缓的处理。依据《刑法修正案（八）》对于《刑法》第 67 条的规定，犯罪嫌疑人不具有自首情节，但是如实供述罪行的，可以从轻处罚。显然在我国，"坦白"的法律效果是"得减主义"，即由司法官裁量是否减轻刑罚，而不是必然减轻处罚。而毒品犯罪处罚很重，以贩卖毒品罪为例，贩卖海洛因 50 克以上，就有被判处死刑的可能性。[2]因此，毒品犯罪人的口供往往不能获得，鉴于目前采取人体带毒等传统运输毒品的方式逐渐减少，破获毒品案件时大多处于"人货分离"的状态，因此，"零口供"的毒品犯罪案件更是呈上升趋势。由于口供在毒品犯罪中的重要作用，导致在目前的侦查中大量存在以非法方式逼取口供，这些口供以及从口供衍生出来的证据应当如何认定，成了司法实践中不能回避的问题。

3. 特情介入的证据合法性问题

特情不同于专职的侦查人员，是在侦查机关和侦查人员的领导指挥下，完成特定侦查任务的社会人员。在大量的毒品犯罪案件侦查过程中，侦查机关需要通过特情提供线索、情报以及证据，特情人员既包括普通公民，也包括吸毒人员或者毒品犯罪人。现实的状况是，侦查机关对于吸毒人员或毒品犯罪人作为特情使用较多，而这类人员往往能够直接感知案件情况，甚至参与案件发展的全过程，其证言有着极其重要的作用。但

---

〔1〕 对于主观明知，有较多的司法解释来加以认定。2012 年 5 月 18 日实行的《最高人民检察院、公安部关于公安机关管辖的刑事案件立案追诉标准的规定（三）》统一了标准。

〔2〕 实践中，各地实际上已经形成了高于法律规定的标准，毒品犯罪的数量和规模早已不是 1997 年所制定的《刑法》可以比拟。

是特情向侦查机关提供的举报材料、案件线索等，都因为特情的特殊身份而不能在法庭上使用。作为毒品犯罪人特情所提供的证据，在我国并无相关制度进行证据合法性和证据证明力的判断。除了证明力和案件事实关联性的问题之外，特情人员出庭作证以及相应的保护程序是空置的，几乎没有确切的依据可以适用。造成了特情不能出庭作证，或者基于特情秘密侦查的证据不能合法转化为在法庭上使用的证据，导致案件不能得到良好的处理。相对应地，为了解决特情的证据问题，在英美法国家大多确立了"污点证人"和辩诉交易等制度，对于污点证人，既有相关的法律对于其陈述或提供的证据进行认定，也对污点证人的作证进行了保护，并且通过辩诉交易等制度对其刑事处罚作了轻缓化的规定。

二、《刑事诉讼法》修订对于毒品犯罪证据的影响

《刑事诉讼法》的修订在理念和实践上都有长足的进步。从宏观的层面上看，修订后的《刑事诉讼法》加入了保障人权和不自证其罪等先进的理念，同时在非法证据排除制度和诉讼程序等方面也有相当大的改观。对于毒品犯罪的证据问题，《刑事诉讼法》修订有着更为合理的理念和制度设计。

（一）诱惑侦查的界定和适用

《刑事诉讼法》修订后，对于诱惑侦查作出了初步的认同。修订后的《刑事诉讼法》第151条规定："为了查明案情，在必要的时候，经公安机关负责人决定，可以由有关人员隐匿其身份实施侦查。但是，不得诱使他人犯罪，不得采用可能危害公共安全或者发生重大人身危险的方法。对涉及给付毒品等违禁品或者财物的犯罪活动，公安机关根据侦查犯罪的需要，可以依照规定实施控制下交付。"可见，立法机关的态度是对于诱惑

侦查在某种程度上予以了肯定。"有关人员隐匿身份"实质是诱惑侦查的行为方式，且诱惑侦查的界限是"不得诱使他人犯罪，不得采用可能危害公共安全或者发生重大人身危险的方法"，同时对于控制下交付，明确规定了适用于"涉及给付毒品等违禁品或者财物的犯罪活动"。这一规定对于毒品犯罪的侦查和证据取得非常重要，在目前的毒品犯罪侦查和证据搜集中，采用诱惑侦查和控制下交付非常普遍。但在《刑事诉讼法》修订之前，没有对诱惑侦查的合法界限作出规定，依照现在的法律规定，如果诱惑侦查涉及"诱使他人犯罪"，则在此方法下搜集的证据应当作为非法证据予以排除。因此，在毒品犯罪案件中，有条件地适用诱惑侦查和控制下交付已经成为合法化的手段。然而，立法并没有对诱惑侦查的适用范围、审批程序和违法责任作出明确的规范，同时，对诱惑侦查的合法性界定也显得非常模糊。正如有学者指出的，现在尤其要完善诱惑侦查所取得的证据的证明力和证明资格问题，"明确诱惑侦查收集的证据具有证据资格，同时也必须排除违法诱惑侦查收集材料的证据资格"。[1]

（二）口供和衍生证据的排除标准

在《刑事诉讼法》修订之前，2010年7月1日开始实行的《关于办理刑事案件排除非法证据若干问题的规定》（以下简称《规定》）已经为我国刑事诉讼中非法证据排除制度作出了较为详尽的规定，《刑事诉讼法》修正案也沿袭了《规定》的内容，设置了具有中国特色的非法证据排除制度。从规范上看，采用刑讯逼供等非法手段获得的言词证据，应当予以排除，不能作为定案的依据。而物证、书证的取得明显违反法律规定，可能影响公正审判的，应当补正或作出合理解释，否则不能作为定

---

〔1〕 陈光中、卞建林：《中华人民共和国刑事证据法专家拟制稿（条文、释义与论证)》，中国法制出版社2004年版，第412页。

案的依据。可见，立法者并没有采纳类似于美国"毒树之果"理论指导下的非法证据排除制度，即对于"以刑讯逼供等非法手段所获得的犯罪嫌疑人、刑事被告人的口供，并获得的第二手证据（派生性证据）"都应当予以排除。

显然，这对于目前的毒品犯罪证据搜集是有利的，但与目前保障人权的刑事诉讼理念有所冲突。根据《规定》的制度要求，即使通过非法手段获取了口供并通过口供搜集到了物证、书证等证据，这一系列证据中，只有口供是需要排除的，且这一排除过程并不考虑证据的真实性和关联性，只需要证明口供的取得是通过非法手段获取的就可以了。然而，通过口供获取的派生证据，则需要考虑证明力的问题——如果派生的物证、书证"明显违反法律规定，可能影响公正审判，同时又不能补正或合理解释的"，才能够作为非法证据予以排除。现行的法律既保障犯罪嫌疑人"不得强迫自证其罪"的权利，但也有《刑事诉讼法》第93条所规定的"如实回答问题的义务"，这实际上存在某种意义上的矛盾。当犯罪嫌疑人没有口供的时候，通过非法方式逼取的口供，同时凭借口供获取了实物证据，那么，是否违反"不得强迫自证其罪"的原则呢？

其实，即便是在美国，非法证据排除也并不是宪法原则，只是为了防止警察非法行为的一般法律原则，实践中，法院只有1%～2%的刑事案件运用非法证据排除原则。但有意思的是，这1%～2%运用非法证据排除原则的案件，大多数都是毒品案件。[1]这正是立法思维上的差异，毒品案件的口供比一般的刑事案件更加重要，因为除了印证犯罪事实，审核其他证据的证明力之外，还有提供线索和犯罪嫌疑人以及"抓上家打下家"

---

〔1〕 马跃：《美国刑事司法制度》，中国政法大学出版社2004年版，第216页。

的延伸作用。在美国，毒品案件中适用排除非法证据的制度，正是对警察随意逼供和搜查毒品的限制。但是，在限制警察权力和获得证据从而破获案件的矛盾中，美国的司法制度通过创立辩诉交易或者污点证人制度，从而获得了合法的口供和证据。而在我国，既缺乏对于口供衍生的非法证据的排除，也没有相应的促使犯罪人承认犯罪的制度鼓励。现行法律作出的选择，实际上仍旧是在以"惩罚犯罪"为指导思想下的制度延伸。而这样的制度设计，显然会导致司法最终走向"栓塞"。一方面，刑事诉讼理念的变化要求证据的资格和证明力有更高的标准，同时，对于搜集和认定证据确立了更为严格的程序，那么，对于公安机关来讲，这必然将是一种对现有侦查资源和手段的挑战。然而，对于犯罪人，我们却缺乏使之"供述"的制度保障，例如，上述的辩诉交易，所以，我们只能通过规范的设计来进行一些折中的考虑。这恰是目前刑事诉讼法修订后，先进的理念与不太先进的制度之间做出的似乎不太符合逻辑的妥协。

（三）技术侦查和特情的证据合法性

《刑事诉讼法》修订后，对于毒品犯罪的技术侦查作出了肯定，其第148条规定，对于重大毒品犯罪，根据侦查犯罪的需要，经过严格的批准手续，可以采取技术侦查措施。同时，在第62条规定了对于毒品案件，证人、鉴定人由于作证而带来的本人或近亲属的人身危险可以采取的保护措施。这样的立法设计为使用技术侦查和特情消除了法律上的风险，同时，对于特情的出庭作证作了立法上的保护。

对于特情提供的证据的合法性问题，《刑事诉讼法》修订后并没有做出明确的界定。然而，对于现行有效的最高人民法院于2008年12月印发的《全国部分法院审理毒品犯罪案件工作座谈会纪要》对特情引诱问题所作的规定，"对特情介入侦破的毒品案件，要区别不同情形予以分别处理。对已持有毒品待售或者有证据证明已准备实施大宗毒品犯罪者，采取特情贴靠、接洽而破获的案件，不存在犯罪引诱，应当依法处理。对因'犯意引诱'实施毒品犯罪的被告人，根据罪刑相适应原则，应当依法从轻处罚，无论涉案毒品数量多大，都不应判处死刑立即执行。行为人在特情既为其安排上线，又提供下线的双重引诱，即'双套引诱'下实施毒品犯罪的，处刑时可予以更大幅度的从宽处罚或者依法免予刑事处罚。对因'数量引诱'实施毒品犯罪的被告人，应当依法从轻处罚，即使毒品数量超过实际掌握的死刑数量标准，一般也不判处死刑立即执行"。该纪要实际上已经为毒品犯罪中特情的证据提供了判断标准。根据这一规定，特情提供的证据，只要证据的客观性、关联性没有问题，那么，都是可以作为证据适用的。即使特情对犯罪人使用"犯意引诱"所获得的证据仍旧可以作为对犯罪人定罪的依据，只是在量刑上应当依法从轻处罚。然而，对于特情和秘密侦查的证据转化为法庭上能够使用的证据类型的方法，以及转化为可使用证据之后的证据证明力大小，在程序上仍然没有明确的规定。

结 论

通过上述分析可以看出，《刑事诉讼法》修订对于我国业已存在的毒品犯罪的证据制度问题有了较大的改善，提出并落实了较为先进的理念，并且在非法证据排除、秘密侦查和特情证据等具体制度方面都有了初步的界定和适用方法。但是，纵观整部立法，仍旧缺乏与具体司法实践的配套程序和手段，使得这些立法成果不能在实践中较为具体地指导刑事诉讼工作。在实际工作中，我们仍需借助现有的法律资源，如司法解释和最高人民法院的会议纪要等规范性文件来解决问题。

第二节　艾滋病人毒品犯罪后交付
执行的法律监督机制研究*

毒品犯罪及其诱发的其他违法犯罪，严重扰乱社会治安，影响社会安定，并侵蚀着社会、民族的健康肌体。近年来，艾滋病人依仗自己患有"严重疾病"、难以被收监执行而肆无忌惮地进行毒品犯罪的现象日益突出。从法律监督视角出发，作为国家法律监督机关，检察机关必须健全协同化、系统化、全程化、同步化工作机制，强化对刑事交付执行的监督，促进对艾滋病人毒品犯罪的严格执法、严格司法、严格管理，避免艾滋病人成为毒品犯罪刑事执行的"例外"，切实保障刑事诉讼和刑罚执行活动的顺利进行，有效维护社会安全稳定，凸显社会化禁毒工作的成效。

一、当前艾滋病人毒品犯罪后刑事交付执行中存在的主要问题

（一）收押、收监难

一是当公安机关对涉嫌毒品犯罪的艾滋病人采取强制措施并送到看守所进行羁押时，看守所依据《看守所条例》中关于"患有其他严重疾病，在羁押中可能发生生命危险或者生活不能

---

* 作者简介：杨育正，男，汉族，生于1966年8月，四川省绵阳市游仙区人民检察院检察长，三级高级检察官，法学博士，西南政法大学、西南科技大学兼职教授；陈叙，女，汉族，生于1979年12月，四川省绵阳市游仙区人民检察院法律政策研究室主任，四级检察官。

自理的，但是罪大恶极不羁押对社会有危险的除外”的规定，在不注重对该类罪犯是否“可能发生生命危险”、是否“罪大恶极不羁押对社会有危险”这两个重要条件进行严格、依法审查的情况下，仅以该类人员所患的艾滋病属于严重疾病为由拒绝收押。公安机关不得不改变强制措施，采取取保候审方式将该类人员放置社会，导致出现犯罪嫌疑人、被告人外逃等现象，严重影响了刑事诉讼的顺利进行。二是当法院将患艾滋病的涉毒罪犯送到看守所时，存在看守所以上述同样理由拒收或看守所虽收押但在看守所送监时监狱拒收的情况。因送不出去，有的法院不得不违规对此类罪犯作出暂予监外执行的决定，导致该类罪犯流入社会，让其误以为自己的艾滋病人身份成了逃脱“坐牢”的护身符，助长了他们继续扰乱社会管理秩序、危害社会的心理，给社会带来了极大的安全隐患。

（二）监外执行（保外就医）制度落实不到位

一是存在违规办理、不严格办理保外就医的情况。特别是决定机关或呈报机关对患艾滋病的涉毒罪犯的身体条件把关不严，对该类罪犯的社会危险性评估工作不重视，存在以社区调查评估执行替代决定机关或呈报机关对服刑人员社会危险性评估现象。[1] 二是司法行政机关对该类罪犯在保外就医期间的监督管理不到位。特别是疏于对该类罪犯社区矫正的监督，导致该类罪犯存在漏管、脱管、虚管现象。如当该类罪犯存在不符合监外执行条件、监外执行条件消失等应当收监执行的情况时，司法行政机关因疏于管理，没有及时甚至根本未向决定机关提出收监执行的建议，使该类人员出现了“监外到底”的现象，给该类人员继续进行毒品犯罪等违法犯罪活动提供了可乘之机。

---

[1] 袁其国主编：《刑事执行检察工作重点与方法》，中国检察出版社 2015 年版，第 193 页。

（三）法律监督不到位

一是检察机关在促进统一执法司法共识、形成工作合力方面着力不够。公检法司之间对艾滋病人毒品犯罪后刑事交付执行问题的意见不统一，存在各自为政、选择性执法司法的问题。针对该问题，检察机关在促进公、检、法司之间出台"关于加强艾滋病人毒品犯罪后刑事交付执行"的规范性文件、建立联席会议、建立信息共享机制等方面做得不到位。二是检察机关的监督措施刚性不足，监督实效性不强。针对发现的相关部门或工作人员的违法违规问题，检察机关多采取柔性监督措施，而较少采取发《纠正违法通知书》、查办背后的职务犯罪等刚性措施予以监督纠正。三是工作机制不健全，工作措施不具体。如检察机关未有效建立关于内部办案一体化、内外信息共享和办案精细化、动态化、同步化监督机制，导致监督效果不明显。

二、当前艾滋病人毒品犯罪后刑事交付执行中存在问题的主要原因

（一）主观原因

一是党委政府对艾滋病人毒品犯罪刑事交付执行的重要性认识不足，导致对艾滋病人毒品犯罪后刑事交付执行中涉及该类人员羁押、收监、保外就医的人、财、物、制度保障不到位，没有充分解除监管场所、司法行政机关的后顾之忧。二是公、检、法司之间对艾滋病人毒品犯罪刑事交付执行的重要性认识不足，公、检、法司工作人员存在普遍的"恐艾"心里，看守所、监狱因怕担风险而不愿意将患艾滋病的涉毒罪犯放在监所内，司法行政机关负责社区矫正的工作人员怕接触该类人员从而疏于对社区矫正的监督管理，检察机关针对收押、收监难等问题存在不敢监督、不愿监督的心理。

（二）客观原因

一是监管场所的监管条件不足，给收押、收监带来压力。特别是看守所、监狱普遍缺乏专门羁押患艾滋病的犯罪嫌疑人、被告人、罪犯的场所，缺乏充足的艾滋病医治经费，缺乏专门的医护人员和设备，缺乏工作人员职业暴露保护措施，导致监管场所对收押、收监上述人员有顾虑。二是公、检、法司之间对法律法规的理解有分歧、认识不统一。特别是针对不同法律法规之间对同一问题出现不完全相同的规定性表述时的法律适用，以及关于"社会危险性、可能发生生命危险、艾滋病病毒感染者和病人伴有需要住院治疗的机会性感染"等规定的具体理解和适用有不同认识，导致执法司法不统一。三是检察机关刑事执行检察部门工作人员的司法理念、司法能力、监督水平不足。

三、完善检察机关对艾滋病人毒品犯罪后刑事交付执行的法律监督机制的几点建议

（一）建立健全协作配合工作机制

检察机关应协商法院、公安局、民政局、司法局、人力资源和社会保障局制定关于加强艾滋病人毒品犯罪后刑事交付执行的规范性文件，明确部门间各司其职的具体事项，细化相互间协调配合的主要内容和相应措施，形成执法司法共识，统一执法司法尺度，为防止"破窗效应"和避免部门间推诿扯皮、各自为政提供制度支撑。检察机关应与法院、公安、司法、人力资源和社会保障、卫生、疾控部门建立联席会议机制，每季度召开一次联席会，通报艾滋病人毒品犯罪及其收押、收监、监外执行情况，分析新情况新问题，研究下一步工作措施。检察机关应与法院、公安局、司法局及监狱、看守所之间推行信

息交互、核对机制，建立联络员，每月定期交互艾滋病人毒品犯罪相关情况，保证基础信息及时更新、衔接准确。检察机关应建立法律监督一体化工作机制。进一步加强检察机关的内部协作与配合，在刑事执行检察各个环节形成上下联动、横向互动、内外结合的区域性工作协作网络[1]，为艾滋病人毒品犯罪后的收押、收监、监外执行法律监督工作注入新的活力。

（二）建立健全收押收监交付法律监督工作机制

一是健全对交付环节的法律监督机制。检察机关要围绕暂予监外执行的法定条件，对法院办理监外执行进行全面监督。特别是针对是否有社会危险性问题，要求法院在委托审前调查时将相关文书抄送检察机关，实现监督关口前移。注重审查调查评估是否存在委托不合规、调查评估搞形式、调查评估意见不客观、不全面等问题，防止法院以刑罚交付执行难为理由对患艾滋病的毒品罪犯违法或不当作出暂予监外执行的决定，避免有社会危险性的患艾滋病的毒品罪犯被放置社会从而影响社会安全稳定。二是健全对接收环节的法律监督机制。检察机关应协调法院、公安局建立艾滋病人犯罪案件快速办理机制，在确保案件质量的前提下，着力缩短办案周期，使该类人员尽快被送交有监管条件的监狱执行刑罚，从而减少该类人员在看守所的关押时间，解决监管场所收押收监该类人员的后顾之忧，促进提升看守所收押该类人员的积极性。检察机关应强化监督刚性，注重上下联动。发现在交付执行活动中存在可能违反法律规定情形的，应当及时受理、组织调查、撰写审查报告、提出审查意见。对严重违法的，应依据审查意见制发《纠正违法

---

〔1〕 参见《江苏省人民检察院关于建立社区矫正法律监督一体化工作机制的暂行规定》（苏检发监字〔2012〕3号）。

通知书》，并向上级检察机关报送和续报纠正情况。[1]三是健全对变更环节的法律监督机制。检察机关应深化日常检察机制，加强动态监督：勤巡查。派驻监管场所的检察人员应定期到艾滋病罪犯监区、监狱医院进行巡查，掌握该类罪犯病情和思想动态、改造表现等情况。勤沟通。派驻监管场所的检察人员应通过与该类罪犯谈话、与其同监室罪犯谈话、向医务人员询问病情、向管教民警了解改造表现等方式，深入收集涉及该类罪犯的相关信息。勤登记。应建立单独的信息台账，全面记录经巡查、沟通后掌握的该类罪犯的基础信息，为下一步开展暂予监外执行的同步法律监督，特别是为审查拟保外就医案件中该类罪犯的身体状况、社会危险性方面，提供详实的基础资料，有效克服事中审查和书面审查的局限性。应引入法医介入机制，加强技术监督。在刑事执行检察部门受理暂予监外执行案件后，应当委托检察技术部门进行技术性证据审查。检察技术部门人员可以参加监狱组织的诊断、检查和鉴别等活动，列席罪犯暂予监外执行评审会议，并注重审查监狱提供的罪犯病残鉴定及病历资料，拿出书面审查意见供刑事执行检察部门参考，从技术上关上艾滋病涉毒罪犯在服刑期间被违法保外就医的"天窗"。

（三）建立健全监外执行法律监督工作机制

一是健全对该类罪犯社区矫正交付执行的监督机制，有效解决脱管、漏管问题。检察机关应协调法院、公安局、司法局召开联席会议，明确暂予监外执行社区矫正案件流转办理程序和标准，做到辖区内决定机关依法委托、司法行政机关依法接收。检察机关应及时监督该类社区矫正人员入矫活动是否合法、

---

[1]　参见《上海市人民检察院关于办理刑事执行检察监督案件的规定（试行）》（沪检监所［2015］15号）。

手续是否完备、有关部门是否及时进行交接并办理登记手续等，特别是要围绕纠正漏交拒收，重点监督外地交付执行的艾滋病等传染性疾病社区矫正人员的接收情况，防止司法行政机关漏接拒收。同时，建立信息及时通知、通报、核查制度，促进裁决地和矫正地检察机关及时、全面掌握信息，实现交付无缝对接，全力确保"零漏管"。二是健全对该类罪犯社区矫正执行活动的监督机制，有效解决脱管问题。检察机关应针对该类罪犯社区矫正难点，建立健全监外执行检察监督台账，实行一人一表，确保实时动态监督。应督促司法行政机关实行分类管理模式，将该类社区矫正人员作为重点监管对象，进行专门登记、专门建档、专门监管，以提升监管的针对性和实效性。检察机关应以查"人"为重点，构建随机抽查、突击检查、专项检查、联合检查以及依托派驻基层检查室、社区矫正法律监督工作站开展日常检查为一体的全方位多维度社区矫正检查方式，通过走访、拨打矫正人员手机、通知矫正人员谈话、查看矫正人员请假、续假手续等措施，注重发现和纠正见档不见人和人档都不见等问题，防止该类社区矫正人员脱离监管，避免产生危害社会的风险。三是健全对该类罪犯社区矫正执行变更的监督机制，有效解决虚管问题。检察机关应建立"十必查"和"五约谈"机制，即必查司法行政机关是否建档立卷、是否建立矫正个案、是否进行心理矫治、是否进行风险评估、是否落实监管制度、是否对从事社区矫正工作的司法行政人员进行艾滋病防治知识培训、心理疏导和职业暴露防护以及必查该类社区矫正人员是否接受或配合治疗、是否按规定提交病情复查情况、身体状况是否恢复、是否认罪伏法；约谈矫正责任人、约谈矫正人员、约谈矫正人员家属、约谈社区工作人员、约谈治疗医生，深入了解该类社区矫正人员的思想状况、身体状况、日常生活状况、现实表现和遵守有关规定接受矫治的情况。对违反社区矫正纪律规定、具有社会危险性、不符合监外执行条件、监外执行条件消失等应当收监执行的该类社区矫正人员，督促司法行政机关及时向决定机关提出收监执行的建议，对司法行政机关没有及时向决定机关提出收监执行建议，或者决定机关没有据此依法作出决定的，及时提出纠正意见并跟踪监督，切实纠正该收不收问题。

第三节　论我国毒品犯罪"控制下交付"应用问题及完善对策*

2012 年 3 月新修订的《刑事诉讼法》首次对控制下交付给予法律层面的确认。[2]随后，2012 年 12 月修订的《公安机关办理刑事案件程序规定》对控制下交付的相关事宜做出了进一步规定。因此，我们应当以此为契机，将控制下交付积极运用到毒品犯罪案件的侦破活动中。就我国的禁毒工作而言，控制下交付具有一定的法律与实践基础。一方面，虽然我国没有关于控制下交付的系统的程序性法律规定，但是在一些法律规范中，我们能够找到相关依据。[3]另一方面，我国已经参与的国际控制下交付行动能够为毒品犯罪控制下交付应用的完善提供经验。

---

　* 作者简介：张拓，辽宁抚顺人，北京师范大学刑事法律科学研究院博士研究生。

　[2]《刑事诉讼法》第 151 条第 2 款："对涉及给付毒品等违禁品或者财物的犯罪活动，公安机关根据侦查犯罪的需要，可以依照规定实施控制下交付。"
　[3]　如我国加入的有关控制下交付的三大国际公约及相关多边或双边条约、《刑事诉讼法》《公安机关禁毒业务工作若干问题的规定》《毒品案件侦查协作规定》《关于毒品案件侦查协作有关问题的通知》等。

一、我国毒品犯罪控制下交付应用存在的问题

（一）国内毒品案件侦查协作水平制约控制下交付的实施效果

作为有关打击跨国毒品犯罪国际公约的缔约国，我国的禁毒部门已经在国际层面积极实践控制下交付，并且侦破了一些重、特大的跨国毒品犯罪案件。如今，在国际范围内开展控制下交付活动又得到了进一步的加强，例如，按照中国公安部和俄罗斯联邦麻管局达成的协议，2014 年 10 月 30 日，中俄两国禁毒部门在中国黑河市与俄罗斯布拉戈维申斯克市间成功举行了中俄禁毒"控制下交付"第一阶段国际演习。[1]然而，在国内层面，我国禁毒实战部门利用控制下交付打击毒品犯罪活动的力度还不够，未能发挥出其应有的作用。其主要原因是，各省禁毒部门之间协作配合的意识较为薄弱。一方面，一些地方存在着本位主义和门户之见，缺乏团队配合的协作精神。另一方面，受被收缴毒资的处理问题及案件侦破的绩效问题的影响，禁毒协作工作障碍重重。如今，在国内范围看，借助日益发达的交通运输体系，毒品犯罪的流动性以及跨区域的特点日趋明显，打击毒品犯罪活动已经不仅仅是某一省份或者某一地区禁毒部门的任务，而往往涉及诸多省份。因此，利用控制下交付打击毒品犯罪活动的意义就更为明显。进一步讲，协作是毒品犯罪控制下交付实施的基础，其优劣程度直接影响到控制下交付的成功可能性。但是，无论是从主观意识还是从客观条件来讲，当前我国国内禁毒协作的薄弱阻碍了省份之间控制下交付的进行。因此，有必要加强国内禁毒协作的力度，以期为国内

---

[1] "黑河市公安局与俄罗斯联邦远东区麻管局成功举行中俄禁毒'控制下交付'国际演习"，载黑河政府网：http://www.heihe.gov.cn/html/2014 – 11/8 – 34 – 32 – 72948.html，访问时间：2014 年 11 月 13 日。

毒品犯罪控制下交付的实施创建基础性条件。

（二）缉毒侦查人员运用控制下交付的意识与能力不强

当前，影响我国毒品犯罪控制下交付有效实施的另一问题是侦查人员的主观意识和客观能力问题。主要表现在两个方面：一是在毒品犯罪案件的侦破活动中，缉毒人员缺乏运用控制下交付的主动性。诚然，控制下交付具有侵犯合法权益以及造成毒品流失的风险，因此，在适用中应当十分谨慎。然而，我们不能仅注重其消极的一面而放弃控制下交付对于打击毒品犯罪活动的重要价值，否则就会因噎废食，事倍功半。二是运用控制下交付的专业能力不强，降低了毒品犯罪控制下交付实施的成功率。控制下交付是一项专业性较强的侦查措施，对侦查人员的综合素质能力有较高的要求。与其他侦查措施相比，从博弈的角度来看，控制下交付实质上是一场侦查人员与毒品犯罪分子之间的博弈，是一场斗智斗勇的较量。随着犯罪手段与方式的不断变化，毒品犯罪已经脱离了"人货同行"的最初形式，逐渐向"人货分离"甚至"人钱物相分离"的方向发展，而当前，我国一线缉毒警察运用控制下交付的意识薄弱且专业能力不够强，与日趋严重的犯罪现象不相适应。因此，如何增强我国禁毒警察运用控制下交付的主观意识，并且提高其专业能力，是当前我国毒品犯罪控制下交付应用过程中亟待解决的问题。

（三）毒品犯罪控制下交付缺乏具体的程序性规范

法律规范是侦查措施实际运用的重要依据。毒品犯罪控制下交付作为秘密措施的一种，只有具备完善与系统的程序性法律规范，才能在实践中发挥出应有的作用。虽然，当前我国签署了一些有关控制下交付的国际公约、双边条约及多边协议、协定等国际性文件，但是国内范围内有关控制下交付的法律规范并不完善。在新《刑事诉讼法》出台之前，我国有关毒品犯罪控制下交付的程序性规范主要散见在一些内部规定当中，并未出现针对性的规定。2012 年新的《刑事诉讼法》首次将控制下交付纳入其中，给实战部门积极运用控制下交付措施来打击毒品犯罪活动提供了有力支持。然而，《刑事诉讼法》的这一修改只是在宏观上从法律层面对控制下交付给予的认可，并未对其具体的应用程序做出系统的规定。由此可见，在实际应用过程中，毒品犯罪控制下交付的应用程序依然缺乏规范性，有碍其侦查价值的实现。如实践中，控制下交付的启动较为随意，时常存在一些程序性的倒置问题。由于毒品犯罪控制下交付的实施具有较强的时效性，在监控与抓捕的过程中战机转瞬即逝，因此，在缉毒实践中，时常会出现先实施控制下交付而后补办手续的现象发生。

二、我国毒品犯罪控制下交付应用的完善对策

（一）整合侦查资源，创建基础条件

毒品犯罪控制下交付应用的完善路径有三种：一是直接创建系统的、独立的控制下交付工作机制；二是将控制下交付的实施融入现有的侦查工作当中，逐渐形成具有系统性、独立性的控制下交付工作机制。三是在现有的侦查工作中附属地对控制下交付工作进行完善。采用第一种方式直接创建控制下交付的工作机制虽然直奔主题，但是其不稳定性尤为凸显。一方面，目前在我国国内缺乏充分的控制下交付的实战经验，而由此构建的工作机制必然缺乏实效性。另一方面，完善控制下交付工作是为了弥补法律制度的缺失，也是为今后的实际应用打下基础，但是在缺乏系统的法律机制作为支撑的前提下直接创建控制下交付的工作机制缺少合法性。采用第三种方式在现有侦查制度下附属地对控制下交付工作进行完善虽然能够避免缺乏实

效性和缺少合法性的问题，但是由此构建的工作机制不能形成有机的整体，控制下交付的实施效用将会被大打折扣。笔者建议，采用第二种方式对控制下交付的工作进行完善，即在现有的侦查工作机制的基础上进行选择性延伸。首先，现有的侦查工作机制具有一定的法律基础，由此创建的控制下交付工作机制的合法性能够得到保障。其次，现有的侦查工作机制相对成熟，并且能够有效解决侦查中存在的问题，由此创建的控制下交付工作机制的实用性能够得到保障。最后，将选择性延伸后积累的经验逐渐整合，最后形成系统性的控制系交付工作机制，能够保证控制下交付的实用性得以实现。例如，信息化侦查方法在侦查活动中的应用得到了实战部门的广泛重视。由于情报信息在禁毒工作中的地位尤其突出，公安部禁毒局专门成立公安部禁毒与情报技术中心开展禁毒情报的搜集与分析研判工作。在此背景下，应当充分利于禁毒情报系开展毒品犯罪控制下交付机制的完善工作。

完善控制下交付工作是一个渐进的过程，不是一蹴而就的。从客观上讲，再完美的工作机制也是会有缺憾的。控制下交付的各个流程与环节必须在实战中不断打磨才能得到逐步的完善。因此，纠错工作在控制下交付完善的过程中就显得尤为重要。从本质上讲，纠错工作就是对控制下交付实施过程中出现的问题不断矫正，而这项工作的核心是及时发现问题并且解决问题。在此，对问题的反馈就变得十分重要了。总体上讲，反馈工作包括以下环节：发现问题—反馈—解决问题（调整与矫正）。具体来讲，在控制下交付工作机制构建的过程中，可能产生的问题主要来自如下方面：其一，协作机制。其二，审批程序。其三，证据的收集与固定工作。反馈工作的进行应当注重两个方面的问题：其一是把握问题的准确性。能否准确把握问题是能否正确对工作机制进行矫正的前提条件。控制下交付在国内的缉毒工作中相对较新，一些侦查人员对控制下交付的运用尚不够熟练，因此，完善控制下交付的过程还会涉及具体的操作问题。鉴于此，在把握问题时应当准确区分。其二是反馈问题的高效性。问题显现得越早越好，问题解决得越早也越好。在控制下交付工作机制的构建过程中，反馈的及时性就显得尤为重要。另外，分清问题的主次，进行选择性反馈对效率的提高也会有所帮助。

（二）加强专业培训，提高业务能力

控制下交付是一项专业性较强的侦查措施，对侦查人员能力的要求较高。实施控制下交付的侦查人员除了应当具备一名合格侦查员应有的素质外，还需熟练掌握控制下交付的实施程序、规则以及应当注意的问题。例如，控制下交付具有较强的策略性，要求侦查人员具有准确的判断和分析能力并据此做出恰当的决策。在控制下交付的实施过程中会遇到各种无法预见的情况，这就要求侦查人员在遇到问题时具有较强的随机应变能力。控制下交付的实施涉及诸多法律问题（例如，取证问题），因此，还要求侦查人员具备一定的法律基础。鉴于此，在完善控制下交付工作的过程中，应当对相关人员进行专业化培训。笔者认为，专业化培训的方式应当由公安部牵头并以专业高校为科研中心，逐渐深入到基层。具体来讲，应当从如下三个方面展开：第一，公安部做好带头工作。公安部是领导全国公安工作的最高机关，由公安部牵头能够有效带动全关公安机关的机制的构建工作。第二，公安高等院校做好科研工作。相对于实战部门，公安高等院校的优势是有高水平的专家和充分的时间进行研究。因此，有必要将实战部门积累的第一手资料转移到高校中进行分析研判，再将研究成果应用到实战部门中去。第三，各省级、市级公安机关做好配合工作。各省级、市级的公安机关在控制下交付工作机制的构建过程中起着关键作用，其担负着将公安部的指示和高等院校的研究成果通过培训的方式转化到一线工作中去的责任。

当前，我国控制下交付的实施非常保守，主要在跨国毒品案件和跨省的毒品案件以及云南省境内的毒品案件的侦破中发挥作用。形成这种情况的原因是基于控制下交付风险性的考虑，即容易侵犯公民权利的危险。但是，我们不应当因噎废食，不能只看到控制下交付的风险，而忽视它所能够带来的侦查效益。如上所述，控制下交付必然存在一定风险，但是，我们应当采取措施规避风险将其能够带来的危害降至最低，而不是将控制下交付措施彻底否定。因此，在新《刑事诉讼法》带来了新契机的背景下，在构建并完善控制下交付工作的同时，我们应当在一些特殊的案件中进行适当的尝试。一方面，完善控制下交付工作本身就是为实战部门实施运用而服务的，一味地构建和完善工作机制而不去运用则没有任何的现实意义。另一方面，所谓实践是检验真理的唯一标准，在完善控制下交付工作的同时适当地予以运用也是一种自我检验。具体方法如下：第一，逐渐扩大毒品犯罪控制下交付实施的地域范围。扩大毒品犯罪控制下交付的地域范围是完善工作机制的必然环节。一方面，要继续开展跨国与跨省的控制下交付，另一方面，要积极开展一省之内的控制下交付。第二，由重特大的毒品犯罪案件入手，逐渐扩大案件的适用类型范围。第三，积极开展涉毒资金的控制下交付。

（三）完善程序规范，提供法律保障

侦查权是法律赋予侦查机关的权力，因此，控制下交付作为一种秘密侦查措施，其实施程序应当受制于法律规范。如上所述，虽然我国新出台的《刑事诉讼法》认可了控制下交付在毒品犯罪中侦查中的法律效力，但是尚缺乏对实施程序的系统规定。因此，有必要构建系统的控制下交付制度，原因如下：其一，有助于抑制控制下交付的滥用。合法性是侦查行为的关键要素之一，没有法律依据的侦查行为极易造成权力的滥用，进而侵犯公民的合法权益。控制下交付作为秘密侦查措施的类型之一，具有极强的侵犯犯罪嫌疑人合法权益的危险。因此，具体法律制度的构建有助于将控制下交付的侵权可能性控制在合理的范围之内。其二，有助于提高控制下交付的实施效率。没有统一的制度就没有实施控制下交付的统一标准。没有统一的标准就会给侦查协作带来阻碍。而侦查协作是控制下交付的重要内容之一，所以，有必要通过建立具体的法律制度来加强侦查协作，以便提高控制下交付的实施效率。其三，有助于国内与国际控制下交付的接轨。控制下交付的实施往往不仅是一个国家或者一个地区的任务，因此，有必要做好国内与国际控制下交付的衔接。而各国法律制度的差异是跨国控制下交付顺利实施的主要障碍，所以，应当建立系统的法律制度以便为国际控制下交付的实施提供借鉴。

当务之急，是在《刑事诉讼法》的背景之下建立一套有关控制下交付的具体制度。而法律制度的创设是一个循序渐进的过程，不能一蹴而就，所以，制定相关法律规定应当有选择性。有如下几种选择：其一，直接在《刑事诉讼法》中对控制下交付的实施程序做出规定。其二，由各省、自治区、直辖市以地方性法规的形式对控制下交付程序做出规定。其三，以部门规章的形式对控制下交付的实施程序做出统一规定。虽然修改后的《刑事诉讼法》为第一种形式做出了铺垫，但是，这种立法方式的选择存在一定弊端：一是《刑事诉讼法》的修改本身就是一个复杂的过程，对实战部门的运用极为不利。二是我国控制下交付法律制度的构建较为初级，必然需要不断地调整，因此，如果直接将其上升至法律层面，则不利于再修改。第二种形式将制定控制下交付程序的权力给予地方，增强了可执行性和灵活性。但是，控制下交付的实施必须以良好的协作配合为基础，因此，必须有统一的执行标准。而第二种形式很难做到标准的统一，反而不利于控制下交付的实施。笔者认为，第三种构建形式较为适宜，即应当由公安部牵头制定《控制下交付程序规定》。一方面，公安部部门规章的效力及于全国公安机关，能够为控制下交付的实施带来统一的标准，统领行动的实施。另一方面，部门规章的效力仅次于行政法规，具有较高的法律效力，并且相对于法律和行政法规，其修改和调整的程序较为简便，具有灵活性。综上所述，控制下交付的制度创设应当由公安部牵头，从《控制下交付程序规定》的构建入手。笔者认为，《控制下交付程序》应当包括如下方面的内容：总则，包括制定的依据、控制下交付的概念定义以及实施原则等；实施条件，包括实施的具体条件、风险评估以及相关特殊规定；批准程序；实施程序；保障工作；附则；等等。

第四节　毒品犯罪案件中"线人"证言的审查判断*

我国《刑事诉讼法》第 151 条第 1 款规定："为了查明案情，在必要的时候，经公安机关负责人决定，可以由有关人员隐匿其身份实施侦查。"第 152 条规定："依照本节规定采取侦

---

* 作者简介：韩旭，四川省社会科学院法学研究所所长、研究员、法学博士。

查措施收集的材料在刑事诉讼中可以作为证据使用。如果使用该证据可能危及有关人员的人身安全，或者可能产生其他严重后果的，应当采取不暴露有关人员身份、技术方法等保护措施，必要的时候，可以由审判人员在庭外对证据进行核实。"根据上述立法规定，线人参与侦查作为一种隐匿身份的侦查措施，不仅实现了法定化，而且线人提供的证言材料无须"转化"，可以直接作为诉讼证据使用。在线人证言证据资格确立的同时，为了保障"线报"质量，防范冤假错案发生，必须加强对该类言词证据的审查判断。刑事诉讼法对此虽作出了原则性规定，但规则尚不明确，操作性不强，因此，有必要对毒品犯罪案件中线人证言的审查问题进行深入研究。

一、毒品犯罪案件中线人使用存在的问题

（一）提供虚假证言的风险

线人也叫警方情报人员，习惯上被称为"特情"，是受警方雇佣为警方提供犯罪线索或犯罪证据的人。尽管在毒品犯罪、有组织犯罪等一些特殊案件中运用线人有助于获得犯罪情报、取得犯罪证据和查获犯罪人员，但是，基于种种原因，线人的运用也存在着潜在的巨大风险。这种巨大的风险体现在提供虚假情报或证言、故意诱人犯罪甚至设计圈套诬陷清白之人。一方面，从线人角度对风险进行分析：首先，从线人身份看，有相当一部分线人是有犯罪前科或涉嫌参与了某些犯罪，即所谓的"污点证人"，他们为了自己或家人能够获得刑事豁免有可能诱人犯罪或者栽赃陷害他人。其次，从充当线人的目的看，有相当一部分是为了领取政府的赏金，很多"职业线人"就是以提供情报领取赏金为生，数额不菲的奖金是驱动线人提供虚假线索的重要因素。此外，也不排除有些线人采用提供虚假线索

或者诬陷他人达到报复与自己有间隙的人的目的。另一方面，从警方角度进行风险分析，主要是公安机关内部推行的考核奖励机制也是风险发生的一个诱因。公安机关的考核奖励往往采取下任务、定指标的办法，把办案数量、破案率、破大案率和考核奖励结果挂钩，作为立功授奖和个人晋升的一项主要指标。这样就使办案数量和部门利益、个人利益发生了直接联系，在办案指标的压力和各种考核奖励的动力双重驱使下，警察和线人结成一个"利益共同体"联手去"制造案件"甚至"制造大案"也就不足为奇了。

（二）诱人犯罪或陷害无辜难以被发现和纠正

在目前的线人管理体制和诉讼机制下，即使线人采用犯意引诱手段促使他人"犯罪"或者故意提供虚假线索和证言也难以被发现、被纠正。一是线人的工作主要是在侦查机关的控制下完成，缺乏一种来自外部的监督和制约，一旦发生如上述案例中警察与线人相互勾结、陷害他人的情况，很难被及时发现。二是由于线人工作环境的特殊性和线人工作的秘密性，线人的行为过程主要依靠向侦查机关的汇报或报告，而这一切都必须严格保密。因此，如果线人栽赃陷害无辜公民，则揭露和证实其不法行为的成本将相当高昂。[1]而上述这一切都源于我国公安部于1984年8月制定并下发的《刑事特情工作细则》，这是目前我国唯一的关于线人工作的法律规范，尽管其是以国务院部门规章的形式出现的。根据《刑事特情工作细则》的规定，要求"刑事特情所提供的情报，不得直接作为证据出现在刑事诉讼中"，"刑事特情不得直接出庭作证"。公安部的规定显然更

---

〔1〕　姜南："以案说法：危险的'特情'——关于刑事特情工作若干问题的研讨"，载东方法眼：http://www.dffy.com/faxuejieti/xingzhen/200603/20060316193246 - 3.htm，访问时间：2008年11月9日。

多地是考虑对线人身份的保密和安全的保护，而忽略了受情报不利影响的被追诉人的权利保障。由于线人"所提供的情报不得直接作为证据出现在刑事诉讼中"，不仅辩护人对情报的来源和真伪无从辨识，而且法官在诉讼中也无从审查。即便在某些情形下线人以证人身份提供书面证言[1]，法官虽然能够接触到线人对警方作证的询问笔录，但是仅仅根据笔录记载的内容而在线人"不得直接出庭作证"的情况下，又如何能审查和判断线人证言的真伪和有关的具体情节呢？例如，警方利用线人进行的侦查究竟是"犯意诱发型"还是"机会提供型"？是否存在"警察圈套"？引诱的强度和线人当时的言行表现如何？该线人是否有前科或者线人是否直接参与了所指控的犯罪？

上述这些问题有的是关乎罪与非罪，有的直接影响对被告人的量刑，因此，构成了被告人辩护的重点和法庭调查的焦点。在毒品案件的诉讼中被告人多以"警察圈套"和受人引诱而提出抗辩。所谓"警察圈套"，就是警察设下某种圈套，引人进行犯罪活动，从而取得犯罪证据。在美国，最高法院的判例认为，警察圈套实际上是在"引诱"原本清白无辜的人进行犯罪活动，因此，违反《宪法（修正案）》第4条，构成非法搜查。[2]我国最高司法机关也注意到了毒品案件上述问题的存在，以类似司法解释的形式对毒品案件中线人引诱问题作出了规定，并明确要求在量刑时应给予被告人从轻处罚。线人引诱包括犯意引

---

[1] 虽然线人提供的情报不得直接作为证据出现，但可以通过转化间接地作为证据使用。笔者通过对广东省高级人民法院刑事法官的访谈了解到，在毒品案件中有些线人以证人身份提供书面证言（主要是警察制作的询问笔录），这些询问笔录有的也装入了侦查卷宗，随案移送。接受访谈的法官也表现出对线人管理、使用中存在问题的担忧，尤其是在作为关键证人的线人不出庭作证的情况下，增加了审查的难度和误判的风险。

[2] 李义冠：《美国刑事审判制度》，法律出版社1999年版，第48页。

诱和数量引诱两种情况。犯意引诱是指行为人本没有实施毒品犯罪的主观意图，而是在特情诱惑或促成才形成犯意，进而实施毒品犯罪；数量引诱是指行为人本来只有实施数量较小的毒品犯罪的故意，在特情引诱下实施了数量较大甚至达到可判处死刑数量的毒品犯罪。查明线人是否有引诱行为以及引诱的强度对于被告人的辩护至关重要。如果辩方不能对线人向警方提供的不利于被告人的证言进行审查，或者线人不到庭作证，接受辩方的对质和询问，被告人就不可能获得公正的审判，事实真相就可能被掩盖。正如有的学者所指出的："我国目前的刑事审判方式由于没有贯彻直接言词原则，没能建立警察出庭作证制度，没有建立交叉询问制度，因此，从形式上仅是一种案卷裁判主义，或是一种对书面记录的确认程序。这种审判方式在对行为实施形态本身就很复杂的诱惑侦查行为进行审查时，很难发挥作用。"[1]在上述各项制度都失灵的情况下，如果被追诉人的取证权（主要是申请取证权）再得不到保障，那么，有利于被追诉人的事实真相就无法被揭示出来，线人的虚假证词也难以暴露和纠正。"如果控方证人不参加法庭调查和辩论，被告人就无法针对指控提出中肯的反驳意见，其辩护权也就形同虚设，况且公诉方同'线人'之间类似于雇主同雇工的关系，雇主（警方）同雇工（线人）有可能合谋损害第三方（被告人）的利益。因此，立法上如果明确规定所有线人都不出庭参加诉讼，既与我国移植对抗制诉讼模式的初衷相违背，也不利于保障被告人的辩护权。"[2]

---

〔1〕艾明：《秘密侦查制度研究》，中国检察出版社2006年版，第293页。

〔2〕张泽涛："'线人'的运用及其规范——以美国法为参照"，载《法学》2005年第3期。

（三）线人作证符合我国立法精神和要求

我国《刑事诉讼法》第 50 条规定："……必须保证一切与案件有关或者了解案情的公民，有客观地充分地提供证据的条件……"第 60 条规定："凡是知道案件情况的人，都有作证的义务。"线人是利用自己的特殊身份以其所知道的案件情况向警方提供情报或线索的人，属于"与案件有关或者了解案情的公民"，具有证人的身份和地位，是一种特殊证人。《刑事诉讼法》第 50 条规定："证人证言必须在法庭上经过公诉人、被害人和被告人、辩护人双方质证并且查实以后，才能作为定案的根据。"可见，即便是作为一种特殊证人，其证言也必须在法庭上接受审查和检验。线人作证不但是对侦查机关的义务，更是对法院或法庭的义务。实践中，有些侦查机关尽管也意识到其使用特情的方法不当，但破案后却不在破案报告中如实反映特情参与的情况，在法院核实证言时也以"保护特情"等理由加以搪塞，不予配合，阻止法院调查取证活动的开展。对此，《最高人民法院全国法院审理毒品犯罪案件工作座谈会纪要》要求："对于特情在使用中是否严格遵守有关规定情况不明的案件，应主动同公安缉毒部门联系，了解有关情况……对于特情提供的情况，必须经过查证属实，符合刑事诉讼法和司法解释规定的证据条件的，才能作为证据使用。"对于如何"查证属实"的问题最有效的办法是要求线人出庭作证，由辩方能对其进行质问或与被告人进行对质。公安部内部规章中规定的"刑事特情所提供的情报不得直接作为证据出现在刑事诉讼中"和"刑事特情不得直接出庭作证"显然与我国刑事诉讼法的规定相悖。

二、国外关于线人身份及其证言披露的做法

国外通常都禁止披露线人的身份，这主要是出于两个方面

的考虑：一是为了保护线人的安全，如果公开了他们的身份，将使他们及其家人处于危险境地；二是为了保护信息来源，如果信息来源的身份被公开，将会使信息来源枯竭。尽管线人的身份一般需要保密并受法律保护，但是线人提供的信息并不享有秘密特权，只有在公开信息有可能暴露线人身份的情况下才受法律保护而不允许信息披露。例如，《美国联邦证据规则建议稿》第510条规定："对于就可能的违法行为，向执法人员、立法委员会成员或其从事调查活动的职员提供信息或者为其调查提供帮助的人员，联邦政府或者州或者分区有拒绝公开该人员身份的特权。"在加拿大，情报人员的身份受法律保护，这是法律的一条固定规则，是否公开情报人员身份并不属于法官自由裁量权的范围。被广泛接受的观点是，情报人员在解决犯罪问题上，特别是与毒品有关的犯罪方面，情报人员发挥着重要作用。之所以要隐蔽情报人员的身份，一方面是为了保护情报人员，另一方面也是为了鼓励其他人员能够提供信息。但是，如果披露这些信息将可能泄露情报人员的身份，则不得披露这些信息。在英国，法院也认为，通常情况下，情报人员的身份应当受到保护，但是，当有充分理由保护当事人的自由的需要超过了保护情报人员的需要时，应当公开有关信息。[1]《意大利刑事诉讼法》第203条规定："法官不得强令司法警官和警员以及情报和军事或安全机构的工作人员泄露其情报人员的名字。如果对这些情报人员不作为证人加以询问，则不得调取和使用由他们提供的情报。"

尽管各国都对线人的身份予以保护，但是这种保护并非是绝对的，而是一项受限制的权利。在美国，反对披露情报提供

---

〔1〕　王进喜：《刑事证人证言论》，中国人民公安大学出版社2002年版，第193～194页。

者身份的特权有两个重要例外。第一个例外是：当那些有理由反对交流的人已经知道了情报提供者的身份时，该特权就自行终止。第二个例外是：在刑事诉讼中，如果国家主张这种特权，而且有关情报提供者身份的证据对确立抗辩非常重要，那么，法院就会要求披露情报提供者的身份。如果政府仍拒绝透露情报提供者的身份，那么，法院就可以驳回起诉。[1]"罗维亚罗诉美国案"是涉及线人特免权的最主要案例[2]，联邦最高法院第一次试图正确地看待所谓的"线人特权"问题。最高法院在该案中明确了公诉人隐瞒情报员身份的权利是一项受限制的特免权，当该特权增进"在执行有效的法律中的公共利益时"，它在范围上受"公正的基本要求"的限制。此案被告人被控非法贩卖海洛因，贩卖对象为警方的秘密线人。审判中检察官未以该线人为证人，而是以参与此案的警察为证人，证明被告犯罪事实。被告人要求检察官透露线人的身份，以使其能够传唤询问。检察官以政府有保护线人的权利与义务为由，拒绝透露，地方法院法官同意检察官的主张。美国联邦最高法院判决，根据本案的事实，被告人请求知悉线人身份的利益，大于政府保护线人的利益。如果认为此案线人于被告人犯罪时在场，且对本案有积极的参与，线人的证词对被告人可能极有价值，例如，被告人可能主张此案为警方陷害，或主张缺乏故意，不知其所售予线人的是海洛因。那么线人就应该是"他的一个实质性的证人"，线人的证言"也许已经泄露一个圈套"或者"已经对上诉人的身份或那个包的鉴定提出疑问"。他是"唯一对上诉人可能对包里的东西缺乏了解来作证的人"。因此，"如果线人身

---

〔1〕［美］约翰·W. 斯特龙主编：《麦考密克论证据》，汤维建等译，中国政法大学出版社 2004 年版，第 219 页。

〔2〕 Roviaro v. United States 353 U. S. 53 (1957).

份的透露与被告人有关并有助于被告人，或者对于案件的公正判决是必要的，那么，该特权必须让位"。被告人有权发现证据，有权知悉该线人的身份。此时，检察官必须揭露线人的身份，以使被告人知悉，若不欲揭露线人身份，则必须撤回起诉。需要注意的是，本案中，联邦最高法院不是依据宪法作出判决，而是依据上级法院对下级法院的监督权所作的决定，因此，本案对各州并无拘束力。[1]

有关线人的保护，根据美国大多数法院的判决，对于线人为检举人或参与者而决定其身份是否应当使被告人知悉，法院一般认为，对于线人之身份辨识资料应保持秘密，但线人陈述的内容则不能保持秘密，被告人有权知悉。但是，如果线人陈述内容的揭露会导致证人身份的泄露，此陈述部分的内容也应保持秘密，被告人无权知悉。但若线人为犯罪的参与者，或系重要目击证人，而其证词对被告人极为重要时，该线人的身份不得保持秘密，被告人有权知悉。反之，如果线人未参与犯罪，或非目击证人，仅将其所听闻已发生的事实传达给警方知悉，则其身份得受保护，被告人无权知悉。至于如何判断线人究竟为犯罪参与者或目击者，法院通常以秘密审查的方式为之，亦即辩护律师或检察官均不在场，而由法官秘密询问证人，决定其身份的泄露对被告人是否重要。[2]在加拿大，对线人身份的保护也不是绝对的，唯一的例外是，当为了证明被指控者的清白时，可以披露其身份。这一例外的原因是，无辜者不得被判定有罪的公共利益超过了保护警察信息来源的利益。既然线人的身份保密特权不是绝对的，那么，在特殊情况下这种身份是

---

〔1〕　［美］伟恩·R. 拉费弗等：《刑事诉讼法》（下册），卞建林等译，中国政法大学出版社 2003 年版，第 1224 页。

〔2〕　王兆鹏：《美国刑事诉讼法》，北京大学出版社 2005 年版，第 393～394 页。

通过什么方式披露给被告人的？美国联邦证据规则和一些州的法典要求："如果情报员在审判时作证就应暴露他的身份。"这可能就是未来的趋势。[1]因此，线人在审判时出庭作证就意味着线人的身份不再受身份保密特权的保护。

在美国，基于线人人身安全的考虑，不但任何一个称职的警探在侦查阶段都会采取各种方式替线人保密，而且绝大多数线人也无须出庭参加诉讼。但是，在奉行正当程序至上的美国，被告人有知悉公诉方控诉证据的权利，如果所有的线人身份都不公开且不出庭参加诉讼，显然剥夺了被告人的公正审判权。为了协调被告人的公正审判权与保密线人身份之间的价值冲突，美国联邦法院在"合众国诉克米诺案"[2]中对线人是否出庭参加诉讼作了如下例外规定：如果被告人要求线人出庭接受交叉询问，被告人必须举证证明以下内容中的任何一项：第一，线人拥有相关的、客观的、真实的证明被告人无罪的证据；第二，线人显然提供了伪证，因为他根本不可能接近和了解被告人的情况；第三，线人自己才是犯罪活动中的积极分子；第四，检察官之所以不公开线人身份，是因为线人的证言根本经不起庭审过程中的交叉询问。从美国的庭审实践看，如果被告人履行了上述举证责任，通常情况下法院就会责令公诉方公开线人身份，并通知其出庭接受交叉询问。[3]

三、确立线人证言审查判断规则

我国警方在毒品犯罪、走私犯罪和黑社会性质的犯罪中运

---

〔1〕 ［美］乔恩·R. 华尔兹：《刑事证据大全》（第2版），何家弘译，中国人民公安大学出版社 2004 年版，第 387 页。

〔2〕 United States v Cimino 321 F. 2d 509 (2d Cir. 1963).

〔3〕 参见张泽涛："'线人'的运用及其规范——以美国法为参照"，载《法学》2005 年第 3 期。

用线人进行侦查取证的情况比较普遍，据不完全统计，仅广东珠三角地区的线人就多达 5000 人。如此庞大的线人数量一方面向警方提供了破案的丰富信息和定案的关键证据。另一方面在刑事诉讼的进行中却看不到他们的影子，不但线人的真实身份完全保密，而且无论案件的具体情况如何，线人都不出庭作证，甚至在移送的卷宗中也看不到线人提供的书面证言材料。这种状况虽然充分保护了线人的安全和警方的利益，但是却严重损害了被追诉人取证权和辩护权的顺利行使，被告人的公正审判权也无法得到保障，增加了刑事诉讼中错误追诉和错误判决的风险。因此，刑事诉讼中对线人秘密的保护应当适度地向对被告人取证权和公正审判权的保障方面倾斜。根据国外的普遍做法，结合我国实际，以辩方取证权的保障为视角，提出我国线人作证的若干规则。

（1）线人身份资料以保密为原则，以公开为例外。对线人的身份资料各国都采取保护措施，一般情况下不得对外泄露，英美国家通过建立线人身份免证特权规则来予以保护。我国也不例外，尽管我国在法律上没有确立专门的线人身份免证特权规则，〔1〕但是公安部以部门规章的形式规定了对线人身份秘密的保护。既然线人的身份是保密的，那么被追诉人一方当然无权获得有关线人身份秘密的资料。但是，各国对线人身份秘密

---

〔1〕　尽管我国《保守国家秘密法》第 9 条规定的国家秘密事项包括"维护国家安全活动和追查刑事犯罪中的秘密事项"，但是这一规定不是专门针对线人身份秘密的规定。即便是将"线人身份秘密"解释为"追查刑事犯罪中的秘密事项"，即所谓的"国家秘密"，也不意味着线人身份享有免证特权而不在法庭审理中提出。因为，根据《最高人民法院关于适用〈中华人民共和国刑事诉讼法〉解释》第 62 条规定："公开审理案件时，公诉人、诉讼参与人提出涉及国家秘密，商业秘密或者个人隐私的证据时，法庭应当制止。有关证据确与本案有关的，可以根据具体情况，决定案件转为不公开审理，或者对相关证据的法庭调查不公开进行。"据此，可以推断对于作为国家秘密的线人身份可以在法庭审理时公开，只是进行不公开审理而已。

的保护都有一定的例外，这种例外总体上表现为"公正的基本要求"，也就是被告人获得公正审判的需要。当线人身份的保密直接影响被告人辩护权的有效行使时或者不公开线人身份资料辩护权就无法展开时，司法公正的利益就大于线人身份保密所带来的利益，线人身份秘密应当让位于被告人获得公正审判的权利，线人的身份秘密将不再受到保护，被追诉人一方即有权获得线人身份资料以服务于辩护需要。

（2）线人陈述以公开为原则，以保密为例外。线人的免证特权一般只适用于线人的身份而不包括线人陈述的内容，这也是英美法系国家普遍的做法。"此种特权是仅限于对身份的披露，还是可以扩展到交流的内容，这个问题引起了很大的争议。这种特权政策似乎并不避免对交流内容本身的披露。但是，如果披露交流内容就可能很容易地认定提供消息者的身份（这种情况经常出现），那么法院就应该保护交流内容本身。"[1]加拿大的线人保护规则也是仅保护情报人员的身份，并不保护情报人员所提供的信息。因此，线人向警方所作的陈述或者提供的情报信息原则上都应公开，唯一的例外是当信息的公开可能泄露线人身份时才对线人提供的信息或所作的陈述加以限制。根据这项规则，当线人的陈述或提供的情报在刑事诉讼中被侦控方作为证据使用时，被追诉人一方有权获取该陈述内容或情报资料。除非该信息资料的获取有可能暴露线人身份，侦控机关不得拒绝。

（3）线人以提供书面证言为原则，以出庭作证为例外。鉴于我国尚未建立传闻证据规则以及普通证人出庭作证尚难以落实的现实，对作为特殊证人的线人要求其全部或大部分出庭作

---

〔1〕［美］约翰·W.斯特龙主编：《麦考密克论证据》，汤维建等译，中国政法大学出版社 2004 年版，第 219 页。

证更是不切实际。即便是在传闻证据规则非常发达的美国，大部分证人也是无须出庭作证的。因此，在我国目前阶段，被追诉人一方对线人取证应当以取得书面证据为主，只有在少数例外的情况下才可以申请线人到庭作证。一些地方的司法机关在制定的适用于本地区的刑事证据规则中也体现了这一精神。例如，福建省高级人民法院、福建省人民检察院、福建省公安厅、福建省国家安全厅于1999年印发的《刑事诉讼基本证据规格》规定："特情、耳目提供证据对定罪量刑有决定作用的，应据情以证人证言、检举控告材料或自首揭发材料、被告人供述等形式出具书面证据，经庭审质证属实后作为定案依据。特情一般不出庭作证，确实必须出庭作证的，需经侦办机关负责人批准，在征得本人同意后，可以检举人或坦白自身的同案人等身份出庭。同时教育特情严守秘密。"那么，究竟在哪些情况下辩方可以申请线人出庭作证并且法院有义务保障线人到庭呢？借鉴美国法院的经验，笔者认为，如果被告人能够证明下列情况中的其中一项存在，法院即应传唤线人到庭作证。第一，线人拥有相关的证据或者线人提供的证言倾向于证明被告人无罪；第二，线人明显地向警方提供了伪证，因为他根本不可能了解被告人的情况；第三，线人自己才是犯罪活动中的积极参与者；第四，由于线人的引诱才产生了犯意，自己一开始并无犯罪的意图；第五，线人和警察合谋进行陷害；第六，线人是能够证明自己清白的唯一证人。当然，被告人的这种证明无须达到较高的证明标准，只需达到"合理可能性"的程度即可。上述这些事关被告人罪与非罪的证明仅靠书面证据难以保障查明事实真相，只有通过线人到庭作证，由控辩双方当面进行交叉询问或者令其与被告人对质，才能够有效地发现问题、暴露矛盾、澄清疑点。在上述情形下，线人出庭作证将会使线人身份暴露，但是避免无辜者被错判的司法利益高于线人身份保密的利益，为了司法正义的需要，线人身份秘密的保护应当作出让步。为了在被告人的取证权、质证权与线人身份秘密的保护之间达到最大程度的平衡，对于保密线人身份并不影响被告人辩护权行使的案件，亦即无须公开线人身份也可以查明事实的案件，线人作证可以采取隐蔽作证的办法，在不暴露线人面部特征和通过技术手段改变声音的前提下接受询问，或者在证人与被告人之间设置屏风等物以使他们相互看不到对方。采用隐蔽作证的办法，可能会使线人出庭作证变得相对容易一些。

（4）根据线人是检举者还是参与者，实行区别对待。我国对充当线人的资格没有作出法律上的规制，无论是普通公民（如出租车司机）还是有犯罪前科的人都可以作为警方的线人。他们有的是作为检举者仅向警方提供犯罪线索，有的本身就是犯罪组织的成员或者参与了被控的犯罪。尽管他们都是线人，但对他们身份保护的程度应当有所区别，对前者身份的保密程度要求更高。因为作为检举者的线人通常是社会特种行业的从业人员，其工作性质决定了他们能够接触并发现一定的犯罪线索，他们通常与被控的犯罪无利害关系，大多是基于社会正义感而自愿充当线人。因此，他们提供的信息真实性较强。而参与或曾经参与犯罪的线人可能与警方存在某种交易，为了立功、获得刑事豁免、领取赏金甚至掩盖自己的罪行才充当警方线人，他们更多的是基于自身利益的考虑，其本身的公正性以及所提供信息的真实性就大打折扣。而且，作为犯罪参与者的线人通常也是被控犯罪的重要目击证人或者直接促成了"犯罪"的发生。因此，作为犯罪参与者的线人所提供的信息对定案不但具有重要性，而且具有潜在的危险性。上述两种线人的不同特点决定了在作证问题上应实行区别对待。对于作为检举者的线人，为了防止其因身份泄露而遭到打击报复，被追诉人一方原则上不允许获取有关其身份的资料，但是可以知悉检举揭发材料的内容。如果知悉可能泄露检举者身份，此种知悉应当受到限制，该检举材料的内容亦不得公开。如果被告人一方确需对该线人取证的，可以列出询问提纲，指出拟证明的问题，申请法院代为询问，然后将询问笔录转交给辩方。对于作为犯罪参与者的线人，为了防止和纠正其提供虚假信息，并给予辩方提出质疑的机会，被追诉人不但可以获取线人提供的信息资料，而且当辩护上需要时可以知悉有关线人身份的资料。对于定罪以外的量刑事项或其他事项，若需要取证的，可以采取庭外询问线人的方式进行，辩方应当提出需要询问的问题，申请法院帮助取得。对于关乎犯罪是否成立的事项（主要是前述的线人出庭作证的六种例外情形），辩方有权申请法院通知线人出庭作证。如果侦控方故意阻止线人出庭作证致使线人不能出庭的，该线人庭外向侦控方提供的书面陈述不具有证据能力，控方不得在法庭上出示。对出庭作证的线人，侦查机关应当注意加强对线人本人及其近亲属人身安全的保护。

（5）法庭作证与庭外核实相结合。鉴于线人的特殊身份和保密需要，实践中由辩方直接对线人进行询问取证是不可能的。即使辩方能够取得证据，其最终目的仍是运用证据向法官进行证明，以影响法官的心证形成。因此，对线人取证的方式应当是申请取证，包括申请法院对线人进行秘密询问或者申请法院通知线人到庭作证，以此来保障被告人取证权的实现。至于在申请法院取证的情况下，是由法官亲自询问线人还是交出公安机关来询问？笔者认为应当由法官直接询问线人比较适宜。一是作为相对中立第三方的法院与线人之间，不存在"雇主"（公安机关）与"雇工"（线人）的关系，如果由"雇主"来询问

"雇工"，难免有串通一气坑害他人的可能，询问的真实性难以保障。二是有助于减少传闻证据的弊害，在法官面前作证一般作为"传闻例外"而被许多国家的法庭所采纳，体现为"法官优位"原则，被认为属于"具有可信性之情况保障"的情形。三是一定程度上体现了直接言词原则的精神，有利于法官正确心证的形成。因此，法官在庭外亲自对线人进行秘密询问并调查核实证言内容不失为是线人出庭作证的一种替代措施。它既保护了线人的身份秘密，又保障了被告人的取证权。福建省四机关制定的《刑事诉讼基本证据规格》规定："法院、检察院需向特情、耳目调查取证的，可提供询问提纲，由主管特情的干警直接询问制作笔录。"可见，福建省的地方性规定不允许法官直接接触线人，询问必须通过公安机关的干警来实施，法官最多只能查阅线人提供的原始材料。线人虽归公安机关管理和使用，但在起诉、审判阶段对其调查取证的仍是管理线人的公安人员，使得侦查主体难以受到外部的有效制约，即使线人的使用存在问题也很难被发现和纠正。因此，上述规定具有明显的不合理性。"为了更加确切地确定线人潜在证言的性质，有些法律建议进行密室听证。另一个被法官所采纳的具有创造力的解决办法是命令线人经宣誓对辩方提出的问题作书面答复。"〔1〕法官对线人陈述的秘密审查和令线人对辩方的提问作出回答，这些做法在美国的司法实践中也被广泛运用。

在我国，法官对线人证词的秘密审查也是不可或缺的。例如，在决定是否披露线人的身份资料时，法官就需审查是否符合线人身份保密的例外情形，即在线人身份保密的利益和被告人获得公正审判的利益之间作出权衡。在决定线人是否应当出

---

〔1〕〔美〕伟恩·R. 拉费弗等：《刑事诉讼法》（下册），卞建林等译，中国政法大学出版社 2003 年版，第 1225 页。

庭作证时，也需审查线人潜在的证言对被告人定罪和量刑是否具有实质性的影响。在判明线人究竟是检举者还是参与者时，仍需对线人的身份进行秘密审查。上述《刑事诉讼基本证据规格》规定的"确实必要时，法院、检察院可以派员查阅特情、耳目提供的原始材料"。这其实也是一种秘密审查的方式。另外一种更加有效的审查方式就是法官在庭外单独和线人秘密会面。当然这一切都建立在对法官能够保守职业秘密和遵守职业道德的高度信任的基础上。

第四章

毒品违法综合治理

第一节　吸毒人员的社区管控研究*

　　吸毒与戒毒问题是整个世界所面临的最严重的社会顽疾，其不仅严重影响吸毒者的个人生活，还深刻地影响着整个社会。"吸毒成瘾"已经和贩毒、暴力、卖淫、赌博、贫困、艾滋病、反社会行为、家庭破裂、黑社会、年轻人等一系列字眼紧密相连，至今问题无法根除。各国政府和学术界都一直致力于寻找根除毒品、戒除毒瘾、管控吸毒的良方，但已采用的各种方法在效果上均难称理想。管控吸毒人员主要涉及如下问题：一是吸毒人员的身份定位和吸毒行为的法律定位；二是对于吸毒人员应否管控及管控的正当性；三是谁来管控以及如何管控即管控模式的选择及具体运行机制的建构。关于吸毒者的身份定位的争论和分歧实际上一直在左右着我们对吸毒者社会救助的理论和实践，这种身份定位主要包括两种情况：一是吸毒成瘾是

---

　　* 作者简介：陈小彪，西南科技大学副教授，硕士研究生导师。

否是一种疾病，即吸毒者是病人吗？二是吸毒是否是犯罪，即吸毒者是罪犯吗？[1]至于吸毒人员管控的必要性，各国政府和学术界容易达成共识，但管控的正当性问题尚需深入探讨。而谁来管控、如何管控、管控模式选择及管控机制运行，则应成为当下各国政府及学术界关注的重心。

一、吸毒人员及其管控现状

吸毒，即使用毒品，国际上通用的术语为药物滥用，指反复、大量使用一些有依赖性潜力物质的行为，而且这种药物的使用和医疗目的无关，结果是药物滥用者对该物质产生依赖，从而无止境地追求用药，由此损害健康并带来严重的社会、经济甚至政治问题。改革开放以后，在国际毒潮的侵袭下，我国吸贩毒活动死灰复燃，吸毒人数迅速上升。据不完全统计，1990 年我国登记在册的吸毒人数为 7 万人，1992 年为 14.8 万人，1994 年为 25 万人，2003 年为 105.3 万人。截至 2011 年底，全国登记的吸毒人员为 179.4 万名，吸毒人数呈逐年上升趋势。[2]正因为如此，吸毒人员的管控问题日益引起政府的高度重视。

（一）吸毒人员的现状[3]

1. 吸毒人员人数概况

当前，该市毒品问题依然严峻复杂，吸毒人数高居不下，

---

〔1〕　姚建平："病人罪犯与公民：吸毒者的社会救助研究"，载《云南警官学院学报》2005 年第 4 期。

〔2〕　谢川豫："新时期我国戒毒模式的发展及挑战"，载《中国人民公安大学学报（社会科学版）》2013 年第 2 期。

〔3〕　由于数据统计的困难，此处主要以我国某直辖市为对象进行分析，该市吸毒行为和吸毒人员在全国范围内属于重灾区之一，故笔者认为该市的现状基本可以反映当前吸毒现状。本节对于该市吸毒现状之统计数据源于公安、司法等多个部门的调研并由笔者归纳而成。

且呈逐年递增趋势。其中，2008 年新增吸毒人员 3957 名，2009 年新增吸毒人员 2021 名，2010 年新增吸毒人员 6837 名，2011 年新增吸毒人员 7315 名，2012 年新增吸毒人员 6095 名（见图 4 - 1）。

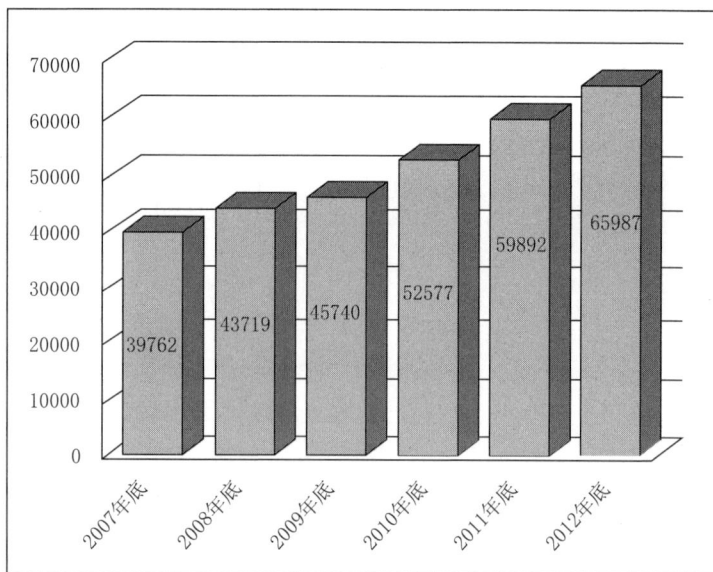

图 4 - 1　历年登记入库吸毒人员总数

截至 2012 年底，全市累计登记入库吸毒人员 65 987 名（不含死亡和出国出境人数），纳入动态管控人员 36 288 名，管控比约为 54.99%。

2. 吸毒人员性别结构

从吸毒人员性别结构来看，男性吸毒人员远远高于女性吸毒人员，在登记入库吸毒人员中，其中：男性 51 426 名，占 77.9%；女性 14 561 名，占 22.1%（见表 4 - 1）。

表 4 - 1　吸毒人员性别结构

性别	人数	比例
男性吸毒人员	51 426	77.9%
女性吸毒人员	14 561	22.1%
合计	65 987	100%

3. 吸毒人员从业结构

从从业结构来看，全市登记录入了从业状况的吸毒人员 34 639 名，其中，国家公务员 33 名，占 0.10%，专业技术人员 50 名，占 0.14%，职员 442 名，占 1.28%，企业管理人员 59 名，占 0.17%，工人 803 名，占 2.32%，农民 5204 名，占 15.02%，学生 271 名，占 0.78%，现役军人 9 名，占 0.03%，自由职业者 395 名，占 1.14%，个体经营者 712 名，占 2.06%，无业人员 22 953 名，占 66.26%，退（离）休人员 64 名，占 0.18%，其它 3644 名，占 10.52%（见图 4 - 2）。

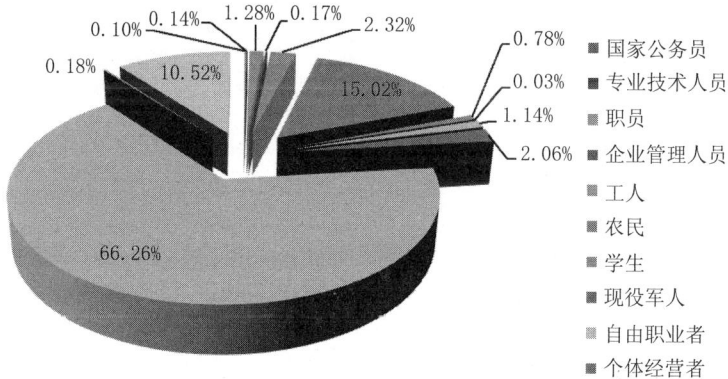

图 4 - 2　入库吸毒人员从业结构

3. 吸毒人员年龄结构

从吸毒人员年龄结构来看，不满 14 岁的有 5 名，占 0.01%，14～18 岁的有 724 名，占 1.10%，19～25 岁的有 8609 名，占 13.05%，26 岁以上的有 56 649 名，占 85.85%（见图 4－3）。

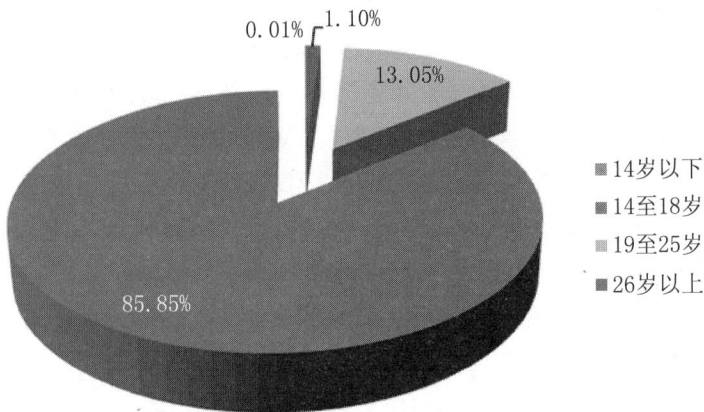

图 4－3　入库吸毒人员年龄结构

从查获吸毒人员的类型看，2012 年全年该市共查获吸毒人员 12 529 名，其中，复吸人员 6434 名，占 51.35%，初吸人员 6095 名，占 48.65%。从初吸者的年龄结构来看，17 岁以下的有 389 名，占 6.38%，18 岁～25 岁的有 2241 名，占 36.77%，26 岁～35 岁的有 1898 名，占 31.14%，36 岁～45 岁的有 1206 名，占 19.79%，46 岁～59 岁的有 351 名，占 5.76%，60 岁以上的有 10 名，占 0.16%。

4. 吸毒人员家庭和婚姻状况

从吸毒人员的家庭与婚姻结构来看，全市达到婚龄以上吸毒人员 61 336 名，登记婚姻状况吸毒人员 30 872 名，其中未婚

15 316 名，占 49.61%，已婚 10 983 名，占 35.58%，丧偶 169
名，占 0.55%，离婚 4404 名，占 14.27%。

5. 吸毒人员滥用毒品情况

从滥用毒品种类来看，滥用阿片类吸毒人员 39 670 名，占
60.12%，滥用合成类毒品 25 763 名，占 39.04%，滥用其他毒
品 554 名，占 0.84%（见图 4 - 4）。

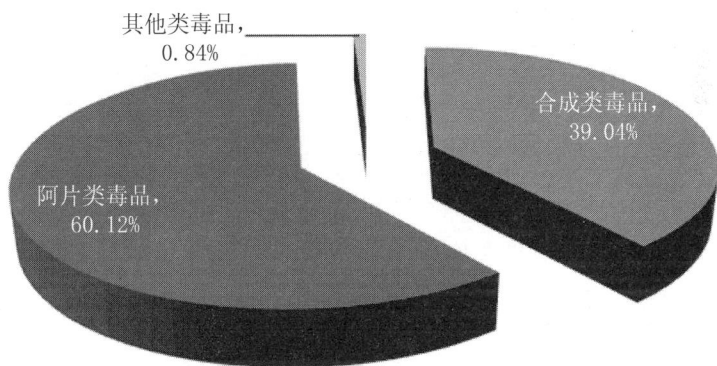

图 4 - 4　入库吸毒人员滥用毒品情况

从 2012 年初吸毒品类型来看，滥用阿片类吸毒人员 921 名，
占 15.11%，滥用合成类毒品 5170 名，占 84.82%，滥用其他毒
品 4 名，占 0.07%。初吸者毒品来源主要包括以下途径，他人
提供的有 6068 名，占 99.56%，娱乐场所提供的有 24 名，占
0.39%，没有医院、药店门诊提供的，偷窃毒品的有 3 名，
占 0.05%。

（二）吸毒人员成瘾戒断与管控现状

1. 吸毒人员成瘾情况

从吸毒人员成瘾状况来看，该市有两次或两次以上戒毒记
录吸毒人员 4422 名，占 6.70%，只有一次戒毒记录吸毒人员

16 081 名，占 24.37%，有吸毒史记录吸毒人员 45 484 名，占 68.93%（见表 4 - 2）。

表 4 - 2　吸毒人员成瘾情况

记录情况	人数	比例
多次戒毒记录	4422	6.70%
一次戒毒记录	16 081	24.37%
吸毒史纪录	45 484	68.93%
合计	65 987	100%

2. 吸毒人员毒瘾戒断情况

从毒瘾戒断状况来看，全市戒断三年未复吸的吸毒人员 29 699 名，占入库总人数 45.01%。其中，戒断三年未复吸的吸毒人员中有戒毒史记录的有 4745 名，占 15.98%。

3. 吸毒人员戒毒现状

全市正在执行各项戒毒治疗措施的吸毒人员共 8596 名，占纳入动态管控人数的 23.69%。其中，强制隔离戒毒 2853 名，占 33.19%，社区戒毒 1415 名，占 16.46%，社区康复 331 名，占 3.85%，参加药物维持治疗 3814 名，占 44.37%，进入戒毒康复场所 183 名，占 2.13%。

4. 吸毒人员回归情况

从阿片类吸毒人员就业安置回归社会的生存状况来看，全市登记就业安置阿片类吸毒人员数 13 009 名，占社会面阿片类吸毒人员总数 36 724 名的 35.42%。对于其他类毒品吸毒人数未能统计到具体情况。

5. 吸毒人员身体状况

从吸毒人员身体状况来看，系统登记录入已检测是否感染艾滋病吸毒人员共 2320 名，其中，感染艾滋病吸毒人员 149 名，未感染艾滋病吸毒人员 2171 名。

二、吸毒人员的管控模式及存在问题

对于吸毒人员的管理与控制问题，新中国成立以来，主要着眼于吸毒人员的毒瘾戒断，对于戒毒模式，历经了从新中国成立初期的运动式戒毒模式—改革开放后至《禁毒法》施行前的羁押戒毒模式—多元戒毒模式[1]的演变，形成了当下包括自愿戒毒、社区戒毒、强制隔离戒毒、社区康复等多措并举的多元戒毒模式。以《禁毒法》颁布为根据，国务院于 2011 年 6 月 26 日颁布了《戒毒条例》，在《戒毒条例》颁布之前，公安部、司法部、卫生部等部门依据《禁毒法》制定了有关戒毒的诸多部门规章，主要有：公安部制定的《吸毒人员登记办法》（2009 年）、《吸毒检测程序规定》（2011 年）；公安部、卫生部制定的《关于公安机关强制隔离戒毒所使用美沙酮等麻醉药品和精神药品有关问题的通知》（2009 年）、《吸毒成瘾认定办法》（2011 年）；卫生部制定的《阿片类药物依赖诊断治疗指导原则》（2009 年）、《苯丙胺类药物依赖诊断治疗指导原则》（2009 年）、《戒毒医疗服务管理暂行办法》（2010 年）；司法部制定的《强制隔离戒毒人员诊断评估办法（试行）》（2009 年）；司法部劳教局（戒毒局）制定的《强制隔离戒毒人员管理工作办法（试行）》（2009 年）等。这意味着新戒毒体系已经基本形成。但是，从法规体系来看，政府关注的焦点始终围绕着毒瘾戒断，而对于吸毒人员的管控问题则着墨甚少，以致吸毒现象屡禁不止，政府如同救火队员四处扑火却又火情四起。从禁毒实践来

---

[1]　谢川豫："新时期我国戒毒模式的发展及挑战"，载《中国人民公安大学学报（社会科学版）》2013 年第 2 期。

看，警方对于戒毒措施的运用同样体现了打击吸毒违法行为、侧重维护社会秩序的思路，无论是社区戒毒还是强制隔离戒毒，更带有作为一种行政处罚措施来运用的性质。[1]例如，有的省市采取"三个一律"的做法：凡查获的吸毒人员一律上网登记；对初次吸毒的一律予以行政拘留和责令社区戒毒；再次吸毒的则一律强制隔离戒毒。[2]

（一）吸毒人员管控模式的形成

吸毒现象屡禁不止，吸毒人员成为客观存在，因此，除了毒瘾戒断之外，政府更重要的应该是思考如何管控吸毒人员，需要围绕减少吸毒人群的重大社会需求，开展吸毒人群的监控技术应用研究和戒毒方法的技术集成研究，以及建立有利于消除吸毒引起的身体并发症、降低复吸率、提升戒断率的规范化戒毒治疗流程，探索戒毒人员回归社会正常生活的救治技术、探索研究一种先进的、实用的监控管理模式，为减少吸毒关联社会问题进行科技示范。[3]

由于国情和毒品问题状况的差异，不同的国家在不同的时期有着不同的戒毒目标，但总体而言，各国都将吸毒人员管控目标定位为毒瘾戒断。20世纪80年代之前，国外基本上将"帮助吸毒者戒除毒瘾"作为戒毒目标，但由于20世纪80年代末以来吸毒所造成的社会危害日益严重，部分国家将戒毒工作

---

〔1〕 姚建龙："《戒毒条例》与新戒毒体系之运作"，载《中国人民公安大学学报（社会科学版）》2012年第5期。

〔2〕 "复吸新型毒品人员一律强制隔离戒毒"，载《海南特区报》2010年7月27日。亦可见："乌鲁木齐：复吸新型毒品者将被强制隔离戒毒两年"，载新华网：http://www.xinhuanet.com/chinanews/2009 – OS/13/co – ntent 16511607. htm，访问时间：2009年1月13日。

〔3〕 韩丹：《吸毒与艾滋病问题的社会学研究：以江苏吸毒人群为例》，中国社会科学出版社2011年版，第4页。

的目标转为综合性的"降低毒品危害"，即在减少戒毒者使用毒品的同时，也减少因吸毒而引发的犯罪和疾病传播，保护健康人群，改善吸毒者的精神状况和社会关系，降低戒毒的社会成本，特别是强调预防和控制艾滋病病毒的传播。

1. 戒毒模式的演变

我国对吸毒人员管控模式是以戒毒为主要目标的模式。新中国成立后，中国共产党和新的政府继续坚持严厉禁毒的方针政策，在新中国成立之初就制定发布了一系列禁毒法令、戒毒法规和政策，形成了在行政强制的前提下以自行戒毒为主、强制戒毒为辅、社会有力监督和多部门参与的运动式戒毒模式。改革开放之初至1990年，国家各个层面的立法提出了戒毒的要求和规定，但并未对戒毒工作做进一步具体划分和细化，也未形成一定的戒毒模式。1990～2007年，以第七届全国人大常委会第十七次会议通过的《全国人大常委会关于禁毒的决定》为开端，首次明确了中国的强制戒毒体系，明确了强制戒毒体系的基本结构，规定了对吸毒者的处置原则，并成了劳动教养戒毒的法律依据。1995年，国务院根据《决定》制定了《强制戒毒办法》，系统地对强制戒毒加以规范，形成了以"强制、劳教戒毒为主，自愿戒毒为辅"的戒毒法律制度，为构建当今中国的戒毒模式进一步打下了前期基础。2008年6月1日《禁毒法》实施后，2011年国务院又颁布了《戒毒条例》，对戒毒制度作出重大变革，其宗旨是"戒毒工作应当坚持以人为本、依法管理、科学戒毒、综合矫治、关怀救助的原则，帮助吸毒成瘾人员戒除毒瘾，回归社会"，工作机制是"以社区为基础，家庭为依托，通过采取社区戒毒、强制隔离戒毒、戒毒康复等多种措施，建立起戒毒治疗、康复指导、救助服务功能兼备的工作体系"，可概括为综合戒毒模式。

2. 吸毒人员法律地位的演变

与戒毒模式的演变相对应，对于吸毒人员的法律身份定位也出现了较大变化。

（1）法律身份不明，但更倾向为受害者和病人，强调毒瘾戒除。1950年2月24日，中央人民政府政务院向全国发布了《关于严禁鸦片烟毒的通令》，通令中关于禁吸戒毒的内容主要有：吸毒者应限期向政府机关（城市向公安局，乡村向政府机关）登记，并定期戒除，逾期而犹未戒除者，查出后予以处罚。各级卫生机关，应酌制戒烟药品，宣传戒烟戒毒药方，对贫苦烟民得免费或减价医治，烟毒较盛的城市，设立戒烟所，戒烟戒毒药品应由卫生机关统一掌管。从该通令来看，规定了吸毒者具有报告和戒毒义务，但其立足点是将吸毒者视为病人和受害者，以挽救治疗为目标，处罚是最后的手段。

在吸毒人员不断增多的情况下，1981年8月27日，国务院出台了《关于重申严禁鸦片烟毒的通知》。该通知规定：对于鸦片等毒品的吸食者，应当由公安、民政、卫生等部门组织强制戒除。1982年7月16日，中共中央、国务院又发出了《关于禁绝鸦片烟毒问题的紧急指示》。该紧急指示提出：严禁吸食毒品，取缔地下烟馆。吸食毒品的人，要加强教育，令其到政府登记，限期戒除。隐瞒或拒不登记，又逾期不戒除的，强制收容戒除，并给予必要的惩处。这一时期，对于吸毒者的法律身份并未明确规定，但已隐约显现将吸毒者视为严重越轨者的倾向，采取强制收容手段。

（2）违法身份的立法肯定，以行政处罚为主。1990年12月28日，第七届全国人大常委会第十七次会议通过的《全国人大常委会关于禁毒的决定》第8条规定："吸食、注射毒品的，由公安机关处七日以下拘留，可以单处或者并处2000元以下罚款，并没收毒品和吸食、注射器具。""吸食、注射毒品成瘾的，除依照前款规定处罚外，予以强制戒除，进行治疗、教育。强制戒除后又吸食、注射毒品的，可以实行劳动教养，并在劳动教养中强制戒除。"该决定明确将吸毒行为定性为违反治安管理处罚的行为，吸毒人员的法律身份被确定为违法者，以行政处罚包括劳动教养为主要的处罚、戒断措施。

（3）病人身份的隐性确定，以成瘾戒断和社会救助为主。2007 年全国人大常委会通过了《禁毒法》，其第 31 条明确规定，国家采取各种措施帮助吸毒人员戒除毒瘾，教育和挽救吸毒人员。吸毒成瘾人员应当进行戒毒治疗。这一规定中，虽然没有明确吸毒人员的病人身份，但与禁毒决定的强硬声音相比，显然温情了许多，其间隐含了将吸毒人员视为病人的诸多意蕴，"戒毒治疗"的字眼相比于"强制戒除"也更多意味着以"疾病"对待之。2013 年，全国人大常委会废除了劳动教养，沿袭数年的劳教戒毒被废除，而强制戒毒不再是惩处式戒毒。但是，病人身份并未明确得到确认，实为遗憾。

（二）现行吸毒人员管控模式的特点

1. 以高危人群为标签的管控逻辑前提

现行吸毒人员管控模式的逻辑假设是以吸毒人员属于违法犯罪高危人群来设计的，比如 2010 年 3 月 2 日浙江省戒毒缉毒网站上发布的《浙江省公安机关重点人员动态管控工作规范（试行）》第 1 条开宗明义，规定：为贯彻落实公安部关于建立部、省、市三级情报平台联动应用的工作要求，实现对涉恐人员、涉稳人员、涉毒人员、在逃人员、重大刑事犯罪前科人员、肇事肇祸精神病人和重点上访人员等七类重点人员（以下简称"七类重点人员"）的动态管控工作，实现"来能报警、动知轨迹、走明去向、全程掌控"，提高预防、打击违法犯罪和维护社会稳定的能力，特制定本规范。将涉毒人员（大多数为吸毒人员）与涉恐、涉稳等高危不稳定人员并列作为防打重心，并由此得出结论认为吸毒人员偷窃、抢劫、诈骗、卖淫等案件呈日益上升的趋势。有研究者统计，2004 年上海抢劫案件比 2003 年增加了 12.01%，占 2004 年全年刑事案件的 1.72%；2005 年上海抢劫案件比 2004 年增加了 16.36%，占 2005 年全年刑事案件的 1.72%；2006 年上海抢劫案件比 2005 年增加了 6.26%，占 2006 年全年刑事案件的 1.94%。盗窃案件增长迅速，2004 年盗窃案件占全年刑案的 78.53%；2005 年盗窃案件占全年刑案的 75.38%；2006 年盗窃案件占全年刑案的 73.23%。抢劫、盗窃案件发案总数呈上升趋势，其中吸毒人员涉案的占很大比例。[1]但显然，此种统计并不科学，尤其是"吸毒人员涉案占很大比例"这一结论显然缺乏更为科学和细致的统计支持。

2. 以控制防范为目标的动态管控机制

吸毒人员动态管控机制是将所有吸毒人员信息及时纳入计算机系统的查询和统计范围，实现信息共享、网上跟踪、有效管理、动态监控。鉴于吸毒人员流动性大、隐蔽性强，管控、帮教难，复吸率居高不下。公安部部署建立吸毒人员动态管控机制，其目的就是要建立与开放社会和人员流动相适应的管理方式，实现对吸毒人员的有效控制。[2]吸毒人员的动态管控机制，是以全国禁毒信息管理系统等数据库为平台，建立对系统内吸毒人员信息的实时维护机制，把所有吸毒人员信息及时纳入计算机系

---

〔1〕 钱斌："上海市吸毒人员管理的现状及改进策略研究"，上海交通大学 2008 年硕士学位论文，第 9 页。

〔2〕 孙光："吸毒人员动态管控机制的构成"，载《江苏警官学院学报》2007 年第 2 期。

统的查询与统计范围，实现信息共享、网上跟踪、有效管理、动态监控。建立吸毒人员动态管控机制，重点是抓好吸毒人员的排查、收戒、管理、维护、应用等重要环节。

2006 年 8 月，中国公安部开始部署全国公安机关建立吸毒人员动态管控机制，对吸毒人员进行全面排查和信息上网入库工作。2006 年 8 月 29 日，公安部召开电视电话会议，部署全国公安机关建立吸毒人员动态管控机制。公安部表示，建立吸毒人员动态管控机制，旨在深入推进禁毒人民战争，有效管控吸毒人员，切实减少毒品供应和毒品需求。国家禁毒委员会副主任、公安部副部长张新枫出席会议并讲话。

根据 2010 年 3 月 2 日浙江省戒毒缉毒网站上发布的《浙江省公安机关重点人员动态管控工作规范（试行）》，我们了解到中国"公安机关重点人员动态管控"的下列情况，对涉毒人员要"实现'来能报警、动知轨迹、走明去向、全程掌控'，提高预防、打击违法犯罪和维护社会稳定的能力"。该规范第 5 条明确规定，涉毒人员，分为吸毒人员与制贩毒前科人员，根据我省实际，将吸毒人员分为一类吸毒人员和其他吸毒人员。一类吸毒人员包括：已作出社区戒毒、社区康复决定而未在规定期间内报到的；正在社区戒毒、社区康复的；曾被强制隔离戒毒（强制戒毒、劳教戒毒）没有后续管控措施的；三年内有吸毒史的其他吸毒人员。

从国家到地方的规定来看，显然，吸毒人员的动态管控机制的核心在于控制与防范吸毒人员的"高危"。

3. 以公安机关为主导的多元管控主体

《戒毒条例》第 2 条明确规定："县级以上人民政府应当建立政府统一领导，禁毒委员会组织、协调、指导，有关部门各负其责，社会力量广泛参与的戒毒工作体制。"第 4 条规定：

"县级以上地方人民政府设立的禁毒委员会可以组织公安机关、卫生行政和药品监督管理部门开展吸毒监测、调查，并向社会公开监测、调查结果。县级以上地方人民政府公安机关负责对涉嫌吸毒人员进行检测，对吸毒人员进行登记并依法实行动态管控，依法责令社区戒毒、决定强制隔离戒毒、责令社区康复，管理公安机关的强制隔离戒毒场所、戒毒康复场所，对社区戒毒、社区康复工作提供指导和支持。设区的市级以上地方人民政府司法行政部门负责管理司法行政部门的强制隔离戒毒场所、戒毒康复场所，对社区戒毒、社区康复工作提供指导和支持。县级以上地方人民政府卫生行政部门负责戒毒医疗机构的监督管理，会同公安机关、司法行政等部门制定戒毒医疗机构设置规划，对戒毒医疗服务提供指导和支持。"县级以上地方人民政府民政、人力资源社会保障、教育等部门依据各自的职责，对社区戒毒、社区康复工作提供康复和职业技能培训等指导和支持。因此，《戒毒条例》最终确立的戒毒权力体系配置，是以公安机关为主导的，司法行政部门、卫生行政部门、乡镇人民政府、城市街道办事处等多部门参与的多元管控主体。虽然对于强制戒毒场所的管理权限，公安机关和司法行政部门依然在暗中争夺，但在可预见的未来，公安机关不会轻易交出强制戒毒机构的管理权。此种管控主体的设置与现行管控模式的逻辑前提、主要目标是一脉相承的，是以吸毒人员作为高危的违法者为逻辑假设的管控机制。

4. 以行政强制为主要的毒瘾戒断措施

行政强制，是指行政主体为保障行政管理的顺利进行，通过依法采取强制手段迫使拒不履行行政义务的相对方履行义务或达到与履行义务相同的状态；或者出于维护社会秩序或保护私人（公民）人身健康、人身和财产安全的需要，乃至为了获得行政信息的需要，而对（私人）相对方的人身或财产采取紧急性、及时性或临时性强制措施的具体行政行为的总称。在劳教戒毒时代，曾有不少学者质疑我国的劳教戒毒作为一种行政处罚来剥夺吸毒人员的人身自由，缺乏充足的依据；作为一种行政处罚，劳教戒毒的惩罚性对吸毒人员未必适当；作为一种剥夺吸毒人员的人身自由的措施，强制戒毒和劳教戒毒决定的做出均缺乏必要和正当的司法程序等。但也有研究者认为，我国对吸毒人员的管理主要体现在强制性戒毒上。强制隔离戒毒是依法通过行政强制措施，对吸食、注射毒品成瘾人员在一定时期内，进行生理脱毒、心理矫治、适度劳动、身体康复，开展法律、道德教育的一项重要措施。2011 年，全国共依法处置吸毒成瘾人员 57.7 万名，同比增长 8.3%，其中处置强制隔离戒毒 17.1 万名，责令社区戒毒、社区康复 9.7 万。[1] 2012 年全国依法处置强制隔离戒毒 20.2 万余名，依法责令接受社区戒毒、社区康复 13.6 万余名。[2]2013 年全国依法处置强制隔离戒毒 24.2 万余名，依法责令接受社区戒毒、社区康复 18.4 万余名。[3]从近三年的强制戒毒人数与社区戒毒、社区康复人数的比例来看，社区戒毒和社区康复人数占比呈明显上升，但不容忽视的是，强制戒毒依然是四种戒毒方式中主要的戒毒方式。

（三）现行吸毒人员管控模式的缺陷

从《禁毒法》第四章和《戒毒条例》的规定来看，我国戒毒制度较之以往呈戒毒措施多样化、戒毒程序严格化、戒毒过程一体化、戒毒力量专业化、戒毒救助社会化的发展趋势。我

[1]《2012 年中国禁毒报告》。
[2]《2013 年中国禁毒报告》。
[3]《2014 年中国禁毒报告》。

国现有戒毒制度规定了社区戒毒、强制隔离戒毒、社区康复、自愿戒毒等戒毒措施，赋予戒毒药物维持治疗、戒毒康复场所应有的法律地位，同时将这些戒毒措施予以通盘考虑，实现过程的合理衔接和资源的有效整合，这标志着我国戒毒工作理念和方式的进步。总体而言，我国戒毒制度的特点，可以概括为科学戒毒和人文关怀的理念、以回归社会为导向的戒毒模式、客观有效的戒毒工作评估体系、协同配合的戒毒工作机制四个方面。[1]虽然部分学者对现行吸毒人员的管控模式和戒毒模式给予了较高评价，但不可否认，从依然节节攀高的吸毒人数[2]来看，显然效果不佳。

1. 场所戒毒严重中断正常社会化，戒断效果不彰

强制戒毒无论是公安机关管理的场所，抑或是司法行政机关管理的戒毒场所，鉴于该类场所的转型来源及监管人员的固有思维定势，强戒对象的违法者身份继续彰显，"强制隔离戒毒是强制戒毒和劳教戒毒的延续和发展，在本质上没有多大改变"。[3]场所戒毒打断了吸毒者的正常社会化进程，而强制隔离戒毒人员最终要回归社会，成为一个社会人。戒毒出所后，其往往会难以适应社会，或因为这样或那样的家庭、社会问题而复吸，不能实现顺利回归社会，引发新的社会问题。[4]即强制隔离期

---

〔1〕 曾文远："我国戒毒制度的基本特点"，载《云南警官学院学报》2011年第1期。

〔2〕 2011年，全国查获有吸毒行为人员41.3万人次，新发现吸毒人员23.5万名。2012年全国依法查获有吸毒行为人员54.9万人次，新发现登记吸毒人员30.5万余名。2013年全国依法查获有吸毒行为人员68.2万人次，新发现登记吸毒人员36.5万余名。数据来源于中国禁毒年度报告。

〔3〕 曾文远："我国戒毒制度的基本特点"，载《云南警官学院学报》2011年第1期。

〔4〕 段伟："强制隔离戒毒人员回归社会的现实困境及其解决路径问题研究"，载《中国药物依赖性杂志》2011年第6期。

限反映的处罚逻辑、亲友探视权的忽视、隐私权的脆弱保护、就业权保障的缺失。[1]由于多种因素，强制隔离戒毒工作在实施过程中遇到了困境，例如：吸毒成瘾标准难认定、诊断评估体系不健全、戒毒民警队伍素质有待进一步提高。诸如此类的种种问题严重阻碍了强制隔离戒毒工作的发展，难以有效降低戒毒人员的复吸率。[2]

2. 动态管控有侵犯人权之嫌，理论论证不足

根据北京爱知行研究所于 2012 年 6 月 25 日发布的研究报告显示，吸毒人员动态管控严重侵害戒毒人员的人权，主要体现为：动态管控干扰志愿人员参与艾滋病防治和毒品减低伤害工作、动态管控系统影响戒毒人员正常就业、动态管控系统影响戒毒人员的婚姻和家庭生活、动态管控影响戒毒人员自主创业、动态管控标签化和边缘化戒毒人员、动态管控缺乏更新，戒毒人员权利被无休止伤害、动态管控机制被滥用伤及无辜。[3]动态管控机制是以吸毒者为违法犯罪高危人群为逻辑假定而设计的一套严密地注视着这群特殊的公民的监控体系。然后吸毒人员显然并非"国家敌人"，然而，在这套严密的系统的运作中，吸毒者和康复者，如何自觉和被动地接受"国家眼睛"的监视（如前述浙江规范之表述），如何在戒断后，脱离系统，成为目前监控者和被监控者需要解决的问题。

〔1〕　赖佳文、吴情树："我国强制隔离戒毒的制度检讨"，载《贵州警官职业学院学报》2011 年第 5 期。

〔2〕　贾振军："强制隔离戒毒实施中的困境及出路"，载《中国药物依赖性杂志》2010 年第 5 期。

〔3〕　北京爱知行研究会："关于吸毒人员动态管控机制的研究报告"，载新浪博客：http://blog.sina.com.cn/s/blog_ 4b87e39501013r3w.html，访问时间：2014年 10 月 25 日。

3. 过度标签加剧社会与吸毒者的双向排斥[1]，不利于脱毒

标签理论的主要特征是：重要人（或关键人）贴标签；贴标签是有选择性的；被贴标签人的内化，从一次越轨转化成二次越轨。我们不难发现，很多药物滥用者第一次接触毒品是因为好奇或者朋友的引诱，但是因为被公安机关强制戒毒后就被社会贴上了"越轨者"的标签，他们的越轨行为被曝光于大众。于是在媒体等的导向推动下，广大的群众开始用他们的标签看待他们，他们的家人也在舆论的压力下与他们划清界限，用有色眼镜看待他们，于是将他们推向了"毒友"身边。心理需求无法得到满足的他们无法实现心理脱毒，进而在面对社会歧视、不信任、被排斥的强大压力下，他们选择"破罐子破摔"，将标签内化，转变成了二次越轨、习惯性越轨，社会对他们的歧视就是有色眼镜，就是一个标签。[2]加之我们现行的管控模式依然是公安机关主导，公安机关主导的管控有天然的便利优势，但是在国人心中依然具有公安机关是"抓坏人"的思维定势，吸毒人员与公安机关的交往会进一步强化"越轨者"的标签效应。国家的毒品政策、执行处遇过程对吸毒人员影响如何呢？能令施用者有恃无恐的一再施用，造成严重社会问题。而政府对毒品政策之规划若只片面根据政府管理便利（如戒治所实施

---

[1] 根据社会建构主义理论，吸毒者"边缘人"角色的获得是一个社会与个人"双向排斥"的建构过程。一方面是社会排斥的建构机制，主要体现在文化传统与观念、社会制度以及社会环境的排斥等；另一方面是个体在成瘾的历程中对社会的主动排斥。这两个过程同时发生，相互作用，导致吸毒者群体"社会边缘化"的加速度。参见钟莹："建构主义视角下的吸毒者与社会的'双向排斥'机制及解决策略"，载《福建论坛（人文社会科学版）》2010年第5期。

[2] 黄敏："标签理论视角下的戒毒康复研究"，载《云南警官学院学报》2012年第2期。

阶段处遇课程应行注意事项)、有效疏解监所人犯之压力（戒治处遇成效评估办法），或制定一套自评为对受戒治者有助之戒治训练课程（如受戒治人社会适应期处遇成绩评估表），而未就吸毒者戒瘾之真正需求，及对其再犯行为特性先作清楚的认识与了解，则执行结果或能达成制度之形式目的。符合法律设计及对吸毒者施以戒瘾治疗之世界潮流趋势，唯恐仍无法发挥实质戒治成效，根本解决吸毒再犯之严重问题。[1]

三、吸毒人员社区管控模式之理论提倡

（一）吸毒人员管控的理论争鸣

管制吸毒是全球性的法律难题，由于各种社会因素和历史文化的影响，西方广泛关注的管制吸毒正当性问题在中国普通受到忽视。国内虽然对吸毒问题和吸毒者研究的成果不少，但相当多成果对管制吸毒的研究，仍然主要集中在实然性的制度构建层面。因此，研究管制吸毒的必要性，既是构建中国禁毒法的理论基础与核心价值的需要，也是解放更新认识和制度创新的需要。[2]

对于吸毒人员的管控及其模式选择，主要需要考虑以下几个问题：一是如何定性吸毒行为与吸毒人员，前者涉及吸毒行为应该采犯罪化、违法化抑或合法化，后者则主要涉及吸毒人员是病人、违法者、潜在犯罪者等身份定位。二是是否应该对吸毒人群予以特殊的标签化并且采取特殊的监管措施以及采取何种管控方式，涉及吸毒人群是否是社会管理中的一个充满危

---

〔1〕 林长春："毒品防治法制之研究"，中山大学2006年硕士学位论文，第17～18页。

〔2〕 褚宸舸："管制吸毒的正当性：一个值得重视的全球性的中国问题"，载《公安学刊：浙江警察学院学报》2011年第5期。

险的特定群体，对于此种特殊群体应贴上何种标签以及采取何种特定的管理措施。三是对于吸毒人群的管控主体、管控目标、管控制度和管控运行机制的具体建构问题。

国外关于吸毒的法律政策总体上分为两类：一类是规定吸毒为犯罪，在处理方式上包括直接判处刑罚、判处刑罚同时进行强制治疗以及单纯进行强制治疗。另一类规定吸毒为违法行为，在处理方式上包括强制戒毒和自愿戒毒。[1]虽然亦有少数国家探索将部分吸毒行为（主要是软性毒品吸食行为）合法化，但尚无亦不太可能将吸毒行为合法化。

吸毒者身份和法律适用不同。世界各国对吸毒者的定位有两种：一是有罪化，另一是无罪化。也就是说，有些国家要对吸毒者科以处罚，甚至是刑罚，如《日本反兴奋剂管制法》就有吸毒罪，而有些国家对单纯吸毒者不科以处罚，将吸食、注射毒品者视为病人，如英国、荷兰等。在国内，《中华人民共和国禁毒法》实施之后，吸毒者兼具病人和违法者双重身份，吸毒成瘾人员应当进行戒毒治疗，对符合条件的吸毒成瘾人员，公安机关可以责令其接受期限为三年的社区戒毒。尽管吸毒者的认定在不同国家存在有罪化与无罪化，但绝大多数国家都积极采取有效的毒品减害措施，美沙酮治疗计划就是最为有效的措施之一。[2]

管制吸毒备受争议的核心问题是制度背后所反映的国家与个人关系的价值选择，其折射出的国家管制个人自由的限度、公民基本权利的法律限制等问题，均是二战后西方法理学和宪

---

〔1〕 司法部劳教局课题组："劳教戒毒模式研究（上）"，载《中国司法》2004年第3期。

〔2〕 徐媛媛、庄华、张鹏："中外社区戒毒和社区康复比较研究"，载《云南警官学院学报》2010年第1期。

法学讨论的热点与焦点。法官德富林和学者哈特的著名论战就是由 20 世纪 50 年代英国《沃尔芬登报告》（关于同性恋与卖淫非犯罪化的立法建议）引发的，类似的论战在西方管制吸毒领域同样存在，并绵延至今。仅以英语著作为例，对吸毒及其法律对策的研究论著就汗牛充栋，早期有霍华德·贝克尔的《越轨社会学研究》（1963 年），阿尔·R. 林德史密斯（1965 年）和布雷彻的《合法和非法毒品》（1972 年），晚近的专著主要有 *Drugs and Rights*，*Between Politics and Reason*，以及杰弗里·A. 谢勒和詹姆斯·A. 主希边主编的论文集。[1]

（二）吸毒人员社区管控模式之初步建构

社区戒毒是在学习借鉴其他国家社区矫正中毒品检测和治疗措施，总结国内一些地方戒毒工作经验的基础上，在规定强制性戒毒措施之外提出的，并将试点工作中主要针对强制性戒毒后的社区戒毒，发展为一种实行强制隔离戒毒前就可以进行的戒毒措施，这是对过去长期实行的以封闭戒毒方法为主的戒毒模式的改进。[2]社区戒毒即是首次被公安机关查获的符合条件的吸毒成瘾人员，责令其到户籍所在地或者现居住地接受戒毒治疗，并自觉接受社区专业人员的监督、指导、教育与帮助，戒除毒瘾并康复的过程与措施。社区康复的实施参照社区戒毒，所不同的是对象，社区康复针对的是解除强制隔离戒毒的人员。

---

〔1〕 See Alfred R. Lindesmith, *The Addict and the Law*, Indiana University Press, 1965；Douglas N. Husak, *Drugs and Rights*, Cambridge University Press, 1992；Jeffrey A. Schaler, *Drugs：Should We Legalize, Decriminalize, or Deregulate?* Prometheus Books, 1998；James A. Inciardi, *The Drug Legalization Debate*（2nd ed），Sage Publications, 1999；Erich Goode, *Between Politics and Reason：the Drug Legalization Debate*, St. Martin's Press, 1997.

〔2〕 滕炜主编：《中华人民共和国禁毒法释义及实用指南》，中国民主法制出版社 2008 年版，第 1 页。

吸毒人员的社区管控模式是结合现有的社区戒毒、社区康复和社会救助、社会帮教和社会帮扶而提出的依赖社区建设的一种社会化管理模式。

1. 域外吸毒人员社区管控简介

美国治疗性社区戒治模式是给毒品成瘾者提供庇护性社区，并加以辅导，交互运用内外在戒毒力量，达到自助原则（self-helporientation），以期毒品成瘾者重建正常生活，最终达到完全禁戒毒品。因此，美国治疗性社区具有生活性，即在高度结构化的社区环境中，使戒毒者重拾人格，回归正常行为，发展正常社会关系。此种模式的主要内容包括"集体治疗""个别指导课程""毒瘾治疗及正式的教育课程""生活、工作之义务观念养成"及"日常生活工作作息阶段表"。治疗性社区的成功之处在于改变毒品成瘾者的生活形态，如戒除毒瘾、增加生产力及减少反社会行为等。[1]英国被认为是最早建立"处方体系"（Prescription System）的国家，该体系就是从20世纪60年代起，在世界范围内不断推广的美沙酮替代疗法的前身。"处方体系"以禁绝毒品为最终目的，精神病学家直接负责具体实施，这标志着对毒品成瘾者的治疗由最初的福利模式向控制模式的转变，这也就是当代美沙酮替代疗法在科学、法律方面的发展和变迁。自1990年起，英国内政部在英格兰发起了以社区为单位的毒品预防计划项目。在此基础上，1500多个社区预防救助小组应运而生，他们直接、间接地从当地商人、志愿者、官方和非官方组织中得到人力财力方面的支持。[2]在英国，戒毒矫治项目如

〔1〕 张伯宏："建立本土化戒毒模式之刍议"，载《中央警察大学丛刊》2006年第1期。

〔2〕 王竞可："析英国社区戒毒模式探我国禁吸戒毒新路"，载《云南警官学院学报》2005年第3期。

今已经发展成为一个非常便利、综合性很强的机构组织，成瘾者只要走进任何一家以社区为载体的当地戒毒机构，都能获得免费的治疗。

2. 吸毒人员社区管控的基本思路

吸毒人员回归社会的价值导向，决定了隔离戒毒工作的内容和路径不能仅仅满足戒毒机关自身的需要，而是应立足于强制隔离戒毒人员回归社会的需要。面对新形势下的吸毒人员社区管控问题，加强和创新禁毒社会管理，政府负责是关键，社会协同是依托，群众参与是基础，几个方面缺一不可。吸毒人员社区管控的基本思路是以吸毒人员正常社会化进程为目标，以吸毒人员和社会人正常交往为基本路径，以无毒社区的渐成为基本依托，以戒断治疗和替代措施为基本手段。

3. 吸毒人员社区管控的具体举措

根据《禁毒法》提出的吸毒人员不仅仅是一名违法者，更是需要全社会给予特殊关心爱护的毒品受害者，我们在对吸毒人员社区管控、回归社会的管理工作却相对滞后，禁毒社会化进程与先进国家和地区还有很大的差距。主要体现在以下几个方面：

一是各级领导对禁毒工作的重视程度还需进一步提高。一些地方党委政府领导对禁毒工作不够重视，没有按照国家禁毒委的要求，每年听取工作汇报，召开禁毒工作会议，亲自研究解决困难。二是各级禁毒委员会及其办公室没有充分发挥职能作用。各级禁毒委员会作为法定特设机构，大部分处于召开会议、听取汇报等低层次运转，少数地方禁毒委甚至形同虚设。禁毒办大量日常事务由公安机关下属禁毒部门具体承担，管辖职权规格较低，对上缺乏策动力，对成员单位缺乏制衡力，对下缺乏执行力，不能充分发挥对当地禁毒工作的组织、领导、指导和协调作用。三是综合治理的禁毒社会化工作格局没有完全发挥效能。部分禁毒委成员单位没有充分履职，在开展禁毒联合执法、禁毒宣传等方面只限于形式上的参与，没有实质性的内容，没有结合自身职能优势，主动为禁毒工作出谋划策，畅通渠道，理顺机制，解决困难。社会禁毒资源没有充分整合利用，社会各界参与禁毒工作的积极性、主动性没有调动起来。禁毒志愿者组织缺乏政府的积极引导，基本处于民间自发，松散无序型阶段。四是基层禁毒工作严重滞后。社区戒毒、社区康复工作机构、经费、人员没有落实，相关职能部门没有切实履职，社区戒毒社区康复工作进展缓慢，推进乏力，对戒毒康复人员缺乏有效管理载体，导致我市吸毒人员动态管控工作整体滞后。五是禁毒社会管理的群众参与程度不高。多数群众认为禁毒工作是公安机关的职责任务，参与禁毒工作的热情不高，渠道不多，更多的仅限于举报毒品违法犯罪活动。部分群众和社会企业对于毒品和吸毒人员缺乏了解，容易将毒品、吸毒人员与违法犯罪、性病、艾滋等联系在一起，闻而色变，敬而远之，不愿意接触吸毒人员，更不愿意为戒毒人员提供就业帮助，参与社会帮教，社会各界自觉关注和主动参与禁毒社会管理的共识还没有形成。

因此，为了实现上述任务目标，吸毒人员的社区管控需要做出较大调整。

第一，全社会需要转变观念，牢固树立"吸毒首先是一种疾病，吸毒人员是生物学和社会学双层意义上的病人"的观念。社区管控模式应该有着丰富的人文内涵：将吸毒者定义为病人，意味着将一个社会公民应有的权益归还给吸毒者，体现了社会对吸毒者基本权利的尊重。以社区戒毒为基本落脚点，严格控制强制戒毒的收治范围并逐渐减少甚至取消强制戒毒，采取不偏激也不纵容的态度，采取一种温和的人性化的戒毒方式，这也是我国传统文化思想的体现。给予吸毒者更多自由和权益的同时，也要求戒毒者承担更多的责任，实现道德自律。[1]

第二，各级党委政府应根据吸毒人员社区管控工作发展需求，紧密结合工作实际，研究设计总体发展规划，并逐步形成政策法律、规章制度，从社会政策、社会法规层面解决制约禁毒工作发展的体制性、根本性、源头性问题。

第三，重点推动各级禁毒领导办事机构的实体化、社会化进程。根据经济社会的发展变化和禁毒工作的现实需求，赋予各级禁毒委员会及其办公室更多的职能职责，不断充实领导力量，增补调整成员单位，加强工作机构建设，组织、协调和指导各地各部门开展禁毒社会管理工作。在可能的情况下，禁毒委员会应直属于各级政府，作为政府的常设机构，其办事机构不再依附于公安机关，可以考虑设置于民政部门。

第四，全面推进禁毒社会管理社区基层基础建设。社区是实施禁毒社会管理的基本单元和重要载体，加强和创新吸毒人员社区管控，力量在社区，基础在群众。要有效结合社区警务室、法庭、人民调解、帮扶解困、物业管理、环卫管理以及治保会、义务巡逻队、志愿者队伍等群防群治群建组织，搞好协调配合和良性互动，及时掌握社区毒情动态，积极开展戒毒人员管控帮教，继续深化无毒社区创建活动，在打防管控毒品问题上着力构建全方位、宽领域、多层次的禁毒社会管理体系，努力提升社会自治和自我管理效能和水平。

第五，要广泛培育发展多元化的禁毒社会管理主体。在继续采取传统禁毒宣传教育模式的基础上，应着力在拓宽社会参与领域、畅通社会参与渠道上更新理念，完善机制。大力培育

---

〔1〕 罗涛、郝伟、邓奇坚："论新戒毒模式的人文内涵"，载《医学与哲学（人文社会医学版）》2010 年第 3 期。

禁毒社会管理人才队伍，建立禁毒、生理、心理、精神、社会、医护等专业知识领域的人才库，积极会同财政、人事、编委等部门建立社工人才队伍的招募、引进和储备体制，落实人员编制和薪酬待遇，确保社工队伍的稳定和壮大。

第六，建立完善科学合理的禁毒社会管理工作考评体系。各级禁毒委员会（办公室）应成立专门的考核机构，制订具体的考核细则，明确任务和目标，严格奖惩制度，建立完善横向到边、纵向到底的禁毒工作考核体系。依据考评成绩每年进行评比表彰，总结工作，兑现奖惩。

第二节　我国强制隔离戒毒的法律定位及制度完善*

我国的戒毒制度历史颇为久远，但在法律上却成型较晚。目前法律规定的戒毒制度，始于 2008 年制定的《禁毒法》，并由 2011 年制定的《戒毒条例》负责解释细化。自愿戒毒、社区戒毒、强制隔离戒毒共同组成了我国戒毒措施的制度构架，这一框架从社会化的戒毒方案到国家公权力介入，强制力对比有较大差异。区别于其它的戒毒措施，强制隔离戒毒具有的国家公权色彩最为强烈。在劳动教养制度废除的背景之下，强制隔离戒毒作为一种存在于行政法中的强制措施，受到了强烈的理论非议。虽然在字面上，强制隔离戒毒措施为劳教制度的废除在立法上贡献良多，然而仍旧难以摆脱在法律正当性等问题上

---

　　* 作者简介：包涵，中国人民公安大学侦查学院禁毒教研室讲师，中国人民大学法学博士。研究方向：刑法学、禁毒学。（中国人民公安大学 侦查学院，北京100038）。

的质疑。[1]不仅如此，由于我国毒品情势的变化、社会的发展转向以及国家毒品控制政策的变革，强制隔离戒毒制度在具体的制度和措施设计上也存有缺陷，在运行中显露出了较多弊病。

一、强制隔离戒毒制度的缘起与特点

截止到 2012 年，全国累计收治强制隔离戒毒人员 36 万余人，在册的强制隔离戒毒人员接近 15 万人。而据《中国禁毒报告（2014 年）》的统计，仅 2013 年全年就处置强制隔离戒毒 24.2 万余名，占登记吸毒人员的 10%。[2]庞大的数字印证了当前戒毒制度的现状，即在自愿戒毒和社区戒毒制度缺乏国家公权保障的前提下，强制隔离戒毒制度承担起了我国戒毒措施的主要功能。

（一）强制隔离戒毒制度的法律渊源

强制戒毒是基于国家行政权而实施的具有法律强制力的戒毒措施。在我国最早规范强制戒毒的规范性文件是 1995 年国务院发布的《强制戒毒办法》（已废止）。其第 2 条规定："本办法所称强制戒毒，是指对吸食、注射毒品成瘾人员，在一定时期内通过行政措施对其强制进行药物治疗、心理治疗和法制教育、道德教育、使其戒除毒瘾。"同时，第 3 条规定"强制戒毒工作由公安机关主管"。由于当时劳动教养制度尚未废止，为了针对被采取劳动教养且吸毒成瘾的人员进行戒毒工作，司法部于

---

[1] 2008 年颁布实施的《禁毒法》规定了强制隔离戒毒制度，与此前司法部 2003 年颁布实施的《劳动教养戒毒工作规定》相比，抛弃了"劳动教养戒毒"的称谓，以至于有观点认为，我国劳教制度的废除，实际上肇始于《禁毒法》的颁布。但是《禁毒法》乃至于其后的《戒毒条例》，并未在改变称谓后的制度设计上体现出与传统的劳教制度较大的区别来，甚至在某些方面还有倒退的现象。对十上述观点，可参见姚建龙："《禁毒法》的颁行与我国劳教制度的走向"，载《法学》2008年第 9 期。

[2] 周斌："全国累计收治强制隔离戒毒人员逾 36 万"，载《法制日报》2012年 6 月 23 日；中国国家禁毒委员会：《中国禁毒报告（2014 年）》，第 19 页。

2003 年发布了《劳动教养戒毒工作规定》。其第 2 条规定，劳动教养戒毒实施的对象是"对因吸食、注射毒品被决定劳动教养的人员，以及因其他罪错被决定劳动教养但兼有吸毒行为尚未戒除毒瘾的劳动教养人员"，而劳动教养戒毒的主管机关是司法行政机关。

对于同样性质的违法对象，分别由不同的主管机关施以不同的行政处置方式，这是我国特有的"公安 – 司法"强制戒毒双轨制模式。也正因为如此，在制定《禁毒法》之初，我国便考虑解决统一的强制戒毒措施，将公安机关负责的强制戒毒与司法行政部门负责的劳动教养戒毒合并。国务院曾经在《禁毒法（草案）》中提出保留双轨制的戒毒措施，并且将强制性的戒毒分为两个部分，即公安机关实施的"隔离戒毒"和劳动教养部门实施的"强制性教育矫治戒毒"。[1] 由于这一方案只是将已经存在的双轨制戒毒措施的名称加以变更，实质上并未对制度本身有所革新。因此《禁毒法》并未采纳"隔离戒毒"与"强制性教育矫治戒毒"并行的构想，而是以"强制隔离戒毒"的称谓统称强制性的戒毒模式。

（二）强制隔离戒毒的制度特点

（1）双轨制运行模式。虽然《禁毒法》统一了强制性戒毒措施的称谓，但是并未通过明确的规定变更双轨制并行的固有模式。在《禁毒法》中规定了强制隔离戒毒措施依据不同的对象，由公安机关决定或同意采取强制隔离戒毒措施，同时公安机关还是吸毒成瘾人员对强制隔离戒毒决定不服的诉讼或复议对象，这些规定都确立了公安机关在强制隔离戒毒措施中的主

---

〔1〕 洪虎："全国人大法律委员会关于《中华人民共和国禁毒法（草案）》修改情况的汇报"，载《中华人民共和国全国人民代表大会常务委员会公报》2008 年第 1 期。

管机关地位。然而《禁毒法》第 50 条又规定："公安机关、司法行政部门对被依法拘留、逮捕、收监执行刑罚以及被依法采取强制性教育措施的吸毒人员，应当给予必要的戒毒治疗。"这一规定实际上也赋予了司法行政机关在强制隔离戒毒措施中的主体地位。造成这一现象的原因，是原有的强制戒毒与劳教戒毒已经形成了较为固定的管理模式，公安机关和司法行政机关依据当时的法律规范建立各自体系内部的场所和机构、配置人员，若统一由公安机关负责强制隔离戒毒的实施，可能会涉及浩大的工程，浪费国家和社会资源。[1]因此，2011 年的《戒毒条例》把公安机关与司法行政机关在强制隔离戒毒实施中的主体地位进行了分工，将强制隔离戒毒 2 年的法定年限划分为两个阶段。公安机关决定执行强制隔离戒毒措施后，吸毒成瘾人员在隶属于公安机关的强制隔离戒毒场所最低执行 3 个月~6 个月，最长不超过 12 个月的强制隔离戒毒之后，由公安机关移送到司法行政机关的强制隔离戒毒场所继续执行剩余的强制隔离戒毒期限。为了保障强制隔离戒毒工作的制度规范，公安部于 2011 年 9 月发布了《公安机关强制隔离戒毒所管理办法》，相应的，2013 年 4 月司法部发布了《司法行政机关强制隔离戒毒工作规定》，以此来衔接和规范不同机关所各自负责的强制隔离戒毒工作。

（2）突出人权保障。《禁毒法》制定之时，立法层面对于法治国家的认识已经较为全面和深刻，因此在《禁毒法》以及此后的《戒毒条例》当中，对于吸毒人员的权利保障在制度上是相当重视的。在强制隔离戒毒期间，戒毒人员将受到生理、

---

〔1〕　在大多数劳教场所中，大约有 2/3 以上为吸毒型劳教，若《禁毒法》将强制隔离戒毒措施统一交由公安机关负责，当时（2007~2013 年）劳教场所的劳教人员、基础设施、司法资源都面临闲置。参见姚建龙："《禁毒法》的颁行与我国劳教制度的走向"，载《法学》2008 年第 9 期。

心理治疗和身体康复训练。同时根据强制隔离戒毒的需要，戒毒场所也可以组织安排戒毒人员参加必要的生产劳动，对戒毒人员进行职业技能培训。在《禁毒法》和《戒毒条例》中，人本思想有充分的体现。在《禁毒法》中，对于吸毒人员实行"教育、感化、挽救"的方针，将吸毒者定位于毒品的受害人以及生理或精神上的病患，同时在制度上区别对待吸毒人员，根据戒毒人员的症状、生理条件等状况分类管理，也注意加强保护未成年人或怀孕、哺乳期妇女等特殊群体的权益。这一政策倾向符合毒品控制的"医疗模式（Medical Model）"理念，符合我国当前社会管理的时代特征。[1]

二、强制隔离戒毒的法律定位之争

即使在立法理念上体现了较多的人本主义思想，在制度设计上也着重保障吸毒者的人权，但强制隔离戒毒的法律性质以及定位一直以来都存有争议。其一，在行政法律法规中规定强制隔离并限制人身自由的规范，是否符合现代法治国家对于法律制定的"合法性"标准。其二，对于在我国除罪化的吸毒行为，施以强制性手段进行处遇是否符合考察行政行为合理性的比例原则。其三，强制隔离戒毒措施的决定和执行，悉数游离于司法裁判之外，是否有违法律的实质正当性原则。

而 2013 年 11 月 15 日发布的《中共中央关于全面深化改革

---

〔1〕 对待吸毒人员的处理模式在理论上有不同的认识，一般划分为"道德模式（Moral Model）""医疗模式（Medical Model）""自疗模式（Self-medication Model）"和"整合模式（Integrated Model）"。其中，以道德责难、犯罪化、严格体罚和监禁隔离为代表的处理模式即是"道德模式"；而认为应当将吸毒人员视为病患而予以医治并有效去除毒品带来的身心健康，减少吸毒人员自我损害的治理模式，则是"医疗模式"。参见施亦晖："施用毒品行为刑事政策与除罪化之研究"，中正大学 2013 年博士学位论文，第 3 页。

若干重大问题的决定》，为强制隔离戒毒的合法性与合理性提出了更大的考验。该决定提出："废止劳动教养制度，完善对违法犯罪行为的惩治和矫正法律，健全社区矫正制度。"由于目前的强制隔离戒毒制度中很大一部分是由劳教制度延伸而来，在劳教制度废除之后，强制隔离戒毒制度的地位犹如"皮之不存，毛将焉附"，由此受到的质疑和批判更加剧烈。

（一）强制隔离戒毒制度的合法性之争

所谓的"合法性"（legality），是从法律层级加以考虑的，意即在国家法治的层面上，某种制度能否符合法律的自我或内在要求。强制隔离戒毒制度被规定于《禁毒法》和《戒毒条例》等规范性文件当中，从实然的角度看，全国人大常委会以及国务院等部门享有一定程度的立法权，但是否能够规范强制隔离戒毒之类的限制人身自由的措施，值得考察。

（1）形式上的合法性争议。我国1982年《宪法》规定，只有全国人民代表大会及其常务委员会有权制定法律。同时根据《立法法》的规定，"对于公民政治权利的剥夺、限制人身自由的强制措施和处罚"，只能制定法律，且没有任何排外适用的条件。综合上述法律文件的考察，意味着对于强制隔离戒毒制度来说，因为其属于限制人身自由的强制措施，从而应当由法律来加以规定。但是我国的强制隔离戒毒制度，至少存在法律之外的法规来进行规范的内容。《禁毒法》是全国人大常委会的立法，可以规定限制人身自由的条款，然而《戒毒条例》是国务院制定的法规，应当不具备规定强制隔离戒毒的权限。

如果只是形式上对《禁毒法》进行解释而不增设具体的适用条款，那么《戒毒条例》也不会陷入权限缺失的诟病，但是恰是在《戒毒条例》中，规定了诸多实体性的规范，作为对吸毒人员采取强制隔离戒毒措施的依据。例如对于吸毒成瘾严重的人员，县级以上公安机关可以直接作出强制隔离戒毒的决定。[1]但是认定吸毒成瘾严重的认定标准，却需要参照公安部和卫生部联合制定的《吸毒成瘾认定办法》（公安部令115号）这样一个部门规章。也就是说，对于吸毒成瘾严重的人员是否采取强制隔离戒毒措施，实质上是依据公安部的部门规章来认定的。这显然不符合"限制公民人身自由的强制措施只能制定法律，而法律只能由全国人大和常委会制定"的立法原则。

（2）实体上的合法性争议。《宪法》是我国公民权利的根本来源，《宪法》关于人身自由的规定既有保障公民积极行使权利的规范，又有限制公权机关行使权力的规范。《宪法》第37条规定："任何公民，非经人民检察院批准或者决定或者人民法院决定，并由公安机关执行，不受逮捕。禁止非法拘禁和以其他方法非法剥夺或者限制公民的人身自由。"从《宪法》保障公民权利的角度出发，这里的"逮捕"不应当"限于刑事诉讼法中规定的作为刑事强制措施的逮捕，而是应指任何与刑事诉讼法中逮捕具有相同强制力、相同权利剥夺效果的法律强制措施和处罚"。[2]换句话说，对于相当于"逮捕"程度的限制人身自由的措施，按照《宪法》的规定，应当遵循司法裁判的规定，依据相关的法定程序作出。而无论是《禁毒法》，还是《戒毒条例》，无一例外地都将强制隔离戒毒措施的审批决定权赋予了公安机关，将执行权赋予了公安机关或者司法行政机关，司法权没有介入到强制隔离戒毒的任何环节。这一赋权方式是赋予在

---

[1] 《戒毒条例》第25条第2款与《禁毒法》第38条第3款几乎一致，可以认为《戒毒条例》的规定只是对《禁毒法》的细化或解释。

[2] 时延安："劳动教养制度的终止与保安处分的法治化"，载《中国法学》2013年第1期。

司法裁判之外的行政机关实施限制人身自由的措施，显然有违《宪法》所确立的基本原则。

（二）强制隔离戒毒制度的合理性之争

所谓实质合理性，是在法律的形式规范之外，从制度设计是否符合客观的公平、正义观念来考察制度的功能或效用。在这个问题上，可以抛开强制隔离戒毒在法律形式上的瑕疵，转而考虑设计强制隔离戒毒措施是否能够达到"帮助、挽救和治疗"的目的。

（1）"福利"还是"惩罚"。从性质上看，强制隔离戒毒并非行政处罚。行政处罚是针对行为人已经实施的违法行为在行政法律层面进行的否定评价，具有一定的报应性质。而强制隔离戒毒并非出于惩罚吸毒行为而设定，至少不是吸毒行为带来的必然后果。[1]因此强制隔离戒毒并不具有行政处罚的特征，而是带有明显的保安处分性质。从强制隔离戒毒的制度渊源上考察，也可以得出上述结论。

1995 年 1 月国务院发布的《强制戒毒办法》（已废止）第 1 条规定："为了教育和帮助吸食、注射毒品成瘾人员戒毒，保护公民身心健康，维护社会治安秩序……制定本办法。"而在 2011 年国务院发布的《戒毒条例》第 1 条也规定："为了规范戒毒工作，帮助吸毒成瘾人员戒除毒瘾，维护社会秩序……制定本条例。"从立法目的上看，强制隔离戒毒是为了"教育、帮助吸毒人员，维护社会秩序"。显然，强制隔离戒毒的立法目的带有明显

---

〔1〕 强制隔离戒毒应该不属于指向对吸毒者的惩罚措施，虽然强制隔离戒毒具有强制性和限制人身自由等惩罚的形态，然而从逻辑和事实上分析，强制隔离戒毒不具备惩罚的形态。因为从逻辑上看，强制隔离戒毒不是吸毒行为的必然后果，而是选择性适用，这不符合法律惩罚的平等普适原则。从事实上看，强制隔离戒毒带有一些福利的性质，这也不是法律惩罚所希望追求的目的。笔者注。

的积极预防性质，是"以预防犯罪或者严重危害行为发生为目的，以限制或剥夺人身自由等重大权益为内容的法律处分"。[1]与行政处罚不同，强制隔离戒毒包含了大量的人权保障措施，在积极预防社会潜在危险的同时，注重对于吸毒人员的身心康复以及技能培训，从而消除个人疾患和社会危害。有鉴于此，部分学者将强制隔离戒毒的法律性质归于"福利性保安处分"。[2]然而，即使在制度的描述上具有一定的人本主义思想，也带有某种程度的"福利"，但作为国家来说，在平衡公民权利和社会管理之间，应当有一种基本的倾向，即尽可能避免以公民的基本权利为代价实现社会管理的目标。

在我国的法律体系当中，对于吸毒人员的惩戒仅仅限于治安管理处罚，其用意在于毒品对于社会管理秩序造成了危害，需要惩罚吸毒者的过错，然而这一危害从现实性的角度考察并不是实然存在的。因此对于吸毒者进行惩罚的必要性，更多考虑的是吸毒者的人身危险，即吸食毒品之后可能带来的社会风险，所以惩罚的内容从质（行政罚）到量（治安拘留或者罚款）都是较为轻缓的。这一制度设计显然是合理的：将吸毒行为的可罚性排除在刑罚之外，使得吸毒者不会因单纯的吸毒行为受到刑事处罚，最大程度保障了吸毒者的基本人权。同时以较为轻缓的行政处罚惩罚吸毒行为，从保护社会公共利益的角度对吸毒行为进行了否定，以此保障社会公共利益。然而强制

---

〔1〕 时延安："劳动教养制度的终止与保安处分的法治化"，载《中国法学》2013 年第 1 期。

〔2〕 大陆法系的保安处分有较多相似性。仅举一例，意大利刑法将保安处分区分为人身保安处分和财产保安处分，前者当中的监禁性保安处分，包括送往农垦区或者劳动场所、收容于司法教养院等等，大多数措施仍旧是以强制限制自由为手段的，表现出了一定的惩戒性质。参见《意大利刑法典》，黄风译，中国政法大学出版社 1998 年版，第 63 页。

隔离戒毒制度的介入，使得在国民私权和国家公权之间达成的这一平衡被打破。按照《禁毒法》的规定，强制隔离戒毒的时限为 2 年，还可以依据诊断评估延长 1 年；解除强制隔离之后，公安机关还可以责令其接受不超过 3 年的社区康复。强制隔离戒毒人员在不经过司法裁判的基础上被强制限制人身自由可达 3 年，并且在解除之后还有可能被限制一定自由 3 年。[1]从这些规定上看，很难将强制隔离戒毒措施与"福利"联系起来，而是更多地体现了惩罚。

（2）强制隔离戒毒的相当性反思。相当性，也被归纳为行政行为的比例原则，是行政法的重要原则之一。一般认为，行政权力的行使，应当兼顾行政行为实施所追求的目标和保护行政相对人的权益，如果行政目标的实现可能对相对人权益造成不利影响，则这种不利的影响应当被限定在尽可能小的范围和限度之内，此二者应当呈现适当的比例。也就是说，行政权力的行使首先应当具有正当目的。其次在正当目的的前提下，应当在所有可能的法律手段当中选取对公民造成最小侵害的行为方式。最后，行政权力行使所采取的措施应当与整个法律体系相称或成比例。

强制隔离戒毒作为行政行为的一种，是国家在禁毒体系中对于毒品消费的控制，具有预防犯罪、维持社会秩序的正当性诉求，满足行政行为相当性的首要条件。其次，既然强制隔离戒毒归属于行政法规，且对象是毒品消费者，在其程度上应当与其他的行政措施相互协调，或者与其它的强制措施搭建合理的比例。在这一问题的考察上，强制隔离戒毒的合理性则存有

---

〔1〕《戒毒条例》第 19 条规定，社区戒毒人员应当履行戒毒协议，并且根据公安机关的要求，定期接受检测，离开社区戒毒执行地所在县（市、区）3 日以上的，须书面报告。

瑕疵。在我国的法律体系中，违法行为的处罚是二元制的，层次较低的违法行为，受到行政法规的规制；而层次较高的违法行为，在法律有明确规定的前提下，受到刑法的规制。因而刑罚制裁是法律体系当中最为严厉的，在对于公民权利限制和剥夺程度上是最高的。然而，强制隔离戒毒措施的期限和内容呈现出了与其行政行为属性不相称的现象，与理论上更加严厉的刑罚措施产生了"倒挂"。

从《禁毒法》与《戒毒条例》的规定可以看出，强制隔离戒毒措施对于人身自由的限制程度是比较高的。在强制隔离戒毒期间，只有当"强制隔离戒毒人员患有严重疾病，不出所治疗可能危及生命的"，才能根据强制隔离戒毒场所主管机关的批准并报决定机关备案，可以允许出所就医；脱逃被追回的强制隔离戒毒人员不得提前解除强制隔离戒毒；强制隔离戒毒期限为2年，经过诊断评估可以延长1年。而我国《刑法》规定，监禁刑当中的拘役，期限是1个月以上6个月以下，数罪并罚不超过1年，且执行期间每月还可以有1天～2天回家探望的法定权利。有期徒刑从6个月以上到15年，但3年以下有期徒刑可以视犯罪情节、罪行程度等条件宣告缓刑，不需要进入强制性场所服刑。两相对比，强制隔离戒毒的执行强度在某种程度上重于刑罚制裁，这对于行政相对人来说是极不公平的。[1]在

---

[1] 虽然刑罚会留下刑事前科，犯罪人需要履行前科报告义务，从而带来诸如就业等资格上的限制；而强制隔离戒毒人员并无此类限制，因为按照《禁毒法》的规定，戒毒人员在入学、就业、享受社会保障等方面不受歧视。但是需要注意的是，单纯从强度上看，强制隔离戒毒重于某些监禁刑是现实状况。而从认定标准上看，刑罚的确定有法定的刑事诉讼程序和实体裁判标准，而强制隔离戒毒只需要公安机关的认定就可以确定。同时需要注意的是，吸毒人员也有类似前科的制度，也会对其日常生活产生一定的负面影响。依据《戒毒条例》第4条规定："县级以上地方人民政府公安机关负责对涉嫌吸毒人员进行检测，对吸毒人员进行登记并依法实行动态管控。"

目前公安机关办理毒品案件时，已经出现这样的现象，吸毒者同时涉嫌其他刑事犯罪，在此情形下吸毒者宁愿主动承认刑事犯罪的指控，以此逃避公安机关的强制隔离戒毒措施。这无疑对国家的法律权威和法治体系的科学性造成了负面的影响。

三、强制隔离戒毒的制度性缺陷

强制隔离戒毒措施在法律正当性的考察上存在着诸多缺陷，其中立法层级与强制措施之间的法理矛盾，强制措施的正当性及合理性与法律体系的冲突等，都使得强制隔离戒毒制度的存在根基受到了冲击。然而在劳教制度废除之后，从大多数劳教场所改为强制隔离戒毒场所的实践做法来看，强制隔离戒毒制度仍将会在一定时期内存在。因此考察强制隔离制度的组织体系、运行状态并使之完善，也是在法律形式正当化之前所必须关注的问题。

（一）司法裁量的缺位

如前所述，目前对于强制隔离制度的质疑，很大一部分在于对强制隔离戒毒人员设定人身自由的限制却不经过任何可救济的法定程序。在《禁毒法》和《戒毒条例》的规定中，县级以上人民政府公安机关是唯一的强制隔离戒毒措施的决定机关，决定依据是《禁毒法》第 38 条第 1 款规定的法定情形或者《吸毒成瘾认定办法》规定的"吸毒成瘾严重"。而决定程序极其简单，公安机关决定对吸毒人员予以强制隔离戒毒的，制作《强制隔离戒毒决定书》并送达被决定人，决定程序就已完成，强制隔离戒毒措施开始生效。[1]虽然在《禁毒法》中，也规定了被决定强制隔离戒毒人员的法定救济程序是"可以依法申请行

---

〔1〕　2011 年《公安机关强制隔离戒毒所管理办法》第 13 条规定："强制隔离戒毒所凭《强制隔离戒毒决定书》，接收戒毒人员。"

政复议或者提起行政诉讼"。然而依据《行政复议法》第 21 条的规定，复议期间具体行政行为不停止执行。也就是说，只要公安机关决定强制隔离戒毒，即使被决定人申请行政复议，至少在行政复议程序完成之前也是被采取强制措施的。这一制度设定显然是从便利警察实施行政权的角度来设置的，既不符合公民权利的保障要求，又不符合当前对于警察行政权的服务性定位。所以，缺乏司法权的介入是强制隔离戒毒在制度上最大的问题。

与我国相仿，域外也有类似强制隔离戒毒的措施，但是无一例外都采用了司法裁判的方式来确定。例如我国台湾地区"毒品危害防制条例"将吸食第一级和第二级毒品的行为入罪，但是吸食第一级或第二级毒品的行为人，先由检察官视吸毒者年龄申请法院或少年法院裁定进入勒戒所进行不超过 2 个月的观察、勒戒。然后依据勒戒所的报告，对于接受观察和勒戒的没有继续施用毒品倾向的行为人，予以释放，并作不起诉或者不付审理的裁定。同时由检察官申请法院或少年法院裁定进入戒治所进行不少于 6 个月但不超过 1 年的强制治疗。只有观察、勒戒或强制戒治执行完毕释放后的 5 年以内，再次吸食第一级或第二级毒品的，才会受到作为犯罪刑事处罚。所以在我国台湾地区吸食毒品虽然在形式上入罪，但是实质上已经作出除罪化处理。而确定观察勒戒以及强制戒治，是由检察官申请，法官依据法定程序来裁决的。而我国台湾地区的 12 个观察勒戒处所全都设置于"法务部"，下设看守所或少年关护所，7 所强制戒治所有 3 所与监狱合署办公，4 所独立，上述机构全都独立于警察机构之外。[1]

---

〔1〕 许佩诗："我国毒品管理法制之研究"，中山大学 2013 年硕士学位论文，第 228 页。

我国香港地区处理方式也较为类似，《危险药物条例》第8条规定，吸食、吸服、服食或注射危险药物，均可能被处以罚款和监禁刑。[1]但是在第54A条规定，法庭只能在行为人在同一法律程序被定罪且由其他罪行被判处监禁9个月以上时，才能判处"非拘留性判决"之外的刑罚。也就是说，只要不在犯其他罪行的同时吸食毒品，就只能被判处"罚款、感化令或者暂缓执行监禁判决"。但同时法庭需要考虑惩教署署长对于行为人是否适宜接受治疗及康复处理以及戒毒所是否有空位的报告，若行为人接受治疗及康复处理，戒毒所也存有空位，那么就以在戒毒所接受戒毒取代刑事处罚。对于是否对行为人进行戒毒，仍是由法官做出的司法裁决来决定的。

前述已经分析过，强制隔离戒毒措施的严厉程度和执行强度已经超过了某些刑罚，而刑罚的裁量和执行是需要依照严格法定程序，是法院根据《刑法》和《刑事诉讼法》等高位阶的基本法才能裁判的。而强制隔离戒毒的决定只需要依照公安机关的决定就可以实现，似乎给人造成轻视公民权利的直观感受，而通过司法裁判的引入，至少可以避免对强制隔离戒毒法律正当性以及实质合理性的质疑。

（二）缺乏监督的内部评估

强制隔离戒毒措施的执行效果评估，关系到吸毒人员提前出所、转为社区戒毒或者延期出所等各项切身利益，同时也是考察强制隔离戒毒措施对吸毒人员戒毒效果的重要标准。然而

---

[1]《香港特别行政区法例》第134章《危险药物条例》第8条：循公诉程序定罪，可处罚款100万港币并可处7年监禁，循简易程序定罪，可处罚款10万港币并可处监禁3年。第54A条：法庭因某人违反第8条或第36条（管有吸毒工具），只可对其处以非拘留性判决，除非法庭首先考虑惩教署署长有关该人是否适宜接受治疗及康复护理，以及戒毒所（符合"戒毒所条例"第244章定义者）是否有空位的报告。

《禁毒法》第 47 条只是做了程序性规定，即"执行强制隔离戒毒一年后，经诊断评估……"从而决定提前解除强制隔离戒毒或者延长戒毒期限。而在《戒毒条例》第 35 条，仍旧只是对诊断评估的办法做了授权性规定，即"强制隔离戒毒诊断评估办法由国务院公安部门、司法行政部门会同国务院卫生行政部门制定"。既然上位法未作具体规定，程序性和授权性规范最后只得由部门规章来落实。[1]由于执行强制隔离戒毒和诊断评估强制隔离戒毒效果的主体是同一机构，那么所谓的诊断评估无非就是对自身的工作和管理对象作出诊断评估结论。这一制度难免有瓜田李下之嫌，是"既当裁判员，又做运动员"的负面典型。

仍旧以我国台湾地区为例，在我国台湾地区，对于吸食毒品后根据"毒品危害防制条例"被观察勒戒的吸毒人员，依"观察勒戒处分执行条例"，将 40 日的观察勒戒期分为"收案、生理解毒、有无继续施用毒品倾向及等待出所"4 个阶段，其中对吸毒人员权益影响最大的"有无继续施用毒品倾向判定"阶段，是由勒戒处所与设有精神科的医院签约，请其定期指派精神科医师、临床心理师等专业人员依照"有无继续施用毒品倾向评估标准"分别评定个案的毒品成瘾性，并根据吸毒人员在所的综合表现判定有无继续施用毒品倾向。而在强制戒治期间，仍由"戒治处遇成效评估办法"对戒治人进行课程规划，并由戒治所之外的第三方临床心理师或社会工作员，提供多种

---

[1] 公安部制定的《公安机关强制隔离戒毒所管理办法》第 64 条规定："强制隔离戒毒所应当建立戒毒诊断评估工作小组，按照有关规定对戒毒人员的戒毒康复、现实表现、适应社会能力等情况作出综合评估。"司法部制定的《司法行政机关强制隔离戒毒工作规定》第 58 条规定："强制隔离戒毒所应当按照有关规定对戒毒人员进行诊断评估。"

戒毒措施和评估。[1]所有在勒戒和强制戒治场所的诊断评估，都授权给社会第三方评估机构，从而保证诊断评估的中立性和公正性。

可见，目前的强制隔离戒毒措施效果评估缺乏相应的监督和法律救济。如上所述，《禁毒法》和《戒毒条例》对强制隔离戒毒场所承担诊断评估进行授权，其权利是部门规章赋予的，这一赋权合法性本身就值得商榷。同时，诊断评估也没有程序性规定和法律救济途径。各个省市在评估的时间、阶段划分、评估内容等方面千差万别，而对于评估结果，戒毒人员即使不服，也难以寻求有效的救济渠道。而且掌握诊断评估职能的强制隔离戒毒场所也很难组织起有效的评估力量，因为评估内容涉及行为矫正、认知教育、医疗戒治、心理恢复、体能及防止复吸训练等等，这些内容显然不是公安机关或司法行政机关的警察机构就能够负责的。

四、强制隔离戒毒的制度完善

通过上文的分析可以看出，当前的强制隔离戒毒从法律属性及制度构建上都存有不同程度的问题。然而从运行效用上看，强制隔离戒毒仍旧有其正面的意义。出于福利性的考虑，对于危及社会安全并且身心俱不健康的严重成瘾人员，有必要在相对隔离的环境进行戒治和康复，这也是域外的普遍做法。只是对于目前的制度构架需要作出一定的修正，以便使其能够发挥更大的作用。

（一）司法裁判的介入

已废除的劳动教养，实际上在长期的适用过程中已经形成

---

[1]　另参见施亦晖："施用毒品行为刑事政策与除罪化之研究"，中正大学2013 年博士学位论文，第36 页。

了"类司法程序"的决定和裁量制度。[1]从规定上看，至少劳动教养的决定权掌握在一个看似相对中立的机构手中，且具有一定的保持公正的监督机制（例如回避制度）。而且经过多年的改革，劳动教养形成了类似于"聆讯"的司法程序。[2]而目前的强制隔离戒毒制度，在司法裁判的引入问题上似乎较之已废除的劳动教养制度，非但没有进步，甚至还有倒退。强制隔离戒毒的决定权直接归属公安机关，在适用程序上没有必要限制，公安机关掌握强制隔离戒毒的减期、延期审批权等等。虽然劳教制度已经废除，但是强制隔离戒毒仍旧可以依循劳教制度在长期完善过程中的种种尝试。引入司法裁判决定强制隔离戒毒，从程序上看可以保障吸毒人员的权益，赋予吸毒人员充分的法律救济渠道，因为司法裁判的权威性和正当性是公安机关行政程序所不可比拟的。司法裁判的介入，也可以保证强制隔离戒毒的相对合理性，至少可以显示出国家对于限制公民自由的审慎态度和在程序上的重视。同时更可以消解对公安机关"一家之言"的怀疑，从而最大程度地保障强制隔离戒毒的实体正当性。然而对于我国在司法裁判介入强制隔离戒毒决定的程序规定上，依然有难以克服的困难。在上述所举的我国台湾地区与香港特别行政区的法律当中，吸毒行为被法律确认为犯罪，只

---

[1] 2002年《公安机关办理劳动教养案件规定》第2条规定："设立劳动教养审批委员会，作为同级劳动教养管理委员会的审批机构，依照有关法律、行政法规和本规定审批劳动教养案件，并以劳动教养管理委员会的名义作出是否劳动教养的决定。"同时也规定，劳动教养审批委员会由公安机关内部不同部门的人员组成，在审议本级公安机关治安、刑侦等办案部门办理的劳动教养案件时，审批委员会中该办案部门的成员应当回避等条款。

[2] 《公安机关办理劳动教养案件规定》第7条规定："对违法犯罪嫌疑人决定劳动教养，必须经过集体审议。未经劳动教养审批委员会审议，不得对任何人作出劳动教养决定。"姚建龙："《禁毒法》的颁行与我国劳教制度的走向"，载《法学》2008年第9期。

是在实体上除罪化，即通过强制性的戒治或者非监禁刑罚来实施所谓的"矫正或转移处遇"，这使得司法裁判的介入是处理吸毒者的必然程序。而在我国，对单纯的吸毒行为本来就只有行政措施，由此衍生而来的强制隔离戒毒也无法脱离行政行为的范畴，所以如何在行政行为的范围内设置司法裁判规则，在具体的规则层面仍旧需要探讨。

（二）引入第三方评估和监督

在大多数采纳强制性戒毒措施的区域，一般都是通过社会化或者第三方的中立机构进行强制隔离戒毒效果的评估和监督的，这一经验值得我们的借鉴。例如上述我国台湾地区的观察勒戒措施，是以"行政院卫生署"邀请相关专家、学者共同制定的"有无继续施用毒品倾向评估标准"来评估效果。[1]在强制戒治阶段，戒治所需要聘请专业教师，而且每年还需要评估教师的教学能力才能决定下一年度是否续聘，从而提高和强化戒治成效。[2]事实上，引入第三方评估和监督的最大意义在于，使得强制隔离戒毒措施的实施过程透明化和公开化，以最大限度第避免在强制隔离戒毒措施开展中可能存在的行政机关权力寻租现象，保障戒毒人员的合法权益，同时将戒毒效果的评估尽可能专业化和科学化，从而提高强制隔离戒毒的效果。

2013 年 9 月 2 日，公安部、司法部、国家卫生计生委共同制定了《强制隔离戒毒诊断评估办法》（以下简称《办法》）。在《办法》中，已经认识到第三方评估和监督的重要性，也有

---

〔1〕　包括"短期再犯可能性、戒断症状、多重药物使用状况、注射使用状况、前科记录、使用毒品期限、行为观察、情绪及态度"等指标，加权计分的方式对于预测再犯的准确率大约为71%。参见陈珍亮："观察勒戒所《有无继续施用毒品倾向记录表》评估研究"，中正大学 2007 年硕士学位论文。

〔2〕　张伯宏、黄玲晃：《毒品戒治学》，五南图书出版公司 2011 年版，第 284 ～ 285 页。

针对地做了相应的规定，但仍显得进展不足。例如该办法第 5
条第 1 款规定："县级以上人民政府公安机关、司法行政部门、
卫生计生行政部门应当在各自职责范围内对强制隔离戒毒诊断
评估工作进行监督和指导。"第 5 条第 3 款规定："卫生计生行
政部门应当对诊断评估中的生理脱毒、身心康复评估工作进行
指导，必要时可以指派专业医师参与诊断评估工作。"第 20 条
规定："强制隔离戒毒所应当成立由管理、教育、医疗等多岗位
工作人员参加的诊断评估办公室。强制隔离戒毒所可以邀请政
府有关部门工作人员、社会工作者以及本所外的执业医师参加
诊断评估工作。"上述规定已经开始重视社会化力量的介入以及
非政府机关在诊断评估工作中的作用，但是仍旧将主要的监督
指导工作交由公安机关、司法行政机关和卫生计生行政部门。
并且在《办法》第 5 条第 2 款规定："公安机关和司法行政部门
应当分别设立强制隔离戒毒诊断评估工作指导委员会，负责指
导、监督所辖强制隔离戒毒所的诊断评估工作。"可见整体意
义上的诊断评估工作是公安机关和司法行政机关的专项事项，
而第三方介入后的诊断评估以及监督工作仍旧依附于公安机关
和司法行政机关所设立的强制隔离戒毒诊断评估工作指导委
员会。

结 论

强制隔离戒毒在我国有较为久远的制度历史，在运行中经
历了从公安机关的强制戒毒和司法行政机关的劳教戒毒双轨制
运行到目前强制隔离戒毒的制度化统一。虽然在法律正当性、
合理性等方面有诸多缺陷，但是在实践中，对于维护社会秩序、
戒治吸毒成瘾人员，仍旧起到了重要作用。在废除劳动教养制
度之后，强制隔离戒毒制度的发展应当是在当前的制度基础上，

向更加人性化、社会化以及司法化的方向进步，以司法裁决、第三方监督以及社会化处遇的方式来进行改良和完善，从而既避免受到类似于劳教制度的理论抨击，又避免陷入行政机关一家独大且缺乏监督的实践困境。

第三节　毒品犯罪人社区矫正研究[*]

自《大连会议纪要》实施以来，我国毒品犯罪的形势依然严峻，惩治毒品犯罪中不断涌现出新的问题，诸如涉毒特殊人群数量的增加，毒品再犯率升高，涉毒犯罪人低龄化等问题。由于毒品的严重社会危害性，以及毒品犯罪给社会带来的恶劣影响，《武汉会议纪要》又重申了开展全民禁毒战争，综合治理毒品犯罪的主张。要解决毒品犯罪治理过程中遇到的新问题，实现毒品犯罪的社会综合治理，必须注重对毒品犯罪人社区矫正的研究。毒品犯罪人社区矫正，对实现全民禁毒策略，降低毒品犯罪人的再犯率，以及推进社区矫正制度的发展，均具有重要意义。

一、毒品犯罪人的个体特征和心理特征

要成功矫正社区服刑人员，必须掌握其思想动态、犯罪原因等个体因素，采取灵活多样的改造手段。要成功矫正思想、动机等更为复杂性的毒品犯罪人，更要深刻把握其个体特征和心理埋特征，采取更加灵活多样的改造手段。因此，笔者在此，首先剖析了毒品犯罪人的个体特征和心理特征。

---

[*] 作者简介：霍俊阁（1990～），男，汉族，河南开封人，西南科技大学硕士。

（一）毒品犯罪人的个体特征

根据资料及相关统计数据，笔者认为，毒品犯罪人具有以下个体特征：

第一，文化程度较低。根据相关统计数据显示，我国毒品犯罪人文化程度偏低，大部分仅具有初中及以下文化水平。例如，2014 年全国药物滥用监测网络共采集药物滥用监测报告表24.5 万份，……初中及以下文化占 83.4%。[1]再如，山东德州市的涉毒犯罪人中，初中及以下文化程度者占 90%。[2]可见，文化程度较低是毒品犯罪高发的一个重要因素，努力提高毒品犯罪人的文化水平势在必行。

第二，职业化水平较低。在职业特征方面，我国毒品犯罪人大多为农民或无业者。例如，北京海淀区的调查数据显示，毒品犯罪人中无业者和农民占据较大比例。[3]再如，新疆地区的数据显示，毒品犯罪涉案人员中农民和无业人员的比例为80%。[4]根据上述数据可知，职业化水平的高低与毒品犯罪的滋生存在重要关联。低职业化水平所引发的经济困难、低社会依附性及犯罪人的自卑等问题，无疑是毒品犯罪滋生的重要因素。

第三，犯罪形式以群体为主。由于毒品犯罪的多环节性、专业性及隐秘性特征，毒品犯罪人在犯罪形式上，也表现出较

---

[1] "我国吸毒人员低龄化"，载新华网：http://news.xinhuanet.com/health/2015-09/09/c_128210384.htm，访问时间：2015 年 10 月 3 日。

[2] "文化程度偏低自制力差 涉毒人员最小的只有 15 岁"，载齐鲁晚报网：http://www.qlwb.com.cn/2014/0824/191390.shtml，访问时间：2015 年 10 月 3 日。

[3] 粟翠华、钟玮："涉毒人员大多无知"，载《检察日报》2002 年 6 月 26 日。

[4] 莫洪宏、罗钢："新疆毒品犯罪问题实证研究"，载《辽宁大学学报（哲学社会科学版）》2015 年第 3 期。

强的群体性特征，且大多以团伙、家族的形式从事毒品犯罪。例如，有统计数据显示，甘肃地区的贩毒活动呈现出明显的家族化趋势。[1]再如，在新疆地区的毒品犯罪中，共同犯罪问题比较突出。[2]毒品犯罪行为的分工形成了毒品犯罪群体，毒品犯罪群体催生了毒品犯罪的亚文化，毒品犯罪的亚文化又进一步诱发了毒品犯罪行为，最终导致恶性循环。因此，及时消灭犯罪团伙的萌芽，消除毒品犯罪亚文化是治理毒品犯罪的努力方向。

（二）毒品犯罪人的心理特征

根据调研数据和新闻报道等数据，我国毒品犯罪人主要有以下心理特征：

第一，牟取暴利心理。毒品犯罪之所以形势严峻，很大程度上是因为牟取暴利的心理使行为人敢于铤而走险。庞大的吸毒人数为毒品犯罪提供了广阔的市场，据公安部统计，我国吸毒人数已超过千万。此外，毒品的高利润也成了行为人实施毒品犯罪的动机。因此，大多数行为人为了牟取暴利，甘愿冒险从事毒品犯罪。例如，北京市一中院针对毒品案件进行分析后发现，暴利成为多数毒贩铤而走险的主因。[3]

第二，以贩养吸心理。根据相关资料显示，以贩养吸心理是促使行为人从事毒品犯罪的另一诱因。无论是边疆的云南、广西、新疆地区，还是其他内陆省份，都存在大量的以贩养吸的毒品犯罪人。对于吸毒者而言，一方面，每年巨额的吸毒费

---

〔1〕　拜荣静："西部民族地区毒品犯罪的心理结构分析"，载《甘肃社会科学》2005 年第 6 期。

〔2〕　莫洪宏、罗钢："新疆毒品犯罪问题实证研究"，载《辽宁大学学报（哲学社会科学版）》2015 年第 3 期。

〔3〕　参见京报网：http://www.bjd.com.cn/bjxw/bjsh/fzjw/200906/t20090626_526547.htm，访问时间：2015 年 10 月 4 日。

用促使其从事毒品犯罪，以获取暴利支持吸毒。据统计，吸毒者一般每天吸大约 1 克~2 克左右的海洛因，按每克 400 元计算，一年就要消耗 7 万元左右。[1]另一方面，吸毒者对毒品所产生的依赖感，也使其易于从事毒品犯罪以赚取毒资。毒品的成瘾性会使吸毒者对毒品产生生理和心理的依赖感，基于这种依赖感和伪亲和感，吸毒者更易于从事毒品犯罪赚取毒资。

第三，盲目从众心理。近几年，家族式涉毒犯罪的增多及明星涉毒的涌现，使得部分行为人因盲目从众而走向犯罪道路。例如，2014 年和 2015 年间，明星群体中多人因相互模仿、相互遵从吸毒和容留吸毒被抓。[2]再如，西部民族地区的涉毒犯罪活动，逐步呈现出家族化趋势。[3]在亲情关联、伦理约束和心理归属感的作用下，人们很容易受到其犯罪亚文化的影响，进而不加辨别的遵从模仿其偏差行为，特别是认知能力较差者。因而，盲目从众心理成为毒品犯罪人的新的心理特征。

二、毒品犯罪人实施社区矫正的必要性

社区矫正是社区矫正机关依法对社区服刑人员实施的矫正和提供的社会服务的总称，其目的在于改革监狱行刑的弊端，最大限度地帮助犯罪人成功重返社会。[4]笔者在此，从宽严相济的刑事政策、全国毒品犯罪会议精神及实践中特殊人群的刑

〔1〕 王艳斌："广西边境少数民族地区涉毒犯罪问题研究"，载《广西民族研究》2003 年第 3 期。
〔2〕 李一帆：""偶像'涉毒传播的毒性有多大"，载《中国工人》2015 年第 5 期。
〔3〕 拜荣静："西部民族地区毒品犯罪的心理结构分析"，载《甘肃社会科学》2005 年第 6 期。
〔4〕 王平主编：《社区矫正制度研究》，中国政法大学出版社 2014 年版，第 9 页以下。

罚执行方面，阐述将社区矫正运用于毒品犯罪的必要性。

（一）贯彻宽严相济刑事政策的需要

宽严相济刑事政策是我国基本的刑事政策，是我国处理一切犯罪都必须贯彻落实的政策。因此，在惩治毒品犯罪中，也应当贯彻宽严相济的刑事政策，坚持《最高人民法院关于贯彻宽严相济刑事政策的若干意见》，以落实区别对待、教育感化的要求。

笔者认为，毒品犯罪人社区矫正，是贯彻宽严相济刑事政策的精神和具体内容的要求：

第一，从贯彻宽严相济的总体要求而言。最高人民法院印发了《最高人民法院关于贯彻宽严相济刑事政策的若干意见》的通知要求，贯彻宽严相济的刑事政策，要根据犯罪的具体情况对犯罪人实施区别对待，该宽则宽，当严则严。在惩治毒品犯罪中贯彻区别对待，则要求对该宽者应适用轻缓的非监禁刑，对该严者应适用严厉的监禁刑。一方面，对犯罪情节、犯罪人的身份等情况，符合社区矫正条件的毒品犯罪人应适用社区矫正，以体现该宽则宽的要求。例如，对毒品犯罪中的胁从犯、未成年人、怀孕的妇女等特定对象，给予社区矫正的刑罚处遇，符合区别于监狱行刑的处遇方式，体现了区别对待。另一方面，对犯罪情节、犯罪人的身份等情况，不符合社区矫正条件的毒品犯罪人坚决不适用社区矫正，体现了当严则严的要求。社区矫正的适用与监狱行刑的区分适用，体现了对毒品犯罪人的区别对待，贯彻了宽严相济刑事政策的总体要求。

第二，从贯彻宽严相济刑事政策的具体要求而言。最高人民法院印发了《最高人民法院关于贯彻宽严相济刑事政策的若干意见》的通知要求对具备条件的毒品犯罪人，应当依法适用缓刑、管制等非监禁刑，并配合好社区矫正，加强感化、教育、帮扶、挽救工作。一方面，从具体规定而言，对符合条件的毒品犯罪人适用社区矫正，是贯彻宽严相济若干意见的明确规定。根据该意见的具体要求，则应当对毒品犯罪人实施社区矫正，以维护毒品犯罪人获得轻缓处遇的合法权益。另一方面，对毒品犯罪人适用社区矫正，也是做好感化、教育、帮扶、挽救工作的必然要求。与监狱行刑相比，社区矫正克服了监狱行刑中交叉感染的风险，更有利于感化、教育、帮扶、挽救犯罪人。同时，社区矫正的首要价值在于帮助犯罪人实现再社会化。因此，做好教育、感化、帮扶、挽救工作，必然需要社区矫正的参与。

（二）贯彻全国毒品犯罪会议精神的需要

2015 年 5 月发布的《全国法院毒品犯罪审判工作座谈会纪要》（即《武汉会议纪要》），要求人民法院在毒品犯罪审判工作中，建立禁毒对象帮教制度、与社区、学校、团体建立禁毒协作机制等多种形式，广泛、深入地开展禁毒宣传教育活动。

笔者认为，毒品犯罪人社区矫正也是贯彻该会议精神的要求：

第一，毒品犯罪人社区矫正与建立毒品犯罪人帮教制度的精神相契合。根据会议纪要的要求，应当建立毒品犯罪人的帮教制度，帮助其顺利回归社会。而社区矫正的任务之一是"帮助社区服刑人员解决在就业、生活、法律、心理等方面遇到的困难和问题"。[1]可见，社区矫正以帮扶为己任，以解决社区服刑人员的困难为目的。在建立毒品犯罪人帮教制度方面，社区矫正制度与该会议纪要相契合。对涉毒犯罪人实施社区矫正是建立帮教制度的应有之意，也是建立禁毒对象帮教制度的重要手段。

第二，毒品犯罪人社区矫正与建立社区禁毒协作机制的精

---

〔1〕 王平主编：《社区矫正制度研究》，中国政法大学出版社 2014 年版，第 290 页。

神相契合。根据该会议精神，应当积极与社区建立禁毒协作机制，以解决毒品犯罪的社会问题，发挥社区在预防、治理犯罪方面的作用。而社区矫正正是以社区为阵地，以社区功能的发挥为手段，以社区成员为主体，矫正犯罪人和治理、预防犯罪。同时，社区矫正制度的宗旨也是形成政府指导、社区主导的矫正格局。[1]因此，在依赖社区功能方面，社区矫正与建立社区禁毒协作机制高度契合。可以说，对毒品犯罪人实施社区矫正正是建立社区禁毒协作机制的重要组成部分。

（三）管理涉毒特殊人群的需要

涉毒特殊人群，是指利用其特殊的生理或法律地位从事毒品违法犯罪活动，并逃避法律处罚的一类人。[2]现阶段，我国的特殊人群在法律的特殊保护下，不但助长了毒品犯罪活动，而且给我国的羁押工作带来了诸多难题。因此，毒品犯罪人社区矫正是全面惩治毒品犯罪，管理涉毒特殊人群的需要。

笔者认为，遏制特殊人群的毒品犯罪，克服特殊人群的羁押难题，需要对毒品犯罪人实施社区矫正：

第一，涉毒特殊人群的羁押难题，需要社区矫正予以克服。特殊人群因为生理上的弱势，拥有特殊的法律地位，受到法律的特殊保护，涉毒特殊人群存在打击难、收押难、管理难的问题。[3]其特殊的法律地位，通常造成对特殊人群无法羁押监管的现象，这不仅助长了其从事毒品犯罪的动机，还使毒品犯罪集团更易于腐蚀、堕落特殊人群。同时，特殊人群的监管难题

---

〔1〕　王平主编：《社区矫正制度研究》，中国政法大学出版社 2014 年版，第 260 页。

〔2〕　包涵、颜增："涉毒特殊人群收治管理的现状及对策研究"，载《中国人民公安大学学报（社会科学版）》2012 年第 6 期。

〔3〕　王伟、关纯兴："特殊人群涉毒案件处理中存在的问题与对策研究"，载《中国刑警学院学报》2015 年第 2 期。

也弱化了对此类犯罪人的教育、保护。而必要的监管保护和矫正教育，不仅是阻止特殊人群继续堕落的重要方式，还是阻挡毒品犯罪集团向其侵蚀的有力屏障。因此，无论从法律的保护还是从惩罚而言，涉毒犯罪人都需要社区矫正，尤其是涉毒特殊人群更需要社区矫正的保护。

第二，涉毒特殊人群数量的增多趋势，需要社区矫正予以遏制。近几年，我国涉毒特殊人群的数量日益增多，特殊人群的涉毒犯罪趋势日益明显。例如，湖南省高级人民法院发布消息称，近年来，湖南省特殊人群毒品犯罪问题日益突出。[1]再如，公安网统计数据显示，2013 年我国共抓获本国涉毒特殊人群 4054 人。特殊人群日益增多的毒品犯罪趋势，不仅是由于监管难题所致，更多是由于其社会的弱势地位带来的改变现状的愿望，引发的畸变行为。因此，遏制特殊人群涉毒趋势的发展，不仅需要解决监管难题，还需要解决其面临的社会问题，以实现对涉毒特殊人群的社会综合治理。而社区矫正作为解决上述问题的有效手段，必然在管理涉毒特殊人群时受到青睐。

综上所述，毒品犯罪人社区矫正势在必行，其不仅是贯彻宽严相济刑事政策的需要，还是落实"武汉会议纪要"的需要，更是管理涉毒特殊人群的需要。毒品犯罪人社区矫正是实现毒品犯罪社会综合治理的重要途径。

三、毒品犯罪人社区矫正的措施

毒品犯罪不同于普通的犯罪，毒品犯罪不仅具有更为严重的社会危害性，还具有更为复杂的社会背景，打击毒品犯罪事关国家和民族的安危。因此，为了取得社区矫正的成功，对毒

---

〔1〕 参见中国法院网：http://hunanfy. chinacourt. org/article/detail/2015/07/id/1660292. shtml，访问时间：2015 年 10 月 14 日。

品犯罪人的社区矫正，应当结合毒品犯罪人的个体和心理特征，依据毒品犯罪政策和实践情况，采取特殊性的矫正措施。笔者认为，毒品犯罪人社区矫正可以从以下方面展开。

（一）重塑毒品犯罪人的羞耻意识

羞耻意识是构建人的良心、形成道德标准的重要力量，对人的行为具有规范和引导作用。没有哪种方式比犯罪人的自我反省，更能实现矫正犯罪人的目的。重塑毒品犯罪人的羞耻意识正是基于羞耻意识对人们行为的规范作用，实现矫正毒品犯罪人之目的。但是，随着社会公德的淡化、人际关系的冷漠等原因，毒品犯罪人的羞耻意识正逐渐淡化，甚至出现了不以犯罪为耻的趋势。因此，毒品犯罪人社区矫正中，必须首先重塑毒品犯罪人的羞耻意识。

笔者认为，重塑毒品犯罪人的羞耻意识，可以采取下列方式：

第一，加强毒品犯罪人家庭的羞耻意识教育。家庭是重整羞耻发挥作用的最佳场所，也是重塑犯罪人羞耻意识的基础场所。一方面，家庭在给予毒品犯罪人物质帮助的同时，也应关注毒品犯罪人羞耻意识的重塑。家庭应当帮助毒品犯罪人树立正确的道德准则，形成符合主流文化的羞耻意识，以实现思想层面的回归。在社区矫正过程中，家庭成员要及时发现、矫正毒品犯罪人的不良行为和不良思想动向，使被矫正者树立以犯罪为耻的意识。另一方面，家庭成员要以身作则，引导毒品犯罪人重新树立健康的羞耻意识。在社区矫正中，要使毒品犯罪人重新形成健康的羞耻意识，其家庭成员必须具有健康的羞耻意识，对是非善恶要有明确的标准。尤其是针对吸毒的毒品犯罪人，更应当引导其树立积极的羞耻意识，使其认识到毒品的社会危害，必要时可以实行社区强制戒毒。

第二,强化惩罚的羞耻作用。社区矫正中的惩罚不仅是对毒品犯罪人施加精神痛苦的过程,还是对犯罪行为进行羞耻的过程。惩罚的羞耻作用是对犯罪人的内部控制,更有利于说服毒品犯罪人不再参与毒品犯罪。一方面,在社区矫正中惩罚毒品犯罪人,要明确表达出毒品犯罪可耻的理念。刑罚的严厉性应当与犯罪行为的可耻程度相联系,毒品犯罪者的羞耻意识越是淡薄,刑罚就应当越严厉。严厉的刑罚直接触动被矫正者的行为和思想,使其感受到自己行为的社会否定程度,矫正其扭曲的羞耻意识。另一方面,引导毒品犯罪人参与对他人犯罪行为的羞耻。参与向他人犯罪之行为表达憎恶之情,会使我们自己认识到犯罪是一种令人憎恶的选择。[1]参与对他人犯罪行为的羞耻,不仅可以重塑被羞耻者之羞耻意识,还可以强化羞耻者之羞耻意识。在社区矫正中,积极组织被矫正者之间的批评与自我批评,是重塑被矫正者羞耻意识的重要方式。

第三,通过社区舆论重塑毒品犯罪人的羞耻意识。一方面,社区舆论具有隐性的约束力。在社区中,通过聆听和传播针对他人的舆论,会使被矫正者认识到,社区舆论会给自身和家庭带来道德贬低,使被矫正者意识到,如果继续涉足犯罪行为,会给其热爱的家庭、朋友带来更多的道德痛苦。人趋利避害和提高自身亲属声誉的自然本性,会激发毒品犯罪人重塑羞耻意识,以避免自身和家庭再次陷入这种道德贬低。另一方面,社区舆论具有隐性的惩罚力。大众媒体是传播社区舆论的重要载体,其不仅可以促进羞耻文化的传播,还可以使毒品犯罪者产生对羞耻的畏惧。鉴于媒体羞耻之严重性,毒品犯罪人会因畏惧而重塑自身的羞耻意识,以回归正途。

---

〔1〕〔澳〕约翰·布雷斯韦特:《犯罪、羞耻与重整》,王平、林乐鸣译,中国人民公安大学出版社2014年版,第93页。

（二）开展劳动技能培训和文化教育

从涉毒犯罪人的个体特征和心理特征而言，对社区服刑的涉毒犯罪人开展劳动技能和文化教育是必要的，也是预防其再次犯罪的需要。我国大部分毒品犯罪人是因为经济困难，基于摆脱贫苦的畸变动机，而冒险从事毒品犯罪活动。因此，提供劳动技能培训和文化教育，不仅可以从源头上遏制毒品犯罪，还可以成功矫正犯罪人。而且，从我国社区矫正的发展实践来看，诸多社区服刑人员通过技能培训和文化提高，走向了满意的工作岗位，融入了社会主流文化。

笔者认为，对毒品犯罪人的劳动技能培训和文化教育，可以采取以下措施：

第一，培训劳动技能和帮扶就业。一方面，社区矫正机构应当根据自身资源和各地服刑人员的兴趣爱好，在社区内设立不同种类的劳动技能培训机构，方便毒品犯罪人分类学习劳动技能。诸如，在甲社区建立食品类的社区学校，在乙社区建立汽修类的技能培训班等。根据服刑人员的兴趣爱好，合理安排社区服刑人员的学习地点，以节约司法资源，提高技能培训效率。同时，对不务正业和不思进取的服刑人员，可以强制其劳动，并传授必要的劳动技能。另一方面，社区矫正机构应加强与公司、企业、工厂等单位的合作，做好涉毒服刑人员的帮扶就业工作。在向他们提供劳动技能之后，只有帮助其找到合适的就业岗位，才能切实发挥劳动技能培训的作用，才能最终实现毒品犯罪人的再社会化，逐步消除毒品犯罪的贫困根源。尤其，在社会中存在社区服刑人员就业歧视的地区，安置就业工作显得格外重要。

第二，开展文化教育。开展文化教育是提高毒品犯罪人，特别是未成年人的思想水平和自制力的重要途径。实践中，很多毒品犯罪人实施毒品犯罪，是因为思想愚昧而被犯罪集团利用。因此，对毒品犯罪人开展必要的文化教育是形势所需。一方面，应注重提高毒品犯罪人思想水平的文化教育。社区矫正中应当关注毒品犯罪人思想水平的提高，特别是未成年人思想的提高，为他们提供必要的认知能力和自制力培训。增强其抵抗毒品诱惑，抵制犯罪亚文化的能力，引导他们积极融入主流社会文化。另一方面，应注重宣传禁毒知识。在文化教育中注重毒品危害的教育也是必要的，禁毒知识的宣传能够使毒品犯罪人认清毒品的社会危害性，以及我国打击毒品犯罪的必要性和严厉性。使其对毒品犯罪产生畏惧心理，实现特殊预防和教育守法的效果。

（三）吸收群众组织参与毒品犯罪人矫正

我国社会中存在着诸多群众性组织，并且在维护社会稳定、预防方面发挥了重要作用。例如，西城大妈、朝阳群众等群众团体为打击犯罪维护社会安全作出了重要贡献。因此，治理毒品犯罪这一社会顽疾，更需要吸收群众组织参与社区矫正，以实现毒品犯罪的社会综合治理，消除毒品犯罪的生存空间。

笔者认为，吸收群众组织参与毒品犯罪人社区矫正，应当注重以下方面的工作：

第一，注重群众组织对毒品犯罪人的帮扶工作。对社区服刑人员进行帮扶不仅是社区矫正的任务之一，还是解决社区服刑人员现实困难的需要。首先，群众组织应在生活方面，给予毒品犯罪人帮助。群众组织可以依据社区的生活环境，开展各种慈善活动、义务援助及节日慰问等活动，帮助生活艰难的毒品犯罪人解决生活所需。例如，杭州市的"春风行动"以及春节慰问等活动，给生活拮据的社区矫正对象以物质帮助。[1]其

---

〔1〕 王钰、王平、杨诚：《中加社区矫正概览》，法律出版社 2008 年版，第135 页。

次，群众组织应在心理方面，给予毒品犯罪人帮助。群众组织可以通过聊天交流、茶话会以及茶余饭后的交谈等形式，帮助毒品犯罪人解决心理障碍，克服封闭心理。群众组织的心理帮助能够改善毒品犯罪人与社区成员的关系，活跃毒品犯罪人的人际关系，为其顺利回归社会奠定良好基础。

第二，注重群众组织对毒品犯罪人的监管工作。毒品犯罪人的监管是社区矫正的难题，也是矫正成功的关键。必须切实发挥群众组织监管的广泛性、及时性的优势，确保毒品犯罪人不脱管、不漏管。首先，社区矫正机构应将社区服刑人员的矫正信息告知群众组织，与群众组织签订合作监督协议。社区矫正机构定期对毒品犯罪人所在社区的群众组织进行指导、培训，帮助群众组织提高监管水平和矫正技能。其次，群众组织应组成固定的社区矫正志愿者队伍，定期对社区内的毒品犯罪人进行走访、交谈，开展社区内的值班、巡逻活动。及时掌握毒品犯罪人的行为和思想动向，适时矫正发现的偏差行为和消极思想，避免脱管和再次犯罪的发生。

（四）增强电子监控措施的惩罚性

我国现阶段已广泛采用电子监控的手段，对社区服刑人员实施监管。但是，现阶段的电子监控措施存在惩罚不足、有效性难以保障等诸多问题。而电子监控的惩罚性和有效性是成功矫正社区服刑人员的保障，是社区矫正其他措施的实施前提。因此，在对毒品犯罪人采取的电子监控中，特别是针对涉毒特殊人群的电子监控，应当增强电子监控措施的惩罚性，保障电子监控的有效性。

笔者认为，可以从以下两方面增强电子监控的惩罚性：

第一，设计专门用于监控毒品犯罪人的电子手镯。一方面，专用于毒品犯罪人的电子手镯，应当具有电子脉冲释放、遥控电击等惩罚性功能。社区矫正机构应针对毒品犯罪人的特点和监管难度，定制惩罚程度、惩罚功能不同的电子手镯。依据毒品犯罪人的人身危险性等级，佩戴电子脉冲强弱不同、电击强度不等的电子手镯，合理分配惩罚的强度。另一方面，专用于毒品犯罪人的电子手镯，应当具有实时定位、电子围栏、热点数量检测等功能。例如，安徽司法厅为增强监管的有效性，对具有重犯的社区服刑人员佩戴了具有实时定位、越界报警、防脱防拆等功能的电子手镯。[1]这种增加电子手镯功能的措施值得毒品犯罪人社区矫正工作的借鉴。由于毒品犯罪人活动的群体性和地域性，社区矫正机构应能够及时锁定毒品犯罪人的位置，合理划定毒品犯罪人禁止出入的场所，限制毒品犯罪人无端聚集。

第二，采取电子监控与禁止令、宵禁等相结合的监控方式。将宵禁与电子监控相结合的措施，早在 1999 年就在英国广泛运用。[2]结合我国社区矫正的实践，为了提高电子监控的惩罚性，除了采取电子监控与宵禁相结合的监控方式外，还可以采取电子监控与社区服务令、禁止令等相结合的监控方式。社区矫正机构可以在电子地图中设置电子围栏，根据毒品犯罪的发展形势，将某些区域划定为毒品犯罪的高发、易发区域，从而禁止、限制毒品犯罪人出入该特定场所。一旦毒品犯罪人违反规定，进入该禁止、限制区域，电子手镯会自动将位置信息传输给控制中心，以便社区矫正工作者能及时作出警告、电击惩罚等处理。

---

〔1〕 彭继友、施文斌："社区矫正电子腕带监管启动"，载《合肥晚报》2015年 6 月 30 日。

〔2〕 武玉红："电子监控在我国社区矫正管理中的运用与优化"，载《青少年犯罪问题研究》2013 年第 3 期。

第三，采取电子监控与热点数量检测系统相结合的监控方式。热点数量检测系统，目前广泛运用于车流量检测及公共场所的人流量检测中。对于具有群体性特征的毒品犯罪人监控，启用热点数量检测系统，可以防止毒品犯罪人无端聚集。社区矫正机构可以在监控系统或者电子手镯中增加热点数量检测系统，并设定热点数量聚集限额，由监控平台自动检测特定时间内某一地点的热点数量。当特定时间内某一地点的热点数量超过限定额度，监控平台会发出警报提示矫正工作者注意，再由矫正工作者及时作出回应。对于毒品犯罪人确属无端聚集的，或者是与人身危险性较高的毒品犯罪人聚集的，应当予以驱逐。

（五）构建"以戒促矫"的矫正模式

针对以贩养吸型毒品犯罪的扩张及吸毒人员违法犯罪行为的蔓延趋势，应构建"以戒促矫"的社区矫正模式。"以戒促矫"模式是将社区戒毒与社区矫正制度相结合，将戒毒作为矫正吸毒社区服刑人员的一种手段。社区戒毒是指在社区的指导和管理下，综合运用社会、社区资源，在社区中对吸毒者进行戒毒，以使吸毒人员能顺利回归社会的戒毒方式。由此，将二者结合起来，不仅是矫正吸毒犯罪人的需要，还是消灭毒品市场和减少毒品利润的需要。

笔者认为，构建"以戒促矫"的社区矫正模式，应注重以下几个方面的工作：

第一，构建"以戒促矫"模式，应明确社区矫正与社区戒毒的差异性和一致性。"以戒促矫"模式的构建，不是两种制度的简单合并，而是在把握二者区别与联系的基础上的价值整合。一方面，应明确二者的差异性。社区矫正与社区戒毒的差异性，主要表现为二者处遇体系、处遇对象的不同。社区矫正是刑法规定的刑罚执行措施，属于刑罚类，以犯罪人为处遇对象，而社区戒毒则是戒毒法规定的行政强制措施，属于保安处分类，以非犯罪人中的吸毒者为处遇对象。另一方面，也应看到二者的一致性。社区矫正与社区戒毒的一致性，主要表现在二者处遇场所、处遇目的的一致性。从处遇场所而言，二者都依托社区实现各自的制度功能。从处遇目的来看，二者都以帮助被处遇者顺利回归社会为最终目的，以教育、帮扶为主要手段。因此，二者在场所、目的方面的一致性，决定了二者结合的可能性。

第二，构建"以戒促矫"模式，可以将社区戒毒作为矫正的一种手段，即戒毒矫正。根据当前的禁毒形势，就毒品犯罪人社区矫正而言，社区矫正应当包括社区服刑人员的吸毒预防、毒瘾戒除等，拓展社区矫正的工作内容和矫正手段。从社区矫正的概念来看，社区矫正是矫正机关对社区服刑人员实施的矫正和提供的社会服务的总称，应将社区矫正的外延适当拓展至一切社会内处遇的范畴。[1]尤其是针对"以贩养吸"的毒品犯罪人，以及具有高度危险性的吸毒人员。将社区戒毒纳入社区矫正体系，作为社区矫正的手段之一，符合社区矫正的价值初衷。同时，将社区戒毒作为社区矫正的手段，也符合我国适用社区矫正的司法实践。实践中，对于在矫正过程中吸毒的社区服刑人员，社区矫正通常取消社区矫正予以收监。例如，深圳市司法局对社区服刑人员吸毒的，撤销缓刑予以收监。[2]所以，从侧面而言，社区矫正机构已经把取消社区矫正待遇作为促使社区服刑人员禁毒、戒毒的手段，已将戒毒作为矫正吸毒服刑人员的目标之一。

〔1〕 王平主编：《社区矫正制度研究》，中国政法大学出版社 2014 年版，第 8 页。

〔2〕 王纳："在社区矫正期间吸毒，小伙被撤销缓刑收监"，载《广州日报》 2014 年 3 月 17 日。

第三，构建"以戒促矫"模式，应规范社区戒毒在社区矫正中的适用。根据 2011 年实施的《戒毒条例》的有关规定，社区戒毒的适用对象为吸毒成瘾人员，社区戒毒的期限为 3 年。而社区矫正的适用对象为判处管制、缓刑、剥夺政治权利者及假释、监外执行者，且无统一的执行期限。因此，针对社区戒毒与社区矫正在具体执行方面的差异，构建"以戒促矫"模式时应当予以协调。首先，应当将社区戒毒矫正的对象限定为吸毒成瘾的社区服刑人员。社区戒毒原本仅适用于吸毒成瘾人员而非一般吸毒人员，因而，将社区服刑人员中的吸毒成瘾人员作为戒毒矫正的对象，不构成间接处罚。同时，将社区戒毒的适用对象从非犯罪人转移至社区服刑人员，并没有降低其适用对象的标准，符合刑罚的正义性。其次，应对社区戒毒矫正的执行期限，作出灵活规定。根据《戒毒条例》的规定，社区戒毒的期限为 3 年，因此，社区戒毒矫正的执行期限也应以此为规诫。对于社区服刑人员中的吸毒成瘾者，其社区矫正期限不满 3 年的，应以社区矫正的期限为限；其社区矫正期限超过 3 年的，应以 3 年为限。否则，就变相延长了社区矫正的期限，造成对社区服刑人员的间接处罚，有违刑罚的正义性。

综上所述，在毒品犯罪人社区矫正中，应当根据其个体和心理特征，采取灵活多样的矫正措施。以保障毒品犯罪人社区矫正的成功，实现社会效果与法律效果的统一，推进毒品犯罪的社会综合治理。

第四节　对司法行政机关强制隔离戒毒工作的反思
——以强制隔离戒毒人员回归社会就业情况为视角*

一、对强制隔离戒毒复吸者的统计与分析

各强戒所因吸毒所致精神障碍的戒毒人员逐年增加，有的甚至已经达到或者超过 10% ~ 20% 的比例，且戒毒人员的复吸率居高不下，严重影响了我们的戒毒工作。[1] 我们如何对强制戒毒者进行风险回避，从社会回归的层面做好戒毒矫治，是我们戒毒工作人员应慎重思考的问题。为了更好地了解戒毒工作出现的难题，笔者首先对部分省份的戒毒者复吸率进行了调查。

（一）各地区强制隔离戒毒复吸率的统计与分析

1. 强制隔离戒毒复吸率的统计

为了对中国的复吸率有一个整体的了解，于是选择了具有代表性的省份：广东省、贵州省、云南省、湖北省、浙江省、山东省、河南省、内蒙古、西藏，进行统计。

表 4 - 3　九省区戒毒者复吸率统计

省份 复吸率	广东省	贵州省	云南省	浙江省	河南省	山东省	内蒙古	西藏	湖北省
复吸率（%）	81	85	92.26	84.31	88	50以上	90	98	73.44

根据对九个省份的复吸率的统计，笔者发现强制隔离戒毒

＊ 作者简介：薛铁成，西南科技大学法学院 2015 级法律硕士研究生。

〔1〕 周万续、王栋："中西医结合治疗病毒所致精神病性症状疗效观察"，载《山西矫治及戒毒研究》2014 年第 3 期。

成瘾者在离开强制隔离戒毒所，复吸率竟高达90%以上，我国的强制隔离戒毒工作还面临着巨大的挑战。[1]

2. 对强制隔离戒毒复吸率的分析

上述九省分别位于我国东部（广东省、贵州省、云南省、浙江省、山东省）、中部（河南省、湖北省）、西部（内蒙古、西藏）。经分析发现，我国中部的强制隔离戒毒人员复吸率要普遍低于东部、西部。笔者认为，由于中部交通不太便利，且运输条件有限，不利于毒品的贩卖；靠近沿海的东部地区，由于交通便利，海运发达，利于毒品的交易。例如云南与贵州接近毒品加工基地"金三角"；西部地区位于我国的边陲，人口结构复杂，与邻国存在者经济交易，有利于邻国毒品进入我国西部地区。

云南省第五强戒所教育科科长陆丹表示：从五所情况来看，就吸毒和初次接触毒品的年龄段分析，以青少年为主体，并呈现低龄化趋势，18岁以下首次接触毒品者占20%。山东省统计数据发现，现在的强制隔离戒毒复吸者的年龄，大部分在28岁～35岁之间。故笔者发现强制隔离戒毒复吸人员的年龄逐渐呈现年轻化。笔者认为由于现在留守儿童居多，父母不能对他们进行很好的监督，这增加了他们与一些"瘾君子"接触的概率，所以导致在不知其所以然的情况下走上吸毒的道路。

据半岛网都市报对80例强制隔离戒毒人员回归社会进行的调查，初中及初中以下占到62人，这也说明了强制隔离戒毒人员的文化高低也会影响强制隔离戒毒人员的复吸率。笔者认为，强制隔离戒毒人员心理抗压能力和素质高低与其接受的教育有很大关系。接受高等教育者可以在面对毒品时有较强的抵制力，

---

〔1〕　陈进婉："强制隔离戒毒工作模式的探索与创新"，载《犯罪与改造研究》2015年第7期。

如果他吸毒成瘾并被强制隔离戒毒机构强制戒除毒瘾后，他会对社会有感激之情，在心理上产生对毒品的抵制力，从而增加他的操守率。

(二) 对强制隔离戒毒复吸原因的统计与分析

1. 强制隔离戒毒复吸原因统计

据成都市强制隔离戒毒所课题组对 323 例戒毒者回归社会后面临的困难问题进行的调查显示，对未来失去信心的占据 69.3%，经济困难占 64.4%，社会歧视占 58.2%，面对毒品诱惑时感到无助占 54.8%。[1]

据《半岛网都市报》对强制隔离戒毒人员复吸原因进行的调查显示，70% 的被访者认为戒毒者需要有份工作，52% 的被访者认为导致自己复吸的原因是就业难，33% 的受访者认为戒毒场所应该加强技能培训工作。据荆楚网对强制隔离戒毒人员复吸原因进行的调查显示，29 个统计数据中有 20 个表明，家庭亲友支持与信心、家庭关系、家庭教育与管控、就业与收入水平居于戒断成败因素前四位。据《羊城晚报》对强制隔离戒毒人员复吸原因进行的调查显示，广州登记在册的吸毒人员约 58 000 人，其中广州户籍的占 3 万多人，外地户籍的有 2 万多人。吸毒者中，无业人员居多。据人民网河南分网对强制隔离戒毒人员毒瘾戒除难题题进行的调查显示，就业问题、家庭是主要难题。据大众网对强制隔离戒毒人员复吸原因进行的调查显示，强制隔离戒毒人员离所后在就业工程中频繁受阻。

2. 对强制隔离戒毒人员复吸原因分析

从以上统计数据得知，强制隔离戒毒人员的就业问题是影响复吸的主要原因。

---

[1] 成都强制隔离戒毒所课题组：“强制隔离戒毒人员离所后生存状况调查报告”，载《犯罪与改造研究》2015 年第 2 期。

表4-4　强制隔离戒毒人员回归社会后就业情况统计[1]

就业分类 数据统计	社会闲散人员	务农	务工	娱乐场所服务员	餐馆及杂货铺服务人员	办事人员	其他有稳定收入的人员
复吸人数 （N＝298）	211	2	8	35	11	23	8
所占比例 （%）	70.8	0.7	2.7	11.7	3.7	7.7	2.7

3. 强制隔离戒毒人员离所后就业情况不容乐观

据《羊城晚报》对强制隔离戒毒人员复吸原因进行的调查显示，广州登记在册的吸毒人员约58 000人，其中广州户籍的占3万多人，外地户籍的有2万多人。吸毒者中，无业人员居多。据《半岛网都市报》对强制隔离戒毒人员复吸原因进行的调查显示，52%的被访者认为导致自己复吸的原因是就业难。据《半岛网都市报》对80例强制隔离戒毒人员回归社会进行的调查显示，初中及初中以下占到62人，且在吸毒前都处于无业状态。

我们可以看出强制隔离戒毒人员走上复吸道路的原因在很大程度上也取决于家庭因素。据山东省强制管理局统计的数据显示，省女子强制隔离戒毒所复吸调查中，未婚戒毒人员复吸率为28.21%，离异戒毒人员复吸率达75%。据半岛网对强制隔离戒毒复吸原因进行的调查显示，成功戒毒的主要原因是认为与家人关系密切，家庭和睦且对自己理解支持占到了95%以上。故笔者认为家庭原因也是影响强制隔离戒毒人员复吸的重要原因。

---

[1] 成都强制隔离戒毒所课题组："强制隔离戒毒人员离所后生存状况调查报告"，载《犯罪与改造研究》2015年第2期。

综上所述，强制隔离戒毒人员在被强制强制隔离戒毒之前就存在就业困难的问题，强制隔离戒毒时间长达 2 年～3 年，在强制隔离戒毒期间如果不能对强制隔离人员进行较好的习艺性教育，在离所后不能很好地对他们进行监督和后续照管，调动社会资源充分参与，会导致强制隔离戒毒人员在离所后重新走上复吸的道路。

二、强制隔离戒毒工作对戒毒人员就业问题的影响

（一）强制隔离戒毒所在戒毒者生活方式管理上存在的缺陷

1. 强制隔离戒毒所内戒毒人员竞争意识消退

生产力和生产关系的基本模式决定着动机的基本模式。满足需要的手段更是如此，即使是最基本的需要，在不同的社会里也有不同的满足手段。自然，不同的满足手段又会进一步引起不同的动机。但是在戒所这个特定的社会里，每个强戒者都按照规则生活，没有按照劳动需求理论去工作，这会引起戒毒者的懒惰心理。在强制隔离戒毒所内，戒毒者是没有需要的，也就是说不会产生需要的动机，当没有某种动机时，就会产生一种得过且过的心理，也就失去了社会上所需要的竞争。这是强制隔离戒毒人员在戒除毒瘾离所后不能适应社会的首要原因。

2. 强制隔离戒毒所内戒毒人员生活动机缺失

强制戒毒人员在强戒所接受矫治时间短则 2 年，长则 3 年，在这 3 年里他们脱离社会，一切的生活安排都是由管教民警来监管和监督。在强制隔离戒毒所内强制隔离戒毒人员的生活有条不紊，没有后顾之忧，不用担心工作，也不用担心没有饭吃。如果做得好可以得到鼓励，得到赞赏，做得不好也有人监督、提醒，可以接受教育。但是当强制隔离一旦结束，他们便马上会失去原有的关怀和热切的关注，他们由高度重视变为不被重

视，就业、生活等一切都他们自己去面对。在这时毒瘾要继续戒，生活现实也需要去面对。一切的社会因素都在影响着强制隔离戒毒者的心理变化。在离开戒所后戒毒者不能适应竞争的社会模式主要是因为强制隔离戒毒所的管理。

（二）强制隔离戒毒所习艺教育活动存在的问题

笔者对强制隔离戒毒复吸者就业情况与强制隔离戒毒所习艺性教育活动的关联性统计发现，在随机抽取 60 名复吸者中，对习艺性教育活动表示认同的仅占 10%。

首先，重视程度不够。在监管安全与生产安全双重压力下，强制隔离戒毒工作存在着重视生理戒毒，而忽视回归社会教育活动。现在强制隔离戒毒场所的民警大多数是原先的监狱劳教工作民警，对戒毒工作的科学性与戒毒规律了解得不够。把日常的工作中的重点放在纪律的管理、行为规范的监管、生产任务的完成上。以至于在戒毒工作中偏重于惩罚、管理、生产，却忽视了治疗、教育、戒治。在工作中与戒毒者发生敌对状态。

其次，执行力度不够，戒毒人员回归社会的教育处在可有可无和分散的状态。由于戒毒工作只是关注戒断率，而没有对戒毒者回归社会进行认真的思考，以至于强制隔离戒毒所中习艺性教育与职业能力培训只是停留于法律的规定，在戒毒过程中没有发挥应有的作用。一方面强制隔离戒毒所工作人员有限，没有更多的人力、资金投入到强制隔离戒毒者的社会教育中。另一方面以戒所为主导的社会教育体系不完善。我们应该借助教育部门的教育资源，给强制隔离戒毒者充足的职业教育资源。

再次，戒毒所的教育体系不完善、课程设置也缺乏体系性，缺乏社会性职业教育培训。强制隔离戒毒所内工作人员组成相对比较复杂，一是复员军人，这部分人体能和纪律性较强，但法律知识和戒毒专业知识相对缺陷。二是从大学招募的大学生和警校在校生。我们对上述两类工作人员进行分析发现，他们并不适合戒毒工作的教育工作，原因如下：一方面，强制隔离戒毒者需要学到专业的技能，而这些人员自己本身也没有接触职业教育，职业教育缺乏。另一方面，戒毒工作本身是一个对综合素质要求比较高的职业（需要教育学、心理学、医学等各个学科的知识）。由于复员军人与警校毕业生的工作队伍，对强制隔离戒毒者不能因材施教，不能很好地规划强制隔离戒毒者的教育工作。此外，强戒所的课程设置只是自己的规划，大部分没有经过职业专家、学者的讨论，缺乏专业性。这样就导致了强制隔离戒毒所的教育体系不完善、课程设置也缺乏体系性，缺乏社会性职业教育培训。

最后，强制隔离戒毒所不能充分利用职业教育资源对强制隔离戒毒人员进行职业教育，导致强制隔离戒毒人员在离所后没有相应的技术，导致大部分强制隔离戒毒人员在离所后处于社会闲散状态。这既不利于社会的安定，也不利于我们强制隔离戒毒工作高效运作（因为对复吸者的戒毒工作强度大于初次强制隔离戒毒人员），给我国的强制隔离戒毒工作带来巨大的麻烦。

（三）强制隔离戒毒所对戒毒人员的后续照管工作不够重视

1. 强制隔离戒毒人员的后续照管工作不到位

有研究发现，强制隔离戒毒人员的后续照管工作是降低复吸率的关键。[1]有研究发现，我国对强制隔离戒毒人员以政府为主导的正式社会支持体系不完善，相关帮扶与后续照管机制仅停留在书面的原则性阐述，对强制隔离戒毒人员侧重于社会控制，无法有效满足强制隔离戒毒人员回归社会后的精神与物质保障需求。非正式的社会支持体系相当薄弱，专业程度低，

---

[1] 湖北省襄州强制隔离戒毒所课题组：“健全完善机制 实现四种戒毒方式的有机衔接”，载司法部戒毒管理局编：《优秀理论调研论文集》，法律出版社2014年版。

戒毒社会服务平台滞后，缺乏民间的社会组织和福利慈善机构参与，尚不能形成社会效能。强制隔离戒毒人员主要依靠来自于家庭的情感与物质支持，但这种支持本身就很脆弱。[1]如果强制隔离戒毒人员回归社会缺乏主导管理机构的话，就会导致脱失率高。这就会影响强制隔离戒毒人员的操守的保持。

2. 对强制隔离戒毒人员离所后监管情况不到位

现行的强制隔离戒毒工作体制把工作重点放在了戒断率上，强制隔离戒毒工作人员对强制隔离戒毒人员离所情况监管不到位、没有对强制隔离戒毒者离所情况进行跟踪调查。这种情况导致了强制隔离戒毒机构对强制隔离戒毒者在离所后的表现一无所知。这就容易导致强制隔离戒毒所对强制隔离戒毒人员工作情况不能进行很好地监督，以便于提供帮助。另一方面也不能对强制隔离戒毒所的戒毒工作效果进行评价。

三、对影响戒毒人员就业问题的强制隔离戒毒工作的完善

（一）强制隔离戒毒所生活管理方式的改善

1. 把市场化劳务机制引入强制隔离戒毒所，戒毒所实行按劳分配

劳动是每个公民应尽的义务，应当通过自己的辛勤劳动来获得生活资料，故强制隔离戒毒人员也不例外。但是现在的强制隔离戒毒体制对强制隔离戒毒人员的管理，使强制隔离戒毒人员养成了懒惰的心理。笔者认为强制隔离戒毒人员虽然在戒所中，但是他作为我国公民和社会的一分子，总有一天要回到社会这个大家庭中。所以在强制隔离戒毒所中更应该增加其劳动积极性，而不应弱化劳动者的劳动能力。因为强制隔离戒毒

---

〔1〕　龚梓：“男性戒毒人员社会支持体系状况调查及应用研究”，载司法部戒毒管理局编：《优秀理论调研论文集》，法律出版社 2014 年版。

所有自己的劳动场所，所以戒所应该引入契约关系、竞争上岗机制、能者多劳机制，让强制隔离戒毒人员按照自己的劳动来获得自己生存资料。用绩效考核劳动者的劳动价值，并将其作为戒毒过程考核的依据，而不能只是一般的劳作（让戒毒者忽视自己的存在价值，失去积极性）。激发劳动者的生存毅力，强化强制隔离戒毒人员的戒毒意愿，减少戒所的资金压力。

2. 将工作绩效引入强制隔离戒毒所内，并增加强制隔离戒毒所的激励机制

将激励理论[1]引入强制隔离戒毒所，可以充分调动强制隔离戒毒人员工作的积极性，实行能者多劳，多劳多得。这主要可以从膳食标准和工资两方面进行体现。用工作绩效考核的办法对强制隔离戒毒人员工作效率进行跟踪，这样可以做到奖惩有据，减少不公平现象的出现。

（二）强制隔离戒毒所习艺性教育活动的完善

1. 强制隔离戒毒所与职业院校合作

在强制隔离戒毒所内由于现有警员体制的不完善，一些强制隔离戒毒所的技能教育处于可有可无的境地。作为技能教育主力军的职业院校，具有丰富的职业教育资源，我们应当聘请职业院校的老师对戒毒者进行职业教育培训，帮助强制隔离戒毒人员学一些与社会相适应的技术，使强制隔离戒毒人员不至于在离所后顿时没有适应社会的技能，走上失业的道路。培训的主要方式为：每月或者每个周组织强制隔离戒毒人员去职业院校学习，或者聘请职业院校老师到强制隔离戒毒所进行教育培训。每过一段时间组织强制隔离戒毒人员参加强制隔离戒毒

---

〔1〕 激励理论是行为科学中用于处理需要、动机、目标和行为四者之间关系的核心理论。行为科学认为，人的动机来自需要，由需要确定人们的行为目标，激励则作用于人内心活动，激发、驱动和强化人的行为。

所内举办的职业教育测试。对于技能测试合格的要颁发职业技能证书。

2. 强制隔离戒毒所与社会企业合作

为了让强制隔离戒毒人员在离所后保持其操守和就业，强制隔离戒毒所应当与当地企业合作。强制隔离戒毒人员在经过职业教育并在取得证书后让其参加社会企业的工作，加强强制隔离戒毒人员在社会中的适应能力，使其在强制隔离戒毒所内外都能进行实践锻炼。但是强制隔离戒毒人员参与社会企业工作首先要与强制隔离戒毒所签订合同，以便于在工作过程中给社会企业造成损失时便于归责问题的解决。其次，强制隔离戒毒人员要给强制隔离戒毒所写保证书，让强制隔离戒毒人员知道自己的责任，在心理上给予约束。最后，要时时刻刻对强制隔离戒毒人员进行法律教育，让强制隔离戒毒人员知道自己违反法律的后果。强制隔离戒毒所尽可以充分利用社会资源，增加社会企业的社会责任；也可以调动强制隔离戒毒人员的戒毒积极性，进而使其更好地配合戒毒工作。

3. 强制隔离戒毒所与民政部门合作

司法行政部门与民政部门合作，共同应对强制隔离戒毒人员离所后的就业难问题。由于我国对强制隔离戒毒人员以政府为主导的正式社会支持体系不完善，相关帮扶和后续照管工作处于原则性规定阶段。非正式的社会支持相当薄弱，同时缺乏社会慈善机构的加入。所以为了更好地发挥政府就业主导作用，民政部门应与司法行政部门强强联合，与社会企业进行合作。对强制隔离戒毒人员进行综合评估后进行就业安置（戒毒者在戒所内已经接受了技能培训和取得技能证书）。司法行政部门要经常与街道（镇）工作机构及时沟通，发现问题及时解决，充分发挥个职能部门的积极作用。

4. 强制隔离戒毒所鼓励强制隔离戒毒人员进行创业活动

每一个强制隔离戒人员都有创业的权利，我们应该鼓励强制隔离戒毒人员进行创业活动，这不仅有利于其就业问题的解决，还有利于在戒毒工作中起到积极的作用。故强制隔离戒毒所应当为强制隔离戒毒人员的创业活动提供资金与人力的帮助。强制隔离戒毒人员可以与强制隔离戒毒创业成功者签订用工合同，这样既可以促进强制隔离戒毒人员就业，又可以充分利用其现有资源，减少其社会不稳定因素。

（三）强制隔离戒毒所毒后续照管工作的加强

1. 建立暂时性收容所

对强制隔离戒毒人员就业困难的，提供暂时性的居住。暂时性收容所要与强制隔离戒毒人员的家庭人员及时联系，与社会用人单位及时沟通，并帮助强制隔离戒毒人员刊登应聘信息。及时与强制隔离戒毒所联系，及时了解强制隔离戒毒人员所学的技能信息，帮助其快速地找到工作。这可以有效地防止强制隔离戒毒人员因暂时性的就业困难而走上复吸的道路。

2. 强制隔离戒毒机构建立网络信息化管理

建立强制隔离戒毒人员情况信息网络化。强制隔离戒毒所应登记强制隔离戒毒人员的基本信息（姓名、性别、年龄、家庭住址、文化程度、婚姻状况、社会关系、职业信息等），登记个人吸毒信息（吸食毒品种类、吸毒年限、吸毒经历、吸毒年龄、吸毒原因），登记个人戒毒经历（戒毒方式，戒毒次数，初次吸毒年龄，戒毒时间等）。这样便于解决强制隔离戒毒人员在离所后的管控难问题。

（四）强制隔离戒毒所就业心理辅导的改进

笔者认为，对强制隔离戒毒人员进行心理教育与亲情教育，可以很好地增强强制隔离戒毒人员的抗压能力和社会责任感。

这样一方面面对工作压力有比较好的心态；另一方面如果强制隔离戒毒人员责任感比较强，在面对社会各种困难时就会不退缩。这样更有利强制隔离戒毒人员离所后找到一个合适的工作。

1. 正确疏导强制隔离戒毒人员，使他对未来充满信心

正确疏导强制隔离戒毒人员。可以从以下几个方面着手进行：一是积极开展对强制隔离戒毒人员的个别谈心谈话工作，进行心理疏导。强制隔离戒毒工作人员要想方设法对强制隔离戒毒人员因吸食新型合成毒品所致的精神混乱、自信心不足、感觉知觉异常等进行心理疏导，特别是对那些偏执念比较强和妄想症较重的吸毒者进行引导。二是强化多种帮教措施，在帮教过程中改变戒毒者的自我认知、调整自己的情绪、健全人格、给戒毒者树立坚强的信念（将来生活一定会美好）。缓解或者消除强制隔离戒毒人员自身所带有的主观恶性心理，防止其因长期抑郁所导致的暴力倾向。三是适时地请一些专业民警和心理专家对其进行正确的心理疏导，用专业人士的专业知识来治疗和化解强制隔离戒毒人员在戒断期出现的病态症疾病。

2. 加大对强制隔离戒毒人员亲情教育，增加其社会责任感

第一，立足人性，加强亲情教育。强制隔离戒毒戒所内应该改善教育内容，尽量增加以"感恩、尽孝"为主题的亲情教育内容，发挥中华民族传统文化、传统美德在这方面的优势。利用宣传栏和宣传画加强传统文化与传统美德的宣传，并用其营造戒毒所的家庭氛围。影响强制隔离戒毒人员的认知，帮助戒毒者重塑亲情，重视其家庭责任感。

第二，满足需要，改进亲情帮教工作。这主要是解决强制隔离戒毒人员家庭亲情破裂与强制隔离戒毒人员的亲属缺乏戒毒常识这两个突出问题的。强制隔离戒毒所可以发出邀请函、电话联系、强制隔离戒毒人员写信、亲情走访等方式了解强制

隔离戒毒人员家庭的具体情况和具体问题。第一步沟通、修复亲情联系。第二步邀请家庭成员来戒所座谈，并将强制隔离戒毒人员在强制隔离戒毒所的表现用文字记录下来，邮寄到家中。第三步强制隔离戒毒所定期举行"家庭教育"培训，其中所请的人员为强制隔离戒毒人员的家庭成员。民警要向家庭成员宣传毒品知识，基本的戒毒技能，国家关于禁毒的法律知识，并探讨关于强制隔离戒毒人员的戒毒问题。

第三，依托社会，延伸亲情关怀。在强制隔离戒毒所内，警员要把强制隔离戒毒人员当作家庭成员，给予亲情关怀，帮助其树立自信、自爱、自强的生活态度。在强制隔离戒毒所所外，开展强制隔离戒毒人员家庭照管工作，充分利用家庭、民警、社会的三重合力，延伸亲情教育深度和广度，使亲情在强制隔离戒毒人员心中永远起到积极作用。

第四，增加强制隔离戒毒人员外出探视的机会和社会成员对其探视机会。为了更好地与家庭成员的沟通，强制隔离戒毒戒所应当跟强制隔离戒毒人员家庭成员沟通，经过双方同意可以回家探视。如果社会成员对强制隔离戒毒人员进行探视，经过调查无吸毒经历，可以探视。这样更有利于调动社会的所有资源进行戒毒工作，并增加社会对强制隔戒毒工作的关注。

第五节　我国强制隔离戒毒的法律定位及制度完善*

一、劳教制度的争议与废止

劳动教养发轫于 1955 年，确定于 1957 年，当时主要是为了

＊　作者简介：姚建龙，上海政法学院刑事司法学院院长、教授，上海市法学会禁毒法研究会会长。

强制教育改造那些从内部清查出来的一批不追究刑事责任的反革命分子和其他坏分子，以及社会上为数更多的游手好闲、违法乱纪、不务正业、扰乱社会秩序的人，其目的是把他们改造成为遵纪守法、自食其力的新人。当时的劳动教养既是一种强制性教育改造措施，又是一种安置就业的方法。[1] 其后劳动教养的性质几经演变。20 世纪 80 年代初，劳动教养的性质被确定为一种强制性教育改造的行政措施和处理人民内部矛盾的一种方法。[2] 这种提法放弃了安置就业的提法，明确了劳动教养行政措施的性质。90 年代初，提出对劳动教养人员按照"教育、感化、挽救"的工作方针，实行强制性教育改造。[3] 1991 年国务院发布的《中国人权状况》提出"劳动教养不是刑事处罚，而是行政处罚"。此后国务院又认定劳动教养所是国家治安行政处罚的执行机关[4]，实际上又确认劳动教养是一种治安行政处罚措施。

法律上对劳动教养表述的混乱直接影响到理论界对劳动教养性质的认识，理论界对劳动教养性质的观点曾经形成了如下几种主要观点：[5]①"教育挽救（改造）措施说"，这种观点认为，劳动教养不是一种处罚，而是对违法犯罪者进行教育挽救的措施。尽管这种措施带有强制性，但其实质是为了教育，而不是为了惩罚。因此，劳动教养是对被劳动教养的人实行强制

---

〔1〕《国务院关于劳动教养问题的决定》（已废止）第 2 条。

〔2〕《劳动教养试行办法》（已废止）第 2 条。

〔3〕《劳动教养管理工作执法细则》（已废止）第 2 条。

〔4〕《国务院关于进一步加强监狱管理和劳动教养工作的通知》（1995 年）第 1 条。

〔5〕参见马克昌主编：《刑罚通论》，武汉大学出版社 1999 年版，第 766 页；常弓："起草劳教法过程中讨论的主要问题及观点综述"，载《犯罪与改造研究》1993 年第 9 期。

性教育挽救的措施，是处理人民内部矛盾的一种方法。②"行政处罚措施说"，这种观点认为劳动教养是对被劳动教养者进行强制性教育改造的行政处罚措施。此说又可分为"最高行政处罚说""最高治安行政处罚措施说""治安管理处罚说"等几种观点。③"变相刑事处罚说"，这种观点认为，尽管现行立法把劳动教养规定为"强制性教育改造的行政措施"，但事实上他已演变为一种刑事处罚。其严厉性毫不亚于管制、拘役甚至有期徒刑。④"保安措施说"，此说认为劳动教养实际上是我国的一种保安处分措施。⑤"综合说"，此说认为劳动教养是集行政处罚、刑事处罚、保安处分于一体的一种处罚。

一种在法律上和理论上都说不清性质就可剥夺公民人身自由数年的措施竟然存在了五十余年，着实令人费解。不过针对这一"非常"制度的批评之声乃至废除的呼吁也自20世纪80年代以来就不绝于耳，尤其是近些年随着任建宇、彭洪、方洪、唐慧等劳教个案成为社会公共事件，对劳教制度的批评之声也达到了顶点。无论是在国内还是在国际上，劳教制度都已俨然成了一个时代的象征与侵犯人权的象征而备受批判。

概括而言，针对劳教制度的批评主要集中在以下三个方面：

第一，没有法律依据。合法性欠缺是劳教制度长期备受诟病的硬伤，尤其是2000年《立法法》明确规定剥夺或者限制人身自由的措施必须通过法律才能设置，劳动教养没有合法性成了一个不需要争辩的结论。2004年《宪法》对国家尊重和保障人权的强调以及国际人权法的要求，更使劳教制度及其相关规定背负了"恶法"的名声。也正因为如此，劳教制度对于国家法治形象的损害可谓是巨大的。[1]

---

〔1〕 2012年，笔者赴加拿大学习，结果在签证时差点被拒签。加方给出的拟拒签理由竟是笔者曾经在劳教戒毒所工作。

第二，欠缺正当法律程序，劳教措施的适用缺乏必要的监督与制约。尽管在形式上劳动教养是以劳动教养委员会的名义决定的，但实际上劳教权高度集中于公安机关，劳动教养委员会形同虚设。从劳动教养的决定到劳动教养的变更等，均大体属于一种封闭的行政自决系统，尽管存在所谓聆讯程序等改革措施，但劳动教养既违反正当法律程序，又缺乏必要的制约。近些年来，劳动教养已经成为一种非常态性的措施，被地方政府滥用对付那些上访、拆迁钉子户等特殊人群。

第三，严厉性失衡，劳动教养成了一种"怪异的存在"。劳动教养立法体系混乱且不完整，同刑事法律、其它行政法律界限尚不明晰，劳动教养、治安管理处罚、刑罚之间的衔接还不紧密，三者的严厉性尤其是劳动教养与刑罚严重失衡。劳改与劳教究竟有何区别，即便是劳教工作人员甚至理论工作者也不易说清。原司法部副部长金鉴就曾坦言劳动教养"除了没有高墙、电网外，和劳改没有多大的区别"[1]。

这种立法本身的矛盾、立法与司法的矛盾、理论与实践的矛盾加重了对劳教制度合理性与合法性的质疑，也带来了该制度运行中一些令人费解的怪现象。例如俗称的"吃套餐"现象：有些在所（院）劳教人员主动坦白交代一些未被司法机关掌握的犯罪行为，以求能被定罪判刑。当然这并非是因为这些劳教人员已经幡然醒悟，而是为了逃避劳教。如此"直观"的制度缺陷，也使得劳教制度的存废成为一个公共议题。

关于劳教制度的命运，自20世纪80年代以来就已经有争议，也形成了废除论和改良论两种基本观点。无论是废除论还

---

〔1〕　转引自程锡奎："建设具有劳动教养特色的管理工作模式之浅析"，载李增辉、翁鑫水主编：《中国劳动教养特色的理论与实践文集》，中国人民公安大学出版社1993年版，第248页。

是改良论，在对于劳教制度存在重大弊端这一点上的认识是一致的，只不过两者的政策建议存在差别而已。由于劳教制度曾经对于社会秩序维护的特殊重要性、劳教制度长期存在的制度惯性、劳教制度废除对于部门利益格局的冲击等原因，劳教制度改良论一度成了决策部门所试图采用的观点，这主要表现为希望通过劳动教养立法——制定《违法行为矫治法》来改良劳教制度。早在20世纪80年代，劳动教养立法就已经被提上议事日程，但是其立法过程却异常曲折。1987年司法部组成劳教法起草小组，开始进行劳教法的起草工作，这大约与监狱法的制定工作同时起步，但是《监狱法》早已在1994年颁布，而劳教法一直停留在草案阶段。此后，劳教法又被起草《违法行为矫治法》所替代。2003年十届全国人大将劳动教养立法（《违法行为矫治法》）列入五年立法规划，且为应在任期内审议的一类法律，但直到任期结束，这部法律仍未审议。此后，十一届人大再次将《违法行为矫治法》列为立法规划，但直到劳教制度废止，这部法律也没有出台。

2013年11月15日，《中共中央关于全面深化改革若干重大问题的决定》提出废止劳动教养制度，完善对违法犯罪行为的惩治和矫正法律，健全社区矫正制度。2013年12月28日闭幕的全国人大常委会通过了《关于废止有关劳动教养法律规定的决定》，至此，劳教制度在法律上被宣布正式废止。

劳教制度如何能被废止，这是一个颇为有意思的问题。正如《中国司法改革年度报告（2013年）》所言："2012年，废除劳教还是个敏感词；2013年上半年，许多人还在强调劳教发挥过重要作用，一些官员甚至法学家仍然认为劳教制度只能改革而非废除。"但2013年11月25日，而十八届三中全会却突然明确"废止劳动教养制度"。

在《中共中央关于全面深化改革若干重大问题的决定》提出废止劳教制度后，中央司法体制改革领导小组办公室负责人曾就劳教制度及其废止原因作出了权威且官方的评论和解释。[1]从这一权威解释来看，该负责人在肯定劳教制度历史地位的同时，并没有否定劳教制度所存在的弊端。但在解释劳教制度的废止时，给人以劳教制度的废止似乎是按照路线图的预先设计、逐步实施，最后水到渠成废止的印象。或者说，中央对于劳教制度原本就采取的是废止论，而非改良论的立场。

不过，有证据表明，实际情况可能并非如此。

因为直到《决定》正式提出废止劳教制度之前，劳教制度废除论仍然是一个敏感话题。而直到 2011 年，中央政法委仍然在推行劳教制度改革的试点，其中心工作仍然是通过试点违法行为教育矫治委员会来改良劳教制度，而这一改革的试点期限是 2011 年到 2012 年 12 月。

也就是说，多种证据表明中央在劳教制度问题上一度采取的是改良的立场。甚至直到 2013 年 3 月 17 日，十二届全国人大一次会议举行闭幕会后，国务院总理李克强在回答《中国日报》记者"中国劳教制度改革有没有一个时间表"的提问时仍然采取的是具有一定模糊性的提法："有关中国劳教制度的改革方案，有关部门正在抓紧研究制定，年内有望出台。"这一回答仍然采取的是"改革"的提法，而并未明确释放出废止的明确信号。不过，此后各地实际陆续停止了劳教制度的审批。尽管从实际停止审批到正式宣布废止之间有着 8 个月左右的"缓冲"或者"准备"时间，但是劳教制度的废止在形式上似乎仍然具

---

〔1〕"中央司法体制改革领导小组办公室负责任就司法改革问题答记者问"，载漳州新闻网：http://www.zznews.cn/news/system/2013/12/02/010178839_ 01. shtml，访问时间：2013 年 12 月 2 日。

有一定的"突然性"。

尽管劳教制度备受诟病，但其废止仍然让不少人感到"意外"，这一决策的推出与中央领导换届的"新政"背景有着重要的关联性，可能也有着中央限制地方权力泛滥的考虑。因为，在受到公众高度关注并批评的劳教个案中，大都属于地方政府滥用劳教制度，以对付访民、拆迁钉子户等特殊人群的案例。

二、劳教制度的"主体"延续

在劳教制度尚未被废止时，一部法律的出台曾经引起了劳教制度是否被率先废止的争议，也引起了一些人的"兴奋"以及另一些人的"担忧"。这部法律就是 2007 年 12 月 29 日由十届全国人大常委会第三十一次会议通过的《禁毒法》。这部法律的出台曾经被解读为率先废除了劳动教养，这显然是一种一厢情愿的解读。[1]

尽管《禁毒法》并没有率先废除劳动教养，但是这部法律的出台却为劳教制度的废止提供了可能性——只不过，废止的是没有被《禁毒法》"暗度陈仓"的普通劳教制度部分。

劳教制度之所以能够被废止，可以有多种角度的解读。不过按照官方事后的正式解释，其废止是"我国法制逐步完备的结果对劳动教养适用的违法行为，依照现行法律，实体上基本都能予以相应处罚矫治，程序上更加严格规范"。具体来说，有三项改革基本分流了劳教对象，"架空"了劳教制度：一是 2007 年公布的《禁毒法》，将约占被劳教人员一半（实际可能超过 2/3）的吸毒成瘾人员实行社区戒毒和强制隔离戒毒，不再适用劳动教养。二是 2006 年施行的《治安管理处罚法》，对尚不够刑事处罚

---

〔1〕 姚建龙："《禁毒法》的颁行与我国劳教制度的走向"，载《法学》2008年第 9 期。

的违法行为规定了治安管理处罚措施。三是近年来陆续出台的刑法修正案，将入室盗窃、携带凶器盗窃、扒窃、多次敲诈勒索等直接侵害公民合法权益的严重违法行为规定为犯罪行为。[1]

按照上述官方的事后解读，架空劳教制度的首要改革是《禁毒法》的出台，这一判断基本上是符合事实的。只不过《禁毒法》所分流的劳教对象应当远不止一半。实际上，在《禁毒法》将劳教戒毒更名为强制隔离戒毒人员后，在很多省市的劳教对象中劳教戒毒人员的比例已经达到80%甚至超过90%。

根据司法部劳动教养管理局（戒毒管理局）于2012年6月25日披露的数据，全国已经有22个省级司法行政机关成立了戒毒管理局，全国建有强制隔离戒毒所248个，累计收治强制隔离戒毒人员36万余人，当时在册强制隔离戒毒人员近15万人。同时，司法行政系统已在26个省（区、市）建成68个戒毒康复场所（区域），配备管理人员1216人，累计收治、安置戒毒康复人员45 561人，仍在所人员4449人。[2] 2013年6月统计，自2008年以来司法行政系统强制隔离戒毒所累计收治强制隔离戒毒人员达到47万余人，正处在强制隔离戒毒中的戒毒人员近16万人。[3]

这意味着，即便劳教制度被正式宣布废除，原劳教场所、权力架构、工作人员并不会受到伤筋动骨的影响，而是可以基

---

〔1〕 "中央司法体制改革领导小组办公室负责任就司法改革问题答记者问"，载漳州新闻网：http://www.zznews.cn/news/system/2013/12/02/010178839_01.shtml，访问时间：2013年12月2日。

〔2〕 参见周斌："全国累计收治强制隔离戒毒人员逾36万"，载《法制日报》2012年6月26日。

〔3〕 胡永平："5年来司法行政系统累计收治强制隔离戒毒人员47万人"，载中国新闻网：http://www.chinanews.com/gn/2013/06-25/4965296.shtml，访问时间：2013年6月25日。

本保持完整。或者说，原来的劳教场所只需要更名、换牌即可应对劳教制度的"废止"。由此可见，《禁毒法》在延续劳教制度的同时，实际上也为劳教制度的废止扫除了最大的制度内障碍。从这个角度看，《禁毒法》对劳教制度而言可谓"成也萧何，败也萧何"。

在劳教制度正式宣布废止后，原有劳教管理机关与劳教场所的改革基本按照如下模式展开：

司法部及各省市的劳教局（劳教管理机关）翻牌为戒毒管理局，大部分劳教场所（劳教执行机关）相应翻牌为"强制隔离戒毒所"。一些吸毒人员不多，劳教场所有富余的省市，则采取了两种转型方式：一是将劳教场所整体移交给公安机关，改建为看守所；二是整体移交给监狱部门，改建为轻刑犯监狱。

就劳教人民警察的转型而言，也大体上采取了以下出路：一是大部分随劳教场所翻牌为强制隔离戒毒所而转型为强制隔离戒毒人民警察；二是随劳教场所改建为看守所或轻刑犯监狱而转型为公安民警或监狱人民警察；三是转型为社区矫正人民警察和社区戒毒人民警察。另有的省市向司法所或者司法行政部门的其他机关分流了部分劳教人民警察。

以上海市为例，原劳教制度的转向是整体向戒毒制度转型，对于富余机构与人员则采取了多种分流方式。在《禁毒法》颁布后，上海市劳教局于 2009 年 10 月加挂了戒毒管理局牌子。全市原有 8 个正处级劳教所，1 个戒毒康复中心，1 个教育培训中心。在劳教制度被正式废止后，地处苏北的两所劳教所整体移交监狱管理局，转制为轻刑犯监狱，一个劳教所（四所）移交给公安机关转制为看守所，另五个劳教场所则全部翻牌为强制隔离戒毒所。

上海市戒毒管理局在主要负责强制隔离戒毒业务的同时，

也从 2014 年开始推动社区戒毒与社区康复工作，体现了探索戒毒管理一体化的思路。例如，2014 年 2 月 20 日，经过为期 3 周 108 课时岗前培训首批近 50 名民警正式转型为社区戒毒民警进入浦东新区、普陀区、长宁区、奉贤区街道司法所，履行社区戒毒、社区康复工作职责。

其他省市的改革也基本类似。例如，海南劳教所从 2009 年开始，其关押人员中 90% 以上是戒毒人员，在劳教制度被宣布废止前，劳教所已经翻牌为强制隔离戒毒所。再如，陕西在 2013 年初已不再接收劳教人员，从 2009 年 9 月开始，劳教部门重点工作已向强制隔离戒毒方向转变。

从劳教制度被正式废止后原劳教资源的转型来看，所谓劳教废止将对原劳教场所和人员造成重大冲击的担心，正如会对治安造成冲击的担心一样，总体来看并未发生。事实上，在正式被宣布废止以前，劳教制度已经成功地通过《禁毒法》而在基本未予以改革的情况下，保留了主体部分：包括管理体系、主要场所、主要人员，还有工作机制。

尽管在劳教制度向强制隔离戒毒制度转型过程中，一些省市出现了劳教场所与民警等资源富余而需要分流的现象，但是大多数省市在总体上并未出现这样的情况。在我国毒品问题日益严重，吸毒人数不断增长的背景下，更名为"戒毒"的原劳教制度主体部分，还有可能面临扩大和发展的机遇。事实上，在劳教制度被正式宣布废止后，的确有不少省市的劳教场所（强制隔离戒毒所）不但没有分流反而增加了。

这的确是个耐人寻味的现象。

三、治疗还是惩罚：强制隔离戒毒措施的性质

一个值得思考的问题是，原劳教制度向戒毒制度的"主体"

转型基本上可以称为"更名式"改革，那么，仅仅因为对象是"吸毒成瘾人员"，对其劳教（强制隔离戒毒）是否就具有了合法性与合理性呢？

劳教制度的废止被普遍视为我国法治建设的重大进步，但这种废止采取的是由其他法律分解处理原劳教对象的方式。分解式改革是否可以剔除劳教制度所存在的弊端，这是一个并未深入探究的问题。就《治安管理处罚法》与《刑法》所分解的劳教对象而言，由于这两部法律是全国人大制定，其中治安管理处罚较轻且多不涉及对人身自由的剥夺，而刑罚具有严格适用的法律程序，因此"总体上看"属于行政处罚圈与犯罪圈的正当调整。[1]但是，《禁毒法》所分解吸收的原劳教制度的主体对象——吸毒成瘾人员，是否具有合法性与合理性，却是值得反思的。

强制隔离戒毒（事实上也包括社区戒毒与社区康复这两种强制性戒毒措施）的决定与执行仍然是以警察权为中心的行政自决程序，在缺乏正当法律程序的情况下强制性剥夺或者限制吸毒成瘾人员总计可达9年（3年社区戒毒、3年强制隔离戒毒、3年戒毒康复）的人身自由，较之劳教戒毒可谓有过之而无不及。

此外，公安机关还存在对吸毒人员的"动态管控"机制。根据公安部《吸毒人员登记办法》（2009年）的规定，公安机关对所登记的吸毒人员建立了专门的工作台账和专门的全国禁毒信息系统"吸毒人员数据库"，对吸毒人员实行动态管控。被纳入动态管控系统的吸毒人员，实际上将会被公安机关作为重

---

[1] 当然，也有学者认为治安管理处罚也具有违反正当法律程序的特点——尤其是拘留措施，因此也应当进行司法化改革，譬如在法院设立治安法庭作为治安处罚的决定主体。

点监控对象，在日常生活、社会活动、旅行住宿等各个环节均会受到"重点关注"，尤其是会随时受到公安机关"强制尿检"的干扰。只有符合"戒断3年未复吸的"（《戒毒条例》第7条）标准，才会不再实行动态管控。也就是说，戒毒人员可能被剥夺或限制人身自由长达12年，如果戒毒人员不能保持戒断3年的操守，则将可能因为"成瘾性"而反复被强制性戒毒，而且被永远列入"动态管控"的对象，这是个惊人的现象。

在《禁毒法》颁布后，国家禁毒委员会曾经对强制隔离戒毒与劳教戒毒的区别做了如下解释：

"《禁毒法》从整合戒毒资源、提高戒毒效果考虑，将强制戒毒和劳动教养戒毒统一规定为强制隔离戒毒。这不仅仅是名称和期限的改变，更主要的是赋予强制隔离戒毒新的内涵，强制隔离戒毒不是行政处罚措施，而是以戒毒人员为对象的强制性教育医疗措施。从《禁毒法》的立法本意看，戒毒制度的本质属性不是惩罚，而是立足于彻底挽救吸毒人员。如《禁毒法》规定，强制隔离戒毒所应对戒毒人员进行生理、心理治疗和身体康复训练，还应对戒毒人员进行职业技能培训等。较之以前的强制性戒毒制度，这些规定更充分地体现了戒毒理念和社会文明的进步。"

按照这一解释，在性质上强制隔离戒毒并不被认为是行政处罚措施，而是"强制性教育医疗措施"，本质属性"不是惩罚"。这种解释与曾经对劳动教养的解释有着异曲同工之处。劳动教养也曾经被认为不是行政处罚措施，而是一种教育矫治措施，甚至是安置就业的方法。但实际执行的效果是，劳动教养被称为"二劳改"，这也是导致劳动教养备受诟病的重要原因。

从同样被认为不具有惩罚性的强制隔离戒毒的实际执行来看，这种所谓"强制性教育医疗措施"的定性是难以自圆其说的。这种所谓"医疗措施"并非由卫生部门设置与管理的医疗机构来执行，而是由公安机关和司法行政机关设置的强制隔离戒毒所来执行，强制隔离戒毒所的工作人员穿的不是"白大褂"而是"警服"。而所谓强制隔离戒所事实上为原公安机关设置的强制戒毒所以及司法行政机关所设置的劳教戒毒所"换牌"与"更名"而来，管理人员与执行场所实际完全一致。那么，在执行与管理方式上是否可以产生与劳动教养的性质差异呢？从《禁毒法》《戒毒条例》以及相关部门规章的规定来看，这种区别几乎是无法辨析的。例如，《公安机关强制隔离戒毒所管理办法》基本为原《强制戒毒所管理规定》的翻版，《司法行政机关强制隔离戒毒工作规定》也基本是原《劳动教养戒毒工作规定》的变通与微调。

就强制隔离戒毒所的实际运作来看，也很难说有重大区别。例如重庆市劳教戒毒所（现名重庆市嘉陵强制隔离戒毒所）作为经验介绍的对新入所强制隔离戒毒人员"六个三训练法"：剪三长：头发长、胡须长、指甲长；正三相：站相、坐相、走相；响三声：歌声、番号声、读书声；纠三手：背手、袖手、插手；习三规：《禁毒法》《强制隔离戒毒人员守则》《强制隔离戒毒人员行为规范》；树三心：决心、信心、恒心。[1] 这六个训练法仍是以"规训"为中心，而非治疗为中心。在"六个训练法"之下的戒毒人员似乎很难发现与原劳教戒毒人员之间的差异。

再以某省市制定的《强制隔离戒毒工作运行指导意见》为例，这一指导意见明确提出了"去劳教化"的目标，虽然也强

---

〔1〕"重庆市劳教戒毒所注重加强强制隔离戒毒人员入所养成教育"，载七一网：http://www.12371.gov.cn/html/zgpd/zqsljjds/2012/03/21/162742157851.html，访问时间：2012年3月21日。

调受害者和病人身份，但仍然将"违法者"作为吸毒成瘾人员的首要身份。"以戒毒文化为导向，诊断评估为依据，分期管理为基础，分级流转为主线，循症矫治为重点，综合戒治为手段，无毒环境为保障，社会联动为补充"的这一工作机制，也很难与"医疗"联系在一起，而与"劳教"运作机制差异不明显。

而在笔者对国内多省市强制隔离戒毒所的实际调研来看，强制隔离戒毒所的运作模式与更名前的劳教所之间几乎没有区别。强制隔离戒毒所仍然以"生产"和"安全"为主要追求的目标，所谓"戒毒"仍然主要体现于机构的名称上。正如笔者在调研中，某强制隔离戒毒所负责人所言："在长期的劳教工作中，干警使用的是一套管教劳教学员的方法、模式，无论是教育生产，还是管理，都形成了思维定式。基本的套路首先是求稳定不出事，其次是抓生产出效益，最后是轻教育走形式。"这一管理套路与思维定式普遍实际延续于强制隔离戒毒所的管理。

笔者在对多省市强制隔离戒毒所的调研中还发现，尽管强制隔离戒毒所收容人员全部为戒毒人员，但很多强制隔离戒毒所上级部门下派的创收指标竟然比原劳教所还要高。在对强制隔离戒毒人员的管理上，竟然也要比原劳教人员还严格，例如在通讯、衣物检查方面更加严格，在强制隔离戒毒人员与外界接触——包括外来人员进入强制隔离戒毒场所帮教的管控与监督上也更加严格。某强制隔离戒毒所负责人在回答笔者关于强制隔离戒毒所与劳教所的区别在哪里的问题时坦言："没有区别。"

基本一致的决定与执行方式（更加封闭且允许决定与执行的合一），同样的执行场所、同样的管教民警、同样的管教思维，如果作出劳教所与强制隔离戒毒所之间基本上只是"更名"与"换牌"的关系的结论，绝非言过其实。在《禁毒法》颁布后，强制隔离戒毒人员以自首方式获取罪犯身份以此逃避强制隔离戒毒的所谓"吃套餐"现象仍然普遍存在，这与原劳教制度所出现的怪异现象是一致的。以至于《戒毒条例》等法规与规章不得不专门作出刑罚执行完毕后原强制隔离戒毒期限仍应当执行的规定，以试图堵塞这一"漏洞"。

2015 年 1 月 29 日由最高人民检察院检委会通过的《最高人民检察院关于强制隔离戒毒所工作人员能否成为虐待被监管人罪主体问题的批复》指出："根据有关法律规定，强制隔离戒毒所是对符合特定条件的吸毒成瘾人员限制人身自由，进行强制隔离戒毒的监管机构，其履行职责的工作人员属于《刑法》第248 条规定的监管人员。"可见，最高人民检察院也基于客观事实承认了强制隔离戒毒所的"真实面孔"。

如果承认强制隔离戒毒的监管机构有惩罚性特征，那么另一个无法回避的问题是：一事二罚这样一种有悖于基本法理现象的客观存在，在劳教制度废止后却被合法确立了下来。根据《戒毒条例》的规定，强制隔离戒毒（也包括社区戒毒）与治安管理处罚可以并用，即在决定强制隔离戒毒或者社区戒毒的同时，仍可予以治安管理处罚，其执行方式是先执行治安处罚，再予以强制隔离戒毒或者社区戒毒。例如某市关于行政处罚与强制隔离戒毒的衔接规定如下：

县级以上公安机关对吸毒成瘾或者吸毒成瘾严重的人员在作出强制隔离戒毒决定之前，应当依法对其吸毒违法行为予以行政处罚。

吸毒成瘾或者吸毒成瘾严重人员被依法予以行政拘留和决定强制隔离戒毒，且拘留所不具备戒毒治疗条件的，公安机关可以凭盖有拘留所章的执行行政拘留通知书复印件，将其送市公安机关设立的强制隔离戒毒场所代为执行，并由强制隔离戒毒场所给予必要的戒毒治疗。行政拘留执行期满时，由作出行政拘留的公安机关凭解除拘留证明书和强制隔离戒毒决定书，宣布解除行政拘留和执行强制隔离戒毒决定。

也就是说，按《戒毒条例》与地方省市的具体操作性规定，行为人将因为吸毒一个行为而遭受治安管理行政处罚与强制隔离戒毒双重处罚。

此外，吸毒行为还会导致"禁驾"的后果。按照2012年7月《公安部关于加强吸毒人员驾驶机动车管理的通知》的规定，吸毒成瘾未戒除人员（即正在执行社区戒毒、强制隔离戒毒和社区康复措施的人员，实践中则以操守保持三年未复吸为认定标准）申领驾驶证将不予核准，如果持有机动车驾驶证也将被强制注销驾驶证。近些年来，因为毒驾导致重大交通事故的现象日益突出，禁止吸毒人员驾驶机动车具有维护社会安全的目的，对吸毒人员一律禁驾是否合理不论，但其对吸毒人员的影响也是十分重大的，客观上也具有处罚的效果。事实上，禁驾在一些国家属于资格刑的范畴。因此某种程度上可以说，吸毒将导致治安行政处罚、强制性戒毒与剥夺驾驶人资格三重处罚。

同时，与原劳动教养不同的是，强制隔离戒毒期限不可以折抵刑期，而是并列关系。在强制隔离戒毒期间被发现漏罪或者犯新罪而判处刑罚的，如果强制隔离戒毒期限尚未执行完毕，则在刑罚执行完毕后仍然要执行剩余的强制隔离期。

从这个角度看，强制性戒毒措施对禁止双重处罚原则的违反，较之劳动教养更加严重。

四、重新认识吸毒者：强制隔离戒毒的合法性与合理性

在我国，吸毒者有着被界定为违法者甚至犯罪者的传统。[1]

---

〔1〕　在历史上，吸毒曾经被界定为犯罪行为，在清代甚至可以处以绞刑。

尽管在理论上吸毒被认为是"无被害人犯罪"，但是在有着鸦片战争情结的中国，吸毒的社会危害性被显著的夸大，并且加上了社会情绪与过度的道德评价。例如，流行的观点认为吸毒既有害于自身健康，又会诱发性病等传染疾病蔓延以及诱发违法犯罪行为，因此吸毒本身虽然不是刑事犯罪而是违法行为，但被普遍视为"罪恶"的行为。尽管《禁毒法》承认了吸毒者的病人身份，但这样一种观念仍然实际上发挥着主导作用。

然而在社会学家看来，吸毒的社会危害性实际上被认为夸大了，对吸毒者的惩罚并不具有合理性。例如，美国社会学者认为，相对于毒品而言，"合法麻醉品更危险，杀死的人也更多"，"大多数使用非法麻醉品的人仅仅是抱着尝试的、偶尔使用的或适度使用的态度，不会发展到无法遏抑、不能自已的滥用程度"，"吸食毒品不一定会导致犯罪，因为大多数已有犯罪前科的吸毒者在吸毒前已经开始犯罪了"。[1]

关于人为什么吸毒，存在三大理论解释：生物学理论、心理学理论、社会学理论。根据生物学理论，毒品上瘾的原因在于生物因素，如对毒品有天生的承受力，或因新陈代谢紊乱导致的对毒品的渴望，就像糖尿病患者对胰岛素的渴望一样。根据心理学理论，毒品使用是由特定的人格特征决定的，如缺乏自尊、打破常规、我行我素。根据社会学理论，毒品使用来源于社会力量，如毒品亚文化模式或同龄群体的影响。[2]当代医学对吸毒的解释以及治疗原理，总体上认同吸毒成瘾是种脑疾病的观点。可见，无论根据哪一种理论解释，对吸毒者采取以

----

〔1〕 ［美］亚历克斯·梯尔：《越轨社会学》，王海霞等译，中国人民大学出版社 2011 年版，第 169～170 页。

〔2〕 ［美］亚历克斯·梯尔：《越轨社会学》，王海霞等译，中国人民大学出版社 2011 年版，第 179 页。

惩罚为主的强制性戒毒措施，均并不具有合理性。

从各国对待吸毒者的法律立场来看，也走过了一条从惩罚到强制性治疗，再到在尊重吸毒者权利基础上提供卫生保健服务的发展过程。在 20 世纪以来的非犯罪化浪潮中，各国纷纷将吸毒行为非犯罪化。尽管很多国家仍在法律上禁止滥用毒品，但是毒品合法化已经不再只是理论与政策争议，而已经在一些国家施行。例如，美国目前有 11 个州已经把大麻当合法的麻醉药使用。

我国台湾地区对待吸毒者的变化也许更具有借鉴意义。自清朝嘉庆制定《吸食鸦片烟治罪条例》首开以刑法手段制裁吸毒者的先河后，这种将吸毒犯罪化的传统一直被我国台湾地区所延续。但是，近些年来，台湾地区的禁毒法规发生了重大转变，其基本方向是强调对吸毒者的权利保障以及吸毒的非犯罪化。1998 年 5 月，我国台湾地区公布"毒品危害防治条例"，这一条例将毒品根据其成瘾性、滥用性和社会危害性氛围分三级，并且明确认为吸毒者具有"病患性犯人"的特质，降低了施用毒品罪的法定刑，并兼采以观察勒戒方式戒除"身瘾"以及强制戒治方式戒除"心瘾"的措施。2003 年 6 月，台湾地区公布修正的"毒品危害防治条例"，进一步强调了施用毒品者的病人身份和人权保障。例如，简化施用毒品者的刑事处遇程序，将强制戒治的时间修正为 6 个月以上最长不得超过 1 年，同时删除了停止强制戒治付保护管束（类似我国大陆地区《禁毒法》规定的戒毒康复措施）及延长强制戒治的规定。此后，我国台湾地区"毒品危害防治条例"又经过 2008 年、2009 年两次修订，进一步加快了吸毒的非犯罪化步伐和对吸毒者的人权保障与治疗而非惩罚的立场。根据现行"毒品危害防治条例"的规定，5 年内首次施用第一级或第二级毒品者，无论少年或成年人均可以先送勒戒处所观察、勒戒，经观察、勒戒后没有继续施用毒品倾向的，由检察官不起诉，或由少年法庭作出不付审理裁定，或是以治疗的缓起诉处分取代以往对吸毒初犯只能勒戒的规定。总的来说，我国台湾地区目前对吸毒者的立场是采取除刑不除罪的立法，将施用毒品者先认为病人予以治疗，而非先以犯人为处罚。[1]

在国际上，对吸毒者采取强制隔离措施，也已经成了一种被批判与摒弃的做法。2012年3月，联合国毒品和犯罪办公室等12个联合国机构联合发布了《关闭强制拘禁戒毒中心和康复中心的联合声明》。这一声明呼吁存在强制拘禁戒毒和康复中心的国家应毫不迟疑地关闭这些中心，释放被拘留人员；并在社区为需要这些服务的人，在自愿、知情基础上，为他们提供适合的卫生保健服务。[2]

我国《禁毒法》认定吸毒者是病人，也是违法者和公民，承认了吸毒者的病人身份，但是在法律上，吸毒者仍然主要被当作了违法者。尽管强制隔离戒毒（也包括社区戒毒）适用的条件是"吸毒成瘾"——这也是这两种强制性戒毒措施具有"医疗措施"性质的前提，但在实际操作中，这两种措施更主要被当作了处罚吸毒者的惩罚措施。例如，有的省市规定，对于查获的首次吸毒者一律社区戒毒，二次及以上查获的一律强制隔离戒毒。

需要承认的是，我国要在法律上将吸毒者的违法身份去除，在相当长的时间内不具有可行性。但是，即便将吸毒者作为违

---

〔1〕 参见许福生：《犯罪与刑事政策》，元照出版公司2012年版，第85~86页。

〔2〕 参见谌彦辉："内地强制隔离戒毒转型之困"，载《凤凰周刊》2014年第2期。

法者并采取相应的惩罚或者强制性教育措施，也应当符合法治的原则与要求。

与劳动教养一样，强制性戒毒措施（尤其是强制隔离戒毒）同样是缺乏正当法律程序，具有实际惩罚性，且与治安管理行政处罚、刑罚比例失衡的措施。按照《立法法》的规定，剥夺或者限制人身自由的惩罚措施，只能由全国人大以基本法的形式规定。由全国人大常委会所颁布的《禁毒法》所设置的强制隔离戒毒措施（也包括社区戒毒、社区康复等），显然是对《立法法》的违反。也就是说，无论是从法律还是法理，强制隔离措施的合法性均是值得商榷的。

那么，对于吸毒人员采取强制隔离戒毒措施是否具有合理性呢？答案也可能是否定的。仅仅是以"为了你好"的理由，就可以不经正当法律程序强制干预且剥夺或者限制吸毒人员人身自由长达9年甚至12年乃至更长的时间，这显然是与现代法治原则相违背的做法。

从医学的角度来看，吸毒者是脑疾病患者，其身份属性首先是病人。对于病人的强制，应当以医疗为目的，且符合治疗的需要。但是，强制隔离戒毒措施显然很难被认定为"医疗措施"。

值得注意的是，2012年新修订的《刑事诉讼法》将对精神病人的强制医疗措施予以了司法化。对于同样患有广义上精神疾病之一种的吸毒成瘾人员，如果要采取强制性治疗措施，至少也应当予以司法化才具有合法性。即便法律上将吸毒界定为违法，可以长达十二年甚至更长时间的"处罚"显然也是违反比例原则的，与治安管理处罚和刑罚严重失衡。

自由主义犯罪学早就告诫，要注意那些过度依赖警察权力以及相关控制技术，并将之作为处理危险和不稳定因素手段的做法。[1]迈克·汤瑞也提醒："几乎在任何地方，很多专业人士和学者相信，应当尽可能避免监禁的运用，而惩罚应当宽缓、节制、合比例且尊重犯罪人的人权。"[2]而强制隔离戒毒措施显然是对这些告诫与提醒的背离。

五、我国戒毒制度改革的建议

吸毒人员已经在客观上成了一个庞大的人群。截至 2013 年底，全国累计登记吸毒人员 247.5 万名，其中滥用阿片类毒品人员 135.8 万名、滥用合成毒品人员 108.4 万名，分别占 54.9% 和 43.8%。2013 年全国新发现登记吸毒人员 36.5 万余名，依法查获有吸毒行为人员 68.2 万人次，依法处置强制隔离戒毒 24.2 万余名，依法责令接受社区戒毒、社区康复 18.4 万余名。全国禁毒部门配合交管部门依法注销 2.4 万名吸毒驾驶人的机动车驾驶证，拒绝吸毒人员申领机动车驾驶证 3382 人，拒绝申请校车驾驶资格 30 人。[3]

由于《禁毒法》对强制戒毒与劳教戒毒以未作改革的方式"继承"了下来，甚至还发展了劳教制度备受诟病的弊端，可以说戒毒制度是劳教制度未尽的改革，后劳教时代的我国戒毒制度改革应当尽快提上日程。

戒毒人员的权利保障是一个必须重视的议题。为了避免强制性戒毒措施对戒毒人员权利的伤害，强制性戒毒措施的适用必须遵从正当法律程序原则，纳入法治的轨道。

---

[1] [英]伊恩·路德、理查德·斯帕克斯：《公共犯罪学》，时延安、李兰英、陈磊译，法律出版社 2013 年版，第 162 页。

[2] [英]伊恩·路德、理查德·斯帕克斯：《公共犯罪学》，时延安、李兰英、陈磊译，法律出版社 2013 年版，第 154 页。

[3] 国家禁毒委员会办公室：《2014 年中国禁毒报告》。

2012 年新修订的《刑事诉讼法》规定精神病人的强制医疗措施采取的司法程序,此可为强制性戒毒措施适用的参考。具体而言,决定强制性戒毒,必须由法庭以裁定的形式作出。参考国外的做法,可以考虑在人民法院内设毒品法庭(或者治安法庭),专门审理毒品滥用的案件。例如,美国很多州均设有毒品法庭,由法官对吸毒者进行评估和判决,根据吸毒者的具体情况。法官可以要求他们进行各种戒毒治疗项目,假释官、社会工作者和个案辅导员负责监督吸毒者参与戒毒治疗,要求吸毒者定期到毒品法院向法官汇报情况,进行毒品检测。[1]也就是说,属于我国公安机关的权力,例如戒毒措施的决定权、吸毒成瘾检测权等,在美国均属于毒品法庭。尽管中美差异很大,但是这种对警察权力的限制,值得我国借鉴。

根据《禁毒法》与《戒毒条例》的规定,我国目前的戒毒工作处于多头管理的状态。目前自愿戒毒工作由卫生行政部门主管,而强制性戒毒措施的管理主体多头且较为混乱。

尽管司法行政部门原劳教管理局已经翻牌为"戒毒管理局",但是戒毒管理局仅仅负责的是部分强制隔离戒毒的执行与管理工作,其职权范围仅及于隶属于司法行政部门的强制隔离戒毒所(原劳教戒毒所)的管理。公安机关也具有对强制隔离戒毒执行与管理权,其职责范围是隶属于公安机关的强制隔离戒毒所(原强制戒毒所)的管理。

社区戒毒与社区康复的执行与管理也具有多样化的色彩,《禁毒法》和《戒毒条例》规定由乡(镇)人民政府、城市街道办事处负责社区戒毒与社区康复的执行,但一些省市采取的

---

〔1〕 参见许兵:"强制隔离戒毒制度比较研究",载中华人民共和国司法部:http://www.moj.gov.cn/yjs/content/2010-08/18/content_2247105.htm? node=384,访问日期:2013 年 9 月 2 日。

是禁毒办管理，禁毒社团自主运作的方式。此外，公安机关与司法行政部门也均对自行设置的戒毒康复场所行使着管理权。同时，卫生行政部门对于戒毒场所医疗机构的设置与医疗行为也具有管理和指导权。

总体来看，无论是强制性戒毒措施的执行，还是戒毒机构的管理，均处于混乱和交叉的状态，这不利于戒毒工作的规范与发展，也难以避免戒毒工作的异化。《禁毒法》颁布以前，这些问题均已经被较为严重地暴露出来。遗憾的是《禁毒法》并未解决上述问题，而只是予以了形式上的统一，基本上是对原戒毒管理多头、交叉的确认，这种状况急需改变。

戒毒管理的一体化有三种方案：一是由公安机关统一负责戒毒工作的管理；二是由司法行政部门统一负责戒毒工作的管理；三是由卫生行政部门负责戒毒工作的统一管理。戒毒首先也主要应当是医疗行为，由卫生行政部门负责戒毒工作的统一管理，是一种较为理想的方案。具体而言，可以考虑在省级卫生厅（局）设置戒毒管理局，将司法行政部门的戒毒管理职能及公安机关的戒毒管理职能统归该局。其他戒毒管理工作，如社区戒毒、社区康复、美沙酮社区维持治疗、自愿戒毒等，也应统归该局管理。

目前，除自愿戒毒主要由医务人员负责外，强制性戒毒措施的执行均主要由警察来负责（公安民警和原劳教人民警察）。值得反思的是，医务人员反而居于辅助地位。如果强制性戒毒措施具有存在的必要性，那么其执行就应当以医务人员而非警察为主。强制隔离戒毒所应尽快脱离公安与司法行政系统转归卫生行政部门，并主要由医务人员具体负责对戒毒人员的治疗。考虑到吸毒人员的特殊性，公安机关可以派民警进驻强制隔离戒毒场所承担警戒职责和协助进行戒毒人员的日常管理、教育。

社区戒毒与社区康复的执行也应采取以医务人员为主，警察、社工等其他人员为辅的方式，即将社区戒毒与社区康复从"管制措施"改革为"治疗措施"。

有着鸦片战争情结的中国对于吸毒及吸毒者有着过重的历史包袱与偏见，尊重吸毒者和戒毒人员的权利——让戒毒制度纳入法治与医学的轨道，仍然任重道远，但也刻不容缓。

第六节　海峡两岸打击毒品犯罪比较研究*

"海峡两岸"既是一个地缘概念，又是一个政治概念，特指我国大陆和台湾地区由于历史的原因所形成的区域和关系。由于历史、政治和法律的原因，大陆和台湾地区的交流方式较为特殊，交流程度也易受各方因素牵制。在此背景下，对于跨境毒品犯罪的打击显示出了较多的缺漏和不足，与当今两岸经济乃至政治交往日益频繁深入并不匹配。究其原因，法律制度上的差异特别是刑事实体法上缺乏认同较为突出。在当前已经建立了相关协议和司法协助的基础上，还应当以现有制度为框架，加强对跨境的毒品犯罪活动的打击。

一、我国大陆和台湾地区毒品犯罪概览

毒品犯罪是我国大陆和台湾地区较为常见的犯罪类型，且就目前的情状来看，两岸的毒品犯罪规模和危害都较为严重，并且在两岸交往逐步深入的背景下，双方的毒品犯罪活动互相渗透，呈现出了跨境化的现象。根据中国国家禁毒委员会办公

---

* 廖斌，西南科技大学法学院教授，法学博士。包涵（1982～），中国人民公安大学侦查学院禁毒教研室讲师，法学博士。

室发布的《中国禁毒报告（2013）》中所透露的数据，2012 年大陆共破获毒品刑事案件 12.2 万起，抓获毒品犯罪嫌疑人 13.3 万名，缴获各类毒品共计 45.1 吨。同时，截至 2012 年底，全国累计登记吸毒人员 209.8 万名，2012 年全国新发现登记吸毒人员 30.5 万余名。就毒品案件来看，2012 年大陆共破获涉及港澳台地区的毒品犯罪案件 512 起，其中北京市破获的毒品犯罪案件有 256 起涉及港澳台地区，在广东省这一数字则为 197 起。我国大陆地区的学者认为，大陆的制贩毒品安非他命（"冰毒"）的活动肇始于 20 世纪 90 年代初期，其根源在于在台湾地区对于毒品打击力度加大之后，台湾地区的技师或毒品犯罪集团对大陆地区的渗透和转移。而对于台湾地区，碍于资料更新的滞后，目前可查考的数据显示，毒品问题在台湾地区已然成为最为严重的社会问题之一。从 2003～2005 年，台湾地区每年新增的艾滋病毒感染人数均以倍数增加，是台湾地区艾滋病疫情最为严峻的时期，其主要原因是毒瘾者施打毒品共享针具，尤其是 2005 年新增艾滋感染者中有 7 成都是毒瘾者。依据台湾地区统计数据显示：2007 年底在监受刑人中，涉及毒品犯罪的受刑人为 14 162 人，占 35.0%，居于所有类型犯罪人之首，新入监毒品犯 10 093 人中，属第一级毒品（主要是海洛因）者为 531 人，第二级毒品（主要是安非他命类）者 2388 人，此外属施用毒品犯 8710 人。其中有毒品前科犯罪者 7278 人，占 83.6%。根据我国台湾地区"法务部""卫生署"的统计，2001 年台湾地区共查获毒品 2064.36 公斤，其中自大陆地区流入的计 596.31 公斤，占总量的 28.89%。而到 2004 年，警方破获的海洛因来自泰国的共有 239.79 公斤，来自大陆地区的有 137.99 公斤。2005 年，缴获的毒品海洛因中有 131.7 公斤来自大陆地区，来自泰国的仅有 71.4 公斤。而从冰毒的查获量来看，大陆地区是最大的来源地，且制造冰毒的"所有"的原料几乎都来自于大陆地区。因而，台湾地区学者和台湾地区颁布的"反毒报告书"均认为，大陆地区是台湾地区毒品的最大来源地。

二、目前两岸毒品犯罪的特点

由于历史的原因，大陆地区和台湾地区在相当长的一段时间内一直处于相互隔绝和封闭的状态，双方从对立到解禁再到逐步开放，经历了漫长的历史过程。大陆方面，以1979年1月1日全国人大常委会发布《告台湾同胞书》为契机，而在台湾地区，随着1987年7月15日"戒严令"的废除，1987年10月15日经台湾地区"内政部"规定：自1987年11月2日起有条件的开放台湾同胞赴大陆探亲。自此大陆和台湾的交流逐渐增多，在这一交往过程中，两岸的毒品犯罪互相渗透转移，形成了较有特色的地域性特征。

（一）形成较为固定的走私通道

大陆地区是"金三角"毒品传统的过境地和消费地，作为"金三角"毒品的过境通道，大陆从多个方向上形成了"多头入境"的局面。而台湾地区交通运输行业特别是渔业较为发达，具有较强的运输毒品能力，因此是由大陆出境，将毒品转运至北美等地的重要通道。经过毒品犯罪集团的长期布局，目前在我国大陆地区和台湾地区已经形成较为固定的毒品走私通道。例如经"缅甸—云南昆明—福建厦门—台湾地区"或"缅甸—云南昆明—广东广州—台湾地区"等通道，已经被大陆公安机关作为重点打击的毒品运输节点。在作案方式上，根据福建警方对侦破的涉台毒品案件所进行的分析，台湾毒贩与大陆毒贩勾结组成贩毒团伙，一般采用物流寄递渠道，采用集装箱货柜或者租用渔船快艇进行夹藏、混装，交付国际快运、航空邮包

等方式进行毒品的运输，或者经由随身携带、行李夹藏等方式通过两岸直航的货机或者航班走私入台，目前这些贩毒组织已经开辟了福建至台湾的四条海上通道。特别是我国大陆地区与台湾地区开通直航以来，大陆地区和台湾地区的毒品犯罪团伙频繁使用这一更为快捷便利的运输手段，将毒品直接从大陆运输至台湾地区。

（二）此消彼长的毒品犯罪态势

由于地域限制，台湾地区的制毒犯罪较多表现为冰毒的生产制造。其肇始于二战，日本为军队生产冰毒以保障士兵作战的兴奋程度，在台湾岛开设了制毒工厂。战后，大量被日军雇佣的台湾技师迅速成为制造冰毒的主力，造成了20世纪80年代，冰毒在台湾地区泛滥。此时已有一些不法分子利用小额民间贸易，通过相对宽松的交往环境，从大陆地区走私制毒原料至台湾，用于加工制造冰毒。90年代，台湾地区开展了大规模的"扫冰"行动，于是台湾地区的毒品犯罪集团开始把制贩冰毒的活动转移至大陆，由于当时大陆对于冰毒的认识尚不完善，造成了冰毒在大陆地区的迅速流行和泛滥。而当大陆地区对于冰毒的打击严厉之后，制造冰毒的活动又迅速回流至台湾地区，形成了"大陆供给原料－台湾生产制造"的新模式。犯罪分子借助大陆地区和台湾地区在对于毒品犯罪法律评价上的差异和政治上的固有沟壑，灵活地在不同的刑事政策下选择犯罪实施地点，从而尽可能地降低犯罪成本，达成犯罪的最大收益。

（三）与本地有组织犯罪相关联

毒品犯罪和有组织犯罪本身就具有共生的性质，毒品犯罪流程一般较长，具有不同的环节，需要大量的人力资源提供支撑；而有组织犯罪通常以毒品、黑社会等活动作为资金来源，支持有组织犯罪活动，同时也为毒品犯罪提供了保障。就目前的状况来看，台湾地区有组织犯罪活动已经颇具规模，诸如"竹联帮""四海帮""天道盟"等黑帮团体，不仅从事犯罪活动，还取得了一定的合法地位。同时，台湾地区黑帮和港澳黑帮本身就具有较深的交往和渊源，从而形成了颇具规模的贩毒网络。在这一背景下，有组织犯罪和毒品犯罪相互加功，成了两岸毒品犯罪的又一重要特征。据福建警方统计，2001～2008年，福建省各级公安机关共破获涉枪涉黑的涉台毒品犯罪案件 5起，缴获各类枪支 31 支、子弹 1108 发。

三、两岸合作打击毒品犯罪的现状

综上所述，由于毒品犯罪的泛滥，两岸在打击毒品犯罪问题上应当具有共同的取向。而且自 20 世纪 80 年代以来，海峡两岸在经济、文化等各方面交流日益深化，然而目前看来，除了在政治领域的交涉较为敏感滞后，在合作打击犯罪上也仍旧裹足不前。

（一）合作打击毒品犯罪的规范基础

大陆地区是《1961 年麻醉品单一公约》《1971 年精神药物公约》和 1988 年《联合国禁止非法贩运麻醉药品和精神药物公约》的缔约国。在上述条约中，对于国家之间打击毒品犯罪的协作作出了一定的规范，大陆地区从而以上述国际条约的缔约国权利和义务为契机，获得了与其他缔约国之间的国际合作关系。而台湾地区并不具有国际法上的缔约地位，从而不能因国际条约的义务与大陆地区或其他任何条约缔约国产生条约权利和义务上的合作关系。同时，在国际组织的框架内，台湾地区也不能加入以国家为单位的国际组织，因此也不能在联合国的框架下展开与其他成员国的合作。鉴于台湾地区的特殊地位，大陆地区和台湾地区的合作方式是以民间协议为主，非国家间的国际组织为辅的形式展开的。

其一是民间协议。目前大陆地区和台湾地区关于合作打击毒品犯罪的法律基础，主要是由两个协议来规范。其一是1990年中国红十字总会和台湾红十字组织在金门签订的《遣返作业协议》（又称为《金门协议》），其二是海峡两岸关系协会（海协会）和财团法人海峡交流基金会（海基会）于2009年签署的《海峡两岸共同打击犯罪及司法协助协议》。现有的两岸打击毒品犯罪案件的协作机制，主要以以上两个协议为主要依据，其中《金门协议》适用对象较窄，主要限于在"人道、安全、便利"的原则下，对违反有关规定进入对方地区的局面和刑事案件嫌疑犯实施遣返。而《海峡两岸共同打击犯罪及司法协助协议》适用范围较广，在刑事领域共同打击犯罪、送达文书、调查取证等事项上都做了相关的制度安排，并且列出了共同打击犯罪的类型。在协议中，从情报共享、协助缉捕、遣返以及侦查侦办、移送证据、确认身份等司法程序上，都做了较为明确的规定。

其二是国际刑警组织。国际刑警组织是非政府组织，目的在于协调各国和地区间的警务合作，台湾地区已于1984年退出国际刑警组织。但是根据第53届国际刑警组织大会的决定，台湾作为中国的一个地区，可以继续留在国际刑警组织内，正式更名为"中国台湾"，对外称"中国台湾警察局"。因此台湾仍旧与国际刑警组织保持着业务上的合作关系，但是这一合作模式需要经由第三方协调，在时效性和沟通效率上都不尽如人意。

（二）合作打击毒品犯罪的实践

在上述法律性质的协议指导下，我国大陆地区和台湾地区业已展开了合作打击毒品犯罪的行动，但是在合作打击的内容和深度上仍旧处于较低的水平。《金门协议》签订之后，根据协议两岸实施双向遣返作业 200 余次，涉及 38 936 人次。其中，大陆向台湾遣返私渡人员、刑事犯和刑事嫌疑犯共 91 批 366 人次，大陆接回私渡人员 3870 人次。据台湾地区"法务部"的"反毒报告书"统计，自 1998～2005 年，台湾地区与相关国家展开的打击毒品犯罪数量最多的为日本，共计 24 件，其次为美国，18 件。而和大陆地区仅有 2 件，仅仅高于越南和缅甸，这一状况对于两岸日趋严重的毒情是不相匹配的。究其原因，简要来说，首先在于两岸仍旧缺乏相当程度的政治互信，在打击犯罪过程中，仍旧处于不同法律实体的层面，正常的渠道诸如国际条约形式的合作在目前状况下无法展开。其次在于，即使签订了双边的条约，但条约性质仍旧限于民事性质，例如《金门条约》是个人以红十字会签订的，《海峡两岸共同打击犯罪及司法互助协议》也仅仅是社团之间的协议，本身所具有的法律层级较低，无法获得官方完全的认同。在执行的时候，就出现过对于协议的不同解释，导致合作无法进行的局面。

四、两岸毒品犯罪的刑事实体法差异

从上述两岸毒品犯罪的现状和协同打击的状况分析可以看出，两岸对于毒品犯罪的打击，在域内的层面都比较严厉，但是对于跨境的毒品犯罪活动，基于政治、法律等诸多方面的因素掣肘，造成了治理不力的局面。在可预见的未来，政治和法律等方面的沟壑若不能有得以弥合的局面，应当就现存的法律资源和司法实践入手，寻求一条较为合理的治理途径。实际上，通过对于两岸刑事实体法的比较研究，恰能对两岸毒品犯罪的合作打击存在的问题作出某种程度上的解读。

（一）大陆打击毒品犯罪的法律体系和规范

大陆对于毒品的政策从中华人民共和国成立之初就较为严

厉，1950 年 2 月当时的政务院就发布了《关于严禁鸦片烟毒的通令》，从此之后到 1979 年制定《刑法》，大陆对于毒品的政策大致可归纳为："打击严厉，立法稀疏"。在此期间，通过国家强力实现了"无毒化"，因此对于毒品犯罪的打击显得较为滞后，在 1979 年《刑法》中，仅仅规定了制造、贩卖、运输毒品罪。此后由于毒品势头开始回暖，1982 年、1988 年人大常委会又通过了《关于严惩严重破坏经济的罪犯的决定》和《关于惩治走私犯罪的补充规定》等单行刑法，对于《刑法》的规定进行补充。1990 年全国人大常委会通过《关于禁毒的决定》，大规模地将涉毒行为犯罪化，作为《刑法》准用的法律规范。1997 年修订《刑法》时，将上述立法成果都作为《刑法》专节"走私、贩卖、运输、制造毒品罪"加以规定，目前大陆刑法中的毒品犯罪包括一节 12 个具体罪名。

（二）我国台湾地区打击毒品犯罪的法律体系和规范

我国台湾地区对于毒品犯罪的规范较为多样，在历史上有较多的立法成果，例如 1929 年的《禁烟法》、1941 年《禁烟治罪暂行条例》，期间还有其他各类"禁烟禁毒"条例，然而大多已经废止，目前仍旧具有法律效力的大致有以下三种渊源：

其一是"中华民国刑法典"。自 1928 年至今，该法典修订数次，但是对于毒品犯罪修正较少。台湾地区"刑法典"在分则中对毒品犯罪设立了专章，即第二十章"鸦片罪"。是指"栽种罂粟或制造、贩卖、运输或吸用鸦片、吗啡、高根、海洛因或其化合质料的犯罪行为"。鸦片通称为烟，而吗啡、高根、海洛因或其化合质料通称为烟毒，故鸦片罪亦可称为烟毒罪。在该章中共设立 10 条，13 个罪名。

其二是"毒品危害防制条例"。其脱胎于 1955 年公布的"戡乱时期肃清禁烟条例"，是台湾地区对于毒品犯罪的特别规范，其在颁布之初，大量设置了比"刑法典"更重的刑罚，设置不少唯一确定死刑的规定。例如"意图制造鸦片而栽种罂粟"或"三犯施打吸食毒品或鸦片或吸用麻烟或抵瘾物品"等性质上并不太严重的行为。因此在1992年删除"动员戡乱时期"名称进行修订时，将该条例修正为"肃清禁烟条例"，同时改正了一部分不合理的刑罚，然而整体上仍旧比"刑法典"要重。1998年该条例该名称为"毒品危害防制条例"。这一条例的特点在于，根据毒品的成瘾性、滥用程度以及社会危害，把毒品分为四个层级，分别施加不同的刑罚。但是毒品犯罪的罪名并未超出"刑法典"的规定，只是针对不同层级的毒品，对"刑法典"所规定的刑罚普遍进行了加重。例如，"刑法典"第256 I规定的"制造鸦片罪"，刑罚是"处七年以下有期徒刑，得并三千元以下罚金"。而根据"毒品危害防制条例"的第2条的规定，鸦片是一级毒品，从而根据其第4条的规定："制造、运输、贩卖第一级毒品者，处死刑或无期徒刑；处无期徒刑者，得并科新台币一千万元以下罚金"，其刑罚要比"刑法典"重得多。因此，有学者也对该条例的有效性和合理性提出了质疑。当然在台湾地区颁布新规之前，这一条例仍旧是司法中的依据。

其二是"陆海空军刑法"。台湾地区现行的"陆海空军刑法"针对军人进行的毒品犯罪只规定了一个罪，即服毒驾驶罪。其第54条规定："服用毒品、麻醉药品、酒类或其他相类之物，不能安全驾驶动力交通工具者，处一年以下有期徒刑、拘役或新台币十万元以下罚金。因而致人于死者，处一年以上七年以下有期徒刑；致重伤者，处六月以上五年以下有期徒刑。"但是因为"陆海空军刑法"规定的适用主体仅限于现役军人，且该条的规定也不属于该法适用于非现役军人的犯罪类型，因此这一规范并不属于普适性规定。

（三）二者的差异性分析

从上述简单的法律体系性比较可以看出，我国大陆地区与台湾地区在毒品犯罪问题上一直较为重视，从时间上看，各自都有长达半个世纪以上的毒品犯罪立法。而且在各自的刑法中，都对毒品犯罪施以较重的刑罚，在我国大陆地区《刑法》和台湾地区"刑法典"中，都保留了相当的死刑。从行为表现的内容看，大陆地区和台湾地区都规定了以下类型的犯罪行为：①经营牟利型行为；②持有型行为；③促使消费毒品型行为；④妨害禁毒司法活动型行为。在立法上二者虽形式上相仿，但仔细研讨，不难发现，其间具有相当的差异。

首先是对毒品犯罪的界定不同。在大陆地区《刑法》中，根据第357条的规定，毒品是"指鸦片、海洛因、甲基苯丙胺（冰毒）、吗啡、大麻、可卡因以及国家规定管制的其他能够使人形成瘾癖的麻醉药品和精神药品"。这一规定是"列举加概括式"的，既列举了常见的毒品种类，又以"国家管制的能够使人形成瘾癖的麻醉药品和精神药品"作为兜底。而在台湾地区的法规体系中，其"刑法典"的立法类型与大陆地区相仿，但是在被大量适用的"毒品危害防制条例"中，却将毒品分为四级，并且在每一级都做了详细的列举。同时为了具有前瞻性，其第2条规定："前项毒品之分级及品项，由法务部会同行政院卫生署组成审议委员会，每三个月定期检讨，报由行政院公告调整、增减之。"比对二者的规范，对于某些毒品的认识差异明显，例如在大陆地区，入罪和量刑标准都相当严厉的走私和制贩、运输冰毒行为等同于海洛因进行处理，而在台湾地区，冰毒属于二级毒品，其处理相对较轻。同时，明显不同的是，台湾地区还规定了消费毒品型行为，即施用毒品罪；而在大陆地区，对于单纯的毒品消费行为，并不属于刑法所评价的行为对象。

其次是对于毒品的定罪和量刑条件。在大陆地区《刑法》中，毒品犯罪的入罪条件，除"走私、贩卖、运输、制造毒品罪"不存在定量因素，其他的毒品犯罪都需要定量才能入罪。即使抛除入罪的定量标准，在刑罚上，大陆地区《刑法》也是根据量的因素进行处罚。例如《刑法》第347条规定："走私、贩卖、运输、制造毒品，有下列情形之一的，处十五年有期徒刑、无期徒刑或者死刑，并处没收财产：（一）走私、贩卖、运输、制造鸦片一千克以上、海洛因或者甲基苯丙胺五十克以上或者其他毒品数量大的……"而在台湾地区的法律规范中，并无定量因素的入罪条件，量的因素只是对于刑罚产生影响。而影响定罪的核心因素在于毒品犯罪中毒品所处的级别。

最后是对于毒品犯罪的主体。在《刑法》中，对于主体的总则性规定设置了"相对刑事责任年龄"概念，因此在毒品犯罪中，对于贩卖毒品罪规定了由14岁以上刑事责任年龄人承担刑事责任，同时还规定了单位能够构成毒品犯罪主体。而台湾地区的规定，则是由16周岁以上的自然人承担毒品犯罪的责任，并无相对责任年龄和单位构成毒品犯罪的规定。

综上可以看出，大陆地区和台湾地区的相关法律法规，对于毒品犯罪的规定具有较大的差异。这些法律上定罪、量刑的条件能够为犯罪分子所利用，从而成了规避法律制裁的缝隙。同时由于两岸的合作打击毒品犯罪状况处于较低的层次，因此法律规范被毒品犯罪人有选择性的规避创造了条件。实际上，在上述的大陆地区和台湾地区跨境毒品犯罪的特点中，对于制贩冰毒行为的此消彼长现象，正是因为立法上的区别造成的。20世纪90年代之前，《刑法》对冰毒并无否定评价，也无相当的认识。而此时在台湾地区当时适用的"刑法典"中，虽也不对上述行为进行否定评价，但在"肃清烟毒条例"中规定异常严格，此时台湾地区的毒品犯罪人转移到大陆地区制贩冰毒，可以在法律上得到较为轻缓的评价。而1998年台湾地区修订"毒品危害防制条例"后，冰毒被列为"二级毒品"，根据规定"制造、运输、贩卖第二级毒品者，处无期徒刑或七年以上有期徒刑，得并科新台币七百万元以下罚金"。而此时大陆地区已于1997年修订了《刑法》，其中规定，"走私、贩卖、运输、制造甲基苯丙胺（冰毒）五十克以上"，处刑即在"十五年有期徒刑、无期徒刑或者死刑，并处没收财产"。两相比较，台湾地区的刑罚变得轻缓，因此毒品犯罪人又开始向台湾地区流动，以此来获得较低的犯罪成本。

五、解决之对策

实际上，通过区际实体法规范差异来规避刑罚处罚的事例并不罕见，例如韩国在制定《关于特定犯罪加重处罚的法律》之后，对于制造毒品的行为确定了死刑作为法定刑，导致韩国的毒品犯罪人离开韩国本土，到其他区域进行制造毒品的犯罪活动。但基于刑事司法协助和国际条约的义务，在我国大陆地区与韩国的合作打击毒品犯罪活动并无障碍。而由于长期存在的政治隔阂，我国大陆地区和台湾地区合作打击开展并不顺利。然而在两岸规定上的鸿沟难以调和的前提下，如何实现对于毒品犯罪的合作打击，对于毒品犯罪人形成有利的威慑，是值得研究的课题。

（一）现有框架下的犯罪人移送管辖

从《金门协议》到《海峡两岸共同打击犯罪及司法互助协议》，大陆和台湾地区的司法合作及协助在法理上已有相当的建树。但正如前所述，由于坚持"国与国"的考量，台湾地区坚持在"遣返"的基础上移送刑事犯罪人，而大陆与台湾地区之间并不存在所谓的"引渡"，所以这一"遣返"制度，受到了诸多条件的限制。在被遣返人的资格认定上，台湾地区坚持"己方人不移送""已进入司法程序不移送""政治犯不移送"等所谓"原则"，导致大量的刑事犯罪人不能被正常"遣返"。因此，在解释上述协议之时，有必要达成一定的共识，在两岸交往日趋紧密的前提下，有必要对限制遣返的犯罪人进行合理的解释，对于涉及毒品犯罪这种双方都严格打击的犯罪类型来说，实现合理的移送制度，应当是在现行协议框架内的解决方式。

（二）合理分配司法管辖权

通过上述分析可以看出，目前导致毒品犯罪人在刑事实体法上具有区别对待，主要集中在对于毒品犯罪活动的性质认定和毒品犯罪人的入罪身份。在台湾地区，没有规定死刑的制造、运输、贩卖二级毒品（主要是冰毒），在大陆是可以被处以死刑的。同时，在大陆地区14岁~16岁之间的犯罪人需要承担贩卖毒品罪的刑事责任。那么若大陆犯罪人在台湾地区从事冰毒制贩活动，依据台湾地区的属地管辖，能够形成法律上的"洼地"而导致其不能被判处死刑。同时，在大陆需要承担刑事责任的相对责任年龄人，在台湾也不能依据"属地管辖"对其施以刑罚。而对于我国大陆和台湾地区，在刑法中都坚持"以属地管辖为主，辅以其他管辖权"的原则。在这一情状下，可以依据《海峡两岸共同打击犯罪及司法互助协议》第4条第3款之规定："一方认为涉嫌犯罪，另一方认为未涉嫌犯罪但有重大社会危害，得经双方同意个案协助。"进行个案管辖权的商议，确定大陆和台湾地区的管辖范围，由双方决定适用的管辖原则，从而使得犯罪人能够得到合理的处罚。

2009 年，两岸警方正式启动了"FT913"机制，迈出了警务合作与共同打击跨境犯罪的关键一步。"FT913"是两岸警方明确获得授权直接进行联系的公共平台，专门负责双方警务合作的业务接洽、日常管理、协调指导等事项。现在两岸互涉警务与刑案请协可直接诉诸"FT913"，无需再通过海基海协两会代为联系转达。"FT913"受理协助申请后，由其常设两岸警务联络员在第一时间知会对方有关事项，并及时反馈相关信息、协助指导办案单位妥善处理互涉事务。这一机制为上述的个案商议的协助模式提供了新的解决方案，但"FT913"仍旧是一个联络性的组织，并不具备对案件管辖权进行确认移交的权力，不过，这一机制的确立仍旧为合理分配管辖的远景创造了条件。

（三）刑法限度内的刑罚趋同

虽然两岸并未在联合国相关条约或者区域性多边合作组织的模式下共同开展对于毒品犯罪的打击，但是对于历史上深受毒品危害的民族，双方对于毒品的打击同样严厉。在此前提下，能否在双方各自刑法规范之内，合理运用司法官的自由裁量权，对于有交叉或者重复管辖的犯罪人，施以贴近对方刑法规范的刑事处罚，以此威慑犯罪人规避法律的行为，值得进行研讨。实际上，在对比两岸实体法之后，我们可以看出，双方的大致取向并无不同，除了对于吸毒行为的规范不尽相同外，从行为外观角度看，双方的禁止性规范的囊括范围大致一样。因此，对于行为相同，罪名不同的犯罪人进行处罚，应当合理运用自由裁量权，使最后的裁判接近于被规避的刑事规范。

对于这一解决对策，实际上实施起来是比较困难的。从保护国家和地区法治独立的传统认知下，对于其他法域的承认是较为被动的。特别是台湾地区，其地区领导人在两岸关系上不断变换定义，当前更是以"互不承认主权，互不否认治权"和

"两岸关系不是国与国的关系，而是很特殊的关系"作为两岸关系的定位。因此两岸关于毒品刑事案件判决上的互相认可，殊为困难。在这一前提下，要求两岸的司法机关对于对方刑事实体法作出较为充分的认识，在有可能的情形下，在自身法律制度的框架内，着重考察犯罪行为的外观，而非构成犯罪的所有实质要件，从而实现对于惩罚犯罪行为的"去罪名化"。实现这一目标的路径，可以先由双方交流甚广的学者专家形成较为固定的沟通机制，将双方刑事实体法中容易形成法律"洼地"的区域达成较为合理的处理方式，对于典型的案例进行归纳，提出符合各自法律内容且刑罚适当的方案，以此作为刑事司法机关的参照标准。若这一沟通能够长期持久，则应以双方非官方或官方为主导，促成两岸的制度改革，形成类似于大陆和东南亚国家达成的"次区域合作机制"，以此作为长效的解决机制。

结　论

本节在立足于分析两岸毒品犯罪的现状以及合作打击的缺陷，并指出由于两岸刑法中关于毒品犯罪的实体性规范差异以及合作打击的基础缺位，导致对于跨境毒品犯罪的打击效果不佳。因此在承认法律和制度差异的前提下，提出了在目前的合作方式，即在两个协议框架内展开制度性的探索，以求获得较好的打击毒品犯罪的效果。当然，这必须建立在我国大陆和台湾地区在政治互信的前提下，对于双方在打击毒品犯罪的方式及手段上展开的实践性合作和制度性创新。

附：参考文献

1. 中国国家禁毒委员会办公室：《中国禁毒报告（2013年）》。

2. 公安部：《各地区破获跨地域毒品犯罪案件情况统计表》，

2012 年。

3. 肇恒伟、关纯兴主编:《禁毒学教程》,东北大学出版社 2003 年版。

4. 我国台湾地区"法务部门"编:《2007 年反毒报告书》。

5. 黄益盟:"两岸共同打击跨国组织犯罪之合作——以毒品犯罪为例",成功大学 2006 年硕士学位论文。

6. 郑幼民:"两岸合作打击毒品犯罪之研析",载《展望与探索》2004 年第 2 期。

7. 朱晓莉、曹文安:"海峡两岸毒品犯罪的互动及合作打击困境",载《福建警察学院学报》2008 年第 1 期。

8. 薛少林:"海峡两岸跨境毒品犯罪的刑事司法协助问题",载《比较法研究》2010 年第 3 期。

9. 张淑平:《海峡两岸刑事司法互助研究》,九州出版社 2011 年版。

10. 赵秉志:《海峡两岸刑法各论比较研究》(下卷),中国人民大学出版社 2001 年版。

11. 林山田:《刑法各罪论》(下),2005 年自版。

12. 熊一新、吴仲柱:"海峡两岸警务合作机制研究",载《公安研究》2010 年第 11 期。